人性的寻找

——孔子思想研究

王恩来 著

中华书局

图书在版编目（CIP）数据

人性的寻找：孔子思想研究/王恩来著.—3 版. —北京：中华书局，2016.1
ISBN 978-7-101-11288-7

Ⅰ.人…　Ⅱ.王…　Ⅲ.孔丘（前 551～前 479）-哲学思想-研究　Ⅳ.B222.25

中国版本图书馆 CIP 数据核字（2015）第 237727 号

书　　名	人性的寻找——孔子思想研究
著　　者	王恩来
责任编辑	罗华彤
出版发行	中华书局
	（北京市丰台区太平桥西里 38 号　100073）
	http://www.zhbc.com.cn
	E-mail:zhbc@zhbc.com.cn
印　　刷	北京天来印务有限公司
版　　次	2005 年 4 月北京第 1 版
	2007 年 3 月北京第 2 版
	2016 年 1 月北京第 3 版
	2016 年 1 月北京第 3 次印刷
规　　格	开本/700×1000 毫米　1/16
	印张 27　插页 2　字数 360 千字
印　　数	10001-15000 册
国际书号	ISBN 978-7-101-11288-7
定　　价	68.00 元

中华文化繁荣兴盛的标志

——《人性的寻找——孔子思想研究》序

　　孔子是中华文明和世界文明中具有突出贡献和巨大影响的伟人。他的思想是中华民族精神的源头活水，礼乐文明的重要依据，价值观念的是非标准，伦理道德的规范所依，构成了中华民族的基本精神价值。任何民族都需要有民族精神，没有民族精神的民族，就会失去民族的自主性，失去民族独立生存和发展的权利。儒家文明在其长期演变中，孕育着中华民族精神的成长和完善，担当着建构民族主体精神的重任，她以自身的生命智慧，维护着中华民族精神生命的独立绵延和发展，这是世界其他三大文明古国的精神生命所不能比拟的。基于这样的体认，尽管自古以来，诠释、阐发、注疏孔子著作和思想的著作如汗牛充栋，然而，由于孔子和儒家文明的思想宝库博大精深，是后人所取之不竭的，因此，今人在"转生"孔子和儒家文明中可发挥自己的诠释，做出自己的贡献。

　　本书的作者王恩来同志是一位业余学者，当他将书稿送我审阅时，我发现，这部专著不仅架构严谨，文笔流畅，而且立意新颖，视角独到，在许多问题上既继承和深化了前人的研究成果，又不囿于成说，提出了自己创新性的意见，具有较高的学术价值。

　　"仁"是孔子思想的核心范畴，基本内涵是"爱人"，对此，学术界比较认同。但在"仁"的调节范围上，却始终存在分歧。有人认为，孔子的爱人不包括奴隶，也不包括平民。本书的作者通过孔子自己的言行证明，孔子的仁爱思想是"泛爱众"和"博施于民"的，这个观点虽与传统认识大相径庭，却持之有故。在此基础上，作者深入揭示了孔子对人道、人格和人的生存发展权利等重要问题的认识和主张，认为这些认识和主张是孔子全部学说的立论基础，从而证明了"仁"是孔子思想的核心范畴这一成说，对孔子"仁"的思想重新做了体认和评价。

作者对孔子宗教观的分析也颇有新意。他认为，孔子对天命和鬼神之所以采取了不同的态度，缘于他在当时的历史条件下对自然和人类自身所能获得的合理认知，其保留使用的"天命"概念具有自然法则和人文精神的双重意象。以此为基础，对孔子宗教观的历史价值和历史影响，做出了贴近孔子思想实际的描述，展示了现代社会对这一问题的新视角。

作者对孔子其他思想的研究，也多有新的体认。如对孔子"中庸"本义及哲学意蕴的揭示，对孔子"礼下庶人"主张的证明，对中国古代礼制与法制关系的认识，以及孔子的义利观对不同社会角色的不同要求，孔子的人才思想、经济思想和政治思想等，都难能可贵地提出了比较符合孔子时代的契合孔子本意的剖析，提出了自己创新性的意见，从而拓展和深化了对孔子思想的研究和认知。

王恩来同志多年来一直潜心于孔子及中国传统文化的学习和研究，同时善于学习和把握东西方当代思想文化的新成果和新动向，撰写并发表了许多有独到见解的学术论文，具有踏实的理论和学识基础。如果没有这样的基础，这部专著是写不出来的。尽管这部书稿中还有一些值得深入推敲和研究之处，但总体上是应该给予充分肯定的，是他二十年来深思熟虑的结晶。在当前有关孔子著作众多的情况下，是一部不可多得的佳作。我欣喜有像王恩来同志这样热爱中国传统文化研究并学有所成的后继者。这是中华文化繁荣兴盛的标志。是为序。

中国人民大学孔子研究院　张立文
2004年2月28日

弘扬儒学　振兴中华

——《人性的寻找——孔子思想研究》再版序言

　　在二十世纪，中国因为落后挨打，有识之士为了救亡图存，努力探索真理，批判传统文化中落后过时的东西。革命大火熊熊燃烧，一时玉石俱焚。在清除糟粕的时候，难免将一些精华也当作糟粕抛弃。"五四"时代批判为封建专制制度服务的儒学，大方向是对的。那一场大批判，唤醒了这个东方雄狮，这才有了革命、独立、振兴的希望。通过改革开放，从上个世纪八十年代开始，先是成立中国孔子基金会，后又成立国际儒学联合会。祭孔活动逐渐扩大，儿童读经活动在各地开展，研究儒学的国内、国际会议不断召开，研究儒学的专著层出不穷。现在世界上要办一百所孔子学院，国内已经成立国际儒学院、国学院、国学堂、孔子研究院等团体与机构。我们可以看到，儒学正在升温。我们要以批判继承的态度对待以往的一切精神财富，也包括对待儒学，将儒学优秀成果继承下来，将儒家精神弘扬起来。不但要学习儒学，还要在实践中运用儒学，用儒学智慧提高道德修养，训练理论思维能力，培养精神境界，为社会服务，为正义献身。

　　研究儒学，首先是专家学者的研究。他们从解读儒家经典开始。要正确解读儒家经典，就需要学习国学的研究方法，那要从文字开始。中国学术主要是以汉字作为文化载体。汉字有形、音、义三要素，研究这三要素产生三门中国学术的特殊学问：文字学、音韵学、训诂学。除此之外，还要了解注疏学、目录学、考据学，知道中国历史、诸子百家以及历代学术变迁。这么复杂的学问，不是一般人都能理解的，也不是一般人都需要掌握的。一个专家花几十年的努力，可以掌握大体资料，加上自己的体会，再在一个很小的领域进行研究，阐发其中的精华，并将其中旧内容进行加工改造，创造性地化腐朽为神奇,让古老的精神为现代社会服务,达到古为今用的目的。这是少数学者的研究工作。这是弘扬儒学的基础性工作。

其次是广大文化人的普及工作。这包括教师的教学活动以及业余爱好儒学者的努力。他们理解专家学者的研究成果,加以再创造,变成通俗的,群众喜闻乐见的文化形式,群众接受以后,化为行动,就可以产生巨大的物质力量。

第三是所有社会成员,包括专家学者、各级官员和普通群众,都要经过分析选择儒学内容,吸取优秀精神,落实于生活生产活动之中,这才能达到移风易俗的社会效果。

2006年10月14日,辽宁省孔子学会成立大会暨第一届学术年会在沈阳师大软件学院二楼学术报告厅举行开幕式,我代表中华孔子学会和会长汤一介先生向大会表示祝贺,并为辽宁省孔子学会揭牌。在此期间,结识了新朋友王恩来同志。王恩来是辽宁省孔子学会成立的倡导者和大力推动者,对儒学的研究,在辽宁省是突出的,在全国也是有一定影响的,给我留下深刻印象。

中华书局送来王恩来研究孔子思想的专著《人性的寻找——孔子思想研究》样稿,要我写序。《人性的寻找——孔子思想研究》于去年出版,告罄后要修订再版。我有机会先读修订书稿,深感此书的写作是下了大功夫的。例如关于仁的问题,将孔子之前、孔子以及弟子对仁的许多论述,整理出来并加以评述。关于中庸思想,过去将其作为折中主义加以批判,而本书强调它的理性智慧,认为其中蕴涵着丰富的辩证法思想。还引了毛泽东讨论中庸的说法,总结历史经验与教训。关于孔子礼制主张,也是反思"五四"以来批判儒家礼教的利弊,结合现代法治与德治的关系,对推行礼制的意义作出理论探讨。其他如对孔子宗教观、义利观、人才观、文化观、家庭伦理观以及治理国家的构想,都以丰富的史料为据,进行了综合考察和分析,提出了许多有独到见解的学术观点和认识结论。特别是第七章的内容,有华夏统一的主张,和谐社会的追求,为政以德的理念,原始民主的精华,任人以贤的路线,高超的执政艺术,值得现代当政者借鉴。

这些都是非常可贵的精神财富,是中国传统文化的优秀内容,也是世界文化的瑰宝。

　　书后还附录着《走近孔子》。我想走近孔子,需要研究孔子儒学的学者用通俗语言阐述孔子儒家的思想,还要加上生动活泼的古今中外的事例,对普通群众才有吸引力。道理深刻,能打动人心,启发智慧,移风易俗。易中天这么做了,于丹也这么做了,有更多的人这么做,儒学普及就会快一些,社会效果也就会更加明显一些。王恩来的《人性的寻找——孔子思想研究》是一本严谨的学术著作,内容翔实而丰富,读这本书,就不像听易中天演讲那么轻松,如果深入思考,也许收获会更大。对于学者来说,提高与普及,都是需要做的有意义的工作,都应该得到肯定与支持。

　　对于个人来说,学习儒学需要注重三个环节:一是认真读书,崇尚先哲;二是好学深思,心知其意;三是批判继承,身体力行。孔子说:"古之学者为己,今之学者为人。"为己之学,就是为了提高自己的素质而学习,不是为了让别人看的。这是儒家传统的素质教育。

　　以上个人不成熟的意见,用来表示对朋友的支持,滥充为序。

北京师范大学哲学与社会学学院教授、

国际儒学联合会学术委员会主任、

中华孔子学会副会长　周桂钿

丙戌年仲冬(2006年12月)

第三版序言

王恩来先生的《人性的寻找——孔子思想研究》自2005年首次出版以来，已经重印数次，行销海内外。此次再版，恩来兄雅意嘱我为序，我欣然接受。恩来兄大作初版时，我主事中华书局。是时，书局出版非专门从事学术研究的学者的著作，还没有先例。我在审读恩来兄的书稿后，觉得作者既对传统文化充满温情和敬意，又能跳出传统视域，站在当今时代的高度审视孔子和传统文化，是不可多得的佳作，便毅然决定出版。该书的一版再版，以及恩来兄在学术界影响力的不断增强（不久前，恩来兄当选国际儒学联合会理事），使我颇感欣慰。

孔子思想是中华民族精神的源头活水，构成中国传统核心价值理念的主体结构，也是千百年来中华民族生生不已自强奋进的生命智慧和创新的精神动力。历代学人对于孔子及其儒学精神价值的系统阐发，筑织成传统经学的核心内容和中国文化史的主体部分。中华文明与其他几大文明相比较得以绵延不绝的重要原因，正依托于浩如烟海的前人智力与智慧成果的持续阐释与创造性转化应用，包括对史学传统的尊重，也源于孔子"弘道"与"借鉴"的史学观。恩来兄此书对孔子思想的系统铨释及其学术创获，张立文、周桂钿先生两篇序文都有清晰的提示和彰明，我无庸赘言。阅读本次修订的书稿，我既看到恩来兄的用功之勤，也看到其治学的严谨。书稿不仅拓展了对孔子一些重要概念和范畴产生背景及传承情况的考察研究，深化了对一些问题的认识，而且根据一些新发现史料的研读和运用，修正了一些原有的认识，提出了一些创新性的认识和主张，当大有益于学术争鸣和繁荣。该书还有一个明显的特点，是"温故而知新"，用传统关照当下和未来。这也是我主事中华书局时，乃至对目前新闻出版事业所秉持的价值取向。

我觉得,在本书附录中收录的恩来兄为孔子诞辰2550年所作的纪念文章更有很精确的综述。孔子既是一贫苦出身的学者,宽厚博爱的仁人;也是一位率直无畏的诤友,循循善诱的师长;更是一位审时度势的君子,出类拔萃的贤人。一个鲜活的古代智者形象跃然纸上。每每看到这里,我便觉得,有关孔子的影视作品的编导们应该仔细拜读一下恩来兄的大作,或者请恩来兄作为顾问,以使这种更为大众化的传播行为有一种深厚历史感和学术依据。我知道,也有出版业同道一直热心于联络台湾蔡志忠先生与恩来兄联手出版一系列的漫画作品,我一直期盼着更多的文化界人士能够一睹大作,从中生发出更多的跨界融合的创新性产品,或者越洋跨海走向海外,让世界更全面更有雅趣的认知我们这位千古称诵的贤者智人。

　　在该书出版期间,经恩来兄同学吴江红的介绍有幸与他结识。十余年来,我们常常畅心晤面,听他讲不断重新认识了的孔子,我辈赏心悦耳,深觉学术追求无止无垠,深羡他繁忙工作之余别无他嗜,三十余年倾力于读书耕研,传播孔子思想和传统文化,并时有创获。我也常常引以为生活道路与职业生涯的榜样。

　　在大作出版十周年之际,欣闻中华书局又有意修订出第三版,以享学界之望与市场之需,故聊发数语,以记其盛。

李　岩

2014年12月22日

目　录

第一章　孔子的仁学体系

"仁"是孔子思想体系的核心范畴,也是儒家学说的基石。"仁"的概念虽在孔子之前即已产生并有所运用,但其基本内涵则来自孔子的发明。经过孔子终其一生的诠释和倡导,使"仁"由原始的道德概念上升到人之所以为人的归结,成为人道主义的基本内涵,礼乐文明的重要归依,政治建设的最高要求,伦理关系的行为准则,并由此构建了以人为本位的思想体系。孔子对仁爱精神的发明与传播,使人类对自身的认识得到升华,人的地位和价值得到彰显,也同时明确了人的责任、担当和作为,从而推进了从人的发现到人的自觉的历史进程。经过世代传承与滋养,"仁"已成为具有普适性和化成力量的人文范畴,积淀为中华民族的基本精神追求和核心价值理念。

一、"仁"字的出现及早期运用

对"仁"字,郭沫若先生曾如此判断说:"仁字是春秋时代的新名词,我们在春秋以前的真正古书里面找不出这个字,在金文和甲骨文里也找不出这个字。这个字不必是孔子所创造,但他特别强调了它是事实。"(《十批判书·孔墨的批判》,人民出版社1954年版,第75页)此判断的最后论是符合实际的,但也有不够准确之处。"仁"字早在殷商时期就产生了。甲骨文作⺅=(罗振玉《殷虚书契前编》2.19.1),金文作⺅(容庚《金文编》1310)。"仁"字在孔子之前的古书里也有所发现,但使用极少且内涵模糊。

"仁"在今文《尚书》中只有一见,即"予仁若考,能多材多艺,能事鬼神"(《尚书·周书·金縢》)。这是周武王得重病时,其弟周公旦请求先王让自己替代武王赴死的册祝之辞。对此一"仁"字,学者多有质疑。司

1

马迁在《史记·鲁周公世家》中引述周公此文为"旦巧，能多才多艺，能事鬼神"，无"仁"字，故一些注疏家将《金縢》中的"仁"视为衍字（清皮锡瑞《今文尚书考证》、王先谦《尚书孔传参正》），或认为其"仁"字当读为"佞"（俞樾《群经平议》）。笔者认为，衍字说的可能性是极大的。从多年来的考古发现看，包括《论语》和《老子》等在内的先秦典籍，在战国和秦汉时期有不同抄本，文字上的出入比较常见。司马迁是严肃的史学家，倘若其所抄录的原文中有"仁"字，当不会遗漏或改动。更值得注意的是，假如周公在武王死前已了解并运用了"仁"字，那么在其摄政后当不会再绝口不言；整部《尚书》仅此一个仁字，便显得有些凸兀而令人生疑。此外，在清华大学藏"战国竹简"的《金縢》篇中，记周公此言为"发也不若旦也，是年若巧，能多才多艺，能事鬼神"，其中亦无"仁"字。清华简的真伪尚在讨论中，录此备考。

"仁"在《诗经》中仅有两见，即"不如叔也，洵美且仁"（《郑风·叔于田》），"卢令令，其人美且仁"（《齐风·卢令》）。这两首诗中的"美"指形象，"仁"指品德，是没有问题的，但我们无法从中得知"仁"的内涵。尽管如此，用"仁"去概括一个人的好品德，对孔子无疑是有影响的，是孔子推行仁德的重要认识基础。

到孔子所处的时代，"仁"的使用日渐多了起来，这从《左传》和《国语》中即可看出（据笔者统计，前者28见，后者55见）。但这两部书均为孔子之后、战国时期的作品，其中有些仁字出自孔子，有些是后人对前人往事的评论，其余各见，则以"仁"与"不仁"的定性评论为多，或以事论仁，如《左传》中的"能以国让，仁孰大焉"（《僖公八年》），"幸灾，不仁"（《僖公十四年》），"出门如宾，承事如祭，仁之则也"（《僖公三十三年》），"恤民为德，正直为正，正曲为直，参和为仁"（《襄公·七年》）。这后面两条记录，已接近于给"仁"下定义了，但依然是以美好的德行释仁，尚不是对仁的基本内涵的概括和揭示。

还有一个值得注意的情况，即《左传》和《国语》作为战国时期的作品，特别是被称为"外传"的《国语》，作者在追述前人事迹和言论的时候，我们虽然应该相信其有所凭借，但有些内容也难免会掺杂作者或传述者的推想和附会，或将后人的某些认识和语汇用到前人身上。三国时期吴国的韦昭在为《国语》注释后撰写的《国语解叙》中，就开宗明义地指出：

> 昔孔子发愤于旧史，垂法于素王。左丘明因圣言以摅意，托王义以流藻。其渊源深大，沉懿雅丽，可谓命世之才、博物善作者也。其明识高远，雅思未尽，故复采录前世穆王以来，下讫鲁悼，智伯之诛、邦国成败、嘉言善语、阴阳律吕、天时人事、逆顺之数，以为《国语》。其文不主于经，故号曰"外传"。

韦昭所说的"因圣言以摅意，托王义以流藻"，即凭借圣人之言来表达意见，托名帝王之义来修饰文辞。这是战国至秦汉时期文史作家的共同特点，只是程度不同罢了。之所以出现这种情况，主要原因在于，上古史官记事十分简洁，被认为是经过孔子编修的《春秋》也是如此。在这种情况下，后世学者在为《经》作《传》，或试图更为详尽地展现历史画卷时，由于追述的历史事件年代久远、书证不足，就不可避免地要借助民间流传的口头资料及作者的推论和想象了。流传的东西虽不能一概怀疑，但也不能确信其完全真切。在这种"二度创作"的过程中，即使不是有意假借和托名，也难免受到作者所处时代话语体系的影响。这种情况，也体现在"仁"的运用上。例如，在《国语·晋语一》中，有晋献公夫人骊姬为废太子申生而立自己的儿子奚齐为嗣，听从与自己有私情的优施（给晋献公演滑稽戏的人）之计，在夜半时分向晋献公谮毁申生的一段话：

> 优施教骊姬夜半而泣谓公曰："吾闻申生甚好仁而强，甚宽惠而慈于民，皆有所行之。今谓君惑于我，必乱国，无乃以国故而行强于君。君未终命而不殁，君其若之何？盍杀我，无以一妾乱百姓！"公曰："夫岂惠其民而不惠于其父乎？"骊姬曰："妾亦惧矣。吾闻之外人言曰：为仁与为国不同。为仁者，爱亲之谓仁；为国者，利国之谓仁。故长民者无亲，众以为亲。苟利众而百姓和，岂能惮君？"

骊姬陷害太子申生和重耳、夷吾三兄弟，使自己的儿子奚齐被立为太子，史称"骊姬之祸"，在《左传》庄公二十八年、僖公四年中有比较具体的记载，但没有"优施教骊姬夜半而泣谓公曰"的情节。《国语》中晋献公听从骊姬之言派申生去讨伐狄国从而疏远申生一事，在《左传·庄公二十八年》中，是骊姬通过贿赂外嬖梁五和关东嬖五，让他们以强化国防、震慑戎狄为由说服晋献公的结果，比较可信。从诸多史料记载看，晋献公虽宠爱骊姬并有废掉太子申生而立奚齐之意，但作为"并国十七，服国三十八"的有为之君，当不会忌惮自己的儿子谋反篡位，骊姬也不会敢当面说申生强于献公，以此让献公废掉申生。《史记·晋世家》说"骊姬详誉太子，而阴令人潜恶太子，而欲立其子"，是合乎逻辑的。就是说，《国语》的这段记叙，从内容到情节都十分可疑。司马迁作为严肃的史学家，在撰写《史记·晋世家》时，就没有采用这种类似"小说家言"的材料。我们在考察孔子思想产生的历史背景时，亦应特别注意。

尽管存在上述情况，但"仁"字产生较早且在孔子之前即已有所运用，当是事实。用"仁"去概括人的美德，是孔子重视和推广仁德的重要基础和来源。

二、仁的基本内涵

"仁"作为道德范畴虽在孔子之前即已存在并有所运用，并对孔子有重要影响，但正如郭沫若先生所见，对"仁"的内涵给与界定并着力推行者，是孔子。仅在《论语》中，仁字就有109见。此外，在《左传》《孟子》、《荀子》和《大学》《中庸》等先秦典籍中，亦多有孔子论仁的记录，其中多系孔门弟子"问仁"和孔子对仁的内涵、表现及实现途径的阐释。这就表明，在孔子倡"仁"之始，社会上对"仁"的概念尚不十分清楚。后人对"仁"的认识和理解，也多来自孔子的阐发。《吕氏春秋》对先秦诸子有一概括："老耽贵柔，孔子贵仁，墨翟贵廉，关尹贵清，子列子贵虚，陈骈贵齐，阳生贵己，孙膑贵势，王廖贵先，儿良贵后。"（《审分览·不二》）其中的"孔子贵仁"，不仅准确地指认了"仁"是孔子思想体系的核心范畴，也肯定了孔子对"仁"的发明和推行之功。

孔子对"仁"有诸多阐释，其基本内涵，浓缩在他与樊迟的问答中：

樊迟问仁。子曰："爱人。"问知。子曰："知人。"（《颜渊》）

樊迟是孔子的学生，在《论语》中有五次向孔子求教的记载，其中三次问仁。孔子的回答,以此次最为简洁明了,也最能体现孔子对"仁"的基本认识。

"爱人"是仁的基本内涵,此一判断虽被多数学者认同,但也有不同看法。在任继愈先生主编的《中国哲学发展史》中就这样写道:"'仁'作为一种精神品质,它既包含多方面的伦理的道德的原则,又构成人们复杂的心理要素。由于'仁'的含义宽泛而多变,孔子关于'仁'的见解,便易于为人作种种不同的领会和理解。例如关于'克己复礼为仁'和'仁者爱人',便往往被认为二者的含义和精神无法调和。"(人民出版社1983年版,第182页)因为孔子对"仁"有不同的讲解便认为对其基本内涵和精神无法认知和把握,此论是很难令人信服的。孔子自己就曾说过:"吾道一以贯之。"(《里仁》)作为一名哲学家和思想家,对自己极为看重并一生着力推行的道德范畴,如果没有基本内涵和价值取向的把握,是不可想象的,也难以以其为核心,构成自己的逻辑体系。我们认定樊迟问仁时孔子回答之"爱人"是仁的基本内涵,就因为这一回答确实体现了孔子对仁的基本认识和一贯主张。

首先,孔子以"爱"释"仁",在《论语》中并非仅此一见。《阳货》篇记载,在孔子的学生宰予对当时通行的"三年之丧"提出质疑时,孔子愤然批评说:"予之不仁也! 子生三年,然后免于父母之怀。夫三年之丧,天下之通丧也。予也有三年之爱于其父母乎?"宰予对三年丧制的质疑无疑是正确的,对此,我们将在后面讨论;但孔子批评宰予"不仁",理由是他忘记了父母给他的"三年之爱",其以"爱"释"仁"是显而易见的。此外,在《孔子家语·王言》中,记有孔子"仁者莫大乎爱人,智者莫大于知贤,贤者莫大乎官能"的认识,可用来参阅。

其次,孔子对"仁"虽有诸多阐释,但均没有离开"爱人"的宗旨:

仲弓问仁。子曰:"出门如见大宾,使民如承大祭。己所不欲,勿施于人。在邦无怨,在家无怨。"(《颜渊》)

樊迟问仁。子曰:"居处恭,执事敬,与人忠。虽之夷狄,不可弃也。"(《子路》)

子张问仁于孔子。孔子曰:"能行五者于天下,为仁矣。""请问

之。"曰:"恭、宽、信、敏、惠。恭则不侮,宽则得众,信则人任焉,敏则有功,惠则足以使人。"(《阳货》)

　　子贡曰:"如有博施于民而能济众,何如? 可谓仁乎? "子曰:"何事于仁! 必也圣乎! 尧、舜其犹病诸! 夫仁者,己欲立而立人,己欲达而达人。能近取譬,可谓仁之方也已。"(《雍也》)

以上这些论述中反复强调的对人重视、恭敬、宽容、信实、慈惠,以及推己及人等,都是以爱人为宗旨的,是爱人的具体表现,包括实现途径和结果。

再次,在孔子那里,"爱人"不仅是"仁"的内涵,也是其最高的政治主张。他曾这样言道:"道千乘之国,敬事而信,节用而爱人,使民以时。"(《学而》)孔子还明确指认:"君子学道则爱人,小人学道则易使也。"(《阳货》)这里所说的"君子",便是居上位的当权者。此外,在《礼记·哀公问》中,有孔子屡言"古之为政,爱人为大"的记载。把"爱人"视为治国理念和学道的归结,乃至为政的首要任务,就充分体现了其"仁者爱人"的核心价值理念,是孟子"仁政"概念产生的基础和来源。

再其次,将"爱人"视为"仁"的内涵,在孔门后学和后世学人中已得到比较普遍的认同。子贡在回答孔子"仁者若何"的提问时,就直以"仁者爱人"答之(《荀子·子道》)。由孔门弟子和再传弟子编写的《易·系辞上》说:"安土敦乎仁,故能爱。"孟子说:"仁者爱人,有礼者敬人。爱人者,人恒爱之;敬人者,人恒敬之。"(《孟子·离娄下》)荀子说:"彼仁者爱人,爱人,故恶人之害之也。"(《荀子·议兵》)"仁,爱也,故亲。义,理也,故行。礼,节也,故成。"(《荀子·大略》)韩非子说:"仁者,谓其中心欣然爱人也。"(《韩非子·解老》)董仲舒说:"春者天之所以生也,仁者之君之所以爱也。"(《汉书·董仲舒传》)许慎说:"仁,亲也。从人从二","仁者兼爱,故从二"(《说文解字》)。韩愈说:"博爱之谓仁,行之宜之之为义;由是而知焉之为道。"(《韩昌黎集·原道》)邢昺说:"樊迟问仁,子曰爱人者,言泛爱济众,是仁道也。"(《论语注疏》卷十二)程子说:"仁主于爱。"(朱熹《论语集注》)明清以来的诸多注家和学者,也多持同样的认识。至于百姓对仁的认知,则更为简明,直以"仁爱"言之,并成为各类辞书对"仁"的基本释义。

需要特别指出的是,孔子对"仁"的解说虽"宽泛而多变",但主要包括这样几个方面:一是仁的内涵,如"爱人";二是仁的表现,如"使民如承大祭";三是仁的实现途径,如"克己复礼为仁";四是仁的实践结果,如"仁者不忧"。此外,孔子对仁的有些答问,是针对了求教者的缺点或实际情况,如"多言而躁"的司马牛问仁时,孔子以"仁者其言也讱"(《颜渊》)回答,属于因材施教。

孔子释仁的四个方面,是有内在联系的。如"克己复礼为仁",就来自其"人而不仁,如礼何"(《八佾》)的认识。在孔子看来,"仁"是"礼"的基础和准绳,一个人如果没有仁德,就不会正确对待和实行礼。同样,因为礼以仁为基础和准绳,是仁的外化和表现形式,故"克己复礼"就可达至仁的境界。缘此,孔子向鲁哀公进言时说:"古之为政,爱人为大。所以治爱人,礼为大。"(《礼记·哀公问》)把"爱人"视为行政的要务,把"礼"视为达致爱人的要务,二者关系是很明确的。以是观之,在"仁者爱人"与"克己复礼为仁"之间,并不存在对立乃至无法调和的矛盾。

三、仁的调节范围

孔子以"爱人"释仁,从而给"仁"这一古老的道德概念赋予了新的、明确的内涵。"爱人"这两个字虽说起来容易,但在春秋时期能够被提出,则并不简单。我们知道,在"神"或"上帝"的观念产生后,在相当长的历史时期内,"人"一直是超人主宰的附庸。在进入阶级社会之后,统治者的权力也被认为来自神授,即所谓"皇帝"和"天子"。至于广大民众,不仅没有独立人格和人权,甚至不被视为属人的存在。有考证认为,"人"的概念曾长期被少数贵族阶层所专用,而且这种状况一直持续到春秋时期。在孔子之前,作为类存在物的"人"的概念一直是不完整的,有相当一部分人不被当人看,当然也就不会产生人类之爱的认识。到孔子之时,由于生产力的发展和阶级关系的变化,特别是在大部分奴隶已经解放的情况下,给人类从总体上进行自我审视进而达到自我觉醒创造了条件。孔子作为来自社会底层并始终关注民众生存状况的思想家，就率先利用了这样的条件。

孔子所说的"爱人"是全称概念，以"爱人"为基本内涵的"仁"是调节人际关系的普遍范畴，孔子有明确解说："仁者，人也。亲亲为大。"（《中庸》）就是说，"仁"与"人"的概念是重合的，是所有人均应具有的道德情感，是"人"之所以为人的本质特征，也就是我们今天所说的"人性"。这既是对"仁"调节范围的界定，也可视为对"人"的定义。孟子将"恻隐之心"视为"仁之端"，认为"无恻隐之心，非人也"（《孟子·公孙丑上》），就在很大程度上体现了对此的理解。

孔子此论的被诟病处，是"亲亲为大"。有人将此解读为"爱有差等"，并用以质疑"爱人"的普遍性。这是逻辑错误。譬如，当我们说"爱吃水果，尤其爱吃苹果"时，"爱吃苹果"并不构成对"爱吃水果"的否定。所谓"亲亲为大"，是主张实行仁德要以亲亲为始、亲亲为要，与接下来所言之"义者宜也，尊贤为大"一样，是符合人的情感体验和取向的，均没有构成对"仁"与"义"普遍调节作用的否定，正所谓"亲亲而仁民"，"尊贤而容众"。孔子在教育弟子如何做人时，就明确了这样的路线：

> 子曰："弟子，入则孝，出则弟，谨而信，泛爱众，而亲仁。行有余力，则以学文。"（《学而》）

"泛爱众"就是博爱大众，这是无可置疑的。这段被后儒称之为"弟子规"的教诲，由内而外地倡扬了爱的主张，为弟子指明了成就事业、完美人生的道路。

对孔子"仁者爱人"中"人"的外延，在思想理论界也有不同理解。赵纪彬先生认为："'人'专指统治阶级，'爱人'的外延当亦限于统治阶级。"（《哲学史方法断想——从春秋的"人"概念看孔子"仁"的思想实质》，《哲学研究》1963年第1期）蔡尚思先生认为："从孔子的言论来看，'仁'是富有贵族阶级性的，是富有贵族特征的一种道德。……所以专就主体的一方面来说，其可以仿'礼不下庶人'一语而说'仁不下庶人'。'仁'确实是贵族包办的道德，和平民是不相干的。"（《孔子思想核心的面面剖析》，《中国哲学史论文集二集》，中华书局1965年版）任继愈先生认为："孔子提出的忠恕之道，仁的原则，只限于贵族，而不包括对待劳动者的平等关系。"(《中国哲学史》,人民出版社1979年版,第一册第72页)时至今日,固守上述认识和主张者虽日渐减少,但影响犹存,固仍有辨明之必要。

其一,孔子明确指认民众迫切需要仁德,并能够在为政者的示范下致力于仁德:

> 子曰:"民之于仁也,甚于水火。水火,吾见蹈而死者矣,未见蹈仁而死者也。"(《卫灵公》)

百姓需要仁德,更急于需要水火。往水火里去,我看见因此而死了的,却从没有看见践履仁德而死者。孔子因何讲这段话,文中没有交待。但从内容上看,似在批驳"民"不需要"仁"的意见。孔子还认为:"君子笃于亲,则民兴于仁。"(《泰伯》)如果在上位的人能用深厚的感情对待亲族,百姓就会致力于仁德。这两段论说中的"民"字均指百姓,是不容怀疑的。在1993年出土的郭店楚简《缁衣》中,记有孔子同样的主张:

> 子曰:"上好仁则下之为仁也争先。故长民者,章(彰)志以昭百姓,则民致行己以悦上。"

居上位者好行仁德,民众就会以其为楷模,争先恐后地去行仁德,以与君主的言行相符合。这段话,在《礼记·缁衣》中亦有记载,只是个别文字有所差异而已。据专家考证,郭店楚简中的儒家文本虽非一人一时之作,但大致完成于孔子之时至战国中期之前,是孔门弟子或再传弟子的著录,故其所记孔子之言是可信的。比较可见,"上好仁则下之为仁也争先"与"君子笃于亲,则民兴于仁",立意是一致的。有如此明确的记录在案,怎么能说孔子"爱人"的外延"当亦限于统治阶级"或孔子主张"仁不下庶人"呢?

其二,孔子明确要求统治阶层要施爱于民,并将其视为仁的表现。前面已经谈到,在仲弓问"仁"时,孔子以"出门如见大宾,使民如承大祭"作答。所谓"大祭",即天子的祭祖活动,是人对神、后人对先祖给予的礼遇。孔子要求统治者以祭祖一样的严肃敬畏态度"使民",并将其界定为"仁"的范畴,说明孔子的"爱人"不仅包括平民,而且要求极高。在《礼记·礼运》中,还记有孔子"人不独亲其亲,不独子其子,使老有所终,壮有所用,幼有所长,矜寡孤独废疾者皆有所养"的主张,表明了将家庭和家族内部的亲情扩大到他人和整个社会的意见,即所谓"泛爱众"。这种每个人均应得到人道对待的认识和主张,是前无古人的。

其三,孔子所说的"爱人"包括平民,也有自己的行为作证。仅在《论语·乡党》中,就有许多具体而微的记录,如孔子看见穿孝服的人一定改变神色以示同情;看见盲人一定有礼貌;朋友死了无人收敛,便主动承担料理其丧事。其中引用率最高的,是下面这段记叙:

> 厩焚。子退朝,曰:"伤人乎?"不问马。(《乡党》)

孔子的马棚失火,孔子从朝廷回来后,关心的是伤人与否而不问马。这里所说的"人",显系马夫、驭者之类。春秋时期,从事此职业者的地位仍十分卑微。鲁昭公七年(公元前535年,当时孔子十六岁),楚国大夫芊尹无宇的家奴逃至王宫,无宇在抓捕时被王宫和官员阻止,并被逮住送交楚王。无宇在与楚王理论时,就阐明了当时的等级构造:

> 天有十日,人有十等,下所以事上,上所以共神也。故王臣公,公臣大夫,大夫臣士,士臣皂,皂臣舆,舆臣隶,隶臣僚,僚臣仆,仆臣台。马有圉,牛有牧,以待百事。(《左传·昭公七年》)

从无宇的论说中可以看出,在当时的等级结构中,马夫牛牧不仅居社会最底层,甚至被排除在"人有十等"之外。而马匹不仅是私产,且十分贵重,历史上曾有"匹马束丝"换五名奴隶和以"三十田"换四匹马的记载(郭沫若《十批判书·古代研究的自我批判》,第35页、45页)。在这种情况下,孔子关心的是伤人与否而不问马,既体现了他对人的重视,也反映出其"爱人"的无等级界限。有人为了证明孔子的"爱人"不包括平民百姓,煞费心思地将"伤人乎"的"人"说成"养马之官"、"车上的贵族"或前来救火的士大夫,其动机显然已超出了学术讨论的范围。

有人不了解当时的社会背景,认为孔子关心他人生命甚于自己的畜牲,没什么值得记载和称道的。也有人用佛理批评孔子,说他只关心人的安危,不顾马的死活。为了回应这种批评,有些学者在断句上做文章,将"伤人乎?不问马"读为"伤人乎不?问马",即先问人,后问马。这种回护是完全没有必要的。任何人在自家的马棚失火后都会考虑到马的安全问题,那毕竟是家庭的重要财产;但孔子首先想到的是人而不是马,所体现的是作为仁者的大境界,这也是孔门弟子将其极珍视地记录下来的重要原因。至于对动物,孔子也是比较珍视的。孔子养的狗死了,让子贡去埋葬,就特别叮嘱说:"我听说过,破旧的帷幕不要扔掉,为了用来埋马;破旧的车盖也不要扔掉,为了用来埋狗。我孔丘很穷,没有车盖,但在封土时,也要给其盖上一张席子,不要让其脑袋直接陷在土里。"(《礼记·檀弓下》,另见《论衡·祭义》)孔子对动物所怀有的这种温情和敬意,是许多批评家所难以企及的。

其四,孔子使用的"人"字,除个别代指人才外,其余都是属类意义上的全称概念。有些学者以孔子在同一段话中分别使用人、民的概念,来证明二者代表不同等级。但从他们列举的事例看,却不足为凭。例如:

> 子路问君子。子曰:"修己以敬。"曰:"如斯而已乎?"曰:"修己以安人。"曰:"如斯而已乎?"曰:"修己以安百姓。修己以安百姓,尧、舜其犹病诸!"(《宪问》)

子路问怎样才能算是一个君子,孔子在其追问下递进地提出了三种境界:修养自己以获得别人的敬重,修养自己以使别人得到安乐,修养自己以使百姓得到安乐。朱熹在《集注》中这样注明:"人者,对己而言;百姓,则尽乎人矣。"就是说,文中的"人"与"百姓"是根据对象多寡而区别使用的,并非不同等级的概念。孔子认为,修己以安百姓,是尧舜那样的伟大人物也难以完全做到的,就更加证明了这种递进关系。再例如:

> 子曰:"道千乘之国,敬事而信,节用而爱人,使民以时。"(《学而》)

有学者认为,"节用而爱人,使民以时"是"人"、"民"对举章句,认为"爱人"指爱护官吏或统治阶层。其实,孔子这段话强调的是治理大国的三个要点,是"三者并举"而不是后两者的"对举"。"节用"是理财概念,统治者节用,就可以做到厚施薄敛,也就是"爱人"。朱熹在注此章时亦认为:"盖侈用则伤财,伤财必至于害民,故爱民必先于节用。"朱熹将其中的"爱人"作"爱民"解,是准确的。

实际上,孔子在使用"人"、"民"概念时,考察的只是语境、语言习惯及对象的多寡,并没有等级之分。他在称赞"管仲相桓公,霸诸侯,一匡天下,民到于今受其赐"的政绩时,认为"微管仲,吾其被发左衽矣"(《宪问》)。这就明确地把所有国人尽皆归之于受赐之"民"的范围。孔子的学生子路,还明确使用过"民人"(《先进》)的概念,用以指一个地方的百姓。可见,认为在孔子那里"人"与"民"有严格的阶级意义的区分,也是不符合实际的。

还有些学者以孔子的"君子而不仁者有矣夫,未有小人而仁者也"(《宪问》)为据,指认"孔子的'仁'确实是贵族包办的道德,和平民是不相干的"(蔡尚思《孔子思想核心的面面剖析》)。"这是说,'仁'这一道德品质是统治阶级(君子)的道德品质,被统治阶级(小人)是说不上'仁'的,他所讲的'仁'不包括劳动者。"(任继愈《中国哲学史》,第一册第70页)这些不仅与孔子的大量主张相悖,也不符合孔子此言之真意。孔子在使用"君子"与"小人"的概念时,有时指有位无位者,如"君子之德风,小人之德草"(《颜渊》);有时指有德无德者,如"君子成人之美,不成人之恶。小人反是"(同上);有些则指人的胸怀和境界的不同,如"君子坦荡荡,小人长戚戚"(《述而》)。其"君子而不仁者有矣夫,未有小人而仁者也"中的君子与小人系何指向,要结合其一贯认识和主张去参详,方可明确。

先从事实看,对春秋时期的当权者,只有管仲和子产被孔子称许为有仁德的人(详见《宪问》《左传·哀公三十一年》),而对其他执政者,孔子多评价不高,甚至认为是不足称道的"斗筲之人",连最次一等的"士"还不如(详见《子路》)。既然如此,怎么能认定只有他们才能实行仁德呢?而在孔门弟子中,被孔子认定为以德行著称的颜渊、闵子骞、冉伯牛、仲弓,均为出身卑微乃至贫困潦倒者。特别是颜回,孔子曾赞之曰:"回也,其心三月不违仁,其余则日月至焉而已矣。"(《雍也》)这是对颜回能坚守仁德的称许。假如孔子所言之"未有小人而仁者也"中的"小人"系指平民,此一称许便无法解释。

再从理论上看,如前所述,孔子认为"君子笃于亲,则民兴于仁"。换一种说法,即"君子之德风,小人之德草,草上之风,必偃"(《颜渊》)。这种上行下效的观点,从孔子起就成为儒家的一致认识。《大学》说:"尧、舜帅天下以仁,而民从之;桀、纣帅天下以暴,而民从之;其所令反其所好,而民不从。"按此推论,如果统治者具有仁德,民众就会效法,怎么能说仁德与平民不相干呢?

据此,我认为,孔子在这里所说的"君子"与"小人",是从道德和精神境界上划分的。孔子所褒扬的人格境界,依次是"圣人"、"仁人"和"君子"。在孔子的眼中,"君子"虽然是一种理想人格,但毕竟次于"圣者"和"仁者"。例如,孔子曾自认"君子":"子欲居九夷。或曰:'陋,如之何?'子曰:'君子居之,何陋之有?'"(《子罕》)但他却断然否认自己是圣人或仁人:"若圣与仁,则吾岂敢?抑为之不厌,诲人不倦,则可谓云尔已矣。"(《述而》)同样,孔子虽然称许其学生子贱和南宫适为君子(见《公冶长》《宪问》),但孔子并不认定他们为仁者。在孔子那里,不仅仁者与君子在境界上有高下之分,好仁、为仁与最终成为仁者,也有很大距离。以此解读孔子的"君子而不仁者有矣夫,未有小人而仁者也",即君子虽然也有不能达至仁者之境的,但小人却不会成为仁者。这是对仁德实践状况的分析,并非对仁德调节范围的界定。

综上可见,在孔子之前,虽有不把"民"视为"人"的状况存在,但在孔子那里是没有的。正因为如此,孔子"仁者爱人"的提出,才被视为"人的发现"而载入史册。

孔子从属类的意义上使用"人"的概念,其"爱人"系指所有人,这在孔门弟子和后来的儒家代表人物那里,均没出现近代以来有些学者那样的误解。以孟子为例,孟子说过:"舜,人也;我,亦人也。舜为法天下,可传于后世,我由未免为乡人也,是则可忧也。忧之如何?如舜而已矣。"(《孟子·离娄下》)孟子将自己与舜进行比较,对同样是"人"但差距很大感到忧虑,并提出了向舜学习的解决办法。对仁的调节范围,孟子也看得很清楚:"仁也者,人也。合而言之,道也。"(《孟子·尽心下》)"亲亲而仁民,仁民而爱物。"(《尽心上》)"天子不仁,不保四海;诸侯不仁,不保社稷;卿大夫不仁,不保宗庙;士庶人不仁,不保四体。"(《孟子·离娄上》)从"天子"到"士庶人"均应行仁,否则会各有所失。这就明白无误地指出了仁的普适性。此外,《大学》的作者也反复强调:"一家仁,一国兴仁"，"尧舜率天下以仁而民从之"。这些认识，与孔子是一脉相承的。至于韩愈的"博爱之谓仁"，邢昺的"樊迟问仁，子曰爱人者，言泛爱济众，是仁道也"，则代表了当世学人对此的认识。对孔子的"泛爱众"，朱熹在《论语集注》中注曰："泛，广也；众，谓众人。"由此我们也可以看到，"博爱"不仅并非西人的专利，而且在中国产生更早。

四、仁的立论基础

孔子之时，天命鬼神观念弥漫，人的力量和地位尚未获得应有认知，独立的"人"的观念比较淡薄。与此同时，宗法等级制度占统治地位，处于社会底层的民众虽社会地位有所提高，但很难被纳入人文关怀的视野，被文王、周公推崇的"敬德保民"思想亦日趋淡薄。在诸侯割据、争霸的过程中，统治者为了实现自己的利益和愿望，对外穷兵黩武，对内横征暴敛，动辄施以严刑峻法，使百姓灾难深重。齐相晏婴所看到的因滥施刖刑（砍掉脚的酷刑）而导致"国之诸市，屦贱踊贵，民人痛疾"（《左传·昭公三年》），就反映了这种情境。史家所盖言之"礼崩乐坏"，实指人性的缺失和人类精神家园的荒芜。在这种社会背景下，孔子踏上了人性的寻找和人类精神家园建设之旅。孔子以"爱人"释仁，并以"仁者人也"和"泛爱众"揭示了其根本性和普适性，不仅给道德和社会秩序重建注入了生机，也奠定了中华民族的基本精神价值。美国历史文化学者维尔·杜伦认为："道德在历史中的进步，不在于道德准则的改进，而在于适用范围的扩大。"（《东方的文明》，青海人民出版社1998年版，第65页）孔子是既有改进也有扩大。他倡"孝"贵"仁"，将家庭中的爱扩展为人类之爱，就体现了这种历史性的进步。

孔子之所以能做到这一点，主要来自以下五个方面。

（一）对民众疾苦的深切同情，是孔子推行仁德的道德情感基础

孔子出身贫苦。虽然其先祖从商汤到帝乙历代为王，但从其十四世祖微仲衍起，便逐步沦落。微仲衍是帝乙的第二个儿子，其兄微子启，其弟帝辛（商纣王）。因为微子启和微仲衍出生时其母为妾，立为妻后生纣，故在帝乙死后立纣为王，微子启和微仲衍为卿。武王伐纣后微子启主动降周，故在周公平叛武庚之乱后被封为宋国国君，微仲衍为宋卿。微子启死后，传位给微仲衍，微仲衍传子宋公稽，宋公稽传子丁公申，丁公申传子湣公共。宋湣公有两个儿子，长子弗父何，次子鲋祀，弗父何是孔子的十世祖。湣公不传子而传弟，是为炀公。鲋祀不服，杀掉炀公，让其兄弗父何继位，弗父何不接受，鲋祀乃自立，为宋厉公，弗父何为宋卿。弗父何四传至孔父嘉（孔子的六世祖），任宋大司马。孔父嘉妻子貌美，被宋戴公之孙、时任太宰华父督看上，借故杀掉孔父嘉并霸占了其妻，其子木金父（孔子的五世祖）被降为士。为避华氏之祸，木金父（一曰防叔）离开宋国到鲁国避难，孔子的先祖由此沦为平民。木金文四传至孔子的父亲叔梁纥。叔梁纥曾是鲁国军中的一名武士，有勇力，曾在鲁襄公十年的一次战役中力举城门救出被诱入城的鲁军将士而立下战功（详见《左传·襄公十年》）。直到鲁襄公十七年（孔子出生前四年），叔梁纥仍在鲁国军队中征战（详见《左传·襄公十七年》）。《孔子家语·本姓解》说，叔梁纥与颜征（孔子的母亲）结婚时任陬邑"大夫"，但在《左传》和《史记》中均无此记载。司马迁记"孔子生鲁昌平乡陬邑"（《孔子世家》）。"邑"在当时是农村最基层的组织："制鄙，三十家为邑，邑有司；十邑为卒，卒有卒帅；十卒为乡，乡有乡帅；三乡为县，县有县帅；十县为属，属有大夫。"（《国语·齐语第六》）就是说，叔梁纥即使在晚年担任过陬邑邑宰，也不可能进入"大夫"序列。

孔子出生不久其父亲就去世了。从孔子自述的"吾少也贱"（《子罕》）和司马迁的"孔子贫且贱"（《孔子世家》）看，其父亲既没给他留下什么身份地位，也没留下什么财产。孔子十七岁时，其母亲也故去了。这种贫苦出身，不仅使他能够深刻地了解下层民众的疾苦和要求，而且在感情上十分接近。他们《礼记·檀弓下》有这样一段记载：

　　孔子过泰山侧，有妇人哭于墓者而哀。夫子式而听之，使子路问之曰："子之哭也，一似重有忧者。"而曰："然。昔者吾舅死于虎，吾夫又死焉，今吾子又死焉。"夫子曰："何为不去也？"曰："无苛政。"夫子曰："小子识之，苛政猛于虎也。"

一户人家躲进泰山居住，有三人先后被老虎吃掉，却因没有苛暴的税收和劳役而不肯离开,遂使孔子得出"苛政猛于虎"的结论,并让弟子们记住这一结论。这些社会现实使孔子看到,"民之于仁也,甚于水火"(《卫灵公》)。出于义愤、情感和强烈的责任意识,孔子着力倡导统治阶层要"厚施薄敛"(《左传·哀公十一年》),"节用而爱人,使民以时"(《学而》),乃至要求统治者"使民如承大祭"(《颜渊》)。与此同时,孔子对统治者的贪婪和暴虐行为进行了无情的批评和讽谏。例如,鲁国的执政上卿季康子比周公还富有,而担任其宰臣的冉求(孔子的学生)还帮助他实施增税政策,引起孔子的强烈不满:"非吾徒也,小子鸣鼓而攻之,可也。"(《先进》)再例如,季康子想用杀戮的办法整治社会,孔子反对说:"子为政,焉用杀?子欲善而民善矣。君子之德风,小人之德草,草上之风,必偃。"(《颜渊》)此外,孔子反对战乱,渴望"胜残去杀",对拿百姓生命当儿戏的行为表示反对:"以不教民战,是谓弃之。"(《子路》)这些事例和言论表明,对民众疾苦的深切同情,是孔子打破等级界限推行仁德的感情基础。

(二)对人及人性的考察和认识,是孔子推行仁德的思想理论基础

春秋时期是等级社会,世卿世禄制占统治地位。这种制度的产生和存续,除统治阶层凭借权力予以维护外,一个重要的理论支撑就是传统的天命观和血统论。持这种观念的人认为,人的知识才能、吉凶祸福和社会地位,均来自天命或神的意志,而且"贵贱不愆"即不可改变。以此为认知基础,在处理天人、神人关系时,就强调人对天、神的依附;在处理人际关系时,就强调等级界限,承认阶级压迫的合理性。这些认识和主张,在孔子那里已有很大改变。

孔子对天命和鬼神的认识,我将在第四章进行详细分析。简要地说,孔子对"天命"虽不完全否定,并主张"知天命"(《为政》)、"畏天命"(《季氏》),但他不言"天道"也不语怪力乱神,并断定"天不言"而四时照样运行,万物照样生长(《阳货》),不再将"天"视为人格神意义上的最高主宰。特别是在讨论社会兴衰、政治存亡和人的发展时,他虽然也承认有客观强制力的存在,即所谓"命",但更多强调的是人的作为和人的独立意志,如"为仁由己"(《颜渊》),"为政在人"(《中庸》),"自古皆有死,民无信不立"(《颜渊》),"人能弘道,非道弘人"(《卫灵公》)。这些认识,明确地把人视为自身和人类社会的主宰,是以人为本思想的滥觞。同时,孔子虽然没有摒弃"鬼神"的概念,实际上却并不相信鬼神存在,提出了"务民之义,敬鬼神而远之"(《雍也》)的主张。这是使人从神的统治下解放出来的宣言。缘于上述认识,孔子得出了"天地之性(生),人为贵"(《孝经·圣治章》)的结论。在天地所生万物中人最为珍贵,这是从属类的意义上对人的价值、作为和地位的肯定。正因为有了这样的肯定,才能产生自重自爱的观念,才能提出"爱人"和"泛爱众"的主张。因此,当我们说孔子的仁道是"人的发现"时,"仁"就成为哲学范畴了,是对此前所有宗教和伦理思想的超越。

孔子不仅肯定人的价值和作为,而且对人性进行了考察。孔子发现,人的性情本来是相近的,只是由于后天习染的不同,才相距悬远:

子曰:"性相近也,习相远也。"(《阳货》)

孔子将"性"与"习"分开,说明他在这里所说的"性"系指与生俱来的东西,用告子和荀子的话说,即"生之谓性"(《孟子·告子上》)和"生之所以然者谓之性"(《荀子·正名》)。在目前发现的最早《论语》抄本定州汉墓竹简《论语》中,"性相近"为"生相近"。虽"生"、"性"古通,但"生相近"更能表明生来具有之义,亦可证明子贡"夫子之言性与天道,不可得而闻也"(《公冶长》)所言不虚。与生俱来的秉性加上后天习染,等于人的实际状况。

孔子认为与生俱来的人性相近,这在天命观和血统论占统治地位的时代,是十分大胆的判断,是孔子在人性的寻找中获得的重要发现。这是因为,无论人们对人性做何种理解,只要从普遍的意义上承认人与生俱来的秉赋相近,就会使等级制和阶级压迫赖以存在的基础发生动摇;这种认识的进一步发展,就会产生人生而平等的观念,从而给其推行人类之爱找到更为充分的理论根据。

孔子"性相近也,习相远也"命题中具有的人生而平等的意蕴,在构筑其仁学体系的过程中发挥了重要的主导作用:既然人性相近,人与人之间没有天生的等级差别,就不应该互相歧视和倾轧,而应该互相尊重,互相关爱,和谐共处;既然人性相近,人与人之间的差异是后天教育、实践和环境影响形成的,每个人就都有受教育和实践选择的权利,有根据个人德能而不是出身贵贱被选拔任用的权利。他在道德实践中提出的"己欲立而立人,己欲达而达人"和"己所不欲,勿施于人",在教育实践中提出的"有教无类"和"当仁不让于师",在政治生活中提出的"从先进"和"使民如承大祭",都无不体现了这样的思想。可见,孔子对人和人性的认识,是孔子打破等级界限推行仁德的理论基础。

(三)对人的社会性的考察和认知,是孔子推行仁德的社会实践基础

孔子始终坚信人的社会性,在一些隐士劝其远离社会现实时,孔子回应说:"鸟兽不可与同群,吾非斯人之徒与而谁与?天下有道,丘不与易也。"(《微子》)我们既然不可以同飞禽走兽群居在一起,若不同人打交道,又同什么去打交道呢?这种仿佛是在无奈之下做了次一等选择般的话语,不仅是把"人"作为类的存在而与动物区别开来的论断,也是个人不能离开他人和群体而独处的认识,是对其积极入世理由的说明。

人必须与同类相处而不能与鸟兽为伍,来自人的社会化程度不断提高的实际。在夏、商王朝建立后,社会的组织化程度便不断提高。特别是西周政权建立后,为强化中央对地方的统治而大搞封建制,实现了"溥天之下,莫非王土;率土之滨,莫非王臣"(《诗·小雅·北山》)的政治格局和以土地为枢纽的新的生产关系,社会分工也更加明晰。这不仅使社会组织更加严密,也使人与人之间的联系增多,互补和协作性增强,在促进智力开发和技能提高的同时,提高了应付自然灾害和抵御外部力量的能力。社会化是一柄双刃剑,它在有利于人的生存发展、有利于生产力水平提高的同时,也使人与人、个人与群体、群体与社会组织之间的矛盾、摩擦和冲突增多。特别是春秋时期,由于王室衰微、诸侯国实力的增强和新兴力量的崛起,各种矛盾冲突加剧。史家常说的"礼崩乐坏",不仅仅指礼乐形式的瓦解,更重要的是信仰危机、价值取向迷失和由此而产生的社会秩序混乱及人的行为失范。被孔子批评的僭越、不孝、无信和滥施武力刑罚等行为,以及像"楚狂接舆"、"长沮"、"桀溺"(均见《微子》)等玩世不恭、消极避世者的大量出现,实则反映了社会转型期人们心理失衡、选择错位、角色冲突和人格分裂等诸多问题。在这种情况下,社会是向前进还是向后退,就成为有文化的知识阶层关注和思考的问题。春秋时期的一些隐士，以及后来形成的道家学派，都以远离社会、减少人与人之间的联系甚至遁入山林与鸟兽为伍，作为解决社会病的途径。孔子对他们的心态虽表示了一定程度的理解，并有过"贤者辟（避）世，其次辟地，其次辟色，其次辟言"（《宪问》）的评论，但没有做出与之同样的选择。在孔子看来，社会化是不可逆转的大势，想回到与鸟兽为伍的原始状态，既不可取，也不可能。于是，他毅然选择了主动参与社会变革、解决社会矛盾、推动社会前进的道路。一句"天下有道，丘不与易也"，既表现了他的责任感，也表明了他的决心和信念。

人不能离开社会而独存，是人类在摆脱自然状态走向社会化之后的理性认知，是人类自我认识的进步。作为社会中人，当然也有生存压力，乃至来自人际的压迫和伤痛，但利大于弊。而且，社会化一旦形成，便是无法逆转的。希望退回自然状态、在自然状态中获得更好的人生境况，是浪漫而不切合实际的幻想。古今中外均不乏出世的主张，但真的隐士极少，且不能完全与现实社会脱离干系。孔子之时，有诸多"隐士"对孔子的积极入世进行讥讽或劝导，说明他们依然保持着对世事的关注，根本"俗气"未消；老子倡导绝仁弃智、返朴归真，却留下五千言来展示他的智慧，其所秉持的"三宝"即"一曰慈，二曰俭，三曰不敢为天下先"，所关照的也并非个体存在而是社会生活的信条。也有真的隐士。陶渊明"不堪吏职"或不肯"为五斗米折腰"而归隐田园，就体现出清高劲节并被后人所景仰。但其"采菊东篱下，悠然见南山"（《饮酒》其五）的诗性生活并不长久，甚至有过"饥来驱我去，不知竟何之。行行至斯里，叩门拙言辞"（《乞食》）的艰辛和苦涩，并在"南圃无遗秀，枯条盈满园。倾壶绝馀沥，窥灶不见烟"（《咏贫士》其二）中结束了自己的一生。他在辞世前的《自祭文》中，发出了"人生实难，死如之何"的慨叹。这虽非悔意，但也让人从中知晓，在社会化的语境下，天下并无他所畅想的世外桃源。

社会化是一种强大的力量，它要求人们只能前进而不能后退，只能适应而无法逃避。所谓"看破红尘"的归隐和"返朴归真"的劝说，对社会有批判作用，对人有心理调适作用，对某些个人有自我保护或青史留名的作用，却不可能成为社会的主流意识或国家的政策主张。这是因为，社会化

是对自然状态的进步。法国启蒙运动领袖卢梭在其《论人类不平等的起源的基础》中,对自然状态中人进行了如下描述:

> 我们可以作出这样的结论:漂泊于森林中的野蛮人,没有农工业,没有语言,没有住房,没有战争,彼此间也没有任何联系,他对于同类既无所需求,也无加害意图,甚至也许从来不能辨认他同类中的任何人。这样的野蛮人不会有多少情欲,只过着无求于人的孤独生活,所以他仅有适合于这种状态的感情和知识。他所感觉到的只限于自己的真正需要,所注意的只限于他认为迫切需要注意的东西,而且他的智慧并不比他的幻想有更多的发展,即使他偶尔有所发明,也不能把这种发明传授给别人,因为他连自己的子女都不认识。技术随着发明者的死亡而消灭。在这种状态中,既无所谓教育,也无所谓进步,一代一代毫无进益地繁衍下去,每一代都从同样的起点开始。许多世纪都在原始时代的极其粗野的状态中度了过去;人类已经古老了,但人始终还是幼稚的。(商务印书馆1962年版,第106—107页)

这种回顾特别是最后的结论,虽让人感到有些诧异和悲凉,但事实必定如此。自然状态中人只有繁殖,无所谓教育和进步。要求回到这种状态,是对人类自身的反动。

社会化既然是不可逆转的大趋势,就要从积极的方面去解决社会化带来的问题。在任何社会,人际间的冲突和摩擦都是不可避免的。减少冲突,降低社会摩擦成本,既是法律、制度和国家机器的任务,更是道德建设的目的。道德建设当然需要许多具体的行为规范,但倘若没有普适性或普世意义的道德和文化概念,就无法实现更大范围的凝聚,无法发挥道德的普遍调节作用。孔子将"仁"这一古老的道德概念拈出,用"爱人"和"泛爱众"界定其内涵,用"仁者人也"来说明其属人的本质特征和普遍价值,就给建立人际和谐的社会找到了有说服力和恒久价值的理念。美国学者安乐哲和罗思文在诠释孔子"仁"的概念时就指出:

> "仁"并不是一个难以理解的字:它由"人"、"二"两字合成。

这种语源学分析更加印证了孔子的观点:一个人不可能自我为人。也就是说,从出生起,我们就不可避免地社会化。对此,芬加勒特

（Herbert Fingarette）曾言简意赅地指出：“孔子认为，如果世界上只有不到两个人的话，便没有人存在。”

“仁”是指一个完整的人而言，即：在礼仪角色和人际关系中体现出来的，后天所获得的感性的、美学的、道德的和宗教的意识。正是人的“自我领域”，即重要人际关系的总和，使人成为完全意义上的社会人。（《〈论语〉的哲学诠释》，中国社会科学出版社2003年版，第48—49页）

这两段文字，在许慎“从人，从二”的语源学分析基础上，以“一个人不可能自我为人”，揭示了孔子倡导仁德的社会学根据和哲学意蕴，特别是在社会化过程中成就完美人格的动机和目的。安乐哲和罗思文，包括文中谈到的芬加勒特，是上个世纪中下叶以来海外研究中国哲学的著名学者，他们对孔子推行仁德认识来源的解说，简明而深得其要。

（四）对统治集团的行为规范，是孔子推行仁德的政治实践基础

早在孔子之前，就产生了规范统治者权力义务和君民关系的认识和主张。传说中的五帝之一尧在将帝位禅让给舜时就说：“咨！尔舜！天之历数在尔躬，允执其中。四海困穷，天禄永终。”舜在传位给禹时，也给出了同样的告诫（《尧曰》）。这段话的意思是，上天的大命已经落在你身上了，诚实地执持那中正之道吧！假若天下的百姓都陷于困苦贫穷，上天给你的禄位也就永远地终止了。这就把天意与民意、统治者利益与民众利益紧密联系起来了。孔子以此授徒，其弟子将其收入《论语》，均体现了对这一执政理念的重视和认同。因此，在鲁哀公问政于孔子时，孔子回答说：“政之急者，莫大乎使民富且寿也。”（《孔子家语·贤君》，又见于《说苑·政理》）孔子还告诫鲁哀公说：“古之为政，爱人为大。不能爱人，不能有其身；不能有其身，不能安土；不能安土，不能乐天；不能乐天，不能成其身。”（《礼记·哀公问》）将爱人利民视为最高的政治主张，就不仅明确了统治者的职责所在，也厘清了尽此责任与成就统治者自身功名的关系，并以此来增强其说服力。

有些学者认为，孔子推行仁政，主张富民、惠民和安民，是为了缓和阶级矛盾以维护统治阶级的利益，并因此反对给孔子及其仁学以应有的肯定和评价。这里面实际上存在一个认识上的误区,即把统治者、国家政权与人民群众截然分开并对立起来,认为只要是为前者谋划并对前者有利,就是对后者的背叛或欺骗。这种认识和思维方式,完全来自斗争哲学的影响,并低估了古人的境界。《左传·文公十三年》记有一则史事,就体现了此一境界:

> 邾文公卜迁于绎。史曰:"利于民而不利于君。"邾子曰:"苟利于民,孤之利也。天生民而树之君,以利之也。民既利矣,孤必与焉。"左右曰:"命可长也,君何弗为?"邾子曰:"命在养民。死之短长,时也。民苟利矣,迁也,吉莫如之!"遂迁于绎。

> 五月,邾文公卒。君子曰:"知命。"

邾文公是邾国国君,在位五十二年。他为了迁都绎地而占卜吉凶,史官说:对百姓有利而对国君不利。邾文公说:如果对百姓有利,也就是我的利益。上天生育百姓并为他们设置君主,就是用来给他们利益的。百姓既然得到利益了,我也一定在其中。左右随从说:寿命是可以延长的,君王为什么不去做?邾文公说:活着就是为了抚养百姓。而死的早晚,在于时运。如果对百姓有利,就迁都,没有比这更吉利的了!于是就迁都绎地。这年五月,邾文公去世。"君子"对此评价说:邾子知命。

邾文公虽是小国之君,史料中也没有更多记载,却是我国历史上对君民关系认识最正确而且实践最彻底的君主。其"天生民而树之君,以利之也"的认识,就是对君主和国家权力存在必要性与合理性的杰出论断,读之令人动容。有人会以迁都后"邾文公卒"来证明巫史之卜的准确。其实,从邾文公在位五十二年推算,在迁都时年龄已然不小;同时,迁都不是一件小事,对年事已高的国君来说,操劳此事于健康当然是不利的。史官"利于民而不利于君"之言,当然是把准了这一"脉门"才说的。作为邾文公,对此岂能无所预料?但以"养民"为使命,以"利民"为大吉,故慷慨赴之。《左传》的作者引"君子"的评论说:"邾子知道天命。"文中的"君子",有人认为就是孔子。无论是谁,都表明了对邾文公此言此行的敬仰。

国家和国家权力行使者的存在既然是必要的、合理的,我们在评价某一思想家或历史人物时,就不能以他是否为统治者或国家政权服务为判断标准,而在于他以什么样的态度、主张和取向,去维护什么样的统治。孔子将"使民富且寿"视为"政之急者"即最紧迫的任务,将"爱人"作为最高的政治主张并用以规范统治集团的行为,态度是极真诚的,于是才有了"道千乘之国,敬事而信,节用而爱人,使民以时"(《学而》)和"使民如承大祭"(《颜渊》)等一系列具体的政治主张。这是孔子打破等级界限推行仁德的政治追求和实践基础。

(五)对未来社会的美好憧憬,是孔子推行仁德的理想基础

在《礼记·礼运》中,有孔子关于"大同"和"小康"社会的描述。尽管有人认为是假托孔子之口,却比较真实地反映了孔子的理想和主张。其中的"大道之行也,天下为公,选贤与能,讲信修睦。故人不独亲其亲,不独子其子,使老有所终,壮有所用,幼有所长,矜寡孤独废疾者皆有所养",实际上就是孔子对未来社会的美好憧憬,包括对社会政治和人际关系发展演变的期盼。这是一个宏大的目标。要实现这一愿望,就必须使仁德广泛地深入人心并化为每个人的自觉行动,即所谓"己欲立而立人,己欲达而达人"。可以看出,对社会进步的长远考量,是孔子打破阶级界限推行仁德的强大精神动力。

五、仁的精神底蕴

孔子倡导仁德,是以其对人和人类社会的深刻认知为基础的。他以哲学而非神学的态度去诠释其"仁"的主张,把"爱"看成人和社会的普遍欲求,施爱于人也来自客观认知基础上的主观自觉,并且认为,在现实生活中,人们要靠自己及他人的帮助来解决问题,而不是靠神的力量。孔子把"仁"视为人的基本属性,视为可用个体生命去维护和换取的东西,即"志士仁人,无求生以害人,有杀身以成仁"(《卫灵公》),说明孔子已不再相信外缘拯救,实现了"人"作为"类"的存在的自我反思、自我觉醒和自我超越。具体分析,表现在以下五个方面。

(一)人本思想

人本思想是在民本认识的基础上产生的。孔子之前,在西周和春秋时期部分政治家那里,已有民本主义的思想萌芽。如"皇天无亲,惟德是辅。民心无常,惟惠之怀"(《尚书·周书·蔡仲之命》),"民之所欲,天必从之"(《左传·襄公三十一年》引《泰誓》)等。这些认识,大多是从政治的角度对民众力量的承认,并以"天"的认同为支撑。孔子继承了这些思想,但褪去了天命神权的色彩,其"自古皆有死,民无信不立"(《颜渊》),就直接肯定了民意和民众力量对政权存废的决定性作用,是民本主义的政治极言。在此基础上,孔子从哲学的视域对"人"的地位和作为进行了考察:

子曰:"天地之性(生),人为贵。"(《孝经·圣治章》)

在天地所生万物之中,人是最珍贵的。这一结论,在《郭店楚简语丛一》中有同样的记录:"天生百物,人为贵。"这一被认为出自孔门弟子或再传弟子的著录,与《孝经》所记可相互印证。孔子之时尚无上帝造人的神话,其所言之"天生"或"天地之生",就显系自然的概念。大自然是生命的渊薮,亦是人类的摇篮。此一朴素直观的认识,被后来的生物进化理论证明是符合实际的。

孔子认为人在天地万物中最为珍贵,是对人的价值的充分肯定。这一结论,使人类首次认识到自己在自然万物中的重要地位,从而在理论上否定了此前存在的各种异化主张和异化行为,使人能够挺直脊梁立于天地之中。《中庸》的作者在阐述诚意尽性的问题时指出:"唯天下至诚,为能尽其性;能尽其性,则能尽人之性;能尽人之性,则能尽物之性;能尽物之性,则可以赞天地之化育;可以赞天地之化育,则可以与天地参矣。"人能够帮助天地化生万物,所以能够与天地并立而为三。这一认识,对中国传统思想文化影响至深。董仲舒说:"天地人,万物之本也。天生之,地养之,人成之。"(《春秋繁露》卷六《立元神第十九》,中华书局1975年版,第209页)这是对人"可与天地参"的解说。这些认识,不仅肯定了人的地位,增强了人的自信,也明确了人应具有的品质、责任和担当。孔子在推行孝道时说:"今之孝者,是谓能养。至于犬马,皆能有养;不敬,何以别乎?"(《为政》)将"养"与"敬"视为动物与人对待父母的区别,就在贵人的同时,对人提出了更高的要求,并引发了后来的"人禽之辨"。孟子反对"率兽而食人",反映了人有高于禽兽价值的观点,否定了把人不当人看的野蛮统治；荀子指出："水火有气而无生，草木有生而无知，禽兽有知而无义，人有气、有生、有知，亦且有义，故最为天下贵也。"（《荀子·王制》）荀子还进一步论证说："人之所以为人者，非特以二足而无毛也，以其有辨也，今未狌狌形笑，亦二足而（无）毛也，然而君子啜其羹，食其胾。故人之所以为人者，非特以其二足而无毛也，以其有辨也。夫禽兽有父子而无父子之亲，有牝牡而无男女之别，故人道莫不有辨。"（《荀子·非相》）所谓"有辨"，即有思想和情感，有分辨识别能力。这些在今天看来比较简单的认识，在当时则具有十分重大的意义，是人本思想的肇始。

人讲情感，能分辨识别，用今天的话说，就是有智慧和思维能力。恩格斯讲过，思维是地球上最美丽的花朵。十七世纪法国科学家、思想家布莱兹·帕斯卡尔在其《思想录》中这样写道："人只不过是一根芦苇，是自然界最脆弱的东西；但他是一根能思想的芦苇。……我们全部的尊严就在于思想。"人有思想，能认识客观世界，也能认识自己，所以才能成就其伟大。对此，孔子师徒有一个很好的概括，即"观乎天文，以察时变；观乎人文，以化成天下"（《易·贲·彖辞》）。所以，孔子得出了另一重要结论：

子曰："人能弘道，非道弘人。"（《卫灵公》）

在中国古代，"道"是十分重要的形而上的概念，但具体认识多有不同。在道家那里，"道"被指认为天地万物的全能本体，是不可名状的神秘存在："有物混成，先天地生。寂兮寥兮，独立不改，周行而不殆，可以为天下母。吾不知其名，字之曰道。……人法地，地法天，天法道，道法自然。"（《老子》第二十五章）"道生一，一生二，二生三，三生万物。"（《老子》第四十二章）此学说产生或流传于战国中后期，与孔子所言之"道"没有多少关联。在孔子之前，社会上流行的"道"是"天道"，是上帝意志的体现，可操纵人事。从西周起，这一认识便不断受到质疑，至子产，则提出了天道与人道不相及的认识："天道远，人道迩，非所及，何以知之？"（《左传·昭公十八年》）这种认识虽然也有其局限性，但对淡化传统的天命观和破除迷信，是有积极意义的。

孔子也非常重视并经常使用"道"的概念，甚至认为"朝闻道，夕死可也"（《里仁》）。如果早上闻知"道"，既使晚上就死去，也可以满足了。如此重要的"道",当然不会是一般的知识和道理,而带有根本性、超越性和形上性。因为孔子"贵人"且不谈"天道",亦"不语怪、力、乱、神"(《述而》),故这里的"道"不可能是神秘而虚悬的概念。《中庸》引孔子的话说:"道不远人。人之为道而远人,不可以为道。"这就将"道"视为由人去认识和把握并用之于人的东西了。《孟子·离娄上》引孔子的话说:"道二,仁与不仁而已矣。"这就更进一步地把"道"视为属人的范畴,使"道"成为人文精神的抽象和提炼,而并非如道家所见,是高悬于天、地、人之上,可不借人力而自然流行的神秘存在。

无论怎样解释,"人能弘道,非道弘人"都是把人视为自身发展的力量和文明创造的主体,是一种彰显人的能力和作为的认识。孔子的"道",当然没有排除对自然理趣和客观强制力的承认,即"道之将行,命与;道之将废也,命与"(《颜渊》)。但他主张在"知命"的基础上尽己所能推行人道、实现人的自身利益和价值,意见是十分鲜明的。

"天地之性(生)人为贵"和"人能弘道非道弘人",是人本思想产生和形成的重要基础,也是标志性的认识成果。以人为本思想理念的提出,不仅松懈了天命神权对人的桎梏,也是对西周以降民本思想的重大提升。民本思想是从政治的角度对民众力量的肯定,调节的是统治者与民众的关系,体现的是工具理性;人本思想是从属类的意义上肯定"人"的整体价值,调节的是人与神、人与自然的关系,体现的是价值理性。这一发展变化的意义是十分重大的:只有认识到人是天地间最为珍贵的存在,才能从属类的意义上生成"仁者爱人"的理念;只有从属类的意义上接受并践行"仁者爱人"的理念,才能真正做到以人为本,既尊重自己,也尊重别人,进而实现人的自重和自爱。对此,孔子与子路、子贡和颜回有一段对话,可比较充分地体现这一点:

> 子路入,子曰:"由,知者若何?仁者若何?"子路对曰:"知者,使人知己;仁者,使人爱己。"子曰:"可谓士矣。"

> 子贡入,子曰:"赐,知者若何?仁者若何?"子贡对曰:"知者知人,仁者爱人。"子曰:"可谓士君子矣。"

> 颜渊入,子曰:"回,知者若何?仁者若何?"颜渊对曰:"知者

自知,仁者自爱。"子曰:"可谓明君子矣。"(《荀子·子道》)

孔子以如何表现才可称之为"智者"和"仁者"考试他的三名高徒,三人的回答虽均得到孔子的肯定,却体现出不同的层次和境界。

子路"知者,使人知己;仁者,使人爱己"的回答,体现了士阶层积极进取的意识,不能以自私自利解。孔子说过:"不患莫己知,求为可知也。"(《里仁》)不怕没有人不知道自己,去追求足以使别人知道自己的本领好了。这便是"知者使人知己"的内涵。"仁者使人爱己"也是一样,要得到别人的关爱,自己就要有可爱之处。在子路问怎样才能算是一个君子时,孔子递进地提出了三种境界:"修己以敬""修己以安人"和"修己以安百姓"(《宪问》)。所谓"修己以敬",就是修养自己以得到别人的敬重。正是缘于对这种因果关系的认识,尽管子路以"仁者使人爱己"为取向,也得到孔子的肯定,认为子路可以称得上儒士了。

子贡的"知者知人,仁者爱人",与孔子的普遍主张是一致的。前者来自孔子的"不患人之不己知,患不知人也"(《学而》),后者则是樊须问仁时孔子给出的答案,体现了子贡对老师的信服和遵从。知人难,爱人更需要有利他的自觉意识,有推己及人的境界,故孔子给予了高于子路的评价,认为子贡可以称为士中的君子了。

颜渊的"知者自知,仁者自爱",意境十分高远。孔子主张爱人,非一时一事或一个方面的表现,而是推己及人的韧性坚守,即所谓"君子无终食之间违仁,造次必于是,颠沛必于是"(《里仁》)。这是从正面讲的。从反面说,孔子认为:"不仁者不可以久处约,不可以长处乐。"(同上)没有仁德的人之所以不能长久地居于穷困或安乐之中,是因为长久的穷困会使其失去操守,长久的安乐会使其失去志向。颜回就是孔子树立的穷不失志的典型。孔子评价颜回说:"贤哉,回也!一箪食,一瓢饮,在陋巷,人不堪其忧,回也不改其乐。贤哉,回也!"(《雍也》)"回也,其心三月不违仁,其余则日月至焉而已矣。"(同上)这种穷不失志和对仁德的坚守,非"自爱"者不能。更为重要的是,颜回所言之"自知"和"自爱",与孔子所主张的"反求诸己"一样,是把自身当做观察和思考的对象,体现了人的自觉。有了这种自觉,既可知如何"使人爱己",亦可懂得如何"爱人",进而人己合一，形成无疆之大爱。就是说，"自爱"是跳出个人的一己身份和视域作为"人"的自我珍重，是对人类之爱更高层次的认知，是人之所以为人的大境界。用美国心理学家马斯洛提出的"需求层次理论"衡量，可视为"尊重需要"和"自我实现的需要"。人贵有自知之明，更贵有自爱之诚。颜回深知此理，深明此境，故其超越常人的回答得到孔子最充分的肯定，认为颜回可以称为明达的君子了。

《荀子·子道》的这段记载虽未引起后世学人的足够重视，却是我们认识孔子和儒家仁学精神极珍贵的史料。

（二）人道主义

孔子讲"仁者人也"，又说"道二，仁与不仁而已矣"，故其所言之"道"就是"仁道"，"仁道"就是"人道"。"仁道"的本质，是每个人都要把自己当成人，也要把别人当成人，提倡尊重人、关怀人、爱护人，这是人道主义的肇始。对此，孔子不仅提出了明确的主张，也有比较充分的表现。

首先，孔子反对战争和杀戮，珍视人的生命：

> 卫灵公问陈于孔子。孔子对曰："俎豆之事，则尝闻之矣；军旅之事，未之学也。"明日遂行。（《卫灵公》）

> 季康子问政于孔子曰："如杀无道，以就有道，何如？"孔子对曰："子为政，焉用杀？子欲善而民善矣。君子之德风，小人之德草。草上之风，必偃。"（《颜渊》）

作为一生研究政治的人，孔子当然懂得军事和刑罚在治理国家中的重要作用——这一点将在本书第七章详细讨论。但是，如果滥施武力和刑罚，就会造成生灵涂炭，这是孔子所坚决反对的。卫灵公在孔子眼中是无道之君（见《宪问》），季康子则私欲较强（见《颜渊》）。因此，当这两个人请教使用武力和刑罚的问题时，孔子采取了拒绝的态度。基于同样的立场，在子路批评管仲没有遵从"忠臣不事二主"的礼法而担任齐桓公宰相一事时，孔子以齐桓公多次主持诸侯盟会，停止了战争，都是管仲的力量为据，称许管仲为仁人（《卫灵公》）。孔子曾满怀希翼地这样言道："善人为邦百年，亦可以胜残去杀矣。"（《子路》）没有残害和杀戮，是孔子的政治理想，也是人道主义最基本的主张和表现。

其次,孔子反对俑殉,维护人的尊严:

　　(孔子)谓为俑者不仁,不殆于用人乎哉!(《礼记·檀弓下》)

　　仲尼曰:"始作俑者,其无后乎!"为其象人而用之也。(《孟子·梁惠王上》)

　　鲁以偶人葬,而孔子叹。(《论衡·实知》)

"俑殉"的前身是"杀殉",来自灵魂不灭的认识、祖先崇拜和奴隶制。以人殉葬的现象从原始社会末期开始出现,到商代发展到极致。据统计,在发现"仁"字甲骨文的商代后期都城遗址殷墟中,十四座大墓的杀殉人数就达三千九百人左右(黄展岳《我国古代的人殉和人祭》,《考古》1974年第3期),表现出统治者的残忍和贪婪。这也说明,"仁"字在当时虽已产生,却尚不具有"爱人"和"泛爱众"的内涵,也没有相应的观念。由于生产力的发展和生产关系的变革,西周以降,"杀殉"现象不断减少,代之而起的是用人俑殉葬。这虽然是一种历史性的进步,但在孔子看来,仍表现为对"人"自身的否定,是没有仁德的表现,故给予了无情的批判乃至诅咒。这是只有在对人的价值和尊严有充分认识的情况下才会产生的情感,是对人类尊严的维护,也是自觉的人文精神正式形成的标志。

第三,孔子关怀弱势群体,倡导社会救助:

　　师冕见,及阶,子曰:"阶也。"及席,子曰:"席也。"皆坐,子告之曰:"某在斯,某在斯。"

　　师冕出,子张问曰:"与师言之道与?"子曰:"然;固相师之道也。"(《卫灵公》)

师冕是盲人乐师,孔子在与他会见时,对其引导服务十分周到。因为这种关爱不是个别表现,故在答子张问询时,孔子将其概括为"相师之道",即帮助盲人的方式。《论语·乡党》记载,孔子只要看见盲人和遭遇不幸者,均表现出深切的同情和尊重;其朋友死亡,没有负责收殓的人,孔子便主动承担起后事的料理。一个人是否善良,是否有仁爱之心,通过其对弱势群体——包括遭遇不幸和苦难者的态度中,是最能检验出来的。孔门弟子深明此理,故将孔子这些细微的表现记录下来,使我们如见其人,如观其貌。

良善之人在任何时代都有。孔子的伟大,在于他将这种良善之心归结为人道,并努力将其推及社会和政治生活领域。在社会生活中,孔子主张"君子周急不继富"(《雍也》),杨伯峻先生将其译为"君子只是雪里送炭,不去锦上添花",信达而文雅。在政治生活中,孔子痛斥"苛政";并以"矜寡孤独废疾者皆有所养"表达了他对弱势群体的真切关注。这一人类历史上较早出现的社会救助和社会保障思想,试图将"爱人"和"泛爱众"落实到制度层面,这在当时的社会背景下,是难能可贵的。

(三)群体意识

"仁"作为调节人与人之间关系的道德范畴,是以人的社会性为立论基础、以人际和谐为价值取向的。因此,许多中外学者均赞成许慎"仁,亲也。从人从二"的语源学分析,把培养和树立人的群体合作意识视为推行仁德的目的,从而使"仁"成为重要人际关系的总和。

因为孔子强调人的社会性和以"仁"为核心的道德凝聚,便有学者指责孔子和儒家轻视乃至否定个人权利、个人价值和个人自由。这种批评虽并非毫无根据,却不很全面,也不很准确。

首先,任何一种道德体系,都是从人性(或神性)出发,对私欲可能导致的恶念恶行的限制,是对人与人、个人与群体之间关系的调处。在人类社会早期,当人与人之间没有交往与合作时,彼此是独立的;在产生族群和部落后,当内部矛盾和纷争达到一定程度时,人们开始认识到解决矛盾纷争的必要,于是产生了从互不伤害到互相合作的意识;当人们看到这样做的好处(包括赋予群体以力量)时,就开始发扬光大,并根据多数人的感受,形成了善恶的评价。这就是道德和礼法的起源。就是说,道德从一开始就是在人际交往与合作中产生的,并以有利于人际交往与合作、有利于群体力量的增强、有利于人的发展和社会进步为评价尺度。孔子的仁,就完全符合这一尺度。

其次,孔子的"仁"虽以爱人和利他为导向,但同时也包括自爱和互利的内涵。其中的"己欲立而立人,己欲达而达人"和"己所不欲,勿施于人",从单方面看是利他的,但若成为每个人的共同选择,就构成了互利。《说苑·政理》记孔子的话说:"爱人者则人爱之,恶人者则人恶之。知得之己者亦知得之人。"（另见《孔子家语·先己》）孟子也有同见："爱人者，人恒爱之；敬人者，人恒敬之。"（《孟子·离娄下》）互敬互爱的环境，既有利于个人生存，也有利于个人利益和价值的实现。道德建设的实践表明，成熟的群体意识与理性的个人自主意识，二者并不是互相否定的关系，可以而且应该并行不悖。

第三，孔子重视和强调群体合作意识和公共价值，也是针对了当时社会人际关系紧张、秩序混乱和人的行为失范等实际，正所谓"天下有道，丘不与易也"。要解决社会转型期出现的摩擦增多、矛盾加剧、私欲膨胀、行为失范等问题，当然就不会突出个性和个人利益，这也是道德建设的规律。孔子大力倡导仁德，就是要以此引导人们放弃对抗走向共生，消除冷漠走向关怀，化解浮躁走向理性。进一步说，孔子试图通过人性的寻找，实现人之所以为人的自我认知，体现人之所以为人的自爱的优雅，展现人之所以为人的责任和担当，并通过人类精神的自律，建立起与人的本质相一致、与社会发展要求相适应、与人类文明目标相契合的个人与他人、个体与群体和谐统一的关系，形成以"仁"为核心的确保这一关系稳固持久的价值观念体系，以"礼"为表现形式的行为规范体系，以"中庸"为权衡标准的方法论体系。这些建立在人的社会性之上、以解决社会问题为主旨的认识和主张，是符合人类社会发展客观要求的，颇具建设性和前瞻性。

需要进一步指出的是，西方启蒙运动的思想家们在提倡思想自由、个性发展的同时，也没有否定社会公德和群体价值观念。一个不可否认的事实是，在任何一种社会制度下，个人利益与群体利益之间都存在不可分割的联系，个人追求只有在与群体价值观念不发生根本冲突的情况下，才能真正得以实现。即使在张扬个性、崇尚人格独立和个人自由的西方社会，也同样需要理性和道德的引导，需要国家主义和民族精神的凝聚。姑且不论战争状态，仅从世界杯足球赛场上看，我们就会对此有直接的感受。因此，我们在反思近现代以来曾一度存在的否定个人利益和侵犯人权等错误的时候，不能将其与孔子的主张混为一谈，更不能以民族虚无主义的态度，将符合历史和现实需要的群体意识、民族精神和国家意志等一并加以否定。

（四）平等观念

通过讨论孔子仁爱主张的调节范围我们已经了解到,孔子的"仁者爱人"是无等级差别的;其"性相近也,习相远也",更是人生而平等意识的萌芽。孔子将"己欲立而立人,己欲达而达人"和"己所不欲,勿施于人"视为仁的实现途径,也明确地表达了人与人之间应该互相承认和互相尊重的主张,从而使平等观念成为"仁"的重要精神底蕴。

在政治理念上,孔子主张"选贤与能"(《礼记·礼运》),认为其平民出身的弟子冉雍"可使南面"(《雍也》),即可以当君主;提出了"从先进"(《先进》),即优先选用有文化的平民为官的主张。这些认识和主张,被其弟子和儒家代表人物所承袭。颜渊说:"舜,何人也?予,何人也?有为者亦若是。"(《孟子·滕文公上》)孟子说:"舜,人也;我,亦人也。""尧舜与人同耳。"(《孟子·离娄下》)"人皆可以为尧舜。"(《孟子·告子下》)荀子持同样的认识:"涂之人可以为禹。"(《荀子·性恶》)这些认识,初步表达了"人"作为类存在物的平等理念,也在一定程度上体现了政治平等的愿望和追求。孔子作为布衣学者,不仅以"文王既没,文不在兹乎"(《子罕》)自认,而且宣称:"如有用我者,吾其为东周乎!"(《阳货》)孟子更为明确地表示:"五百年必有王者兴,其间必有名世者。……如欲平定天下,当今之世,舍我其谁也?"(《孟子·公孙丑下》)这些惊世骇俗的言论,体现出先秦儒者的英姿勃发之气。

在政治生活中,孔子为了恢复"天下有道则礼乐征伐自天子出"的政治秩序,反对大夫专权乃至"陪臣执国命"(《季氏》),对君主的地位和权威给予了维护,但这种维护不是无条件的:

> 定公问:"君使臣,臣事君,如之何?"孔子对曰:"君使臣以礼,臣事君以忠。"(《八佾》)
>
> 季康子问:"使民敬、忠以劝,如之何?"子曰:"临之以庄,则敬;孝慈,则忠;举善而教不能,则劝。"(《为政》)
>
> 哀公问曰:"何为则民服?"孔子对曰:"举直错诸枉,则民服;举枉错诸直,则民不服。"(《为政》)

在孔子看来,臣、民对君主是否忠诚和服从,取决于君主能否依礼使用臣、民,能否庄重地对待下属和民众,能否身体力行道德规范,做到公平正直。这就从理论上改变了臣民要对君主无条件服从的观念,使臣民对无礼、无德和无道之君的不忠、不服成为合理的选择。此外,孔子主张对君主要"勿欺也,而犯之"(《宪问》),倡导人们做"诤臣"(《荀子·王道》),反对"不善而莫之违"(《子路》),甚至明确宣称"以道事君,不可则止"(《先进》)和"从道不从君"(《荀子·臣道》)。所有这些,都给宗法等级制注入了民主与平等的元素。纵观孔子与国君和执政者的对话,均表现出不畏强势的谏诤,而不是趋炎附势和无条件的服从。他直言"卫灵公无道"(《宪问》),认为"晋文公谲(诡诈)而不正"(同上),批评季康子贪欲(《颜渊》),"所刺讥皆中诸侯之疾"(《史记·孔子世家》)。假如没有平等观念为基础,要做到这些是不可能的。在由美国著名历史学家爱德华·伯恩斯等撰写的《世界文明史》中,对孔子就有这样的评价:"他和弟子们的问答记录(《论语》)——即使不是在夫子生前写下的,但总的来说是可信的——使人感到这是一种敢于向一切挑战的活跃而无拘束的思想。"(商务印书馆1998年版,上卷第198页)这是十分中肯的评价。

在社会生活中,孔子反对人格歧视,主张"君子尊贤而容众,嘉善而矜不能"(《子张》);反对嫌贫爱富,主张"君子周急而不继富"(《雍也》);反对持强凌弱,主张"君子无众寡,无大小,无敢慢"(《尧曰》);维护弱势群体的尊严,追求"矜寡孤独废疾者皆有所养"的社会制度。

在教育实践中,孔子主张"有教无类"(《卫灵公》),即对人无差别地进行教育,而且真正付诸了实践。在孔门弟子中,除南宫适、孟懿子等少数贵族子弟外,多是平民乃至贱人出身,但孔子均一视同仁,悉心教导,即使对自己的儿子,也没有什么偏爱:

> 陈亢问于伯鱼曰:"子亦有异闻乎?"对曰:"未也。尝独立,鲤趋而过庭。曰:'学诗乎?'对曰:'未也。''不学诗,无以言。'鲤退而学诗。他日,又独立,鲤趋而过庭。曰:'学礼乎?'对曰:'未也。''不学礼,无以立。'鲤退而学礼。闻斯二者。"陈亢退而喜曰:"问一得三:闻诗,闻礼,又闻君子之远其子也。"(《季氏》)

伯鱼是孔子的儿子,陈亢原以为他会得到与众不同的传授,但通过此番交谈消除了疑虑,得出了"君子之远其子也"的结论。所谓"远其子",并非对儿子疏远和冷淡,而是不溺爱、不骄纵,引导而不替代孩子思考和选择。陈亢的高兴处在于,通过此问了解到,孔子对自己的儿子与对其他学生一样对待。这便是孔子死后其弟子们像对父亲那样为其守孝三年的原因。孔子曾对他的学生们表示:"二三子以我为隐乎?吾无隐乎尔。吾无行而不与二三子者,是丘也。"(《述而》)此外,孔子还鼓励师生之间互相切磋,互相启发,教学相长,倡导"当仁,不让于师"(《卫灵公》)和"不耻下问"(《公冶长》)。"有教无类"和"君子之远其子",体现的是教育对象的平等;"当仁,不让于师"和"不耻下问",体现的是师生关系的平等。孔子所具有的平等观念,在其教育实践中体现得最为充分,影响也极为深远。

(五)独立意志

独立意志是平等观念的孪生姐妹。只有当人们认识到自己与他人是平等的、可通过自身努力达到较高境界时,才会产生自尊、自信和自立意识,才会突破既成观念、关系的束缚,以自身的尺度和个人意愿,去选择和坚守自己的人生目标,过自己想过的生活。

以平等观念为基础,孔子坚持倡扬独立人格:

> 子曰:"三军可夺帅也,匹夫不可夺志也。"(《子罕》)

一国军队能被夺去主帅,一个普通人却不能被强迫放弃自己的主张。这一强悍的人格独立宣言,在当时必如空谷足音,迄今为止亦无更精湛的语言可以代替。

人格独立的最突出表现,是不趋炎附势、不媚俗。因此,孔子反对"巧言,令色,足恭"(《公冶长》)和"匿怨而友其人"(《阳货》),认为"巧言令色,鲜矣仁"(《学而》),主张"道不同,不相为谋"(《卫灵公》)。把奴颜媚骨视为缺乏仁德的表现,就把刚正不阿、自为地追求个体人格的伟大纳入了仁者之境:"刚毅木讷近仁。"(《子路》)"唯仁者能好人,能恶人。"(《里仁》)《后汉书·孝明八王传注》引《东观汉记》说,和帝赐彭城王恭诏曰:"孔子曰'唯仁者能好人,能恶人',贵仁者所好恶得其中也。"以中正之德释"唯仁者能好人能恶人",和帝之见是很恰切的。以此为认知标准,孔子对不畏强势、不媚俗而坚持人格操守者,均表达了自己的敬爱。

例如,伯夷、叔齐是商末诸侯孤竹国君的两个儿子,父亲死后,因互相让位而逃到周文王那里。在周武王起兵讨伐商纣时,他们因反对"以暴易暴"而拦住车马劝阻,当武王的左右欲以武力驱逐时,姜太公认定他们是"义人",于是"扶而去之"。周朝统一天下后,他们以吃周朝的粮食为耻,于是"义不食周粟",隐居到首阳山,以采食山菜为生,后饿死于首阳山(详见《史记·伯夷列传》)。孔子宣称"从周"和"为东周",故显然不会赞同他们对武王伐纣的认识和选择,但从人格精神的视域去考察,孔子也给予了很高评价:"不降其志,不辱其身,伯夷、叔齐与!"(《微子》)这是孔子在古今被遗落的人才中认定的坚守独立人格的典范。再例如,因不满于殷纣王的无道统治,纣的哥哥微子启辞职隐去,纣的叔父箕子散发装疯被降为奴隶,纣的另一位叔父比干因强谏被剖心而死,孔子对此评价说:"殷有三仁焉!"(《微子》)将坚持正确主张和人格操守与无道之君抗争者视为仁人,遂使独立意志或自主人格成为"仁"的又一精神底蕴。孔子讲"仁者不忧,知者不惑,勇者不惧"(《子罕》),就充分反映和揭示了这一精神底蕴。

一个人能达此境界,其思想便是自由而独立的。孔子说过,"鸟则择木,木岂能择鸟?"(《左传·哀公十一年》)这是孔子在周游列国择明君而不遇、决定离卫返鲁前所说的一句话。以"鸟择木"喻"臣择君",就凸显了个人的独立性和自主选择权力。孔子还说过:"富而可求也,虽执鞭之士,吾亦为之。如不可求,从吾所好。"(《述而》)求富是多数人的选择,孔子也有同样的愿望;但倘若通过正当的手段求之不得,孔子甘愿放弃而选择自己喜欢的事情去做。这种自己做自己主人的理念,也体现在他对学生的尊重上,即"欲来者不拒,欲去者不留"(《荀子·法行》)。正是这种尊重,使孔门弟子呈现出可自由兴发和自由选择的灵动特色。

孔子是有崇高理想的人,而且对理想追求十分执著,对自己有足够的自信。在他努力跻身仕途的时候,曾做过"苟有用我者,期月而已可也,三年有成"(《子路》)的广告。当他在匡地被匡人拘禁时,曾无所畏惧地说:"文王既没,文不在兹乎?天之将丧斯文也,后死者不得与于斯文也;天之未丧斯文也,匡人其如予何?"(《子罕》)这与桓魋欲杀孔子、孔子脱险后所言之"天生德于予,桓魋其如予何"是一致的,虽表面看带有宿命论的色彩,但实际表达的是自信。

最使人感动的,是他对子路道出的一段心曲。有一次,孔子与子路在途中遇到长沮、桀溺两个种田人,孔子让子路去问渡口,于是引起了两位隐士与子路的对话,其中桀溺对子路说:"滔滔者天下皆是也,而谁以易之?且而与其从辟人之士也,岂若从辟世之士哉?"翻译过来即是:像洪水一样的坏东西到处都是,你们同谁去改革它呢?你与其跟着逃避坏人的人,为什么不跟着逃避整个社会的人呢?子路将这番话告诉孔子后,孔子怃然曰:"鸟兽不可与同群,吾非斯人之徒与而谁与?天下有道,丘不与易也。"(《微子》)孔子的这段话,包含递进的两层意思。其一,我们既然不可以同鸟兽合群共处,若不同人群打交道,又同什么去打交道呢?这就很清楚地指出了人的社会性,并成为孔子积极入世的政治伦理哲学的基础。其二,如果天下有道,我就不会同你们一道来从事改革了。这既表明了他对当时社会的总体看法,也道出了他积极入世的目的与决心。可以设想,如果孔子没有这种坚定的信念,以其"贤者避世"的评论,历史上就可能多了一个老子,而少了一个儒家学派。

我们还可以设想,以孔子的才能和声望,如果能改变一下态度,完全有可能获得比较稳固的政治地位而避免后来的颠沛流离。但孔子偏偏是一个重是非和社会责任而不曲意逢迎的人。《史记·孔子世家》记载,孔子在周游列国于陈、蔡之间被围困时,知道一些弟子的信心有所动摇,便以《诗》云:'匪兕匪虎,率彼旷野。' 吾道非邪?吾何为于此"的同样问题考察子路、子贡和颜回。孔子征引的诗句,出自《诗·小雅·何草不黄》,表达的是对征夫的哀怜:不是犀牛也不是老虎,然而他却徘徊在旷野上。孔子以此自况,并发问说:难道是我的主张错了吗?我们为什么会遭此际遇?三子分别给予了不同的回应:

　　子路曰:"意者吾未仁耶?人之不我信也。"孔子曰:"有是乎!由,譬使仁者必信,安有伯夷、叔齐?使智者必行,安有王子比干?"

　　子贡曰:"夫子之道至大也,故天下莫能容夫子。夫子盖少贬焉?"孔子曰:"赐,良农能稼而不能为穑,良工能巧而不能为顺。君子能修其道,纲而纪之,统而理之,而不能为容。今尔不修尔道而求为容。赐,而志不远矣!"

颜回曰:"夫子之道至大,故天下莫能容。虽然,夫子推而行之,不容何病? 不容然后见君子! 夫道之不修也,是吾丑也。夫道既已大修而不用,是有国者之丑也。不容何病? 不容然后见君子!"孔子欣然而笑曰:"有是哉,颜氏之子! 使尔多财,吾为尔宰。"

子路的回答是:是不是我们的仁德和智识不够,所以人家不信任,不允许我们实行自己的主张? 孔子不认同,并以伯夷、叔齐和王子比干为例,证明仁者未必就能得到信任,智者未必就能畅行无阻。子贡认为老师的学识博大到了极点,所以天下不能容纳,因而建议老师降低一点要求。孔子反对降格以苟合取容,并批评子贡志向不高。颜回与子贡一样肯定老师的学识,但没有像子贡那样劝孔子降格以求容,认为修道是君子之责,至于正确的主张不被见用,那是当权者的耻辱;在正确主张不被接受的情况下仍坚持推行,更能显出君子的本色。颜回"不容然后见君子"的回答,与孔子的"岁寒,然后知松柏之后凋也"(《子罕》),具有同样悲壮而崇高的审美意蕴,因而获得孔子的嘉许,并调侃说:如果你有许多钱财的话,我愿意给你当管家。以此反观时人对孔子"知其不可而为之"的评价,就并非不合时宜的盲目坚持,而是体现了道路自信,是坐在高山之巅等待日出般静观的固执。

倡导独立意志和自主人格,也就意味着对人的自由选择和多样性的尊重。孔子认为:"君子之于天下也,无适也,无莫也,义之与比。"(《里仁》)君子对于天下的事情,没有什么一定可以不可以的规定,怎样合适便怎样做。在孔子那里,"义"是与"中"相近的概念,也含有权变的意义,即所谓"义者,宜也"(《中庸》)。孔子对历史人物评论,便运用了这一尺度。

子曰:"直哉史鱼! 邦有道,如矢;邦无道,如矢。君子哉蘧伯玉! 邦有道,则仕;邦无道,则可卷而怀之。"(《卫灵公》)

逸民:伯夷、叔齐、虞仲、夷逸、朱张、柳下惠、少连。子曰:"不降其志,不辱其身,伯夷、叔齐与?"谓"柳下惠、少连,降志辱身矣,言中伦,行中虑,其斯而已矣。"谓"虞仲、夷逸,隐居放言,身中清,废中

权。我则异于是，无可无不可。"(《微子》)

史鱼和蘧伯玉都是卫国大夫，前者无论政治清明与否都像箭一样刚直不屈，后者则审时度势决定自己的屈伸，孔子对此二人都表示了赞赏。伯夷等人均是被遗落的人才，在逆境中分别做出了三种不同选择。尽管这些选择有高下之分，其中柳下惠、少连的降志辱身和虞仲、夷逸的逃世隐居，也不符合孔子的思想，但由于他们均守住了人格与道德的底线，孔子对他们均表达了敬意。但孔子同时申明，自己不盲目效法其中任何一种方式，怎样合适便怎样做，从而体现了自己做自己主人的意识。

在基本道德原则和人格操守底线之上宽容人们的不同选择，与坚持个人志向而不同乎流俗，是同一问题的两个方面。《易经》恒卦的爻辞说："不恒其德，或承之羞。"一个人如果没有主见和一定的操守，就可能招致羞辱。孔子对此极为认同，并赞赏"人而无恒，不可以作巫医"的结论（见《子路》）。如果一个人没有定见，随着别人的鼻孔出气，连作巫医的资格都没有。这是孔子崇尚人的自主性和独立意志的明确表述。这些认识，与"三军可夺帅也，匹夫不可夺志也"一道，反映了人的觉醒。只有实现这种觉醒，才能既正确认识和对待自己，又正确认识和对待别人，才能真正从心底里产生自爱和爱人的情愫。

体现在孔子仁学体系中的上述精神和意志品格，虽不是作为完整的认知体系论证并提出的，但对于一位生活在2500多年前的思想家来说，已足够清晰而丰满了，孔子由此构建了人本哲学和人文精神的基本框架。郭沫若先生把孔子的"仁道"视为"人的发现"（《十批判书·孔墨的批判》，《郭沫若全集》历史篇第2卷，人民出版社1982年9月第1版，第91页），美国著名历史文化学者杜伦将中国视为"人本主义哲学之乡"（《东方的文明》，青海人民出版社1998年10月第1版，第777页），都是准确而精当的判断。令人遗憾的是，在其后两千多年的封建专制下，这些夺目的精神火花多半被掐灭了，或被"道统"遮蔽了其烛照的光芒。

六、仁的道德境界

孔子贵仁，在先秦时期已成共识。其所贵者，既来自于他对仁的普适性和化成力量的认识，也来自他对仁者之境的审美体验。我们知道，孔子不以仁者自居，也不轻易以仁许人，同时又说："仁远乎哉，我欲仁，斯仁至矣。"（《述而》）这样一来，"仁"就被境界化了，成为韧性追求的实践过程。他告诉弟子，我们虽然不可妄称仁者，但仁者之境却并非可望而不可及，正所谓"力行近乎仁。"（《中庸》）从这种实践理性出发，孔子根据不同的社会角色和思想道德水准，提出了"仁"的不同境界，以引导不同层次的人去努力进取，使"仁"成为既具先进性又具广泛性的道德准则。

（一）博施于民而能济众

子贡曾向孔子请教："如有博施于民而能济众，何如？可谓仁乎？"孔子回答说："何事于仁！必也圣乎！尧、舜其犹病诸！夫仁者，己欲立而立人，己欲达而达人。能近取譬，可谓仁之方也已。"（《雍也》）子贡是孔子的高足，也是一位富有的商人，曾得到孔子"富而好礼"（《学而》）的告诫。他所提出的问题，既是求证，也可能表达了自己的愿望。孔子首先肯定了子贡的判断。"何事于仁"，即"不仅是仁德"的意思，不是否认而是高推，用韩非的话说，即"泛爱天下谓之圣"（《韩非子·诡使》）。在孔子看来，"博施于民而能济众"不仅是仁德，而且一定是圣境了，像尧舜那样有大德且居高位者尚难以完全做到，于是给子贡指出了"近取譬"即推己及人的路径。

孔子将"博施于民而能济众"视为高于仁者的圣境，并没有否认其作为仁者的大境界。在子路问怎样才能算是一个君子时，孔子在递进地提出"修己以敬"、"修己以安人"和"修己以安百姓"后说："修己以安百姓，尧舜其犹病诸。"（《宪问》）孔子认为，"博施于民而能济众"和"修己以安百姓"，虽均为仁人君子至高至美的境界，但靠普通人的一己身份和一己力量，是无法实现的，像子贡那样的富人也是如此。但孔子并没因此而放弃对此的憧憬，并将其作为统治阶层制定政策的引导，如主张"道千乘之国，敬事而信，节用而爱人，使民以时"（《学而》），"施取其厚，事举其中，敛从其薄"(《左传·哀公十一年》),以及"大同"社会构想中的"矜寡孤独废疾者皆有所养"(《礼记·礼运》)。他曾劝导为政者说:"夫国君好仁,天下无敌。"(《孟子·离娄上》)如果国君喜好仁德,惠及百姓,就会获得民众的广泛支持,从而无敌于天下。以此为标准,他还因为"桓公九合诸侯,不以兵车,管仲之力也"和"管仲相桓公,霸诸侯,一匡天下,民到于今受其赐"而称许管仲为仁人,试图以此为统治者建立济世救民的政治导向,并成为孟子推行仁政的思想认识来源。

(二)己欲立而立人,己欲达而达人

自己想立得住,同时也希望别人立得住;自己想要行得通,同时也希望别人行得通。这是孔子发明的实践仁道的方法,是一种推己及人、与人共好的道德境界。

这一要求虽看起来简单,实则针对了人性的弱点。出于生存和发展的需要,人的天性或潜意识,还是以满足个人需要的欲望为多,对此,卢梭曾直言不讳地这样写道:"人为了自己生存就必须爱自己,必须爱自己胜于爱一切;由于这种爱的直接结果,凡是一切能维护我们生存的事物,我们都爱。所有儿童都依恋乳母:因此罗慕斯(Romulus)依恋哺乳过他的母狼是理所当然的。首先这种依恋是一种机械的行动。凡是对个人幸福有益的东西,对人总有一种吸引力,同样,对其有害的也有一种排斥力量:这是人本能的表现。"(《爱弥儿》,Flammarion版,第274页)

卢梭把爱自己视为生存需要,是必须的、理所当然的、人本能的表现,是一点也没有夸大的。对此,从孔夫子到司马迁,有许多同样的判断,如孔子的"富与贵,是人之所欲也","贫与贱,是人之所恶也"(《里仁》);告子的"食色,性也"(《孟子·告子上》);荀子的"今人之性,生而有好利焉"(《荀子·性恶》);司马迁的"天下熙熙,皆为利来;天下攘攘,皆为利往"(《史记·货殖列传》)。特别是《礼记·礼运》中的"饮食男女,人之大欲存焉",直如对告子"食色,性也"的诠释。中外学者的这些共同识见告诉我们,任何一种道德建设的主张,都必须直面这种"人之所欲"的"本能",与之相衔接并寻求超越。孔子把"己欲立而立人,己欲达而达人"作为仁者之境提出并推行,就既体现了这种衔接,又是对人性和人的价值取向的

提升,体现了人的自觉和内在超越,从而成为儒家哲学的特质。在今天看来,一人或少数人为天下人着想的"博施于民而能济众",固然是政治清明的表现,是人治社会的最高理想和百姓的期待;但正如孔子所言,如此美善而卓越的帝王是难得一见的。历史已经表明,将社会发展和进步寄望于一人或少数人,是并不可靠的,即孔子屡言之"尧舜其犹病诸"。因此,孔子的推己及人,即天下人自己为天下人着想的主张,才更具建设性和普遍意义。自天子至庶人若均能达此境界,人类之爱便会普遍生成。

(三)己所不欲,勿施于人

"己所不欲,勿施于人",是在仲弓问"仁"时孔子给出的具体答案之一(《颜渊》),是推己及人的另一境界。自己不喜欢的,就不要强加给别人。这与"己欲立而立人,己欲达而达人"相比,更具普适性和操作性。因此,在子贡向孔子请教有没有一句可以终身奉行的话时,孔子答之曰:"其恕乎!己所不欲,勿施于人。"(《卫灵公》)这一主张的深层次意义是:人不仅要自己把自己当人看,也要把别人当人看;人不仅要追求自己思想和行动的自由,也要尊重别人思想和行动的自由。这是文明社会的基本要求和重要标志。

孔子倡"仁",是建立在对人性和人的社会性认识基础之上的。一个人的意识和行为道德与否,关键是看其在处理个人与他人、个人与群体之间利益关系时的态度和选择。人有利己的天性,也有争强好胜的心理和潜意识。倘若没有道德和理性的约束,就极易产生纷争,乃至互相倾轧。要体现人性,要与人和谐相处,"利他"当然是高尚的;如果做不到这一点,能够换位思考,做到互相理解、尊重和宽容,不侵害他人的权益,不将"己所不欲"之事强加于人,也很难能可贵。若是,则可避免许多纷争,减少许多恶行,我们的社会也会因此变得理性而和谐。

孔子将"己所不欲,勿施于人"视为"仁"的境界,不仅没有降低"仁"的标准,而且很客观、很实际也很前卫,用十分洗练的语言道出了人类文明的通则。西方的一些哲人,如犹太教的领袖希勒尔和基督教的中心创始者耶稣,也均提出过类似的主张,但与孔子相比,分别晚了400年和500年。有报道称,19世纪中叶一些西方传教士来到中国,在《论语》中读到

"己所不欲,勿施于人"时感到十分惊讶,并成为尊重和推介东方文明的强大动因。在1993年世界宗教议会大会通过的《全球伦理普世宣言》中,"己所不欲,勿施于人"就被作为处理人际关系的"黄金规则"。

除以上三个方面外,孔子还提出过实践仁德的最高要求,即"志士仁人,无求生以害仁,有杀身以成仁"(《卫灵公》)。这种不惜以生命为代价去成全仁德的主张,培养和激荡了中华民族的浩然正气,成为无数志士仁人为了国家和民族利益而英勇献身的巨大精神力量。

七、仁的实现途径

无论道德建设还是治国安邦,孔子均有高标准要求和宏大设计。但孔子并非眼高手低的理想主义者。他善于把抽象转化为具体,把高不可攀拉近为触手可及,引导人们从大处着眼,从小处着手,一步一个脚印地接近理想之境。

(一)"为仁由己",即强调人的主观能动性

孔子认为,实践仁德全凭自己,而不能凭借别人:"为仁由己,而由人乎哉?"(《颜渊》)为了说明这一看法的正确性,孔子举例说:"仁远乎哉?我欲仁,斯仁至矣。"(《述而》)"有能一日用其力于仁矣乎?我未见力不足者。"(《里仁》)"譬如为山,未成一篑,止,吾止也。譬如平地,虽覆一篑,进,吾往也。"(《子罕》)实践仁德好比堆土成山,只要再加一筐土便成山了,如果懒得做下去,这是我自己停止的;又好比填平土地,即使只倒下一筐土,要想向前推进,也是靠自己的坚持。这就告诉我们,"仁"的实现首先在于人的主观意志,在于道德认知基础上的自觉追求和把握。根据这种认识,在他的学生冉求诉说自己"非不说子之道,力不足也"时,孔子对曰:"力不足者,中道而废。今女画。"(《雍也》)"画"即划地自限,停止之意。冉求是孔子的高徒,多才多艺,孔子比较欣赏。但在其担任鲁国执政上卿季康子的宰臣后,却帮助比周公还富有的季康子聚敛民财,因而受到孔子的严厉批评。冉求关于"不是我不喜欢您的主张,是我的力量不够"的诉说,显系禁不住权力诱惑和压力的托辞,孔子一针见血地指出了

其主观上的原因。

孔子倡导"为仁由己",也有自己做自己的主人之意蕴。孔子认为："君子求诸己,小人求诸人。"(《卫灵公》)君子要求和反省自己,小人要求和责备别人。他还说过："射有似乎君子,失诸正鹄,反求诸其身。"(《中庸》)射箭就像君子行事一样,如果没有射中靶子,就应该从自身去查找原因。反求诸己的目的是自律和自我提高,是使外在竞争的压力化为通过个人努力改变自身命运的内在动力。孔子的学生曾子就深明此道,并以"吾日三省吾身"(《学而》)名世。

(二)"近取譬",即推己及人

孔子重视为仁由己的主观能动性,而主观努力最切近的方法就是推己及人:"能近取譬,可谓仁之方也已"(《雍也》)。

推己及人包括两个方面,即"己欲立而立人,己欲达而达人"和"己所不欲,勿施于人"。这既是孔子推崇的仁者之境,也具有方法论的意义,因此前已有详述,在此不赘述。对推行仁德的这两种方法或境界,孔子另有一种说法,即"君子成人之美,不成人之恶。小人反是"(《颜渊》)。"成人之美"即成全别人的好事,是"己欲立而立人,己欲达而达人"的简明表述;"不成人之恶",就是不促成别人的坏事,是对"己所不欲,勿施于人"的延伸考察。促成别人的坏事,是比直接破坏更为险恶的手段,是"智慧"+阴暗心理的产物。读此,我便想起鲁迅先生所言之"捧杀",想到钱钟书先生所言之"见肿谓肥",在惊异于人性弱点源远流长的同时,更感佩孔子目光如炬。

"近取譬"的主张,是对人性善良的启动和倡扬,也有从点滴做起的意思,于是才有了"仁者其言也讱"、"仁者先难而后获"(《雍也》)等看起来比较简单的要求。在孔子看来,能完全达到仁者之境的虽然不多,但从点滴做起实践仁德,则并不困难。这就既坚持了"仁"的高尚境界,又不使人望而却步。

需要进一步指出的是,运用这一方法,也需要为仁者有正确的价值取向,不能包括畸形、变态和不被认同的特殊癖好。否则的话,推己及人也会造成戕害。

（三）"里仁为美"，即重视教育和人文环境的影响

孔子指出："里仁为美。择不处仁，焉得知？"（《里仁》）就是说，人如果能居住在有仁风的地方是最好的，如果选择的住处没有仁风，哪里还算得上聪明呢？这与子贡问"为仁"即怎样去培养仁德时，孔子回答的"居是邦也，事其大夫之贤者，友其士之仁者"（《卫灵公》）是一致的。根据这一认识，孔子这样评价其学生子贱："君子哉若人！鲁无君子者，斯焉取斯？"（《公冶长》）在孔子看来，子贱之所以能够成为君子，是因为鲁国有君子存在，否则他就无所取法了。将近贤亲仁视为培养仁德的方法，甚至是仁德和君子人格获得的根由，是孔子根据其"性相近也，习相远也"的认识提出的道德建设的重要主张，是孔子对"人性"认识的重要组成部分。但是，由于孟子提出过"人无有不善"的认识，并被宋儒王伯厚概括为"人之初，性本善。性相近，习相远"编入《三字经》而广泛流传，遂使人们对孔子这一主张的认识产生了模糊。特别是在荀子反对孟子的意见、提出"人之性恶"的结论后，引发了无休止的争论。为了正确认识和理解孔子的主张，笔者试谈点自己的看法。

有一位叫告子的先生曾与孟子讨论人性问题。告子认为"生之谓性"，即天生的资质叫做性，并举例说："食色，性也。"（《孟子·告子上》）以此为立论基础，告子得出了"性犹湍水也，决诸东方则东流，决诸西方则西流。人性之无分于善不善也"的结论。这实际上是自然进化语境下的"人性"，是人与生俱来的秉性，是不包括孔子所言之"习"即后天的社会习染在内的。孟子不认同此论，认为人的善良品性是与生俱来的，便以"白之谓白"和"白雪之白犹白玉之白"的反诘引告子入圈套，从而将其"生之谓性"归谬为"犬之性犹牛之性，牛之性犹人之性"，并以"水之就下"来证明"人无有不善"。其实，孟子的"白之谓白"与告子的"生之谓性"，原本就不是相若的命题。孟子关于承认"生之谓性"就意味着承认"牛之性犹人之性"的推导，也不合逻辑。人的天生资质与动物的天生资质原本就是有区别的，特别是人由于大脑结构和容量的不同而具有的智力。不同的动物之间也是如此。故从告子的定义出发，亦可分为人性、犬性和牛性之类。至于以"水无有不下"来证明"人无有不善"，就更为牵

强,用以证明"人无有不恶"亦可。但告子远没有孟子那样的辩才,故虽勇于坚持自己的观点,在辩论中却占不了上风。

孟子虽坚持人性本善,但在其学生公都子列举了关于人性的各种意见和举证后,孟子还是说了比较符合实际的话:

> 公都子曰:"告子曰:'性无善无不善也。'或曰:'性可以为善,可以为不善;是故文武兴,则民好善,幽厉兴,则民好暴。'或曰:'有性善,有性不善。是故以尧为君而有象,以瞽瞍为父而有舜,以纣为兄之子,且以为君,而有微子启、王子比干。'今曰'性善',然则彼皆非与?"
>
> 孟子曰:"乃若其情,则可以为善矣,乃所谓善也。若夫为不善,非才之罪也。恻隐之心,人皆有之。羞恶之心,人皆有之。恭敬之心,人皆有之。是非之心,人皆有之。恻隐之心,仁也。羞恶之心,义也。恭敬之心,礼也。是非之心,智也。仁义礼智非由外铄我也,我固有之也,弗思耳矣。故曰:'求则得之,舍则失之'。或相倍蓰而无算者,不能尽其才者也。"(《孟子·告子上》)

孟子说:"从天生的资质看,可以使它善良,这便是我所谓的人性善良。至于有些人不善良,不能归罪于他的资质。"在这里,孟子自己就言明,其所说的人无有不善,还是在"可以"即可能性上讲的。这实际上与告子的认识没什么本质区别。他所列举的"人皆有之"的"四心",虽仍坚持"非外铄我也"即不是由外人给与我的,但最终还是以"求则得之,舍则失之"作为总结。人对"四心"的"求"还是"舍",动因来自何处? 当然是教育、引导和环境的影响。孟子接下来便这样言道:"富岁,子弟多赖;凶岁,子弟多暴,非天之降才尔殊也,其所以陷溺其心者然也。"丰收年成,青年子弟多半懒惰;灾荒年成,少年子弟多半强暴。不是天生的资质这样不同,是环境使他们心情变坏的缘故。孟子把人的懒惰与强暴归因于环境的影响,当然是为了证明其性善论。但环境可以使人变坏,也可以使人变好,即孔子所言之"里仁为美"。因此,用孟子所举之例证明告子的"决诸东方则东流,决诸西方则西流",也是可以的。

孟子将仁、义、礼、智视为人应该具有的品行,或社会化语境下的人之所以为人的归结,无疑是正确的;人通过教育和引导可产生这些品行而禽兽则不能，也是人与动物的本质区别，是我们判断一个人是否具有人性的主要标准。但是，孟子坚持将人在后天实践中生成、在人际关系中体现出来的这些道德品格视为生来固有的东西，则缺乏根据——尽管这一观点在引导人心向善和否定反人性的不道德行为时十分有力。

人的天生资质主要包括两个方面，一是动物性的本能，即告子所说的"食色，性也"，或《礼记·礼运》中的"饮食男女，人之大欲存焉"；二是智力基础，即使人异于其他动物的产生意识和智慧的生理结构。从孔子将趋利避害视为"人之所欲"和在"性相近也，习相远也"之后补充的"唯上智与下愚不移"看，他所说的"性"就包括了这两个方面，是自然进化语境下的人的天然秉赋。科学研究和实验成果表明，人与生俱来的智力基础和遗传基因，可决定认识、接受、处理客观事物的能力和性格，却无法决定具体内容和价值取向。人的道德意识和道德评价，是在社会化进程中根据生存和发展需要逐渐产生的，并在实践中不断被完善。某种行为在人类社会发展的某一阶段被认为是善的或恶的，到后来却不一定如此。如历史上曾一度被认为是合理行为的"同态复仇"和"决斗"，就在社会文明的进程中被视为野蛮行为而废止；"嫂溺"是否应"援之以手"，历史上曾被作为是非问题加以讨论，而在今天看来，这一讨论本身就十分可笑。

人的善恶观念来自社会共同体认的道德评价。一种道德理念和道德评价一旦生成并被多数人认可，就会产生强大的社会力量。人在出生之后，只要不离开家庭和社会的成长环境，即使没有受过专门教育，也必然要受到其影响和约束，从而给人以自然生成的错觉。如孟子所言之"羞恶之心"，不仅在"人之初"没有，在长大的过程中，也需要在成人的引导、暗示和影响下才能逐步形成。举一个简单的例子。过去，儿童在四五岁之前都穿"开裆裤"，因为同龄人都是如此，就既没人批评其"没羞"，儿童本身也没有什么羞恶之感。现在则不同，若有一个同样大的孩子穿开裆裤出现在皆不穿这种裤子的同龄人中，就会受到同伴的羞辱，这孩子的羞恶观念也会由此而生，并世代相袭。儿童心理研究证明，当家长发现子女有慷慨行为时，若给与赞扬和鼓励，就会产生正面的心理强化作用，有助于培养孩子的慷慨行为。反之，则会引导孩子走向自私和吝啬。这就表明，虽然基因和遗传会影响人的性格,但来自家庭、学校和社会的后天环境,更能左右人的思想和行为。

荀子反对孟子的性善说,认为人的本性是恶的。荀子性恶论的认识基础,是"性伪之分"。他在批评孟子的性善论时说:"凡性者,天之所就也,不可学,不可事;礼义者,圣人之所生也,人之所学而能,所事而成者也。不可学,不可事,而在人者,谓之性;可学而能,可事而成之在人者,谓之伪,是性伪之分也。"荀子将"性"视为与生俱来、不学而能的先天素质,如眼睛能看,耳朵能听,故荀子说:"凡人之性者,尧、禹之与桀、跖,其性一也;君子与小人,其性一也。""伪"不是虚伪,而是指人的修为,是后天形成的品格,即所谓"化性起伪"。从总体上看,荀子此见与告子相若,与孔子的"性相近习相远"是比较接近的。不同之处在于,荀子将人的天性判定为"恶":

> 人之性恶,其善者,伪也。今人之性,生而有好利焉,顺是,故争夺生而辞让亡焉;生而有疾恶焉,顺是,故残贼生而忠信亡焉;生而有耳目之欲,有好声色焉,顺是,故淫乱生而礼义文理亡焉。然则,从人之性,顺人之情,必出于争夺,合于犯分乱理而归于暴。故必将有师法之化,礼义之道,然后出于辞让,合于文理,而归于治。用此观之,然则人之性恶明矣,其善者,伪也。(《荀子·性恶》)

荀子判定"人之性恶",理由是人生而好利疾恶,有耳目之欲,好声色,如不加以教化节制,就会出现争夺,于是生出种种恶行。这种看法虽比孟子有说服力,并部分地揭示了道德和礼、法的起源,却无法解释:既然人性皆恶,那么善意善行缘何而生?荀子自己也曾这样设问,得出的结论是"生于圣人之伪",即圣人的作为:"圣人积思虑,习伪故,以生礼义而起法度。"(以上均见《荀子·性恶》)可是,"圣人"也是人。倘若人性皆恶,"圣人"的善心善念从何而生?更为重要的是,人的好利疾恶及耳目之欲,也不能一概而论为"恶"的根源。人如果没有这些欲望和要求,就不会有任何发明创造。

荀子的性恶论与基督教的原罪说比较接近。基督教认为,任何人天生即是有罪的,其罪恶来自人的祖先亚当和夏娃——他们偷食了智慧之果,懂得了男女羞耻之事,故要受到惩罚,向上帝赎罪。把有智慧和欲求视为罪恶,显然是不正确的；将其视为罪恶产生的根源，也只具有相对合理的一面。

后世的许多学者为协调孟、荀两家，便认为二者都有合理性，遂产生了西汉扬雄的二元论："人之性也，善恶混。修其善则为善人，修其恶则为恶人。"（《法言·修身》）人生来具有善、恶两种潜质，实际取向则来自后天的修为。这种意见看起来比较全面，但对生来具有的接受教育的能力和可塑性给予善恶的道德评价，同样不够科学。在此之后，又出现了东汉王充的"性三品"主张：

> 无分于善恶，可推移者，谓中人也。不善不恶，须教成者也。故孔子曰："中人以上，可以语上也；中人以下，不可以语上也。"告子之以决水喻者，徒谓中人，不指极善极恶也。孔子曰："性相近也，习相远也。"夫中人之性，在所习焉；习善而为善，习恶而为恶也。至于极善极恶，非复在习，故孔子曰："惟上智与下愚不移。"性有善不善，圣化贤教，不能复移易也。（《论衡·本性》）

王充将人性分为三种情况，一种是孔子所说的"性相近也，习相远也"和告子的"以决水喻者"，这部分人无分于善恶，习善而为善，习恶而为恶。另两种，则是不可改变的"极善"和"极恶"。这种认识的合理成分，是将孔子的"性相近也，习相远也"理解为无分于善恶。余者，则是对孔子两段语录的误读。孔子说的"中人以上，可以语上也；中人以下，不可以语上也"（《雍也》），指的是接受能力，其中包括智力、知识水平或见识，并非道德意义的划分。同样，孔子所说的"上智与下愚"，是最聪明与最愚笨之意，也不是道德评价。实践表明，智商较高的聪明人，可能成为至善大忠，也可能成为至恶大奸；智商较低的愚笨者，可能成为无知的破坏者，也可能成为忠厚的良民。王充将"上智与下愚"判定为不可改变的"极善极恶"，既不是孔子本意，也不符合实际。

值得注意的是，早期儒家学者，虽在人性善恶的问题上有不同识见，但均肯定人与生俱来的秉性是基本相同的，肯定后天习染对人的决定性作用。十年前出土并被多数学者视为早于《孟子》的郭店楚简《性自命出》中说："四海之内，其性一也，其用心各异，教使然也。"孟子同样认为："故凡同类者，举相似也。何独至于人而疑之？圣人与我同类者。"（《孟子·告子上》)循此,孟子得出了"人皆可以为尧舜"的结论(《孟子·告子下》)。荀子从人性皆恶并可塑的认识出发,也提出了所有人都具有"可以知之质、可以能之具"的识见,并得出了与孟子相同的"涂(途)之人可以为禹"(《荀子·性恶》)的论断。荀子还进一步指出:"可以为尧、禹,可以为桀、跖,可以为工匠,可以为农贾,在执注错习俗之所积耳。""尧、禹者,非生而具者也,夫起于变故,成乎修,修之为,待尽而后备者也。"(《荀子·荣辱》)把人的不同归宿看作行为举措与习俗长期积累的结果,认为尧、禹也并非生来就具备帝王的资质而是后天修为所至,这与孟子的"求使然也"没有什么区别。就是说,孟子的性善论和荀子的性恶论虽针锋相对,却在教育、实践和环境影响的环节达成了一致,也均没有脱离孔子"性相近也,习相远也"的认识路线。

　　综上可见,孔子用"相近"而不是"善恶"来概括人的天生资质,肯定后天教育和人文环境对人的影响和决定作用,是简明而符合实际的。后世学人之所以对此进行了种种复杂的解释,是因为他们没有悟彻孔子对人性的看法。实际情况是,孔子对人性的认识包括两个方面,一是告子所言之"生之谓性",即与生俱来的秉赋,对此,孔子认为多数人是相近的,会因为后天的习染不同而改变;二是在后天社会环境中形成的人之所以为人的规定性,是社会化语境中的人性。对此,在不同的时代、国家、民族和思想家那里,有不同的认识和选择,孔子的认识和选择是"仁者,人也"。因为孔子首先确立了"天地之性(生)人为贵"和"鸟兽不可与同群"的认识,并把智力视为形成后天习染差距的基础,故他虽把在后天习染中形成的善恶评价排除在人的天生资质之外,但也不能将其等同或归谬为官能满足的兽性;同时,孔子既然断定人与人之间的差距来自后天的习染,那么,包括人的道德评价在内的人之所以为人的品性,就不应是先验主宰的神性或与生俱来的秉性。就是说,孔子关于"仁者,人也"等对人性的认识和结论,是以人的天生资质(包括现代语境中的遗传基因)为基础、以人的社会性为条件、以人类文明的追求为取向达致的,是感性与理性、个体与社会、需要与审美结合的认识成果。其具体内涵和评价尺度,也会随着人的不断成熟和社会的不断进步而损益和调整。

（四）"克己复礼"，即遵循社会公德和公共规范

"礼"在远古时代就产生了，并在西周形成了比较完备的形态。但在孔子看来，决定礼制生命力的是"仁"，即"人而不仁，如礼何？"（《八佾》）一个人如果没有仁德，或不以仁为价值取向，就不会正确对待和实行礼仪。这是孔子对礼的改造，表明了孔子对礼与仁一致性的认识。礼既然是仁的外化和表现形式，那么，依礼而行就有助于培养仁德，达到仁的境界。因此，在颜渊问怎样做才会成为仁人时，孔子回答说："克己复礼为仁。一日克己复礼，天下归仁焉。为仁由己，而由人乎哉？"（《颜渊》）对"克己复礼"章句，古往今来解释颇多，意见多有不同。如"复礼"之"复"，就有"归复"、"返反"、"符合"等不同译文；"天下归仁"之"归"，亦有"称许"、"兴盛"、"回到"等不同认识。在我看来，颜回之问和孔子之答，均系怎样做才能成就仁德。故其"复礼"之"复"，应为践履之意。有子说："信近于义，言可复也。"（《学而》）信约符合道义，所言才可践履。此一"复"字，便与"复礼"之"复"意通。故孔子所言之"克己复礼为仁"，即克制约束自己依礼而行，便可成就仁德。孔子以"为仁由己，而由人乎哉"来说明"一日克己复礼，天下归仁焉"，所强调的是道德自觉和由此而生的社会认同，故其"归仁"之"归"，还是以"称许"为正解。一个人一旦能够做到克己复礼，所有人都会称许你是仁人了。

实践体现仁德的"礼"需要克制自己，体现了孔子对道德建设规律的认识。在人类由野蛮走向文明的过程中，道德建设在其初始阶段必然会表现为对个人的约束。不仅如此，某些道德规范在未达成共识和共同行动之前，少数人的道德实践甚至会导致个人利益的损失，譬如"排队"，假如多数人都不排队且能实现自己的目的，排队者就无法或只能最后实现自己的愿望。在这种情况下，一个道德意志不坚的人，就很难依礼而行。因此，我在前面说过，比较而言，荀子"性恶"的认识比孟子的"性善"说有说服力，并部分地揭示了道德的起源。

对道德建设的艰难，孔子有许多直接论述：

子曰："我未见好仁者，恶不仁者。"（《里仁》）

子曰："吾未见好德如好色者也。"（《卫灵公》）

　　子曰："由！知德者鲜矣。"（同上）

　　从这些言论中可以看出，孔子虽然没有像荀子那样指认人性恶，但认为人的德性难以像私欲那样自然生成，易于被非理性的自然冲动所决定，是真实存在的情况。对此，孔子虽感到焦虑，但并不主张用简单粗暴的方式去解决。孔子认为："道之以政，齐之以刑，民免而无耻；道之以德，齐之以礼，有耻且格。"（《为政》）孔子对政令和刑罚作用的认识虽不够全面，但他把道德和礼制视为从文化和情感层面解决问题的根本途径，是正确的。英国当代学者特瑞·伊格尔顿在其《文化的观念》中就这样认为："作为自我培养者，我们是自己手中的黏土，集救世主与精神上的再生者、牧师与罪人于一身。如果听之任之，我们邪恶的天性将不能自动地提升为文化的优雅；不过这样的优雅也不能粗暴地强加在天性之上。它更应该与天性自身内在的倾向合作，以使之超越其自身。""在文明社会，个体生活在一种长期的对抗性状态之中，受到对立利益的驱动；但是国家是那种这些分歧在其中可以和谐地得到调解的超然的领域。然而，要让这种情况出现，国家必须已经在文明社会中起作用，减缓其怨恨并改善其情感，而这一过程便是我们所知道的文化。"（南京大学出版社2003年版，第7—8页）可见，将自我培养、自我约束与社会规范结合起来，是古今中外实现自我超越与人际和谐的共同认识。

　　我们也可以看到，只有在道德建设的高级阶段，即道德要求成为共同需要和多数人的自觉行动时，这种被动的约束感才可能消失，道德实践才会真正成为一种没有心灵对抗的行为。仍以"排队"为例，在许多国家，排队之所以成为人们的自觉行为，除文明素质之外，不排队便不会达到目的，会受到众人的鄙视，也是十分重视的原因。在那样的社会，不道德或不文明的人，反而会失去更多的自由。

　　有人认为，孔子的克己复礼是"要求人无论在什么情况下都要隐忍"，是一些人信奉的隐忍哲学的肇始。这在孔子那里是找不到根据的。"克己"的反面是"纵己"和冲动，人在冲动的情况下不仅易于失礼，也会失去方向。故克己复礼当然包括为避免无谓的冲突而在一些非原则问题上的隐忍，用孔子的话说，即"小不忍则乱大谋"（《卫灵公》）。但孔子主张的是忍小以成大，并没要求人们无论在什么情况下都要隐忍。读《论语》可知，孔子最反对的便是奴颜媚骨和人格屈辱："巧言，令色，足恭，左丘明耻之，丘亦耻之。匿怨而友其人，左丘明耻之，丘亦耻之。"（《公冶长》）基于这种人生态度，在有人问"以德报怨，何如"时，孔子断然反对说："何以报德？以直报怨，以德报德。"（《宪问》）这种恩怨分明的态度，与无原则的隐忍哲学是不搭界的。特别是在政治生活中，孔子不仅秉持"道不同不相为谋"的信条，而且在高官和武力胁迫面前亦从不隐忍。例如，鲁国执政上卿季平子经常滥用天子礼仪以炫示自己的权力，孔子就愤然抨之曰："是可忍也，孰不可忍也！"（《八佾》）再如，在鲁定公十年齐鲁两国国君的"夹谷之会"中，当齐人对鲁君非礼并欲劫持鲁君时，孔子"厉阶而上"，指挥兵士杀退齐人，不仅使齐人的阴谋未能得逞，而且以正义严辞使齐君恐惧和汗颜，归还了侵占鲁国的领土，维护了国家尊严（详见《史记·孔子世家》、《左传·定公十年》）。还有，鲁定公十二年即孔子在鲁代行相职时，齐人施美人计使鲁君和季桓子沉湎其中不理朝政，孔子愤然离职而去（《史记·孔子世家》、《论语·微子》）。孔子的这些不忍，体现了其一贯主张和精神品格塑造的取向。从"志士仁人，无求生以害仁，有杀生以成仁"，到"三军可夺帅也，匹夫不可夺志"，从"裔不谋夏，夷不乱华"，到"执干戈以卫社稷"，在涉及国家、民族大义和个人尊严等问题上，孔子不仅从不隐忍，甚至"怒发冲冠"，真正表现出孟子所言之"富贵不能淫，贫贱不能移，威武不能屈"的"大丈夫"气节。可见，孔子的"小不忍则乱大谋"，是藏锋而非去锋芒化。无论一个人还是一个国家和民族，如果失去锋芒，就只能任人凌辱和宰割。

（五）"立爱自亲始"，即循序渐进

"爱人"与"泛爱众"，是孔子界定的"仁"的内涵。但作为一种未被普遍理解和接受的道德理念，其如何推行，则要考虑具体的人伦关系和社会实际。实际情况是，人类之爱最早产生于家庭，也比较充分地体现在家庭。因此，孔子将"亲亲"视为推行仁德的起点，认为"仁者，人也，亲亲为大"，同时提出了"入则孝，出则弟，谨而信，泛爱众，而亲仁"的发展路线，直至"人不独亲其亲，不独子其子"。对此，《孝经·广要道章》引孔子的一

段话,说得更为清楚:

> 子曰:"教民亲爱,莫善于孝。教民礼顺,莫善于悌。移风易俗,莫善于乐。安上治民,莫善于礼。"

倡"孝"的目的不仅是为了家庭美德的生成,也在于"教民亲爱"的社会建设需要。对此,孔子的学生有若有一段颇受关注的论说:

> 有子曰:"其为人也孝弟,而好犯上者,鲜矣;不好犯上,而好作乱者,未之有也。君子务本,本立而道生。孝弟也者,其为仁之本与!"(《学而》)

"本"是基础,"道"是生成。君子打好孝悌的基础,进而由亲及人,仁道就会生成。这是有子对"行孝至仁"关系的认识。对有若此论,也存在一些歧见。有人将其解读为孝悌是仁的内涵或基本内核。对此,宋明理学家早有匡正。朱熹在其《集注》中引程子言曰:

> 德有本,本立则其道光大。孝弟行于家,而后仁爱及于物,所谓亲亲而仁民也。故为仁以孝弟为本。论性,则以仁为孝弟之本。或问孝弟为仁之本,此是由孝弟可以至仁否?曰:非也。谓行仁自孝弟始,孝弟是仁之一事,谓之行仁之本则可,谓是仁之本则不可。盖仁,是性也。孝弟,是用也。性中只有个仁义礼智四者而已,曷尝有孝弟来?然仁主于爱,爱莫大于爱亲,故曰:孝弟也者其为仁之本与。

将"行仁之本"与"仁之本"区分开来,程子的认识和解读是切近的。从前面的论述看,有若所言之"本",确是基础、起始之意。能够印证此一"本"字之意义的,是《礼记·学记》中的一段话:

> 三王之祭川也,皆先河而后海,或源也,或委也。此之谓务本。

夏商周三代君王在祭祀河川时,都是先祭河而后祭海,原因在于:河是海的本源。以此来解读有若的"君子务本,本立而道生。孝弟也者,其为仁之本与",其本意当会更为明了。除有子外,曾子的"慎终追远,民德归厚矣"(《学而》),孟子的"亲亲而仁民,仁民而爱物"和"老吾老以及人之老,幼吾幼以及人之幼"(《孟子·梁惠王上》),也都指明了从"孝"到"仁"、从家庭到社会的发展路径。特别是子夏在劝导司马牛时所说的"四海之内皆兄弟也"(《颜渊》),更使"亲亲"之爱超越了国界,使仁德产生了宗教般的磁性和美感。

有些学者对此考察不够，抓住一句"亲亲为大"而怀疑孔子"泛爱众"的真诚，或与墨子的"兼相爱，交相利"相比较，认为孔子的"仁"是"爱有差等"，境界不高。实际上，无论古今中外，"亲亲"都是一种普遍的情感。试想，如果一个人连自己的父母和亲人都不爱，又怎么能爱别人呢？《中庸》的作者总结说："君子之道，辟如行远必自迩，辟如登高必自卑。"孔子推行仁德，便走了这样的路线。

还有学者认为，儒家伦理道德只注重"私德"——"家庭伦理"，而没有重视"公德"——"社会国家伦理"，结果是要求"人人独善其身"，宣扬一种"束身寡过主义"，因此有着狭隘的特点。这是因方法和角度不同而把问题看反了。孔子和儒家的伦理思想，是为了解决人际紧张与对抗产生的，无论推己及人还是修齐治平，都是为了使个人适应社会、融入社会和有利于社会。其实，"仁"本身就属于"公德"的范畴，否则的话，仅有"孝"、"慈"也就够了。"礼"虽也适用于家庭，但作为"礼制"，则是"社会国家伦理"的集中体现。孔子倡仁隆礼，就体现了对公德的高度重视，而且没有因此而消解个人意志。实际上，公德与私德虽有区别，不能混为一谈，但也不是对立的。人类是由个人构成的，家庭是社会的基础。如果每个人都有良好的品格，每个家庭都有良好的氛围，社会就将变得十分美好。

（六）"力行近乎仁"，即注重实践养成

孔子是重实践的思想家，主张"敏于事而慎于言"（《学而》）。在实现仁德方面，孔子也十分重视并强调这一点，认为"力行近乎仁"（《中庸》）。因此，在司马牛"问仁"时，孔子以"仁者其言也讱"回答。把言语迟钝视为"仁"的内涵和表现，司马迁认为是针对了司马牛"多言而躁"的缺点，但也同时体现了孔子的一贯主张，如"刚、毅、木、讷近仁"（《子路》）。"讷"即言语不轻易出口，孔子将其视为近于仁德的四种品德之一，说明孔子眼中的仁人是厚重、守信而远离虚浮的。事实的确如此。包括"仁"在内的任何一种品德，若只停留在口头上而不付诸实践，乃至"色取仁而行违"（《颜渊》），就不仅毫无意义，甚至会败坏道德，正所谓"巧言乱德"（《卫灵公》）。

对如何实践仁德,孔子提出了一些具体规范:

> 子张问仁于孔子,孔子曰:"能行五者于天下为仁矣。""请问
> 之。"曰:"恭、宽、信、敏、惠。恭则不侮,宽则得众,信则人任焉,敏则
> 有功,惠则足以使人。"(《阳货》)

孔子推行庄重、宽厚、诚信、勤敏、慈惠五种品德,认为若能够处处实行
之,便可称得上是仁人了。这既是对"仁"的内涵的解说,也是对实践仁德
的具体要求。

为"仁"需立志:"苟志于仁矣,无恶也。"(《里仁》)立志之后,就
要坚持不懈地努力实行:"君子无终食之间违仁,造次必于是,颠沛必于
是。"(同上)君子任何时候都不违背仁德,匆忙时必定如此,颠沛时必定
如此。这是力行仁德的极高境界。

(七)"智者利仁",即崇尚理智德性

古希腊哲学家亚里士多德曾将人的德性分为理智的和品格的两种,认
为理智德性是通过教育获得的,品格德性则来自习惯性行为实践。他同时
认为,这两种德性是密切相关的:"因为我们要把我们先天的那些气质变
为品格德性,我们就必须按照正确的理性逐渐锻炼那些气质。理智的运用
使一种先天气质与那种相应的德性有了根本。反之,实践理智的运用需要
品格德性;否则,它从开始就会堕落成为或者仅仅维持一种把手段与任何
目的——但不是真正的善的目的——联系起来的狡诈能力而已。"(〔美〕
A·麦金太尔《德性之后》,中国社会科学出版社1995年版,第194—
195页)有人不赞成亚里士多德关于品格的卓越与理智是不能分离的结
论——康德就认为,一个人可以既是善的又是愚笨的。这虽然也是我们
在日常生活中经常可以看到的情况,但通过实际考察我们会发现,善良的
人倘若缺乏智慧,其善良的表现和作为也会大打折扣。

孔子虽然没有在概念上作这种区分,但对理智与德性密切关系的认
识,则丰富而多见:

> 子曰:"不仁者不可以久处约,不可以长处乐。仁者安仁,知者利
> 仁。"(《里仁》)

朱熹注此章说:"利,犹贪也,盖深知笃好而必欲得之也。不仁之人,

失其本心,久约必滥,久乐必淫。惟仁者则安其仁而无适不然,智者则利于仁而不易所守。虽深浅不同,然皆非外物所能夺矣。"这种理解是正确的。所谓"安其仁而无适不然",就是仁者无论到哪里、无论在何种情况下都是如此,这就比较类似于"品格德性";所谓"利于仁而不易所守",则是经过理性认识和选择而不改变自己的操守,接近于"理智德性"。

一个是来自品格的习惯性行为,一个是来自理性的自觉选择,一些儒家后学多认为前者的境界高于后者。朱熹引谢氏曰:"安仁则一,利仁则二。安仁者非颜、闵以上,去圣人为不远,不知此味也。诸子虽有卓越之才,谓之见道不惑则可,然未免于利之也。"皇侃《义疏》则说得更为明确:"智者,谓识昭前境,而非性仁者也。利仁者其见行仁者若于彼我皆利,则己行之;若于我有损,则使停止,是智者利仁也。"这种解释,虽没有将"智者"与唯利是图者划为等号,亦相去不远。与此相若,有人将"智者利仁"译为"聪明人利用仁",即看到行仁对自己有利才去做,这就将"智者"大为贬低了。实际情况是,孔子既崇尚仁德,也崇尚智慧,并经常仁智并论,如"知者乐水,仁者乐山。知者动,仁者静。知者乐,仁者寿"(《雍也》);"知者不惑,仁者不忧,勇者不惧"(《子罕》、《宪问》)。如果孔子将智者视为无利便不为者,怎能如此称许之!

其实,"仁者安仁,知者利仁",可直译为"有仁德的人安于仁,有智慧的人利于仁",讲的是德性和理性在行仁中的作用,是仁、智并举而不是以"仁"贬"智"。一些注家将"安仁"译为"安于仁",却将"利人"译为"利用仁",显然是受了一些旧说的影响而没有顾及语言逻辑。对理智与德性的关系,孔子有一段集中的论说:

> 子曰:"由也!女闻六言六蔽矣乎?"对曰:"未也。""居,吾语女。好仁不好学,其蔽也愚;好知不好学,其蔽也荡;好信不好学,其蔽也贼;好直不好学,其蔽也绞;好勇不好学,其蔽也乱;好刚不好学,其蔽也狂。"(《阳货》)

孔子所说的"六言",即"仁"、"知"、"信"、"直"、"勇"、"刚"六种品德。孔子对这六种品德极为推崇,但同时认为,若只是爱好而不通过学习增长知识和智慧,用理性去驾驭,实行起来就会相应地产生六种弊病,如爱好仁德而不爱好学习,其弊病就是愚笨。这是对仁德与智慧关系的明确阐述。愚笨的人虽然也可以具有"仁"的善良品格——即如康德所见,却容易上当受骗。我们熟知的"东郭先生和狼"、"农夫和蛇"等故事,所要说明的就是这一道理。

孔子"疾固",即讨厌顽固不通的人,同时主张"知者不惑",即聪明人不被迷惑。这两个主张,也适用于"仁"的实行。孔子说过:"唯仁者能好人,能恶人。"(《里仁》)这样的仁者,就不光有爱心,而且有智慧,能明辨是非,从而避免发生"东郭先生"与"农夫"那样的危险和悲剧。对此,孔子也有明确的提示:"恶不仁者,其为仁矣,不使不仁者加乎其身。"(同上)厌恶不仁德的人,在行仁德时就会有所警惕,不会反被其害。孔子还说过:"不逆诈,不亿不信,抑亦先觉者,是贤乎!"(《宪问》)不预先怀疑别人的欺诈,也不无根据地猜测别人的不老实,却能及早发觉,这样的人一定是位贤者罢!孔子如此称许的"先觉者",非大仁大智者而不能。

实践仁德需要智识,不能愚行盲从,其弟子宰我也有所探究。宰我曾向孔子问询说:有仁德的人,假如告诉他"有人掉入井里了"时,他是不是会跟着跳下去呢?孔子对如此设问本身就表示了不满:

> 宰我问曰:"仁者,虽告之曰'井有仁焉',其从之也?"子曰:"何为其然也?君子可逝也,不可陷也;可欺也,不可罔也。"(《雍也》)

对"君子可逝也,不可陷也",注家有不同理解。杨伯峻先生将其译为"君子可以叫他远远走开不再回来,却不可以陷害他"。此解的最大疑问处,是看见有人落入井中却远远走开而不再回来,这哪里还称得上"仁者"或"君子"?李泽厚和傅佩荣先生分别将其译为"可以使他走去看,不可能陷害他下井"和"你可以让他过去,却不能让他跳井",虽符合文字意义,却仍然难以解除前言之疑惑:有人落井,只是"走去看"或"过去",便与"看客"无异,同样不符合宰我"仁者"的设问。问题出在文中的"逝"字。"逝"的本义,就是"往而不返"或"过去"。朱熹曾以"逝,谓使之往救。陷,谓陷之于井"解之,虽合乎情理,但就"逝"字而言,则未信。为了解决这一问题,俞越在《群经平议》中认为:"逝与折古通用。君子杀身成仁则有之矣,故可得而摧折,然不可以非理陷害之,故可折而不可陷。"

此解针对了宰我设问中所针对的仁之愚,讲明了君子可杀身成仁但不能被非理陷害从死的关系,吾尝取之。但仔细研究,《论语》中另有"折"字,即"片言可以折狱"(《颜渊》),也另有"逝"字,即"逝者如斯"(《子罕》),区别使用是明显的。研读目前可见的最早《论语》抄本定州汉墓竹简《论语》,发现此章中的"逝"为"选",即"君子可选,不可陷也"。于是我想,通行本中的"逝"极可能是"选"之误。"选"即"选择",据此将其解为"君子可容其选择不同的救人方式,却不能让他跟着跳下去",就豁然贯通了。

对《论语》此章,朱熹在《集注》中有一段详析,读后对理解孔子的意见会有所帮助:

> 刘聘君曰:"有仁之仁当作人。"今从之。从,谓随之于井而救之也。宰我信道不笃,而忧为仁之陷害,故有此问。逝,谓使之往救。陷,谓陷之于井。欺,谓诳之以理之所有。罔,谓昧之以理之所无。盖身在井上乃可以救井中之人,若从之于井,则不复能救之矣。此理甚明,人所能晓。仁者虽切于救人,而不私其身,然不应如此之愚也。

除"逝"字外,朱注与孔子的意见庶几近矣。救溺虽是仁者所必为,即所谓"见义不为,无勇也"(《为政》)。但若跟着跳入井中,则无益于救人,仁者何必如此? 孔子在批评子路时说过:"暴虎冯河,死而无悔者,吾不与也。必也临事而惧,好谋而成者也。"(《述而》)"好谋而成",所凭借的便是智慧。孔子既反对愚仁,也反对愚勇,故常智、仁、勇并举并重,即前面征引的"智者不惑,仁者不忧,勇者不惧"。三者兼备,被后儒概括为"三达德",即三种最好的美德。由此反观孔子的"君子可选",便是"好谋而成"之意。宰我不仅以言语见长,思维亦比较灵动,经常给孔子"出难题"。与其对"三年之丧"的质疑一样,其对"仁者"的设问,可谓明知故问,是对"愚仁"的嘲讽。孔子如此认真地回答,也意在表明自己对愚仁的反对。

让我们再回到孔子关于"六言六蔽"的认识。孔子在无人提问的情况下,主动将此讲给他比较钟爱却有教条、不知变通等毛病的学生子路,是很有针对性的。这段话说明了这样两个道理:一是人的道德修养和道德行为不能仅凭天性或单纯的热爱,必须同时具有驾驭自己行为的智慧;二是对社会崇尚的道德规范,实行起来亦有多种选择的可能性,如果没有理性的分辨选择,也可能走向反面,如"仁"之过为愚,勇之过为乱,刚之过为狂。因此,孔子不仅经常仁、智并论,而且曾以"知者若何? 仁者若何?"的同样题目考察子路、子贡和颜回,明确提出了"既知且仁"的要求,认为一旦做到这一点,就没有什么缺憾和不足(详见《荀子·子道》)。

孔子崇尚理智德性,这一点被孔门弟子深刻认识。子贡在评价孔子的"学不厌而教不倦"时就认为:"学不厌,智也;教不倦,仁也。仁且智,夫子既圣矣乎。"(《孟子·公孙丑上》)子张和樊迟,也曾与孔子讨论过类似的问题:

> 子张问崇德辨惑。子曰:"主忠信,徙义,崇德也。爱之欲其生,恶之欲其死。既欲其生,又欲其死,是惑也。"(《颜渊》)

> 樊迟从游于舞雩之下,曰:"敢问崇德,修慝,辨惑。"子曰:"善哉问! 先事后得,非崇德与? 攻其恶,无攻人之恶,非修慝与? 一朝之忿,忘其身,以及其亲,非惑与?"(同上)

"崇德"即提高品德,"辨惑"即辨别迷惑。子张和樊迟将这两个问题联系起来向孔子求教,说明他们对孔子仁、智并论的用心已深有所悟,故得到孔子"善哉问"的肯定。所谓"徙义",即唯义是从,也有便宜行事之意。孔子将"爱之欲其生,恶之欲其死"和"一朝之忿,忘其身,以及其亲"视为迷惑即缺乏理智的表现,就是说,仁者的好恶,不能凭一时一事或偶然的忿怒而感情用事,从一个极端走上另一个极端。这就要求人们能够全面、客观、理智待人,并具体说明了理智在道德实践中的重要作用。

主张"性本善"的孟子,对理性智慧在德行中的作用,也是承认的:

> 孟子曰:"行之而不著焉,习矣而不察焉,终身由之而不知其道者,众也。"(《孟子·尽心上》)

孟子在这里所说的"行"和"习",当然包括善行良习;即便如此,做着却不明白为什么,习惯了却不知其所以然,一生这样行事却不了解其中的道理,也难免流于一般人,不会达到更高境界。对此,荀子理解得更为透彻。他不仅记录了孔子"既知且仁"的教导,而且将其上升到治国者必备素质的高度:"知而不仁,不可;仁而不知,不可;既知且仁,是人主之宝也,而王霸之佐也。"(《荀子·君道》)此一仁智并举、缺一不可的认识,与孔子的观点是一脉相承的。荀子还以此评价孔子说：“孔子仁知且不蔽，故学乱术足以为先王者也。一家得周道，举而用之，不蔽于成积也。故德与周公齐，名与三王并，此不蔽之福也。”（《荀子·解蔽》）在荀子看来，孔子有仁德有智慧而且认识上没有片面性，所以他学到的治乱之术足以与古代的圣王相匹。孔子掌握了全面博大的“道”，便按照“道”去做，而不被已有的成见所局限，所以，他的德行与周公一样，名声与夏禹、商汤和周文王、周武王并列，这就是不受片面认识蒙蔽的幸福。孟子和荀子的这些认识，与孔子“智者利仁”的认识是一致的。

这种既肯定品格修养又将理性智慧纳入道德生活、要求在道德实践中注意分辨识别和理智把握的主张，在西方学者那里被概括为“理智德性”或“实践理性”，影响广泛。而在本民族的认识史上，这一认识成果却因一些后儒的曲解而被忽略并贬低了。喜欢质朴之人，做质朴之事，是一种普遍的审美取向。但正如璞玉雕琢成器一样，经过教育和修养获得理性智慧而文质彬彬者，也不应被贬值。《中庸》和《孔子家语·哀公问政》记孔子的话说：“智仁勇三者，天下之达德也，所以行之者一也。或生而知之，或学而知之，或困而知之，及其知之一也。或安而行之，或利而行之，或勉强而行之，及其成功一也。”此一对殊途而同归等视的态度，对正确解读孔子的“仁者安仁，智者利人”，是有帮助的。李泽厚先生在概括孔子理性主义精神的运用时认为：“孔子所以取得这种历史地位是与他用理性主义精神来重新解释古代原始文化——‘礼乐’分不开的。他把原始文化纳入实践理性的统辖之下。所谓‘实践理性’，是说把理性引导和贯彻在日常现实世间生活、伦常感情和政治观念中，而不作抽象的玄想。”（《美的历程》，文物出版社1981年版，第50页）通过前面的分析可以看到，李泽厚先生的这段评价是比较中肯的。

孔子仁学精神的创立，启发了人的自觉，提升了人的境界，调整和改善了人际关系，培育并形成了中华民族的核心价值理念，并由此而铺设了普世价值建设的轨道，对社会政治、经济和文化建设产生了深远影响。社会发展到今天，人类对自身的认识已进入一个崭新的阶段，关于“人”的认识和主张也更加全面、深刻而丰富。但是，孔子仁学体系的本质和精华并没有过时。原德国图宾根大学世界教会神学教授孔汉思,在倡导"世界伦理"即不同宗教和世界观及非信教者能够达成一致的、对于人类共同生活必不可少的最低限度的共同道德价值、理想与目标时,就把"每个人都应得到人道的对待"和"己所不欲,勿施于人"视为两个重要的原则。这也是举世公认的"黄金规则"。在经济全球化、一体化进程快速推进的今天,深刻领悟孔子的人本哲学,继承和发扬孔子的仁学精神,会与西方社会张扬个性、崇尚独立、以个人为中心的文化传统形成有益的互补,并在互相尊重、学习和借鉴的基础上,形成全球化所迫切需要的基本价值准则与行为规范,用以调节不同国家、地区和民族之间的思想文化冲突,增进互信、交往与合作,实现共同进步与发展。

第二章 孔子的中庸之道

"中庸"是孔子思想体系中的重要范畴,是认识和把握客观事物及人的思想行为的根本方法。《论语·雍也》记孔子的评论说:"中庸之为德也,其至矣乎!民鲜久矣。"就是说,中庸这种道德,该是最高的了,可惜人们已经长久地缺乏它了。孔子以"至德"评定中庸,但从他的具体解读和运用看,更多体现的是对客观事物质的规定性和度量分界的认识,是对矛盾构成及转化规律的揭示,是孔子理性智慧和辩证思维的集中体现。《中庸》作者在转述孔子这段话时说:"中庸其至矣乎! 民鲜能久矣。"与《论语》相较缺少的道德评语,通篇被一个"道"字所取代,从而更为准确地概括了"中庸"作为认识论和方法论的意蕴。《中庸》以降,后人大多遵循于此,将孔子的中庸思想概言为"中庸之道"。

一、"中"的文脉传承

"中庸"一词始见《论语》,出自孔子。但在孔子之前,作为执政理念和道德评价的"中"字就已得到比较广泛的运用,并成为孔子中庸之道的重要来源。

《论语·尧曰》开篇就这样记载:"尧曰:'咨! 尔舜! 天之历数在尔躬,允执其中。四海困穷,天禄永终。'舜亦以命禹。"从文字风格看,引文(包括这一章下面的几节)是文诰体,是统治者由上而下的谕诫。孔门弟子将其收入《论语》,说明孔子对此十分重视,是孔子与其学生研究、讨论的重要内容。

所谓"允执其中",即坚持信守中正之道,目的是使天下百姓免于陷入困苦贫穷。在天命神权理念盛行的上古时代,这些古代帝王已经看到,倘若不能如此,便无法维护其统治地位。这与孔子的仁爱思想和仁政主张是一致的,是孔子和孔门弟子珍视这一记录的关键所在。

对尧、舜、禹"允执其中"执政理念的传承和实践情况,其它史料也有所记载。在《中庸》中,有孔子"舜其大智也与! 舜好问,好察迩言,隐恶而扬善,执其两端,用其中于民"的赞誉,可视为舜对尧"允执其中"谕诫的落实。司马迁说:"禹为人敏给克勤,其德不违,其仁可亲,其言可信,声为律,身为度,称以出,穆穆,为纲为纪。"(《史记·夏本纪》)其中虽无"中"字,却是"允执其中"的具体表现。在《孟子·离娄下》中,有"汤执中,立贤无方"的评价,即成汤坚持中正之道,举拔贤人不拘泥于常规。成汤因兴兵讨伐暴君夏桀并建立商朝而受到敬仰,其历史地位紧随尧、舜、禹,也同样秉持了"执中"的美德。成汤的后人盘庚在迁殷时,发表过"汝分猷念以相从,各设中于乃心"(《尚书·商书·盘庚中》)的训词。盘庚是成汤的第十世孙,商代的第二十位君王,被史家认定为"行汤之政,然后百姓由宁,殷道复兴"(《史记·殷本纪》)的有为之君。从他告诫群臣要和谐相从,各设中正之德于心中的主张看,其"行汤之政"就包括了对"汤执中"的继承。到西周时期,先后辅佐文王、武王成就大业的周公在告诫康叔时,进一步提出了"中德"的概念:

> 丕惟曰:尔克永观省,作稽中德。尔尚克羞馈祀,尔乃自介用逸。兹乃允惟王正事之臣,兹亦惟天若元德,永不忘在王家。(《尚书·周书·酒诰》)

康叔是武王的弟弟,成王时被封为卫君。卫国是殷人故居,殷人嗜酒,周公担心康叔因此而丧德致亡,故命康叔宣布禁酒。《酒诰》就是周公告诫康叔治理卫国的诰词。这段话的大意是说:如果你们能经常反省自己,使自己的言行举止符合中正的美德,你们还能够参与国君举行的祭祀。如果你们能够自己限制行乐饮酒,就可以长期成为王室的治事官员。从这段诰词中可以看出,周初的统治者不仅承袭了"执中"的理念,而且将其明确为执政的道德准则。

以上这些梳理,可比较清晰地反映出从尧、舜、禹、汤到周初政治家在"执中"理念上的前后传承。《中庸》的作者评论说:"仲尼祖述尧、舜,宪章文、武。"其中很重要的方面，就是对他们"执中"和践行"中德"的继承与发展。

孔子对"中"认识的另一来源，是《周易》。在《周易》的卦爻辞中，就多有"中"的概念，如讼卦卦辞中的"中吉"，泰卦九二的"得尚于中行"，复卦六四的"中行独复"，益卦六三的"有孚中行"、六四的"中行告公"，夬卦九五的"中行无咎"等。这些卦爻辞中的"中吉"、"中行"，都是行为适中、走正道的意思。孔子在五十岁之前就极重视这部著作，宣称"加我数年，五十以学《易》，可以无大过矣"（《述而》）。五十岁后，孔子实施了自己的这一人生规划。子贡说"夫子老而好《易》，居则在席，行则在囊"（马王堆汉墓帛书《易传·要》），司马迁说"孔子晚而喜《易》，序《彖》《系》《象》、《说卦》《文言》。读《易》，韦编三绝"（《史记·孔子世家》）。正是在这种学习和研究的过程中，孔子接受了这些概念并曾直接使用，如"不得中行而与之，必也狂狷乎！"（《子路》）此外，在《周易》的彖、象辞中，多有"中正"、"中道"和"中以行正"等概念和解说（见"观卦"、"既济卦"和"未济卦"等），当来自孔子或孔门后学。

综上可见，"中"作为一种为政理念和道德范畴，在孔子之前即已存在并有比较广泛的运用。孔子的中庸之道，就是在此基础上的创造性发明和运用。

二、中庸本义

"中"的基本含义是正或正确，这是多数注疏家所公认的，故"允执其中"通常被译为"信执持中正之道"（程树德《论语集释》引皇侃《义疏》）和"诚实地保持着那正确"（杨伯峻《论语译注》，中华书局1980年版，第207页）。荀子也曾这样解释过"中"：

> 凡事行，有益于理者，立之；无益于理者，废之：夫是之谓中事。凡知说，有益于理者，为之；无益于理者，舍之：夫是之谓中说。事行失中谓之奸事，知说失中谓之奸道。（《荀子·儒效》）

总的看来，正、正确、合理、适当，都是"中"的正解；用"中"来表达这些肯定的意见,是中国古代哲人的一大创造,并成为语言习惯和语言传统。孔子在与子路讨论"正名"的重要性时就说过:"礼乐不兴,则刑罚不中;刑罚不中,则民无所错(措)手足。"(《子路》)其中的"刑罚不中",就是"刑罚不得当"。时至今日,在山东、河南等地,人们在表示肯定、同意与否时,仍用"中"或"不中"去表达,继承了这一语言习惯和传统。

　　问题在于"庸"字。对"中庸"之"庸",古往今来解释颇多,其中郑玄注《礼记·中庸》说:"名曰中庸者,以其记中和之为用也。庸,用也。""庸"与"用"通,最早见于《尚书·尧典》。尧在年老时想将帝位让出来,征求大臣和四方长老的意见:"畴咨若时登庸?"谁能顺应天时被提升任用呢?其中的"登庸"就是"升用"的意思;在尧听从大家的意见试用鲧而没有取得成效后,尧又对"四岳"即四方诸侯之长说:"朕在位七十载,汝能庸命巽朕位?"即"我在位七十年,你们谁能受命,取代我的帝位?"其中的"庸命"即"用命"的意思。此外,周公在讨伐管、蔡之后将殷商的遗民封给其弟康叔时,以其父文王的事迹诰勉康叔说:"惟乃丕显考文王,克明德慎罚;不敢侮鳏寡,庸庸,祗祗,威威,显民,用肇造我区夏,越我一、二邦以修我西土。"(《尚书·周书·康诰》)其中的"庸庸"即"用用",任用可用之人。在《庄子·齐物论》中也有同见:"唯达者知通为一,为是不用而寓诸庸。庸也者,用也;用也者,通也;通也者,得也。适得而几矣。"有学者认为,"寓诸庸"句下"庸也者,用也"等二十字疑是衍文(陈鼓应《庄子今注今译》),即便如此,也是时人对"寓诸庸"的认识和理解。汉儒许慎在《说文解字》中亦云:"庸,用也。"综上,笔者认为,郑玄的解释是比较切近的,中庸就是执中、用中。

　　对"庸"的另一释义,是"常"。郑玄在注"君子之中庸"时又说:"庸,常也。用中为常道也。"此一"常"字,是可常行之义,与孔子的认识尚不构成冲突。但倘若将其解为"平常",就值得商榷了。朱熹在《四书章句集注》中说:"中者,无过无不及之名也。庸,平常也。"朱熹还进一步解释说:"唯其平常,故可常而不可易。"(《朱子四书或问》之《中庸或问》卷一)"平常"可包括"不易",当然能够说得通,并有辩证思维在里面。但问题是,孔子从没有把中庸视为平常的品行。他在《论语》中唯一一次提到中庸时,就将其视为"至德"即最高的道德原则,因此才会"民鲜久矣"。郑玄对此注云:"鲜,罕也。言中庸为道至美,顾(故)人罕能久行。"既然是"人罕能久行"之至美之道,当然就不可能是平常的规范。在《中庸》里,孔子言及中庸难行、并非平常的地方很多:

> 天下国家可均也,爵禄可辞也,白刃可蹈也,中庸不可能也。
>
> 君子依乎中庸,遁世不见知而不悔,唯圣者能之。
>
> 人皆曰予知,驱而纳诸罟护陷阱之中,而莫之知辟也。人皆曰予知,择乎中庸,而不能期月守也。

这些论述,均明白无误地说明了中庸在认识、把握和实行上的难度,也证明了孔子"民鲜久矣"中的"民"不单纯指民众,也包括统治者在内。查《论语》《中庸》等资料,除尧、舜和颜回外,没发现孔子称许别人能行中庸。中庸并非简单易行的规范,由此可见。

从前引孔子对舜"执两用中"的赞许中亦可看出,执中需要大智慧。清代经学家洪氏震煊《中庸说》在征引了郑玄对"中庸"的两个注解后即说:"二说相辅而成。不得过不及谓之中,所常行谓之庸。常行者即常用是也。故赞舜之大智曰:'执其两端,用其中于民。'用中即中庸之义是也。古训以庸为常,非平常之谓也。庸德之行,庸言之谨。郑君亦注曰:'庸犹常也。言德常行也,言常谨也。'"。洪氏对以"常"释"庸"的认识,特别是"非平常之谓也"的结论,是比较恰切的。

朱熹在其《集注》中还引述程颐的话说:"不偏之谓中,不易之谓庸。中者天下之正道,庸者天下之定理。"此论虽广为流行并得到多数学者认同,但解释起来却颇为曲折,与孔子的本意似不十分契合。程颐的意见,是将"中"与"庸"视为相对而相成的两个名词组合来对待的,朱熹也认同这一点,并以东西、上下、寒暑、昼夜、生死作譬,说明"有中必有庸,有庸必有中,两个少不得",有如"一经一纬不可阙"(《朱子语类》卷六十二)。而实际情况是,孔子在很多地方对"庸"字是舍而不用的:

> 君子之行也,度于礼,施取其厚,事举其中,敛从其薄。(《左传·哀公十一年》)
>
> 不得中行而与之,必也狂狷乎!(《子路》)

秦,国虽小,其志大;处虽辟,行中正。(《史记·孔子世家》)

君子之中庸也,君子而时中。(《中庸》)

在这些论述中,孔子均没有把"庸"与"中"视为"两个少不得"的"一经一纬不可阙"的关系,其中的"中"、"中行"、"中正"和"时中",都是对中庸的说明和运用。此外,程颐用"不易"即"不可改变"释"庸",这一观点也大有疑问。孔子是讲权变的思想家,在执中的问题上也是如此,即"君子之中庸也,君子而时中"。"时中"即审时度势以取中,对此,笔者将在后面详加分析。

总之,"中"就是"正"或正确,包括合理、适宜;"庸"就是"用","中庸"就是执中、用中。这是孔子中庸思想的本来意义。

三、中庸非"折中"考

孔子的"中庸"之道虽是在前人"允执其中"等主张的基础上形成的,但并非简单的承袭。他在原始道德概念的基础上,对"执中"进行了深刻的哲学思考,提出了"过犹不及"的著名论断:

子贡问:"师与商也孰贤?"子曰:"师也过,商也不及。"曰:"然则师愈与?"子曰:"过犹不及。"(《先进》)

颛孙师(子张)和卜商(子夏)都是孔子的高徒,当子贡问及他们二人谁更好一些时,孔子给出了"子张做得有些过头,子夏又嫌做得不够"的评价。在子贡看来,"过"比"不及"要好些,犹如若干年前有人认定"左"比"右"好一样,而孔子则断然指出:过与不及是一样的。

"过犹不及"是对"中庸"的阐发,是没有问题的。朱熹在《论语集注》中这样写道:"子张才高意广,而好为苟难,故常过中。子夏笃信谨守,而规模狭隘,故常不及。""道以中庸为至。贤知(智)之过,虽若胜于愚不肖之不及,然其失中则一也。"朱熹还引尹氏的话说:"中庸之为德也,其至矣乎!夫过与不及,均也。差之毫厘,谬以千里。故圣人之教,抑其过,引其不及,归于中道而已。"这些解说,是准确而精当的。这也表明,在孔子的头脑中,具有明确的"度"的概念。他把正确合理事物的内在规定性视为"中"，认为"过"与"不及"都超出了保持"中"的量的界限，都应该注意防止和避免，从而为人们认识和把握客观事物提供了科学的方法，提高了人的认识水平。

近代以来，孔子的"中庸"思想屡遭曲解和攻击，其中，将"过犹不及"判定为"折中主义"和"矛盾调和论"，曾一度占居了统治地位。章太炎先生在《诸子学略说》中认为："所谓中庸，无异于乡愿"，"所谓中庸者，是国愿，是甚于乡愿者也"。在上世纪七十年代的批孔运动中，对中庸的批判更甚于其它范畴，原因便来自于对"左"的肯定。直到上世纪八十年代以来，许多人的认识仍受其左右。例如，杨伯峻先生将"允执其中"译为"诚实地保持那正确"，将"中"解释为"古代哲学家的术语，其最合理而至当不移的叫'中'"。但在译注"中庸"时，却没有坚持这一看法："'中'，折中，无过，也无不及，调和；'庸'，平常。孔子拈出这两个字，就表示他的最高道德标准，其实就是折中的和平常的东西。"（《论语译注》，第207、219、64页）杨伯峻先生是我很敬佩的前辈学者，其《论语译注》是我研习孔子思想的入门向导。但他对孔子"中庸"的认识，似尚未摆脱批孔运动的影响。时至今日，一些人在谈及"中庸"时，仍持相同或相近的认识，甚至将一些国人的"乡愿"人格归之于孔子中庸之道的影响。

所谓折中主义，其根本点是没有是非原则，在矛盾对立的情况下采取亦此亦彼的调和态度。孔子的中庸之道并不具有这样的特征。

首先，孔子的"中庸"是有原则和是非标准的，并非在对立的观点之间无原则地取中。据《礼记·仲尼燕居》记载，有一次孔子赋闲在家，学生子张、子贡、言游相伴，在漫谈中谈到了礼：

> 子曰："居，女（汝）三人者，吾语女礼，使女以礼周流无不偏也。"子贡越席而对曰："敢问何如？"子曰："敬而不中礼谓之野，恭而不中礼谓之给，勇而不中礼谓之逆。"子曰："给夺慈仁。"

> 子曰："师，尔过，而商也不及。子产犹众人之母也，能食之，不能教也。"子贡越席而对曰："敢问将何以为此中者也？"子曰："礼乎礼，夫礼所以制中也。"子贡退，言游进曰："敢问礼也者，领恶而全好者与？"子曰："然。"

孔子告诉三位弟子：依礼随遇而施，就会无不适中。诚敬而不符合礼就会显得鄙陋无知，谦恭而不符合礼就会显得虚伪，勇敢而不符合礼就会逆乱。虚伪的人鲜有仁慈之德。在讲了这番道理后，孔子批评子张行事失之过头，子夏行事有所不及。在子贡问怎样才能适中时，孔子接序前论，认为依礼而行是使行为适中的最好方法。子游可能对以礼制中尚有疑问，故请教说：礼是治理恶劣习惯而保全良好品行的途径吗？孔子当即给予了肯定。

在这段对话中，孔子不仅提出了用礼来节制行为使之适中的途径，而且明确了礼是治理恶劣习性而保全良好品行的属性。对孔子提倡的礼，学界有不同看法，笔者另有专题讨论。但无论如何，孔子用来制中的礼，都是既定的、社会的规范，并有"领恶而全好"的明确目的。有了这两点，就与折中主义和矛盾调和论划清了界限。就是说，是先有"中"的标准，然后才有相对于中的"过"与"不及"。说中庸为折中主义，是颠倒了这种关系，不合逻辑。

其次，孔子一贯坚持"君子和而不同"（《子路》）的主张，对"折中主义"和"矛盾调和"之类的品行深恶痛绝：

> 子曰："巧言，令色，足恭，左丘明耻之，丘亦耻之；匿怨而友其人，左丘明耻之，丘亦耻之。"（《公冶长》）

> 子曰："巧言令色，鲜矣仁。"（《阳货》）

> 子曰："乡愿，德之贼也。"（同上）

孔子列举的这些品行，或花言巧语、仪容伪善、过于谦恭，或没有骨气、委屈求全、讨好媚世，均与孔子所倡扬的人格操守相悖。特别是"乡愿"，即不讲是非原则"阉然媚于世"的好好先生，是与折中、调和最为相近的品行。孔子既然反对"乡愿"，认为其足以败坏道德，又怎么能换一个名称认为是最高的道德或行为准则呢？

实际情况是，在善恶、是非等矛盾面前，孔子的态度是十分鲜明的。譬如对"善"与"恶"，他主张"隐恶而扬善"（《中庸》），"择其善者而从之，其不善者而改之"（《述而》）；对"枉"与"直"，他主张"举直错诸枉"（《颜渊》），认定"人之生也直，罔之生也幸而免"（《雍也》）。不仅如此，孔子还从不因某种德行难以做到而降低标准。譬如"仁",孔子虽一生致力于推行,却从不轻易用以定论自己和他人,从而使其成为人们不断追求的境界。再如"道",孔子强调韧性的坚守,即"士志于道,而耻恶衣恶食者,其合未足与议也"(《述而》)。在政见不同的情况下,孔子亦绝不牵就:"道不同,不相为谋。"(《卫灵公》)在其政治主张不能见用于当世时,子贡曾劝说其降低一点要求,以获得诸侯国君的接纳,结果受到孔子的批评,认为在"修道"与"求容"发生矛盾时,君子应选择"修道"(《史记·孔子世家》)。这就正如孟子所说:"大匠不为拙工改废绳墨,羿不为拙射变其彀率。君子引而不发,跃如也;中道而立,能者从之。"(《孟子·尽心上》)孟子的这段话,是在回答公孙丑"道则高矣,美矣,宜若登天然,似不可及也;何不使彼为可几而日孳孳也"时讲的,语境和孔子与子贡的对话完全相同。正因为孔、孟秉持这样的原则立场,他们的主张虽不能完全见用于当世,却为后世留下了宝贵的精神财富。

第三,从孔子的性情看,也不是折中主义和矛盾调和论者。他"多闻阙疑,慎言其余","多见阙殆,慎行其余"(《为政》),反对"道听而途说"(《阳货》),反映出不肯盲从、不随声附和的治学精神和学术品格。特别是从孔子与当权者的一些对话记录中可以看出,其回答大多针对了当权者的弱点,有些是直截了当的批评:

> 季康子问政于孔子。孔子对曰:"政者,正也。子帅以正,孰敢不正?"
>
> 季康子患盗,问于孔子。孔子对曰:"苟子之不欲,虽赏之不窃。"
>
> 季康子问政于孔子曰:"如杀无道,以就有道,何如?"孔子对曰:"子为政,焉用杀?子欲善而民善矣。君子之德风,小人之德草,草上之风,必偃。"(以上均见《颜渊》)

季康子是鲁哀公时正卿,当时政治上最有权力的人。季康子对孔子比较尊重,不仅遇事经常向孔子请教,从孔门弟子中选用人才,而且在生活上关心孔子。但孔子对季康子的一些政策主张和品行难以接受,如通过增加农民税赋聚敛财富,故经常利用季康子问政的机会直陈己见,有些批评十分尖锐,如将盗贼增多的原因归之于季康子的贪欲。这种对当权者毫不留情的指责,古往今来均十分罕见,没有一点阳刚之气是做不来的。

孔子对为政者敢于仗义直言的特点,也被邻国的一些权贵所承认和恐惧。《史记·孔子世家》记载,当孔子周游列国至陈、蔡之间时,"楚使人聘孔子,孔子将往拜礼,陈、蔡大夫谋曰:'孔子贤者,所刺讥皆中诸侯之疾。……今楚,大国也,来聘孔子。孔子用于楚,则陈、蔡用事大夫危矣。'于是乃相与发徒役围孔子于野。不得行,绝粮。从者病,莫能兴。孔子讲诵弦歌不衰"。陈、蔡两国大夫所见到的"所刺讥皆中诸侯之疾",与前面列举的事例是吻合的,体现了孔子率直无畏的品质。《世界文明史》的作者爱德华·伯恩斯等在读《论语》后,"感到这是一种敢于向一切挑战的活跃而无拘束的思想"(商务印书馆1998年5月第1版,第198页)。这一来自西方学者的"读后感",是符合实际的,可用来擦拭我们一些学者的有色眼镜。

孔子这种不同乎流俗的品格,也反映在他对舆论的认识和把握上:

> 子贡问曰:"乡人皆好之,何如?"子曰:"未可也。""乡人皆恶之,何如?"子曰:"未可也。不如乡人之善者好之,其不善者恶之。"(《子路》)

孔子认为,对一个人的认识和评价,不能只看肯定或否定的人数,而要看什么人拥护,什么人反对。"善者好之,不善者恶之",这种人必定是善恶分明而不愿苟同者,也就是"和而不同"的君子。孔子以此为选择,与他反对"以德报怨"而主张"以直报怨,以德报德"一样,体现了做人的原则。特别是其"三军可夺帅也,匹夫不可夺志也"的人格宣言,更足可见其做人的风骨。具有如此阳刚之气和率直无畏品质的人,想让其折中与调和,都是很难的事情。

综上可见,孔子在将传统的"允执其中"上升为"中庸之道"时,不仅没有使其庸俗化,而且将"允执"二字体现得更为充分而具体。将"中庸"判定为折中主义与矛盾调和论,是望文生义或服从某种需要而肆意曲解的结果。

四、中庸的理性智慧

"中庸"是集中体现孔子理性智慧的范畴,蕴涵着丰富的辩证思想。在孔子那里,凡正确、合理之言行皆属中道,故中庸首先是孔子的真理观。中庸也是孔子的矛盾观。他的"过犹不及"、"和而不同"、"时中"等命题和主张,使"中庸"从原始的政治主张和道德评价上升到认识论的高度,成为体现质量互变、矛盾转化和权变智慧的哲学范畴,为人们正确认识和把握客观事物及思想行为,提供了科学的方法。

(一)孔子的"过犹不及",揭示了客观事物质的规定性和量的界限,为"允执其中"提供了科学把握的视域

在孔子之前,无论尧、舜、禹前后传承的"允执其中",还是周公的"中德"和《周易》的"中行",都只是提出了坚守正道的意志和品德要求,尚没有度量分界的认识,也没有方法论的说明。孔子发现相对于"中"的"过"与"不及",并在此基础上提出"过犹不及"的命题,实际上是看到了事物所具有的质的规定性,看到了保持事物一定质的量的界限,也就是"度"。这是一个十分重要的认识。孔子在探索中庸之道不能常行的原因时指出:"道之不行也,我知之矣,知者过之,愚者不及也;道之不明也,我知之矣,贤者过之,不肖者不及也。"(《中庸》)他还认为:"不得中行而与之,必也狂狷乎!狂者进取,狷者有所不为也。"(《子路》)在这里,孔子明显地把人们的行为分为"不及"、"中"、"过"三度,说明他已经发现了事物一度两个关节点的格局,即每个度都有它的上限和下限两个关节点,每一个关节点都联结着两个度。例如,以"勇敢"为中道,过为"鲁莽",不及为"怯懦"。用"一度两个关节点"来表示,即怯懦(不及)·勇敢(中)·鲁莽(过)。依据这种思想,孔子对许多行为进行了考察,提出了这些行为保持"中"的量的界限及超出这个界限而引起的转化,如以"节用"为中道,过为"吝啬",不及为"奢侈"。此外,还有"周"(团结)之过为"比"(勾结)、"乐"之过为"淫"、"哀"之过为"伤"、"群"之过为"党",等等。这些认识,很接近于我们今天所言之"质量互变规律",是人类认识客观事物的一次飞跃。

据《说苑·杂言》和《孔子家语·六本篇》记载，孔子曾明确提出过"度"的概念："中人（一般人）之情，有余则侈，不足则俭，无禁则淫，无度则失，纵欲则败。饮食有量，衣服有节，宫室有度，畜聚有数，车器有限，以防乱之源也。故夫量度不可不明也，善欲不可不听也。"这里所说的"有度"、"无度"和"量度"，都是度量分界的概念。

对相对于"中"的"过"与"不及"，孔子还曾以"两端"概言：

> 子曰："吾有知乎哉？无知也。有鄙夫问于我，空空如也。我叩其两端而竭焉。"（《子罕》）

> 子曰："舜其大知也与！舜好问而好察迩言，隐恶而扬善，执其两端用其中于民。其斯以为舜乎！"（《中庸》）

对其中的"两端"，古今注家如朱熹等，多以大小、厚薄、上下、两头释之。若果真如此，取中并非难事，孔子何以称其为"大智"？此外，在大小、厚薄之间所取之中，亦难合中庸之"中"的本义。以厚薄为例，并非所有事物均以不薄不厚为佳，在财政经济政策上，孔子就主张"施取其厚，事取其中，敛从其薄"《左传·哀公十一年》。厚施为中，薄敛亦为中。也有人认为"两端"是事物的正反两个方面，同样不够确切。譬如"善"与"恶"，若取二者之中，就是"有善有恶"或"不善不恶"。孔子赞赏舜的"执两用中"，就在于其"隐恶而扬善"，孔子何尝主张在善、恶之间取"中"？

实际上，孔子所说的"两端"是指事物两个方面的极端，如相对于"勇敢"的"怯懦"与"鲁莽"，相对于"节俭"的"奢侈"与"吝啬"。执其两端用其中，就是选择正确，而不是在正确与错误之间折中调和。例如，其学生子路率直而忠勇，是孔子的高徒，但缺点是容易失之过，故孔子经常在这方面予以教导和提醒：

> 子曰："道不行，乘桴浮于海。从我者，其由与？"子路闻之喜。
子曰："由也好勇过我，无所取材。"（《公冶长》）

孔子说：如果我的主张行不通、乘木筏到海外去，跟从我的大概只有仲由吧！子路听到这话很高兴。但孔子同时指出：仲由的好勇精神大大超过于我，但不善于节制和裁度。这就既肯定了子路的忠诚和勇敢，又批评了子路的过于鲁莽。孔子还曾告诫子路说："暴虎冯河，死而无悔者，吾不与也。必也临事而惧，好谋而成者也。"（《述而》）徒手搏老虎，徒足涉大河，这样死了都不后悔的人，我是不与其共事的。我喜欢遇事而知惧，善谋而能成功的人。这就是对怯懦与鲁莽两端之间的中道——"勇敢"的理解和把握。可见，孔子的"叩两端"和"执两用中"，就是发现人或事物的两个极端然后取中的过程，目的是"隐恶而扬善"。这与不讲是非善恶，在矛盾双方间无原则调和、取中的折中主义不仅有本质上的区别，也需要有更高的智慧和人格操守。孔子感叹中庸难以实行，其源在此。

孔子通过"过犹不及"发现事物质的规定性和保持事物一定质的量的界限，进而提出了保持事物发展的良好状态、防止向不良状态转化的意见，体现了孔子的洞察力和辩证思维能力，为"允执其中"提供了科学把握的视域。有些学者不识个中滋味，认为反对"过"与"不及"就是否定矛盾转化，是维持事物旧质不变的形而上学主张。他们没有看到，孔子反对"过"与"不及"，就是以承认矛盾转化为前提的，也没有反对一切矛盾转化。"中"既然是正确的、合乎规律的，那么"过"与"不及"就会走向反面，这也就是我们所认同的"真理再向前一步就会变成谬误"。对此，孔子有一段著名的实物解说：

> 孔子观于鲁桓公之庙，有欹器焉。孔子问于守庙者曰："此为何器？"守庙者曰："此盖为宥坐之器。"孔子曰："吾闻宥坐之器者，虚则欹，中则正，满则覆。"孔子顾谓弟子曰："注水焉！"弟子挹水而注之。中而正，满而覆，虚而欹。孔子喟然而叹曰："吁！恶有满而不覆者哉！"子路曰："敢问持满有道乎？"孔子曰："聪明圣知，守之以愚；功被天下，守之以让；勇力抚世，守之以怯；富有四海，守之以谦。此所谓挹而损之之道也。"（《荀子·宥坐》）

欹器是一种空着时倾斜，注入一半水时平正，注满水时翻倒的容器，古代君王将其置放在自己座位右边以为诚勉，故被称为"宥（同右）坐之器"。宥坐之器的"中而正，满而覆，虚而欹"，无疑反映了事物过犹不及的道理。孔子在鲁桓公之庙看到此容器并让弟子验证后，得出了"没有满而不覆"的认识结论，并提出了保持中正的"挹（抑）而损之道"。运用此道的目的，是为了防止事物在最佳状态时向相反方向转化，或在转化过程中通过损益保持事物发展的良好状态。如"聪明圣知（智），守之以愚"，不是让聪明人变得愚笨一些，而是说，一个人如果事事处处都要体现自己的聪明，也会带来烦恼，招致怨恨，甚至引来杀身之祸，如东汉末年的杨脩。杨脩聪慧过人，曹操为丞相时辟为主簿。曹操被史家称许为"非常之人，超世之杰"（陈寿《三国志》），好权谋而心思让人难以捉摸，但杨脩偏偏能够揣摩透，并屡屡展示其才，如人们熟知的"鸡肋"、"阔字谜"、"合字谜"和"绝妙好辞"之类，终被曹操所忌杀。这就是《三国演义》诗评中所言之"身死因才误，非关欲退兵"。此故事固然体现出曹操心狭性鄙的一面，不能完全以之去印证孔子的"聪明圣智，守之以愚"；但《中庸》以"国有道，其言足以兴；国无道，其默足以容"去解读《诗·大雅·烝民》中的"既明且哲，以保其身"，以及孔子的"邦有道，不废；邦无道，免于刑戮"（《公冶长》），也不无类似的警示。此外，老子的"大智若愚"，郑板桥的"难得糊涂"，也均可视为"抑而损之之道"。以此来解读孔子的"聪明圣知，守之以愚；功被天下，守之以让；勇力抚世，守之以怯；富有四海，守之以谦"，就是说，当一个人的智慧、成就或地位达到顶点时，不仅不能自满、陶醉和用以傲人，而且要想办法使自己有所冷却，正确对待自己和别人，防止物极而反。如"功被天下"者若没有辞让态度，不仅会引起同僚的忌恨，亦可能因功高盖主而被贬谪或忌杀，这在封建时代是屡见不鲜的。再如"富可敌国"者，若不能"富而无骄"、"富而好礼"，就会引发仇富心理，成为被敲诈或杀富济贫的对象。《礼记·曲礼上》开篇所言之"敖不可长，欲不可纵，志不可满，乐不可极"，就集中反映了这种认识。这些认识和理据，也并非中国所独有。小孔子67岁的古希腊历史学家希罗多德在其名著《历史》中亦这样写道："所有的傲慢自大终将收获饱含泪水的苦果，神将因为人的过分傲慢让人付出沉重的代价。"

在孔子极推崇的《易》中，也揭示了这一道理。譬如乾卦，最好的爻位不是"上九"而是"九五"。"九五"的爻辞是"飞龙在天，利见大人"，"上九"的爻辞则是"亢龙有悔"。巨龙飞得太高，就会无位、无民、无辅，必然遭到困厄。孔子从中看到的，也是"物极必反"的道理。

孔子所倡导的"抑而损之之道"，所针对的是"满"字，并非主张扼杀人的锐气和进取精神,如"当仁不让于师"。此亦不可不察也。

孔子的中庸之道,既以"允执其中"、防止向"过"与"不及"转化为主要内涵,也包括由"过"与"不及"向"中"的转化,如"求也退,故进之,由也兼人,故退之"(《先进》)。冉求做事退缩,所以要促进他;仲由的胆子太大,所以要抑制他。郑玄解此章说:"言冉有性谦退,子路务在胜尚人,各因其人之失而正之。"朱熹注说:"圣人一进之一退之,所以约之于义理之中,而使之无过不及之患也。"最能体现孔子此一意见主张的,是其"举直错诸枉,能使枉者直"(《颜渊》),举用正直的人而废置邪恶的人,能够使邪恶的人正直。这就使孔子关于矛盾转化的认识得到全面展现。

(二)孔子的"君子和而不同",是对客观事物矛盾构成多样性的认知,是持守中道的人格表现和审美境界

孔子维护中正之德,倡导人们的思想和言行符合中道,既体现了对"过"与"不及"的反对,也表明了对折中主义和矛盾调和论的拒绝。持守中道的人格表现,就是"君子和而不同"。

"和"与"同"是西周至春秋时期一些政治家和思想家经常对举的概念。"和"指多样性的统一,相成相济,或以不同意见防止和修正错误;"同"指对多样性的排斥,包括对不同意见的拒绝和盲从附和。周太史史伯在与郑桓公讨论周幽王"去和而取同"——任用"谗谄巧从之人"而必遭败亡时说:"夫和实生物,同则不继。以他平他谓之和,故能丰长而物归之。若以同裨同,尽乃弃矣。"(《国语·郑语》)所谓"以他平他",即不同的东西加以协调平衡,如阴阳相生;"以同裨同",则是相同的东西相加,如"以水济水"。这是史伯给"和"与"同"下的定义。史伯还例举了"和五味以调口"、"和六律以聪耳"等事例,说明"择臣取谏工"的重要性,得出了"声一无听,色一无文,味一无果,物一不讲"的结论。只是一种声音就没有听头,只是一种颜色就没有看头,只是一种味道就没有吃头,只是一种事物就没有讲头。这是对事物多样性存在之必要性的解说。与孔子同时的齐国大夫晏婴,在与齐侯讨论"和"、"同"之异时,曾以"羹之五味"与"乐之五声"喻"和",以"以水济水"和"琴瑟之专一"喻"同",说明"同之不可"。他还直言道:"君臣亦然。君所谓可而有否焉,臣献其否以成其可。君所谓否而有可焉,臣献其可以去其否。是以政平而不干,民无争心。……今据(齐君的宠臣梁丘据)不然。君所谓可,据亦曰可。君所谓否,据亦曰否。若以水济水,谁能食之?若琴瑟之专一,谁能听之?同之不可也如是。"(《左传·昭公二十年》)这种看法,与史伯是一致的。

史伯和晏婴,均从经验和生活常识出发,论证了政治生活中弃同而取和的重要性。孔子不仅持同样的政见,而且得出了"君子和而不同,小人同而不和"(《子路》)的结论,从而使"和"成为体现人格精神、事物状态和中庸之道的重要范畴。

与史伯、晏婴一样,孔子也曾将其"和而不同"的主张推行到政治生活领域:

（定公）曰:"一言而丧邦,有诸? "孔子对曰:"言不可以若是其几也。人之言曰:'予无乐乎为君,唯其言而莫予违也。'如其善而莫之违也,不亦善乎? 如不善而莫之违也,不几乎一言而丧邦乎? "(《子路》)

孔子在回答鲁定公关于是否有"一句话便丧失国家"这种情况的问题时,首先指出了作为国君的一般心态:"我做国君没有别的快乐,只是我说什么话都没人违抗。"然后剖析说:"假若说的话正确而没人违抗,不也很好么? 假若说的话不正确而没人违抗,不近于一句话便丧失国家么? "孔子把拒绝正确意见上升到可丧失国家的高度去认识,可谓振聋发聩。基于这一认识,在子路问如何服侍君主时,孔子给出了"勿欺也,而犯之"(《宪问》)的回答。就是说,不能为了博得君主的欢心而说假话,但可以犯颜直谏。对谏诤的重要性,孔子有一段集中论述:

孔子曰:"……万乘之国,有争(诤)臣四人,则封疆不削;千乘之国,有争臣三人,则社稷不危;百乘之家,有争臣二人,则宗庙不毁;父有争子,不行无礼;士有争友,不为不义。"(《荀子·子道》)

在孔子看来,职权和责任范围越大,越需要更多的勇于直言进谏者,认为这是边疆不被侵犯、国家没有危险、家族得以保全、礼义得以推行的重要条件。这就表明,不强求一致和允许不同意见的存在,并非无奈的选择,而是需要。

从史伯、晏婴到孔子，均通过"和同之辨"表明了他们对客观事物矛盾构成多样性的认识。提起矛盾，人们通常关注的是福祸、善恶、忠奸、智愚、安危等对立范畴，而且其中必有一个方面是被追求和肯定的，另一方面是被防止和否定的。这种非此即彼的矛盾认识，一般偏重于强调对立和斗争，即使承认同一和转化，也要同一或转化到一个方面去。如果客观事物的矛盾构成仅此一种方式，这种认识也没什么错误；对这类矛盾，孔子的态度也十分鲜明，从未提出过调和、折中的意见。但事实不仅如此。客观事物的矛盾构成和表现形式是多种多样的。像韩非子所说的那种"夫冰炭不同器而久"（《韩非子·显学》）的矛盾虽然存在，但更多的矛盾则表现为不同事物、不同状态或不同思维、不同方法的差异存在，以及它们互相排斥而又互相依赖的关系，譬如义利、天人、文质、阴阳、虚实、刚柔、方圆、文武、宽猛、疾徐等。对这些矛盾现象和矛盾问题，就不能简单地以善恶或好坏去定评，也不能简单地做单方面的取舍。

孔子主张"君子和而不同"，显然已经看到了事物存在的多样性，以及这种多样性相辅相成的可能和必要。例如，对"文"与"武"，孔子既反对滥用武力，又主张"有文事者必有武备，有武事者必有文备"（《史记·孔子世家》）；对"义"与"利"，孔子既反对见利忘义，又承认人们对富贵欲求的合理性，主张"见利思义"和"义以生利，利以平民"（详见本书第五章）；对"宽"与"猛"，孔子主张"宽以济猛，猛以济宽，政是以和"（《左传·昭公二十年》）。这就与其反对"过"与"不及"、寻求和保持事物最佳状态的中庸之道达成了一致。

孔子用"和"来概括宽猛相济、执两用中的境界，从而在"中"与"和"之间建立了直接的联系。孔子的学生有若认为："礼之用，和为贵。先王之道，斯为美。"（《学而》）礼的运用以和恰为贵，这就把孔子以礼制中与倡和的主张结合起来了。《中庸》作者在评价孔子时亦说："仲尼祖述尧舜，宪章文武，上律天时，下袭水土。辟如天地之无不承载，无不覆帱。譬如四时之错行，如日月之代明，万物并育而不相害，道并行而不相悖。小德川流，大德敦化，此天地之所以为大也。"其中的"万物并育而不相害，道并行而不相悖"，就是"和"的境界。用《礼记·乐记》的话说，即"和，故百物不失”，“和，故百物皆化”。这就指明了“和”的包容化生作用。《易·乾·彖传》亦说：“保合大和，乃利贞。”阴阳合德，四时协调，万物孕生，于是长治久安。故《中庸》的作者认为，“致中和，天地位焉，万物育焉”。中和位育，深刻昭示了孔子、儒家乃至中华文明的目标追求、精神境界和审美情趣。

（三）孔子的“君子而时中”，是审时度势的权变理论，为认识和把握客观事物及人的思想行为提供了科学方法

孔子倡导以礼制中，主张人的言行要尊重客观法则和社会规范，但他没有而且反对僵化“中”的标准。他所说的“君子之中庸，君子而时中”（《中庸》），反映的就是这种思想。所谓“时中”，即审时度势以执中。用孔子自己的话解释，即“君子之于天下也，无适也，无莫也，义之与比”（《里仁》）。从孔子“义者，宜也”（《中庸》）的定义看，其“义之与比”就是“时中”和权变的方法。君子对于天下的事情，不能墨守成规，要因时因势去选择正确、合理的对策，这是对教条主义和形而上学的明确反对。

有些学者虽然承认孔子的中庸之道中存在辩证思维的成份，却依然批评其存在“整体上的形而上学的故疾”，主要论据就是孔子以礼制中，并主张“非礼勿视，非礼勿听，非礼勿言，非礼勿动”（《颜渊》）。有的学者虽承认孔子能用辩证的观点处理问题，但也因为他对周礼的尊崇而判定其辩证思想是不彻底的：

> 孔子的辩证思想是不彻底的。其不彻底最明显地表现在历史方面。在历史方面，他知道“天下为公”是为“天下为家”所代替。他知道“唐虞禅，夏后殷周继，其义一也”。他知道汤放桀，武王伐纣是革命。但是，在周的社会制度也将为新的社会制度所代替时，他却错误地认为“周监于二代，郁郁乎文哉”，周制度是最好的，不应改变的。因此，他总是梦见周公，渴望恢复西周时的政治。正如《庄子·天运》所说的，他是“蕲行周于鲁”。他不知道当时的社会也必将为新的社会所代替。这样，他的思想就不能说是彻底的辩证法了。（金景芳《孔子新传》，湖南出版社1991年版，第107页）

孔子的辩证法当然有不彻底之处。但笼统地用孔子以礼制中和推崇周礼为据,则值得商榷。

第一,在中国古代,"礼"具有习惯法的地位,是规范人们行为、维护社会秩序的重要规范,所以,要求人们依礼行事本身并无错误,而是社会需要。荀子在论述礼的作用时说:"国无礼则不正。礼之所以正国也,譬之犹衡之于轻重也,犹绳墨之于曲直也,犹规矩之于方圆也,既错之而人莫之能诬也。"(《荀子·王霸》)这完全可用来作为孔子"以礼制中"的解释。时至今日,在任何国度,都有一些由国家制定、要求人们共同遵守而不能违背的东西,如法律、法规、惯例和公共行为准则。遵守和维护这些东西,就不能简单地以"形而上学"或"守旧"去加以否认。

第二,孔子之所以推崇周礼,是因为他对当时存世的各种礼制文化进行了比较研究,认为周朝的礼仪制度是在借鉴夏商两代的基础上制订的,丰富而多彩,即"周监(鉴)于二代,郁郁乎文哉,吾从周"(《八佾》)。到目前为止,尚没有研究证明,在孔子之时有比周礼更完备的礼制文化。因此,孔子对周礼的评价,不能说是错误的。更为重要的是,孔子曾明确指出:"殷因于夏礼,所损益,可知也;周因于殷礼,所损益,可知也。其或继周者,虽百世,可知也。"(《为政》)"损益"就是扬弃。孔子通过对夏、殷、周三代礼制文化的考察发现,"礼"是一种历史的范畴,会随着时代的变化而变化。其中的"其或继周者",就明确指认了周制将被新的制度所代替。其"百世可知"并非百世不变,更不是"不应改变",而是根据损益发展规律可预测的意思。

第三,孔子虽然推崇周礼,但在推行的过程中,也经过了现实的改造,特别是纳"仁"入"礼",认为"人而不仁,如礼何? 人而不仁,如乐何?"从而给其四个"非礼勿"提供了"仁"的准绳。对于当时的执政者对礼乐只讲形式而不顾其本质的现象,孔子是反对的,并责问说:"礼云礼云,玉帛云乎哉? 乐云乐云,钟鼓云乎哉?"(《阳货》)可以说,在孔子那里,仁与礼相比较,重仁而轻礼;礼的内容与礼的形式比较,重内容而轻形式(对此,在本书的第一章和第三章中有较详细的分析)。这就说明,孔子用来制中的礼,已经被仁的思想所统摄,不再是传统、僵化的教条。

第四,孔子在主张"非礼勿"的同时强调"时中"和权变,体现了原则性与灵活性的统一。孔子反对用孤立、静止、绝对的观点看问题,在《论语》中有比较直接的记载:"子绝四:毋意、毋必、毋固、毋我。"(《子罕》)孔子一点也没有凭空揣测、绝对肯定、拘泥固执、唯我独是四种毛病,这是孔门弟子对孔子的评价。孟子也看到了这一点:"可以仕则仕,可以止则止,可以久则久,可以速则速,孔子也。"(《孟子·公孙丑上》)"孔子,圣之时者也。"(《孟子·万章下》)孟子认为,孔子的进退行止,是根据对情势的判断决定的,并因此而判定孔子为圣人中识时务的人。这与孔子自己所说的"君子之于天下也,无适也,无莫也,义之与比"和"无可无不可"(《微子》),可互相印证。在这种思想的指导下,孔子把"权"做为衡量一个人实际能力和水平的最高标准:

子曰:"可与共学,未可与适道;可与适道,未可与立;可与立,未可与权。"(《子罕》)

所谓"权"就是权衡轻重、随机应变。把权变视为立身行事的最高境界,通过孔子的自传亦可看出:"吾十有五而志于学,三十而立,四十而不惑,五十而知天命,六十而耳顺,七十而从心所欲,不逾矩。"(《为政》)"从心所欲",就是思想与行动的自由,但这种自由不是恣意妄为,故有"不逾矩"的度量分界。可见,"不逾矩"就是"执中","从心所欲不逾矩"就是"时中",权变则是"时中"的方法和手段。孔子这种不拘于常规而又无不合于道义、通权达变的主张,是符合辩证法的,并与其四个"非礼勿"形成了互补。

孔子主张将执中与权变结合起来,也体现在他对晋文公称霸的评论上。据《韩非子·难一》和《吕氏春秋·孝行览·义赏》记载,晋文公在晋楚城濮之战前,向其舅父狐偃和大夫雍季征求以寡敌众之法。狐偃主张用诈术,而雍季认为,用诈术好比竭泽而渔、焚林捕兽,可获一时之利而不是长久之计。晋文公虽然采纳了狐偃的计谋而取胜,从而确立了其霸主地位,但在行赏时却将雍季放在狐偃的前面。在有人提出异议时,晋文公说:"此非君所知也。夫舅犯(狐偃)之言,一时之权也;雍季言,万世之利也。"孔子对此评论说:"文公之霸也,宜哉!既知一时之权,又知万世之利。"讲诚信和反对欺诈,是为人和治国的中正之道。但兵不厌诈。在敌众我寡的两国交兵中，晋文公若不使用诈术，就没有获胜的可能，也难以成就后来的霸业。在战后封赏时，晋文公之所以将雍季放在狐偃的前面，显然是出于称霸后的长远考虑，是为了树立作为霸主重视诚信的正面形象。孔子对晋文公的这两种选择同时给予肯定，既表明了他对执中与权变关系的认识，也显示出他对晋文公此举的理解——尽管孔子对晋文公也有过"谲而不正"（《宪问》）的评论。韩非子不赞成晋文公的行赏方法，并因此指责"仲尼不知善赏也"，就没有看出个中究竟。

孔子以权变的态度看待时事，考虑的不仅是个人得失，也顾及社会效果：

> 子路拯溺而受牛谢，孔子曰："鲁国必好救人于患。"子贡赎人而不受金于府，孔子曰："鲁国不复赎人矣。"子路受而劝德，子贡让而止善。孔子之明，以小知大，以近知远，通于论者也。（《淮南子·齐俗训》）

文中所述子路救人和子贡赎人两件事及孔子的评论，在《吕氏春秋·先识览·察微》和《说苑·政理》中亦有记录。《吕氏春秋》记子贡赎人一事及孔子的评论说："鲁国之法，鲁人为人臣妾于诸侯，有能赎之者，取其金于府。子贡赎鲁人于诸侯，来而让不取其金。孔子曰：'赐失之矣。自今以往，鲁人不赎人矣。取其金则无损于行，不取其金则不复赎人矣。'"《说苑》记此事说："鲁国之法，鲁人有赎臣妾于诸侯者，取金于府。子贡赎人于诸侯而还其金。孔子闻之曰：'赐失之矣。圣人举事也，可以移风易俗而教导，可施于百姓，非独适其身之行也。今鲁国富者寡而贫者众，赎而受金则为不廉，不受则后莫复赎，自今以来，鲁人不复赎矣。'"将以上各种记录综合起来，主要情况是：子路救了溺水的人，接受了主人一头牛的酬谢，孔子说："鲁国人肯定喜欢从患难中救人了。"子贡从国外赎回当奴仆的人，按鲁国法令规定，可从国库领取赎金，但子贡却辞拒不受，孔子说："鲁国人不会再有人赎人了。"孔子认为，领取赎金对品行没有损害，而不领取赎金，则会对别人造成影响。特别是在国中富人少而穷人多的情况下，如果认为领受赎金是不廉洁之举，就不会再有人到国外赎人了。《淮南子》的作者对此评论说：子路接受酬谢而鼓励了做好事的人；子贡辞谢而制止了行善的行为。孔子很明察，能通过小事推知大道理,由近前的推知未来的,是通晓大道理的人。这些记事记言表明,即使是善行也需要权衡利弊,要考虑别人的感受和社会影响,不能完全依照个人的心愿行事。

前面已经提到,中庸之道与《周易》有十分紧密的联系。《周易》虽是一部占卜之书,但其中蕴含的哲学道理,就是让人们审时度势,把握进退行止,在不利的情况下如何向有利发展,在有利的情况下如何防止向不利转变。这既是孔子重视《周易》的原因,也是孔子对《周易》的认识和总结。《易·乾·文言》解上九"亢龙有悔"时说:"'亢'之为言也,知进而不知退,知存而不知亡,知得而不知丧,其唯愚人乎!知进退存亡而不失其正者,其唯圣人乎!"这段话中的"知进退存亡而不失其正",是对《易》理的概括,与孔子自我总结的"从心所欲不逾矩"意义十分相近。这种将原则性与灵活性结合起来的主张,使"时中"和"权变"与诡谲奸诈行为区别开来,成为有智慧的表现。孔子认为,"知变化之道者,其知神之所为乎!"(《易·系辞上》)懂得变化道理者可达到出神入化之境,这不仅是学习运用《周易》的心得,也体现了孔子中庸之道所实际追求的至高境界。

五、中庸之道的历史地位

在孔子之前,"中"的主要含义是正或正确,属于治国理念和道德评价。经过孔子的诠释,特别是"过犹不及"、"和而不同"两个命题和"时中"主张的提出,使其成为对客观事物本质规定和度量分界的认知,进而形成了反映矛盾构成和矛盾转化规律的认识和学说,给人们认识和把握客观事物提供了科学、理性的方法,提升了人的认识水平。

(一)孔子与亚里士多德"中庸"思想的比较

孔子的"中庸之道"特别是"过犹不及"的命题,是人类认识客观事物水平达到一定高度时才可能生成的,是认识规则产生的标志。孔子辞世一百多年后,古希腊著名哲学家亚里士多德提出了接近孔子的这一认识成果。在《大伦理学》中,亚里士多德这样写道:

> 灵魂的状态决定了对这些情感处于好的或坏的关系。对它们的

好的关系就是既不趋于过度,也不趋于不及。因此,具有好关系的品质就是趋向这些情感的中庸,基于这些中庸,我们才被说成值得称赞;相反,具有坏关系的品质则趋向过度与不及。

将"中庸"视为具有好关系的品质,将过度与不及视为具有坏关系的品质,并以"过度"与"不及"阐释中庸,与孔子的认识是完全一致的。为了证明这一结论,亚里士多德例举了一些事例:

伦理德性会被不及与过度所败坏。不及与过度所造成的破坏,从感觉事例中也能见到(我们必须把清楚可见的东西用作证据,来说明不清楚的东西)。在体育锻炼方面,人们就可以直接地看到这一点;因为如果锻炼过量,就会毁掉强健,如果锻炼太少,也同样如此。在食物和饮水方面也一样;因为如果太多,会造成健康的损伤,太少亦如此,只有按恰当的比例,才能保持强壮和健康。在节制、勇敢和其他德性方面,也会出现与此类似的结果。因为假如一个人胆大包天,以致于连神也不怕,那么,他就不是勇敢,而是疯狂;但假如有人惧怕所有东西,他就成了懦夫。因此,勇敢者既不是惧怕一切,也不是无所畏惧。可见,同样的东西既能增强也能败坏德性。因为过多地惧怕一切东西的人会败坏勇敢,全然不惧的人亦如此。

亚里士多德所列举的事例,既有生活方面的,也有道德或情感层面的,均"清楚可见"地证明了"过度"与"不及"对"中庸"的伤害。其"过度"与"不及""同样如此"的认识,亦接近于孔子"过犹不及"的论断。基于这种判断方式,亚里士多德在对"勇敢"是"鲁莽"和"怯懦"之间的中庸进行证明之后,扩展开来,对其他情感状态进行了剖析,得出了如下一些定义:节制是对快乐的放纵和淡漠之间的中庸,温和是易怒和无怒之间的中庸,慷慨是挥霍与吝啬之间的中庸,大度是虚夸和卑下之间的中庸,庄重是自傲和顺从之间的中庸,谦虚是无耻与羞怯之间的中庸……

对中庸之道难以践行,亚里士多德亦与孔子持同样的看法,并分析了具体原因:

要想在道德方面获取好声誉的人必须在每种情感上保持中庸。

因此,做有德行的人是不容易的;因为很难在每一场合都把握住中庸。例如，人人都可以画圆，但要在已经画出的圆中发现圆心却困难。同样，动怒很容易，与此相反的不动怒也不难，具有中庸状态就难了。一般地说，在每一情感中，我们发现，中庸周围的状态较容易，但中庸本身却很难，但我们之被称赞，恰恰是基于中庸。因此，德行很稀少。（以上所引，见《亚里士多德全集》第八卷，中国人民大学出版社1992年9月第1版）

比较可见，亚里士多德对"中庸"的认识，与孔子是颇为接近的。亚里士多德虽比孔子小一百六十七岁，但从当时文化交流的条件看，难以建立与孔子的承袭和借鉴关系。这恰好可以证明，"中庸"是人类认识和把握客观事物的能力达到一定高度时必然产生的思维成果，孔子率先完成了这一认识上的发明。这种比较，并非单纯为了证明我们的祖先比别人早熟或伟大。我们更应该从中看出的是，不仅在科学领域，在思想文化和道德建设的领域，共通或普适性的东西，也是确然存在的。

（二）儒家后学对孔子中庸之道的传承

儒家后学特别是先秦儒者，对孔子的中庸之道均比较重视，使之得到较好的传承。

1.孟子的认识

孟子在比较杨子和墨子的义利观时，就肯定了"执中"的方法，并对执中与权变的关系进行了阐发：

> 孟子曰："杨子取我，拔一毛而利天下，不为也。墨子兼爱，摩顶放踵利天下，为之。子莫执中。执中为近之。执中无权，犹执一也。所恶执一者，为其贼道也，举一而废百也。"（《孟子·尽心上》）。

在对待个人利益的问题上，杨朱和墨子各取两个极端。杨朱主张为我，拔一根汗毛有利天下都不肯干；墨子主张兼爱，只要有利天下，哪怕摩秃头顶走破脚跟亦在所不辞。孟子赞成取二者中道的子莫（战国时鲁贤人），认为其执中近乎仁义之道。然后评论说：执中如果没有灵活性而不知权变，便是固执一点；固执一点不及其余，就会损害仁义之道。这段话虽然不长，却比较全面地体现了对孔子"执两用中"和时中、权变思想的理解与继承。在"礼"的施行上，孟子便较好地运用了这一方法和理念：

淳于髡曰："男女授受不亲，礼与？"孟子曰："礼也。"曰："嫂
溺，则援之以手乎？"曰："嫂溺不援，是豺狼也。男女授受不亲，礼
也，嫂溺，援之以手，权也。"（《孟子·离娄上》）

"男女授受不亲"是周礼的规定，但在嫂嫂掉入水中时不援手相救，简
直就是豺狼了。在这段对话中，孟子以不容置疑的态度表明了他对"礼"
与"权"关系的认识和主张，并成为可举一反三的著名案例。

对孔子的"过犹不及"，孟子也有较深入的考察：

孔子不得中道而与之，必也狂狷乎！狂者进取，狷者有所不为
也。孔子岂不欲中道哉？不可必得，故思其次也。（《孟子·尽心下》）

孟子引孔子语见《子路》，其"中道"为"中行"。在接下来的问答中，
孟子对孔子所言之"狂者"和"狷者"进行了分辨识别，分别定义为志大言
夸而所行不到位和不肯同流合污者。此二者虽相对于中道失之过与不及，
却仍在"两端"之内，各有可取之处，故孔子不弃。孟子虽未说得如此明
确，但其将"狷者"与孔子所厌恶的"乡愿"即"阉然媚于世"的好好先生
区分开来，便已看到了这一层。孟子此论，不仅有助于我们对孔子"不得
中行而与之，必也狂狷乎"的理解，亦可加深对"中道"度量分界的认识。

2.荀子的认识

荀子对孔子的中庸思想不仅同样十分重视，而且运用比较广泛。他
在自己的著作中，就记录了孔子观于鲁桓公之庙时对宥坐之器"虚则欹，
中则正，满则覆"（见前引之《荀子·宥坐》）的认识和评论，成为我们考察
孔子中庸思想的珍贵史料。荀子曾总结说："先王之道，仁之隆也，比中
而行之。曷谓中？曰：礼义是也。道者，非天之道，非地之道，人之所以
道也，君子之所道也。"（《荀子·儒效》）此论与孔子以礼制中的主张是一
致的，并同样将"道"视为以"仁"为核心的"人道"。荀子还指出："凡事
行，有益于理者，立之，无益于理者，废之，夫是之谓中事。凡知说，有益于
理者，为之，无益于理者，舍之，夫是之谓中说。事行失中谓之奸事，知说失
中谓之奸道。"（同上）这里所说的"中事"和"中说"，就是正确的立场和
学说。无论行事还是论说，"失中"便是失去正确性和正当性，从而走上奸
邪之道。因此，荀子将"中和"即中正适当视为处理政事的标准："故公平

者，职之衡也；中和者，听之绳也。其有法者以法行，无法者以类举，听之尽也。偏党而无经，听之辟也。"(《王制》)将偏私而不讲原则视为处理政事中的歪风邪气，是荀子对"中和"的正确理解。

将"中"视为事物和行为的最佳境界而不是调和取中，荀子有一段精彩的论述：

> 有上勇者，有中勇者，有下勇者。天下有中，敢直其身；先王有道，敢行其意；上不循于乱世之君，下不俗于乱世之民；仁之所在无贫穷，仁之所亡无富贵；天下知之，则欲与天下共乐之，天下不知之，则傀然独立天地之间而不畏：是上勇也。礼恭而意俭，大齐信焉而轻货财，贤者敢推而尚之，不肖者敢援而废之，是中勇也。轻身而重货，恬祸而广解苟免，不恤是非，然不然之情，以期胜人为意，是下勇也。

(《荀子·性恶》)

荀子将"勇敢"划分为三个等次，其中，"天下有中"即天下中正时敢于挺身而出，先王有道时敢于忠诚地执行先王的意志，对上不服从乱世之君，对下不与乱世之人同流合污；坚信符合仁义就无所谓贫穷，丧失了仁义就无所谓富贵；天下人了解他就与天下人共甘，天下人不了解他就岿然独立天地之间而无所畏惧，是上等勇敢的人。然后是"中勇"和"下勇"。将"上勇者"视为"天下有中"的表现，与孔子将"中庸"视为"至德"是同样的识见。

对孔子的"过犹不及"，荀子亦有所认识和运用，如："君子宽而不慢（慢），廉而不刿（刺伤），辨而不争，察而不激。寡（直）立而不胜（盛），坚强而不暴，柔从而不流，恭敬谨慎而容，夫是之谓至文。"(《不苟》)"至文"即德行完备，不流于一偏。荀子以此为准则对一些道德行为的认识，与孔子也同出一辙。以行为适中为目标和追求，荀子特别重视"兼权"而防止"偏伤"：

> 欲恶取舍之权：见其可欲也，则必前后虑其可恶也者；见其可利也，则必前后虑其可害也者；而兼权之，孰计之，然后定其欲恶取舍，如是则常不失陷矣。凡人之患，偏伤之也。见其可欲也，则不虑其可恶也者；见其可利，则不顾其可害也者，是以动则必陷，为则必辱，是

偏伤之患也。(《荀子·不苟》)

"兼权"就是度量、权衡,"偏伤"就是因认识片面而陷于被动和伤害。荀子主张用"兼权"防止"偏伤",运用的就是孔子的"过犹不及"和权变理论。

3.《中庸》的认识

《中庸》是《礼记》中的一篇,相传系孔子的孙子子思所作。朱熹祖述二程的观点,对《中庸》特别推崇,使之与《论语》并列,成为"四书"之一。《中庸》的主要贡献,一是彰显了孔子的中庸思想,二是为我们保存了许多不见于其他先秦典籍的孔子言论,三是提出了一些有助于深入理解和认识中庸思想的解说。其中有些认识和主张,对孔子的中庸思想有所丰富和发展。

首先,《中庸》的作者认为,执中需要"诚"的良好品质,这样才能"择善而固执之"。剔除其对"诚"的伪饰和夸大成分,这一认识是正确的。其次,作者把"和"视为执中的理想状态,把"万物并育而不相害,道并行而不相悖"视为中庸之道推行的理想境界,从而把孔子"君子和而不同"的命题明确纳入中庸的范畴,提出了"中和"的概念。"中和"不仅全面、准确地概括了孔子关于"执中"、"过犹不及"、"和而不同"、"时中"等认识和主张,也深刻昭示了孔子、儒家乃至中华文明的目标追求、精神底蕴和审美境界,从而使中庸之道成为中华民族优秀品格的重要元素。

《中庸》作者对孔子中庸思想的解说,也有值得商榷处。例如,在天命与人道的关系上,《中庸》作者开宗明义地说:"天命之谓性,率性之谓道,修道之谓教。"天命的秉赋叫性,循着天性去做就是道,按照道去修习就是教。1993年10月出土的郭店楚简《性自命出》,经专家考证系孟子之前的儒家著作,其中亦有相近的认识:"喜怒哀悲之气,性也。性自命出,命自天降。道始于情,情生于性。"(《儒藏》精华编二八一,北京大学出版社2007年4月第1版,第21页)这一"天—命—性—情—道"的生发顺序,与《中庸》的认识是一致的,均把人在社会化进程中产生的道德意识和理性智慧归于天命的赋与,视为人与生具来的内存,这成为孟子性善论的认识来源。按照这一思路,思孟学派均把人的德性视为与生俱来的秉性,把不道德行为视为天赋秉性的丢失,把教育和修养视为"求放心",即对天赋的道德本性的恢复和保持。这样一来,就把来自人的社会性的道德起源先验化了,把孔子不予讨论的天道视为人道的来源或决定性的东西。

这一观点和主张,还比较集中地体现在《中庸》对"诚"的认识上:

> 诚者,天之道也;诚之者,人之道也。诚者不勉而中,不思而得,从容中道,圣人也。诚之者,择善而固执之者也。

"诚"本是一道德概念,指真切诚恳或诚实守信。但在《中庸》中,它被视为天道的内涵。作者认为人法天便成为人道,能达到天那样的诚者便是圣人,可不待思勉而从容中道。用朱熹的话说,即"不思而得,生知也。不勉而中,安行也。"此境固然高大,但与孔子一再否认自己是生而知之的圣人并认定"性相近也,习相远也"相较,不仅理想化的色彩过于浓重了,也把来自人的社会性和社会实践的道德和认识起源先验化了。孔子虽然也讲"知天命"和"畏天命",尊重自然规律和宇宙的神圣秩序,肯定天地对人的化育之功,却不谈天道,更没有人道来自天道的思想。孔子讲"道二,仁与不仁而已"(《孟子·离娄上》),又讲"仁者,人也"(《中庸》),讲"人能弘道,非道弘人"(《卫灵公》),就是为了防止使"道"或"人道"神秘化、虚悬化。《易》贲卦象辞中的"观乎天文,以察时变,观乎人文以化成天下",也讲明了"天文"与"人文"、天道与人道的不同和作用领域——尽管他们也没有忽视天时的重要。就是说,《中庸》的这些论述虽凸显了"天人合一"的理念,强调了"至诚"之美,有积极意义;却因为过于肯定人的自然秉赋并将道德和认识起源先验化,而在很大程度上偏离了孔子的认识路线。循此,他们对孔子的中庸之"中"也做了比较虚悬的解释:

> 喜怒哀乐之未发谓之中,发而皆中节谓之和。中也者,天下之大本也;和也者,天下之达道也。致中和,天地位焉,万物育焉。

所谓"喜怒哀乐之未发",即人的情感没有表现出来的时候。没表现出来就以"中"定论,是过于匆忙了。我们知道,人的喜怒哀乐之情都是有具体原因的,都是受外界刺激而产生的心理反应。一个人在胸中萌生或酝酿的情感,有些是正常的、健康的、合乎情理的,有些则未必。如愤怒和喜好,人既可能由此而生成正义感和爱心,亦可能因之产生犯罪心理,这就不能一概用"中"或"不中"去定评。一些宗教引导人们莫生恶念,把恶念本身即视为不善,便是此一认识。对此,同样出自孔门后学的《乐记》说得就比较客观一些:

> 人生而静,天之性也。感于物而动,性之欲也。物至知知,然后好恶形焉。好恶无节于内,知诱于外,不能反躬,天理灭矣。夫物之感人无穷,而人之好恶无节,则是物至而人化物也。人化物也者,灭天理而穷人欲也者。于是有悖逆诈伪之心,有淫佚作乱之事。……是故先王之制礼乐,人为之节。

这段话的大意是,人的情欲产生于对外界事物的感受,在外界事物不断诱惑的情况下,如果好恶两种情欲在心中没有适当的节制,不能反躬自省,那么天生的理性就要灭绝了,就要人随物化了。这样一来,人们就会产生悖乱忤逆、欺诈虚伪的念头,就要发生纵情放荡、为非作歹的事情。所以先王制礼作乐,人为地加以节制。此一情感来自外物、需要礼乐节制才能适中的认识,是符合实际的。

对思孟学派表示不屑的荀子,也持类似的认识。他将人的欲望分为自然生成的和经过思想节制的两种,认为人所秉承自然天性产生的单纯的欲望,会被由心支配而产生的各种考虑所节制,即"所受乎天之一欲,制于所受乎心之多"(《荀子·正名》)。荀子指出:"性者,天之就也;情者,性之质也;欲者,情之应也。以欲为可得而求之,情之所必不免也;以为可而道之,知(智)所必出也。"本性是自然生成的,情感是本性的实质,欲望是情感的反应。认为自己的欲望可能实现就去努力追求,这是情感所不可免的;认为自己的欲望是正确的而努力去实行它,这是人的智慧必然驱使人这样去做的。因此,荀子倡导以"道"作为衡量人们欲望正确与否的标准,"可道而从之","不可道而离之",认为"道者,古今之正权也。离道而内自择,则不知祸福之所托"。这就在情感"未发"和"已发"之间,建立了理性调控的环节。"中"与"不中",很大程度上便取决于这一环节。

因为思孟学派认为人性和人道来自天命和天道,而且"诚"就是天道,所以不仅将人的未发情感定性为中,而且认为"诚者不勉而中,不思而得,从容中道"，这就使孔子将个人智慧、道德准则、社会规范与对客观事物的考察、权衡结合起来的执中理念，被主体的内求、自省甚至天然表现取代了，夸大了品格德性在执中过程中的作用。从《中庸》起，后世的一些儒者便致力于心性研究，虽取得了一些有益的成果，并在一定程度上提升了儒家思想的哲学品位，但如果过分强调内在心性的作用，则是对实践理性的背离，易于导致唯心论和神秘主义。

再进行一下比较。除思孟学派外，荀子也极力推崇"诚"，但取义与思孟学派有很大不同：

> 君子养心莫善于诚，致诚则无它事矣。唯仁之为守，唯义之为行。诚心守仁则形，形则神，神则能化矣。诚心行义则理，理则明，明则能变矣。变化代兴，谓之天德。天不言而人推高焉，地不言而人推厚焉，四时不言而百姓期焉，夫此有常，以至其诚者也。……天地为大矣，不诚则不能化万物。圣人为知矣，不诚则不能化万民。父子为亲矣，不诚则疏。君上为尊矣，不诚则卑。夫诚者，君子之所守也，而政事之本也。（《荀子·不苟》）

同样推崇"诚"，荀子与思孟学派的主要区别在于，荀子是在"天行有常"的意义上去看待和使用"诚"字的，所取之义为守常守信。荀子认为，天地虽然广大，不守常就不能造化万物；圣人虽然智慧，不守信就不能教化万民。在这里，荀子是用天行有常之诚来说明人"诚心守仁"、"诚心守义"之重要性的，是比附而不是人格化的界定。换句话说，荀子的"诚"系来自天的启喻而不是天的命令，具有诚笃不欺的道德意义而不具第一性的本源意义。这与《中庸》作者把主体在自我塑造中对客体的认知和借鉴说成来自客体的指令和安排、将客体人格化并将主体置于客体的驱从之下，是有根本区别的。

科学考察已经证明，人类是宇宙——地球长期孕育和生物进化的成果。在人类诞生之前，自然和宇宙秩序虽已长期存在，却不会有任何价值判断。所谓"天道"、"天理"或"诚"，都是人类对自然的概括而不是相反。古人大多不了解这一点，故在对天人关系和人类自身进行审视时，会生发出许多奇异乃至奇妙的认识和理念。我们既不能因此而责怪和嘲讽古人,也无需用今天的认识和理念强为之解。我们应理性地分析和认识这些理念。

(三)近代以来的误读与教训

在孔子之后的两千四百年间,对"中庸"的具体理解虽有些分歧,但整体上并没有误读。只是在上个世纪初,特别是七十年代的批林批孔子运动中,一些人或出于理解上的原因,或出于政治需要,将孔子的"中庸"与"乡愿"划上等号,甚至采取了非学术性的歪曲和批判,使"中庸"成为折中主义、矛盾调和论和不讲原则、不分是非的代名词,这已成为诸多国人的深刻记忆。这种批判的非学术性,与毛泽东1939年写给张闻天的一封信相比较,可更为清楚地看出。在这封信中,毛泽东在评论陈伯达《孔子哲学》时写了如下一段话:

> 伯达的解释是对的,但是不足的。"过犹不及"是两条战线斗争的方法,是重要思想方法之一。一切哲学,一切思想,一切日常生活,都要作两条战线斗争,去肯定事物与概念的相对安定的质。"一定的质含有一定的量"(不如说"一定的质被包含于一定的量之中"),是对的,但重要的是从事物的量上去找出并确定那一定的质,为之设立界限,使之区别于其它异质,作两条战线斗争的目的在此。文中最好引《中庸》上面"舜其大知也与,舜好问而好察迩言……执其两端用其中于民",及"回之为人也,择乎中庸得一善则拳拳服膺而弗失之",更加明确地解释了中庸的意义。朱熹在"舜其大知"一节注道:"两端谓众论不同之极致,盖凡物皆有两端,如大小厚薄之类。于善之中又执其两端而度量以取中,然后用之,则其择之审而行之至矣。然非在我之权度精切不差,何以与此?此知之所无过不及而道之所以行也。"这个注解大体是对的,但"两端"不应单训为"众论不同之极致",而应说明即是指的"过"与"不及"。"过"的即是"左"的东西,"不及"的即是右的东西。依照现在我们的观点说来,过与不及乃指一定事物在时间与空间中运动,当其发展到一定状态时,应从量的关系找出与确定其一定的质,这就是"中"或"中庸",或"时中"。说这个事物已经不是这种状态而进到别种状态了,这就是别一种质,就是"过"或

"左"倾了。说这个事物还停止在原来状态并无发展,这是老的事物,是概念停滞,是守旧顽固,是右倾,是"不及"。孔子的中庸观念没有这种发展的思想,乃是排斥异端树立己说的意思为多,然而是从量上去找出与确定质与反对"左"右倾则是无疑的。这个思想的确如伯达所说是孔子的一大发现,一大功绩,是哲学的重要范畴,值得很好地解释一番。(《毛泽东书信集》,人民出版社1983年版,第145—147页)

从这段评论中可以看出,毛泽东虽基于自己的认识指出了孔子"中庸观念"的不足,却从总体上给予了肯定,并从哲学的高度进行了解读,尽管个别看法不十分准确。但后来他没有坚持这些认识,在"文革"中容忍和支持了对孔子及其中庸思想的肆意曲解和批判。这种批判不仅扭曲了孔子的形象,毁坏了中华民族优秀文化传统的容颜,而且影响了几代人的思想方法、思维方式和行为习惯。如凡事好走极端,易于从一种倾向走上另一种倾向;或如孟子所言之"举一而废百",不能"执两用中"。所有这些,均已成为诸多国人深感无奈的记忆,是中华民族思想文化乃至政治建设中必须认真吸取的教训。

第三章　孔子的礼制主张

在孔子的思想体系中，"礼"居于十分重要的地位，是具体体现其道德原则、政治主张和社会理想的行为规范。与"仁"和"中庸"不同，"礼"在孔子之前，特别是西周时期，已形成比较完备的形态并得到广泛推行。到春秋时期，周天子失威，诸侯割据、争霸，以及经济和社会关系的重组，不仅打破了原有的政治格局，也使礼制文化受到严重冲击和破坏，即所谓"礼崩乐坏"。这种冲击虽不无进步意义，但假如只破不立，没有继承和创新，新的社会秩序就难以建立起来。

对"礼崩乐坏"导致的行为失范和社会乱象，诸多统治者均以政令和刑罚的手段去治理，如齐国因滥施砍足的"刖刑"而导致的"踊贵而履贱"，鲁哀公提出的"杀无道以就有道"等。孔子虽然没有否定刑罚的作用，却从实践中看到："道之以政，齐之以刑，民免而无耻；道之以德，齐之以礼，有耻且格。"（《为政》）循此，孔子对礼制文化进行了深入研究和思考，提出了比较系统的认识和主张，礼制文明也因此成为中华文明的重要组成部分。

一、礼的起源

"礼"是在民俗的基础上产生的，是规范和调节社会成员之间、社会成员与群体之间关系的准则和行为规范。许多学者认为，原始礼仪产生的最初原因是祀神。许慎在《说文解字》中认为："禮，履也，所以事神致福也。从示从豊。"此解大概便是这种认识的肇始。李泽厚先生综合了王国维、郭沫若先生的考证，得出了同样的结论：

> "礼"是颇为繁多的，其起源和其核心则是尊敬和祭祀祖先。王
> 国维解释说："盛玉以奉神人之器谓之若丰，推之而奉神人之酒醴亦

谓之醴,又推之而奉神人之事,通谓之礼。"郭沫若说:"礼是后来的字。在金文里面,我们偶尔看见用丰(原文为"豊")字的。从字的结构上来说,是在一个器皿里面盛两串玉具以奉事于神。《盘庚篇》里面所说的'具乃见(原文为"贝")玉'就是这个意思。大概礼之起于祀神,故其字后来从示,其后扩展而为对人,更其后扩展而为吉、凶、军、宾、嘉各种仪制。"可见,所谓"周礼",其特征确是将以祭神(祖先)为核心的原始礼仪,加以改造制作,予以系统化、扩展化,成为一整套宗法制的习惯统治法规("仪制")。(《中国古代思想史论》,安徽文艺出版社1994年版,第13—14页)

以上这些解释,均从"礼"的语源学分析入手,去揭示原始礼仪的起源和意义,在方法上是得当的。不过,实际情况可能会更复杂一些。

郭沫若先生说"礼"是后来的字,是很确凿的。在目前发现的甲骨文和金文中,不仅没有礼字,作为繁体"禮"字字根的"豊"亦不得见,代之的是"豐"(丰)。容庚在《金文编》中说,"豊与豐为一字"。容庚先生所收入的五个金文"豊"字,如"豐"(《長由盉》)和"豐"(《豊卣》),确与甲骨文中的"豊"没多少区别,或者说就是"豊"字。在《上博战国楚竹书》中,礼写作"豐",(见《孔子诗论》等篇什,上海古籍出版社2001年11月第1版)。专家测定该批简牍的年代约在战国晚期。从中亦可看出,当时的礼字尚未"从示",且与甲骨文和金文的"豐"字相近。礼"从示"始于秦代的篆书,篆书的礼字为"禮",其字根仍近于"豐",只是两个"丰"之间少了一竖。将礼字的字根写作"豊",大概始于汉代。故应该说,在先秦时代,是以"豐"代"礼"而并非另有一个"豊"字,这就是容庚先生所说的"豊与豐为一字"的意思。繁体"禮"字根的"豊",当是"豐"字的简化。

一些学者以甲骨文中的"豐"为据,认为"象二玉在器中之形。古者行礼以玉"(《王国维全集》第八卷,浙江教育出版社2009年12月第1版,第191页)。郭沫若先生亦持此见(见前引)。"玨"系古"玉"字,这可能就是"盛玉"说的由来。其实,在目前发现的甲骨文中,"豐"字写法不尽相同。在中华书局1965年9月出版的《甲骨文编》中,有刻于不同甲骨的豐字34见(《甲骨文编》0613)。其中"豐"(京津一五五)和相近者16见;"豐"(甲一九三三）和相近者6见；"〔甲二七四四〕"和相近者5见；"〔明藏五四九〕"2见；"〔粹一三二三〕"2见；另3见为"〔铁二三八、四〕"、"〔京都八七〇B〕"、"〔粹二三二〕"。此外，在容庚先生所收集的五个"豊"字中，其"豆"中之物的符号无一为"玉"者。因此，仅以少数"〔〕"的写法就将"豊"字理解为"盛玉以奉神人之器"，或"是在一个器皿里面盛两串玉具以奉事于神"，似难合古义。

许慎认为："豊，豆之豊满者也。从豆，象形。"（《说文解字》）"豆"是古代盛食物的器具，这一器具盛满东西，就是"豊"。许慎的解释是准确的。从"丰"的本意、"豆"的用途看，"豆"中所盛之物的象形符号，均应代表食物或与食物有关。在我们看到的34个甲骨文"丰"字中，其"豆"中之物有许多呈谷物、植物或树木状。其中最多的"〔〕"，应是甲骨文"肉"字的线条直化，如"〔〕"（《甲骨文编》0561），也疑似甲骨文"〔〕"（豕）字的组成部分，或可代表肉食。从《国语·吴语》中的"觞酒豆肉箪食"看，"豆"以盛肉为主，故许慎说："豆，古食肉器也。从口，象形。"不论如何，"豆"作为盛食物的容器，盛满食物便是"丰"，体现了农耕和狩猎时代人们对"丰收"的认识，也更符合象形文字的特点和发明者的本意。而豆中盛两串玉，则难以表达当时社会的丰收景象。小篆体的"禮"字，就更为形象地将其书写成谷物状，表明了篆书者的认识和理解。

这也可以解释古人为何以"丰"代"礼"。譬如"祀神"，一般说来，用活人使用的器皿盛物以奉事于神，也不能离开其基本用途。《诗·小雅·楚茨》所言之"苾芬孝祀，神嗜饮食"，就是用美食供奉于神的记载，其所用的容器就当是"豆"。玉属于佩饰，虽也被作为礼器大量用于祭祀，但因为不是食物，不大可能被盛在"豆"中。此外，与普通的食物相较，玉器不仅受产地限制，对制作工艺也要求较高。用玉器祭祀神灵，当远晚于用普通的食物。所以，"礼"的古字无论是"豊"还是"豊"，其字源均与"玉"无涉，当是可确信的。

从许慎对丰字的解说和前面的分析看，笔者有一个猜测，即"〔〕"中的"玉"与"丰"、"〔〕"、"〔〕"相若，都是将东西串起来的符号，未必是有意写成的古"玉"字。仔细阅读甲骨文，其中的"粹二三六"，和"明藏四四五"，豆中之物一半写成"丰"和"王",另一半均为"手",显系刻写不规范的表现。甲骨文作为象形文字,在文字没统一之前书写上出现一些差异,是很常见的。在容庚的《金文编》中,豐字中的豆中之物多为"丨"、"手"或"米",乃至"手"、"士"和"手",无一书写为"王"者。这起码说明,时人并没有将豆中所盛之物视为"玉"。

需要进一步澄清的是,郭沫若先生所引尚书《盘庚篇》中的"具乃贝玉",是盘庚告诫臣民不能离心离德,否则将招到祖先惩罚时说的:

> 兹予有乱政同位,具乃贝玉。乃祖乃父丕乃告我高后曰:"作丕刑于朕孙!"迪高后丕乃崇降弗祥。

"贝"系货币,"玉"系玉石,通指财物。其中的"具"通"聚","具乃贝玉",就是聚敛财物的意思。盘庚说:"现在我有搅乱政事的大臣,聚敛财富。你们的祖先于是就告诉我的先王说:'对我的子孙用大刑吧!'于是,先王就会重重地降罪于你们。"这不仅与"奉事于神"无涉,而且恰好相反。

"礼"字是在"丰"字的基础上产生的,繁体礼字的另一半为丰字,礼的起源就与人类劳动和饮食有直接的联系。对此,我们可以从《礼记·礼运》记孔子的一段话中找到答案:

> 夫礼之初,始诸饮食。其燔黍捭豚,汙尊而抔饮,蒉桴而土鼓,犹若可以致其敬于鬼神。

礼的最初起因是饮食活动。古时候人们把黍米和肉放在石板上烧熟吃,在地上挖坑蓄满水用手捧着喝,用泥烧制鼓槌,用瓦框蒙皮做鼓,敲打以示庆祝。这种简陋的方式,还可以向鬼神感恩致敬。孔子的这一考察结论,是符合人类文明进程的。

人类从采集、狩猎到农耕,经历了漫长的过程。如今被视为游戏或消闲的狩猎和采集行为,当时则是生存需要,充满凶险和不确定性。因此,人们一旦获得丰厚猎物和食品,便会充溢喜悦之情。其最原始的表达方式,就是欢呼、跳跃和敲打。这些庆祝和表达方式在反复进行后,就被固定下来,成为礼仪,世代相传。不久前看到一部反映新发现的原始部落的记录片,片中有这样一个场景:当人们猎杀到一头大型动物并用原始方法烧熟食用前,要围着被烧熟的动物绕行并吟唱,唱词的内容,是对该动物表示歉意和感谢,与奉祀神人没有多少关系。当这种欢庆进行到某一时刻时,人们开始对食物获得的原因(如自然或上帝的赐与,动、植物和奉献,以及祖先的护祐)和后果——包括如何长久保有进行思索,于是生发出感恩和敬畏之情,即孔子所说的"犹若可以致其敬于鬼神"。也就是在那一刻,人类文明被骤然提升了。由此可见,原始礼仪产生的最初动因,是为了表达丰收或获得丰盛美食后的喜悦;表达感恩、致敬和祀神致福,则是在此基础上的发展。这就可以解释,古人为何用"丰"代"礼"而没有创造一个新字去反映这一范畴。美国著名历史文化学者维尔·杜伦在其《东方的文明》第一卷《我们的东方的遗产》中,在回顾了人类从狩猎到农耕的历程后得出结论说:"是寻求食物的供应引出了文明。"(《东方的文明》,青海人民出版社1998年10月版,第11页)这一结论,与孔子所见是吻合的。

原始礼仪起源于劳动和饮食,是情感表达、交流和交往方式规范化的结果。原始礼仪中的祀神祈福,并不局限于祖先崇拜,也包括自然崇拜,而且,自然崇拜在祖先崇拜之前就产生了。在古人那里,上自天和日月星辰,下至地和山林川谷,都被认为富有灵性并能恩威于人而受到礼拜。特别是遭遇自然灾害时,古人的第一反映往往是祭天。古代的祀神,除祖宗神外,也包括这些自然神,而且居于优先的位置。据《尚书·虞书·舜典》记载,舜在尧的太庙接受禅让的帝位后,曾"肆类于上帝,禋于六宗,望于山川,遍于群神"。即舜在继承帝位后,首先向上帝报告,并祭祀天地四时、山川和群神。这就说明,早在夏代,就已形成了自然崇拜的礼仪形式,而且与权力建立了联系,并逐步形成了"天子祭天地,诸侯祭社稷,大夫祭五祀"(《礼记·王制》)的规范。《礼记·礼器》在论述礼的顺次时,也把"天地之祭"放在"宗庙之事"等诸礼之先。由此可见,自然崇拜不仅先于祖先崇拜,也是原始礼仪的高级形式,是礼制形成和发展的重要基础。

在上古社会,"事神致福"的宗教活动虽然是集合人群和规范氏族部落内部关系的主要手段,但因地域、环境和生产、生活方式不同而形成的风俗习惯,也同样起着规范和凝聚的作用,并成为礼的重要来源。例如,周代"同姓不婚"的规定,显然是在人们认识到"男女同姓,其生不蕃(繁)"

（《左传·僖公二十三年》）的道理后产生的，是古人对近亲婚配在遗传上会产生不良后果的经验总结，与祀神没有任何联系。再例如，《礼记·内则》中规定："妻将生子，及月辰，居侧室。夫使人日再问之，作而自问之。妻不敢见，使姆衣服而对。"在妇女到了临产的月份，夫妇要分开居住，不能见面。这一禁忌，显然是为了保护妇女和婴儿的健康，同样与宗教信仰无关。这就表明，在总结生存和生活经验基础上形成的民俗，也是礼的重要来源之一。

此外，礼制中关于官制、教育、刑罚等内容，大多源于治理国家的现实需要而与祀神无涉。特别是在礼的观念正式形成后，作为行为规范意识的自觉，理所当然地要以现世和人生为着眼点。《礼记·礼运》记孔子的"大同"和"小康"说，就将"礼"视为"大道既隐"之后，圣王为规范人的行为而创制的：

> 今大道既隐，天下为家。各亲其亲，各子其子，货力为己。大人世及以为礼，城郭沟池以为固。礼义以为纪，以正君臣，以笃父子，以睦兄弟，以和夫妇，以设制度，以立田里，以贤勇知，以功为己。故谋用是作，而兵由此起。禹、汤、文、武、成王、周公，由此其选也。此六君子者，未有不谨于礼者也，以著其义，以考其信，著有过，刑仁讲让，示民有常。如有不由此者，在执者去，众以为殃。是谓小康。

礼义、诚信等道德规范，是在社会组织、人际关系、价值取向发生变化之后产生并被重视的。老子所言之"大道废，有仁义"，也是同样的见解，只是对其作用的认识和取向有所不同罢了。对此，荀子也有过合乎逻辑的推论：

> 礼起于何也？曰：人生而有欲，欲而不得，则不能无求；求而无度量分界，则不能不争；争则乱，乱则穷。先王恶其乱也，故制礼义以分之。（《荀子·礼论》）

> 人之生不能无群，群而无分则争，争则乱，乱则穷矣。故无分者，人之大害也；有分者，天下之本利也；而人君者，所以管分之枢要也。（《荀子·富国》）

荀子从人的社会性和维持群体秩序的角度说明了礼的起源和作用，是符合逻辑的。

综上可见，礼不仅颇为繁多，其起源也颇为复杂，包括自然崇拜、祖先崇拜、民俗和社会治理的需要，不能一概而论。

礼起于俗而定于尊，完备的礼制则来自于完备的社会组织。有研究表明，西周社会建立后，周公将从远古到殷商的原始礼仪进行了大规模的整理、改造和规范化，形成了包括吉、凶、军、宾、嘉"五礼"在内的比较完备的礼制，即周礼。至此，礼便由原始的散见与粗陋变得系统与精致起来，成为对社会成员进行规范和约束的典章、制度、仪节和习俗的总称。

二、礼的作用

对礼的作用，《左传·隐公十一年》引"君子"的话说："礼，经国家，定社稷，序民人，利后嗣者也。"许多学者将此视为孔子的观点。《礼记·曲礼上》说的更为具体："道德仁义，非礼不成；教训正俗，非礼不备；分争辨讼，非礼不决；君臣、上下、父子、兄弟，非礼不定；宦学事师，非礼不亲；班朝治军，莅官行法，非礼威严不行；祷祠祭祀，供给鬼神，非礼不诚不庄。"从这些论述中可以看出，原始礼仪中比较突出的"事神致福"的意义和内容，已不再是关注的主体或主要内容。这体现了孔子及早期儒家对神人关系和礼的作用的新认识。

孔子对礼制作用的肯定，态度是极鲜明的，如"克己复礼为仁"和"以礼制中"。此外，孔子从个体到群体，从家庭到社会，对礼的地位和作用给予了比较全面的阐释。后儒和后世学人对礼的认识，多来自孔子的倡导。

首先，孔子把"礼"视为个人立身处世的基础。他曾告诫自己的儿子孔鲤说："不学礼，无以立。"（《季氏》）不学礼便无法立足社会，这也是孔子对所有学生的教诲，即"兴于诗，立于礼，成于乐"（《泰伯》），"不知礼，无以立也"（《尧曰》）。从孔子自幼习礼并在三十岁左右时适周问礼的记录看，其所言之"三十而立"，就是"立于礼"的人生体验。因为礼对个人有如此重要的作用，孔子要求"君子博学于文，约之以礼"（《雍也》）。孔子还强调指出："恭而无礼则劳，慎而无礼则葸，勇而无礼则乱，直而无礼则绞。"(《泰伯》)谦恭而无礼就会劳倦,谨慎而无礼就会懦弱,勇敢而无礼就会闯祸,直爽而无礼就会尖刻。这就具体指明了礼在人的成长和成熟中的作用。将礼与自己的核心价值概念联系起来,就是"克己复礼为仁"。对此,本书第一章已有讨论,不再赘述。

其次,孔子把"礼"视为调节人际关系的普遍准则。当孔子讲"不学礼,无以立"时,此一层意思就包括其中了。人能否在社会上立足,一个重要的衡量指标,就是人际关系状况;而人际关系的好坏,在很大程度上取决于能否礼貌恭敬待人。所以,在樊迟问仁时,孔子回答说:"居处恭,执事敬,与人忠。虽之夷狄,不可弃也。"(《子路》)在子张问如何才能使自己到处行得通时,孔子给出了同样的答案:"言忠信,行笃敬,虽蛮貊之邦,行矣。言不忠信,行笃敬,虽州里,行乎哉?"(《卫灵公》)孔门弟子和儒家后学,对此亦有深刻认识。子夏说:"君子敬而无失,与人恭而有礼,四海之内皆兄弟也。"(《颜渊》)有子说:"恭近于礼,远耻辱也。"(《学而》)恭敬忠诚待人者,就会得到别人的恭敬忠诚,用孟子的话说,即"敬人者,人恒敬之"(《孟子·离娄下》)。对礼在调节人际关系中的作用,孔子还提出了一些具体看法。例如,"君使臣以礼,臣事君以忠"(《八佾》),这是礼在调节君臣关系中的作用;"上好礼,则民易使也"(《宪问》),这是礼在调节君民关系中的作用;"生,事之以礼;死,葬之以礼,祭之以礼"(《为政》),这是礼在调节家庭关系中的作用。

第三,孔子把礼视为治理国家的重要手段。孔子主张"为国以礼"(《先进》),他曾郑重地指出:"能以礼让为国乎?何有?不能以礼让为国,如礼何?"(《里仁》)如果能以礼让治国,就不会有什么困难;如果不能以礼让治国,礼用来干什么呢?在鲁哀公问政时,孔子同样指出:"古之为政,爱人为大。所以治爱人,礼为大。所以治礼,敬为大。"(《礼记·哀公问》)为政之要务是爱人,实现爱人的途径是礼。这与其所言之"克己复礼为仁"是一致的。孔子还说过:"安上治民,莫善于礼。"(《礼记·经解》)即安定朝廷、治理民众,没有比礼更好的了。后儒对此解释说:"礼之于正国也,犹衡之于轻重也,绳墨之于曲直也,规矩之于方圆也。故衡诚县,不可欺以轻重;绳墨诚陈,不可欺以曲直;规矩诚设,不可欺以方圆;

君子审礼,不可诬以奸诈。是故隆礼由礼,谓之有方之士;不隆礼不由礼,谓之无方之民。敬让之道也。故以奉宗庙则敬而远之,以入朝廷则贵贱有位,以处室家则父子亲兄弟和,以乡里则长幼有序。"(同上,首段亦见《荀子·五霸》)孔子在治国的问题上将"礼"与"让"结合起来,也寓有深意。周朝祖先古公亶父有三子,即泰伯、仲雍、季历。季历的独生子就是姬昌(周文王)。据说,季历之子姬昌有圣瑞,所以古公想打破惯例,把君位传给幼子季历而不传给长子泰伯。泰伯为实现其父亲的愿望而又不使其父亲违礼,便偕同二弟仲雍出走,让出了王位。姬昌继承其父季历的王位后,扩张国势,得天下三分之二;到他儿子姬发(周武王)时,便灭了殷商,称王天下。对此,孔子评论说:"泰伯,其可谓至德也已矣。三以天下让,民无得而称焉。"(《泰伯》)因泰伯之让,让出了文武之道和西周盛世,封建社会亦由此发轫,这就不难理解孔子对"礼让为国"的重视了。除泰伯外,孔子还推崇一位史官的"陈力就列,不能者止"(《季氏》),就是说,要根据自己的能力任职,不行就该辞职。这就是后来所说的"让贤"。把礼让作为治国理念,这在世袭已成定制的社会,是具有挑战性的。孔子以泰伯"三以天下让"的事例推行自己的变革主张,也体现了他托古改制的良苦用心。

孔子对礼作用的阐释,淡化了传统礼制中突出宗教信仰的色彩,扩大了礼的调节范围,也为重建和推行礼制文化找到了现实的依据。

三、对周礼的认识与改造

我国的礼制文化产生较早,在不同的时代有不同的取向和表现形态,这就是孔子所言之夏礼、殷礼和周礼。对三代礼制,孔子进行过认真的考察和比较研究:

子曰:"夏礼吾能言之,杞不足征也;殷礼吾能言之,宋不足征也。文献不足故也。足,则吾能征之矣。"(《八佾》)

孔子曰:"我欲观夏道,是故之杞,而不足征也,吾得《夏时》焉。我欲观殷道,是故之宋,而不足征也,吾得《坤乾》焉。《坤乾》之义,

《夏时》之等,吾以是观之。(《礼记·礼运》)

子曰:"吾说夏礼,杞不足徵也。吾学殷礼,有宋存焉。吾学周礼,今用之,吾从周。"(《中庸》)

子曰:"周监于二代,郁郁乎文哉! 吾从周。"(《八佾》)

把这些记录综合起来可以看出,孔子之所以遵从周礼,是因为夏、殷两代的礼制因文献不足而难以证明,而周代的礼制是在借鉴夏、殷两代礼制的基础上形成的,丰富而完备。可见,孔子"从周",并非如有些学者所见,是对旧制度的迷恋与维护,而是在考察比较历代礼制基础上对周礼的客观评价和肯定。

这种肯定也非孔子一人之见。例如,《诗·大雅·文王》中,有"周虽旧邦,其命维新"的诗句,后人多认为诗作者为周公旦,立意是追述文王的事迹以戒成王。这种"因旧邦、开新命"的总结概括,不仅揭示了小邦周打败大国殷的原因,也为我们认识孔子盛赞文武之道并宣称"从周"找到了一把钥匙。再例如,鲁昭公二年,晋侯派韩宣子到鲁国聘问,考察后韩宣子说:"周礼尽在鲁矣。吾乃今知周公之德,与周之所以王也。"(《左传·昭公二年》)这一历史事件发生在孔子十二岁时。当时,周王室不仅名存实亡,其文物典籍也在犬戎入侵、平王东迁洛邑的过程中遭到破坏。而鲁国作为周公的封国,不仅对周礼的推行比较彻底,且享有特殊的礼遇,即"鲁有天子礼乐,以褒周公之德也"(《史记·鲁周公世家》)。从韩宣子的评论中可以看出,这些礼乐典章制度和历史文献,在鲁国得到较好保存。韩宣子从鲁国保存的周礼中看到了周公的德行和周所以统治天下的缘故,也同样是对周礼的肯定。孔子生于鲁国,自幼便受到这种礼制文化的熏陶,了解当然比韩宣子更多。就是说,孔子的"从周"并非"复古"情结所致,而是对西周政治家能够革故鼎新、促进社会繁盛的景仰,是对周礼作用的肯定。若是无原则的好古,则夏、殷比周更有资格。

孔子推崇的周礼,其原貌已不得见。我们只能从《尚书》《诗经》等较早的史料、孔子等先秦学者的相关论述及现存《周礼》《仪礼》和《礼记》中得窥一些端倪。

现存《周礼》,初名《周官》,其成书年代和经过,历来众说纷纭。钱穆先生精识细辨,认为"《周官》书出战国晚世"(《两汉经学今古文平议》,商务印书馆2001年月第1版,第369页),比较可信。但从书中许多古老的官称和内容看,有些当来自西周至春秋的传承,不能仅当战国作品看。《周礼》一书内容丰富,涉及官制、田制、兵制、学制、刑法、礼仪等诸多方面,反映了当时社会的现实和为政之需。

《仪礼》的成书年代同样尚不可确考。有些学者认为,《仪礼》十七篇为孔子所手定,证据并不充分。但《仪礼》中的许多内容曾被孔子及孔门弟子传习,则当是事实。齐相晏婴在反对齐景公重用孔子时所说的"今孔子盛容饰,繁登降之礼,趋详之节,累世不能殚其学,当年不能究其礼"(《史记·孔子世家》),指的就是《仪礼》一类的东西。

《礼记》是后世儒者汇辑而成的孔子及其后学传述礼制、论说仪礼的著作。其成书年代虽大约在西汉前期,但多年来的考古发现已经证实,其多数篇什在先秦即以单篇散章的形式流传,尽管其中不乏秦汉学者的增益或改动。《礼记·郊特牲》说:"礼之所尊,尊其义也。失其义,陈其数,祝史之事也。故其数可陈也,其义难知也,知其义而敬守之,天子之所以治天下也。"此一对礼的形式与意义关系的解说,是精当的。孔子在解读《易》经时,便说过类似的话,体现了孔子和孔门后学对经典的认识和态度,也是文化传承的心得。

孔子推崇的周礼虽是在总结历代礼制文化的基础上形成的,是当时存世的比较丰富而完备的礼制,但作为早期宗法等级制的产物,不仅在制作时就不可避免地存在先天的缺陷,随着社会发展和人的文明程度的提高,也会不断显现出不合时宜之处。因此,一些学者常以此来质疑乃至贬讽孔子的"从周",并以孔子的"述而不作,信而好古"和"好古,敏以求之"(《述而》)为据,认为孔子在礼制乃至政治建设上执意复古。这种批评虽不无根据,如子贡认为,每月初一告祭祖庙的活羊可以不用,孔子表示反对(《八佾》);再如"三年之丧",即为死去的父母守孝三年,虽是"天下之通丧",但落后之处是显见的,孔子也给予了坚持和维护(《阳货》);还有"拜下",即拜见天子时先在堂下跪拜然后到堂上跪拜,当时人们均免去在堂下跪拜的环节而直接到堂上跪拜,孔子则明确表示"违众"(《子罕》)。但放眼观瞧,这些在具体礼仪上所表现出的保守与落后,在孔子那里并不占主流,尽管我们不能无视其负面影响。

从大处看,对包括礼制在内的历代朝政,孔子是以客观认知和理性分析的态度去看待的。孔子曾对夏、商、周三代的政教得失进行过比较:

> 子曰:"夏道尊命,事鬼敬神而远之,近人而忠焉。先禄而后威,先赏而后罚,亲而不尊。其民之敝,惷而愚,乔而野,朴而不文。殷人尊神,率民以事神,先鬼而后礼,先罚而后赏,尊而不亲。其民之敝,荡而不静,胜而无耻。周人尊礼尚施,事鬼敬神而远之,近人而忠焉,其赏罚用爵列,亲而不尊。其民之敝,利而巧,文而不惭,贼而蔽。"(《礼记·表记》)

在这种比较中,孔子分别指出了夏、商、周三代政教各自的特点和弊端。以夏、周两代为例,夏代至周代相距一千多年,由奴隶制到领主封建制,人的素质、特点和社会文明程度,差异是十分巨大的。孔子以"惷而愚,乔(骄)而野,朴而不文"和"利而巧,文而不惭(惭),贼而蔽"概括夏人和周人的流弊,应该是比较准确的,特别是"质"与"文"的区别。孔子说过,"质胜文则野,文胜质则史",二者各流于一偏。而这种差别,便主要体现在礼制文化方面。周代礼仪的繁缛,从晏婴的评论中即可反映出来。其实,孔子也看到了这一点,并同样指出了其不足:"齐一变,至于鲁;鲁一变,至于道。"(《雍也》)如前所述,鲁国是周公的封国,有"周礼尽在鲁矣"的赞誉。孔子认为齐国的政教经过变革可赶上鲁国,鲁国的政教经过变革可合于道,说明在他的眼中,周礼也是需要变革的。这种变革,在孔子看来是正常的、有规律可循的:

> 子张问:"十世可知也?"子曰:"殷因于夏礼,所损益,可知也;周因于殷礼,所损益,可知也。其后继周者,虽百世,可知也。"(《为政》)

"因"就是继承,"损益"就是变革,即有减有增,相当于我们今天所说的"扬弃"。夏礼经过损益变成殷礼,殷礼经过损益变成周礼,那么周礼经过损益,必定会变成新的礼制形态,这是文中应有之意,自不待言。其中的"百世可知",是有规律可循和可预测的意思,是对礼的基本精神和价值取向的把握而非对具体礼仪形式的确指,这同样是无需深辩的。

孔子在尊崇周礼的同时,既看到其产生的基础和损益发展的过程,又肯定这一过程的无限延续,这是一种进步的历史文化发展观。我们知道,古代流行的历史发展概念,以循环论居主导地位。从人的生死到王朝更迭,都被认为是简单重复的过程。孔子把历史看作连续不断的发展变化过程,而且这种发展变化来自人的选择:"损益"和"变革"。这就肯定了人在历史发展中的自主作用,有助于人们破除循环论的消极影响,进而成就一种新的历史哲学概念。以这种概念为指导,孔子努力寻求前人创造的思想文化中适用的部分予以弘扬,在能够扩展的地方予以扩展,同时,对不适用的方面进行改造。

首先,孔子以亲情释祭礼,使其由"事神致福"转而为教化的手段。祭礼产生较早且普及程度很高。与殷人相比,周人的鬼神观念虽相对淡薄一些,却并没有发生根本性的改变。《礼记·祭统》就这样认为:"凡治人之道,莫争于礼。礼有五经,莫重于祭。"所谓"五经",即前面所述之"五礼"。周人重祭,当然也有调节人际关系的意义,但迷信鬼神仍然是其行动基础。在武王生病时,周公就祷告其先祖,请求以自己的牺牲替代武王,并将祝告的册书收藏于用金丝束着的匮中,足可见其虔诚。到春秋时期,这一情形依然没有多大改变,在孔子生病时,子路就建议孔子向神灵祈祷,孔子没有采纳(见《述而》)。孔子拒绝求神消灾,主要原因是他不相信鬼神实有并能祸福于人,同时相信人的自主能力和作为。以这种认识为基础,孔子提出了"未能事人,焉能事鬼"(《先进》)和"务民之义,敬鬼神而远之"(《雍也》)的主张。孔子反对迷信鬼神(详见本书第四章),但也注意到祭祖这种礼仪传统在维系人伦关系和道德教化中的作用,于是便用"孝"和淳化民风去说明葬祭之礼存在的合理性,如用"子生三年,然后免于父母之怀"的"三年之爱"去解释"三年之丧"(《阳货》)。这就从根本上修正了葬祭之礼的意义和目的,使之由"事神致福"变为表达亲情和教化的手段,由对外缘拯救的期待变为人的内在心理欲求,并将人的注意力引向现实。这种转化,不仅对人类摆脱愚昧和迷信具有启蒙作用,也使礼成为道德情感的外化,成为人类精神的自律。

其次,孔子重真情实感而戒奢倡俭,反对以形式主义的态度对待礼仪。周代礼仪繁文缛节较多。仪节繁缛,被形式所左右,就难以表达真情实感,也容易造成浪费,增加人的负担,孔子对此表示了明确的反对:

　　子曰:"礼云礼云,玉帛云乎哉?乐云乐云,钟鼓云乎哉?"(《阳货》)

这里所说的"玉帛"和"钟鼓",指礼乐的表现形式。孔子反对将这些形式上的东西等同于礼乐,就表明了重内容与本质的态度。因此,在林放向孔子求教礼的本质时,孔子对这一提问本身就大加赞赏:

　　林放问礼之本。子曰:"大哉问!礼,与其奢也,宁俭;丧,与其易也,宁戚。"(《八佾》)

对孔子的这一见解,其学生子路有过转述:"吾闻诸夫子:丧礼,与其哀不足而礼有余也,不若礼不足而哀有余也;祭礼,与其敬不足而礼有余也,不若礼不足而敬有余也。"(《礼记·檀弓上》)子路的这段话,大概发生在其丧亲之后:

　　子路曰:"伤哉,贫也!生无以为养,死无以为礼也。"孔子曰:"啜菽,饮水,尽其欢,斯之谓孝。敛手、足、形,还葬而无椁,称其财,斯之谓礼。"(《礼记·檀弓下》)

子路因为亲人在世时没钱赡养、死了又没有钱举行葬礼而忧伤,孔子劝慰子路说:即使吃煮豆,喝凉水,能使双亲精神愉快,这就叫做孝。亲人死后,能包裹他们的头、脚、形体并及时安葬,即使没有椁(古代套在棺材外面的大棺材),只要做到与自家财力相称,就符合礼。这些认识和主张,充分表达了孔子在礼仪问题上重真情实感而轻外在形式的态度。

孔子的此一态度,被孔门弟子和再传弟子心领神会。除子路外,被认为成书早于《孟子》的郭店楚墓竹简《五行》和《性自命出》,均有具体阐发。《五行》中这样写道:"仁形于内谓之德,不形于内谓之行。义形于内谓之德,不形于内谓之行。礼形于内谓之德,不形于内谓之行。智形于内谓之德,不形于内谓之行。圣形于内谓之德,不形于内谓之行。……五行皆形于内而时行之,谓之君子。"(《儒藏》出土文献类,精编版二八一,北京大学出版社,2007年4月第1版,第7页)《性自命出》亦有同样的认识:

"凡声,其出于情也信,然后其入拨人心也敬。""虽能其事,不能其心,不贵。求其心有伪也,弗得之矣。人之不能以伪也,可知也。"(同上,第24、27页)文中的"形于内",即出自内心的真情实感,用孔子的话说,即"情欲信"(《礼记·表记》)。只有这样,才能"入拨人心也敬",即能打动人并获得人们的尊重。否则的话,即使做了也只是虚应故事,不会得到信任和尊重。

《礼记·檀弓上》记有一则故事,也比较充分地表明了孔子这样的认识。孔子在卫国,看到有送葬者"其往也如慕,其反也如疑",即送葬时如同小儿随父母啼哭,返回时如同依恋父母而迟疑不舍,就告诉其学生们说:"善哉为丧乎!足以为法矣。"子贡因为葬礼中有父母葬后需在中午前回父母生前居所行"虞祭"的规定,便向孔子质疑:"这难道比快速返回举行虞祭好吗?"孔子回答说:"你们还是记得我说的话吧!我尚未能做到像他们那样呢!"把真情表达看得比按礼仪行事更重要,并坚持以此让弟子取法,这在情与礼关系的认识上,是十分生动而典型的案例。孔子在证明"礼也者,理也"时指出:"薄于德,于礼虚。"(《礼记·仲尼燕居》)德行寡薄,行礼就变得虚伪。这确是真知酌见。

第三,孔子用"仁"统摄礼乐,明确了礼的价值取向。孔子指出:"人而不仁,如礼何?人而不仁,如乐何?"(《八佾》)一个人如果没有仁德,就不会正确对待和实行礼乐。把"仁"看作礼的本质和基础,是对礼与仁关系的明确阐述。对此,孔子在与子夏讨论《诗》时亦有所揭示:

> 子夏问曰:"'巧笑倩兮,美目盼兮,素以为绚兮。'何谓也?"子曰:"绘事后素。"曰:"礼后乎?"子曰:"起予者商也!始可与言《诗》已矣。"(《八佾》)

子夏所说的"礼后",即礼在仁之后。孔子的一句"先有白色的底子,然后绘画"就使子夏产生了如此深刻的认识,使孔子大有"深获吾心"之感,认为子夏是能启发他的人。将"礼后"解为"礼在仁之后",过去凭借的是推断。1973年出土于马王堆汉墓的帛书《五行》和二十年后出土于郭店楚墓中的竹书《五行》,为此提供了直接的证明:

> 见而知之,智也;知而安之,仁也;安而行之,义也;行而敬之,礼也。仁、义、礼所由生也,四行之所和也。和则同,同则善。(《郭店楚墓

竹简》,前引之《儒藏》第 11 页）

文中的"仁,义、礼所由生也",帛书作"仁义,礼智之所由生也,言礼乐之生于仁义"。这种以仁爱精神统摄礼乐的主张,是对传统礼仪的重大改造。我们已经知道,"仁"是春秋时期特别是经过孔子的诠释和倡导后才被普遍认知和使用的概念,在西周时期鲜有使用。孔子纳仁入礼,不仅为礼的损益发展找到了现实的情感和道德根据,也使礼的推行获得了人性的力量。

第四,孔子以时中的方法对待传统礼仪,没有将"礼"视为僵化的教条。孔子宣称"从周",对周礼当然有固守和坚执的一面。其固守和坚执,有些是合理的,有些只适用于当时社会之需,有些需要摒弃和否定,如"三年之丧"、"拜下"之类。但另有许多事例表明,在一些重大问题上,孔子对传统礼制和规范,是勇于突破和灵活运用的。例如,用人或人俑殉葬,是殷商至春秋乃至整个封建时代王公贵族的礼法,但孔子坚决反对（详见本书第一章）。再例如,鲁国有一名叫汪踦的少年在抵抗齐人入侵时战死,按礼法只能用未成年而死的殇礼而不能采用成年人的丧礼。当鲁人想以成年人之礼安葬汪踦征询孔子意见时,孔子不仅表示赞成,而且回答说："能执干戈以卫社稷,虽欲勿殇也,不亦可乎?"（《礼记·檀弓下》《左传·哀公十一年》）能够拿起武器保卫国家,不用殇礼而按成年人来治丧,不也可以吗?这就从政治和道义上修改了旧的礼仪规定,体现了对以国家和民族利益为重而杀身成仁精神的褒奖。此外,孔子还用"从先进"改造世袭制,主张不分出身贵贱选用人才,不仅为平民出身的士君子进入统治阶层提供了理论支持,也为始于隋唐时期的科举制奠定了理论基础。此外,对一些具体制度和仪节,孔子也能够采取择善而从的态度："行夏之时,乘殷之辂,服周之冕,乐则《韶》《舞》。"（《卫灵公》）"麻冕,礼也;今也纯,俭,吾从众。"（《子罕》）这也是原则性与灵活性的把握。

对孔子行礼用礼的主张,其学生有若有较好的理解和传承:

> 有子曰:"礼之用,和为贵,先王之道斯为美。小大由之,有所不行。知和而和,不以礼节之,亦不可行也。"（《学而》）

对有若的这段论述,一些传统解读似多有可讨论之处。程子和朱熹,均将"小大由之"和"有所不行"分属上下，全文便读作"礼之用，和为贵。先王之道斯为美，小大由之。有所不行，知和而和，不以礼节之，亦不可行也。"如此断句和解释虽被多数注家沿用，但仔细推敲，解读起来似有所滞碍；朱熹以"从容而不迫"译"和"，亦与"和"之本意不相投合。皇侃《义疏》将"小大由之"属下，与"有所不行"相接，我认为是合适的。然其将"和"解为音乐，认为"小大由之"的"之"系指"礼"，亦不够恰切。

笔者认为，对有若此章，当分作三段读。始言"礼之用，和为贵，先王之道斯为美"，即礼的运用，应以和顺恰当最为珍贵，古代圣王均以此为美境。这就明确地将"礼"与"和"视为手段和目的的关系。因为强调以"和"为贵，所以才有了第二段"小大由之，有所不行"，即无论大小事项，在依礼行事时均应以"和"为要，否则便可有所取舍。这与孔子对礼的认识和运用是一致的。多数学者将"小大由之"译为"无论大小事都要依循礼的规定"，与上下文均无法贯通。有子此论的重点是强调"和为贵"而非"礼为贵"，故其"小大由之"的"之"代指的是"和"而不是"礼"。第三段"知和而和，不以礼节之，亦不可行也"，是相对于"小大由之，有所不为"而言的，就是说，虽然如此，亦不能单纯为了求和而放弃大的礼制原则，那样做也是不可取的。理解有若此论起承转合之意的关键，是"亦不可行也"之"亦"，在强调"礼之用和为贵"的同时，防止人们因此而丢弃大的礼制原则。这与孔子"从心所欲不逾矩"的主张和"时中"的理念，是一致的。

有若对礼的这种认识和态度，有具体事例为证。《礼记·檀弓下》记录说，有若和子游一起在街上，看见一个小孩子啼哭着寻找死去的父母。有若就对子游说："予壹不知夫丧之踊也，予欲去之久矣。情在于斯，其是也夫？""踊"即双脚跳起，是一种哭死者之礼，何时当踊，何时不当踊，以及踊的次数，根据与死者关系的不同，有严格规定。有若对此十分反感："我就不理解那丧礼中所规定的跳脚，我早就想把这种礼规除去了。悲伤的真情就体现在这孩子身上，如此就是了，要什么固定的模式！"读此记录，对解读有若的"礼之用和为贵"一节，会有所帮助。

第五，孔子在反对僭越的同时主张礼贤下士，表明了对君臣关系的新认识。在周礼中,规定了不同身份地位的人所使用的不同礼仪形式,即所谓"辨君臣上下长幼之位"和"别男女父子兄弟之亲"(《礼记·哀公问》)。到了春秋时期,由于诸侯力量的崛起,周天子一统天下政治局面的改变和社会动乱,这些规定也随之被打破,即所谓"礼崩乐坏"。例如,按周礼规定,"八佾"即八八行列的舞队只有天子才能使用;《雍》是天子在宗庙祭祀时用以撤除祭品的乐歌;祭祀泰山的资格是天子与诸侯才有的。但当时执掌鲁国大权的季孙氏和叔孙氏、孟孙氏却肆无忌惮地使用这些礼仪形式。对这种僭越行为,孔子给予了严厉的批评:

孔子谓季氏,"八佾舞于庭,是可忍也,孰不可忍也?"

三家者以《雍》彻。子曰:"'相维辟公,天子穆穆',奚取于三家之堂?"

季氏旅于泰山,子谓冉有曰:"女弗能救与?"对曰:"不能。"子曰:"呜呼!曾谓泰山不如林放乎?"(以上均见《八佾》)

礼崩乐坏首先是一种政治危机。它不仅表现在礼仪形式的滥用上,也体现在政治活动中。据《左传·僖公二十八年》记载,晋侯在成就霸业的过程中,就曾"挟天子以令诸侯",天子成了晋侯手中的政治玩偶。礼崩乐坏也是道德危机,是物质主义和享乐主义盛行、人生信仰和价值缺失的表现。孔子师徒在周游列国期间遇见的隐士桀溺在规劝子路"从避世之士"时就说:"滔滔天下者皆是也,而谁与易之?"(《微子》)坏东西像洪水一样到处都是,没有谁能改变得了。从这一评论中可以看出,当时的社会,确是信仰和正义迷失的时代。

孔子反对非礼的僭越行为,当然有维护等级制度的负面作用;但以恢复社会秩序、实现国家政令统一的目的去衡量,积极意义是主要的。孔子的理想政治景象,是"天下有道,则礼乐征伐自天子出"(《季氏》),即大政方针由中央决定,天子治天下,诸侯治本国。但当时的社会境况,不仅王室衰败,诸侯国君亦大权旁落,甚至出现了"政在大夫"和"陪臣执国命"的局面(详见《季氏》)。尽管这种境况的出现在当时有其必然性,并有利于阶级关系的调整;但这种无序状态所导致的政治和社会动乱,对生产力发展和民生的危害,也是显而易见的。孔子反对滥用天子礼仪,包括其对

"拜下"的坚持,并非如有些学者所见,是为了维护上下尊卑等级——接下来我们就将讨论这个问题,而是为了从规范政治秩序入手,发挥礼制文化在重建社会秩序过程中的作用。《论语·八佾》记载,有人向孔子请教"禘祭"即天子之礼的理论,孔子以"不知"回答,然后补充道:"知道的人对于治理天下,会好像把东西摆在这里一样容易吧!"一面说,一面指着手掌。这一记录,将孔子对礼制在治国中作用的认识表露得十分清楚明白。有些论者将季氏炫示自己权势与奢华的僭越行为看成"社会的进步,经济、政治的革新"(朱绍侯主编《中国古代史》,福建人民出版社1980年版,上册第178页),其判断标准令人生疑。且不说这些炫耀权势和享乐的行为与社会进步和政治革新无涉乃至背反,既使在当今社会,国家礼仪的制定、实行和改变,也不应是随意的。例如,检阅陆海空三军仪仗队,是国家元首一级人物享有的礼仪。假如哪位地方官突发奇想,组织运用这一礼仪,可视为"进步"或"革新"乎?

孔子在反对僭越行为的同时,要求君主能够礼贤下士,即"君使臣以礼,臣事君以忠"(《八佾》)。这一对"君使臣,臣事君"行为准则的界定,是对"君君、臣臣"的具体解说。在这一交换权责中,"君使臣以礼"是"臣事君以忠"的前提,这从孔子的行事中即可看出。据《史记·孔子世家》记载,孔子从五十岁起在鲁国为官,直至"行摄相事",取得骄人政绩,被与鲁国相邻的齐国人知道后十分恐惧,认为"孔子为政必霸,霸则吾地近焉,我之为先并矣",于是施"美人计","选齐国中女子好者八十人,皆衣文衣而舞《康乐》,文马三十驷,遗鲁君,陈女乐文马于鲁城南高门外"。鲁君和当时把持鲁国权柄的季桓子"往观终日"并接受后,"三日不听政;郊,又不致膰俎于大夫。孔子遂行"。这段史实,在《论语》中也有简要记载,即"齐人归女乐,季桓子受之,三日不朝,孔子行"(《微子》)。所谓"郊,又不致膰俎于大夫",即郊外祭祀结束后违背常礼,没有把祭祀用的烤肉分给大夫们,表现出对臣属的轻蔑。孔子因此而离去,所重当然在"礼"而不在"肉",是对季桓子失望后做出的选择。君不以礼待臣,臣即可不事君以忠,这就改变了臣属对君主的无条件服从和依附关系。孔子主张对君主要"勿欺也,而犯之",反对"不善而莫之违",也表明了他对君臣关系的新认识。事实上孔子并不要求人们完全遵从旧的礼法去对待无道之君。例如，对武王伐纣的历史变革，孔子就明显持赞成态度，否则就不会对文王、武王和周公那么推崇。再例如，晋国主政大夫赵盾的同族赵穿杀掉无道之君晋灵公，史官董狐因赵盾当时尚在晋国境内、回朝后又不讨伐赵穿，从而认定"赵盾弑其君"。孔子虽然理解董狐作为史官的记事原则，赞其为"古之良史"，却仍称许赵盾为"古之良大夫"（《左传·宣公二年》，另见《史记·晋世家》）。如果孔子真的严格按照旧礼法去评判一切事物，武王、周公和赵盾的行事，就不会得到孔子的肯定。

这种态度也直接影响到孟子和荀子。当齐宣王从孟子那里获得"汤放桀，武王伐纣"于史有据的回答后，提出了"臣弑其君可乎"的问题，孟子回答说："贼仁者谓之贼，贼义者谓之残。残贼之人，谓之一夫。闻诛一夫纣矣，未闻弑君也。"（《孟子·梁惠王下》）荀子也持同样的看法："桀纣者，民之怨贼也"，"诛暴国之君若诛独夫"（《荀子·正论》）。荀子还将汤、武夺杀桀、纣视为"功参天地，泽被生民"（《荀子·臣道》）的仁义之举，认为"夺然后义，杀然后仁，上下易位然后贞"（同上）。这种既维护王权又为废黜无道之君辩护的态度，在世袭制之外，成就了一种新的政权更迭理念：人们有理由废黜无道之君，或举义旗更换暴君和腐败政府。这一理念，打破了天命神权不可让与的绝对性，也给历代君王提出了居安思危、修己以安百姓的严肃课题。

第六，孔子主张礼下庶人，强调以礼化民和尊重百姓。《礼记·曲礼上》有云："礼不下庶人，刑不上大夫。"尽管有人对此表示怀疑，实行起来也不一定这般严格，却大体上可以反映出西周至春秋礼与刑有不同调节使用范围的统治理念。直到荀子，仍受到这种主张的影响。荀子虽从总体上肯定礼的作用，如"人无礼则不生，事无礼则不成，国无礼则不宁"（《荀子·修身》），但同时主张"由士以上则必以礼乐节之，众庶百姓则必以法数制之"（《荀子·富国》），"人君者，隆礼尊贤而王，重法爱民而霸，好利多诈而危，权谋倾覆幽险而亡"（《荀子·强国》）。礼的重要作用是节上和尊贤，法的重要作用是治下和爱民。将"重法"与"爱民"联系起来，是荀子的一个重要思想；但其对"礼"与"法"调节范围的区分，则与"礼不下庶人"庶几近矣。孔子宣称"从周",对此一规定却不以为然。他反复强调，"上好礼，则民易使也"（《宪问》），"上好礼，则民莫敢不敬"（《子路》），甚至要求统治者"使民如承大祭"（《颜渊》）。使用民众要像承办重大祭典那般诚敬，这就不仅使调节统治集团内部关系的礼扩大到民众，而且确立了尊重百姓的导向，体现了"泛爱众"的精神。孔子还说过，"安上治民，莫善于礼"，"民之所由生，礼为大"（《礼记》经解、哀公问），这与其主张的"古之为政，爱人为大。所以治爱人，礼为大"和"克己复礼为仁"，是一致而统一的。

四、对礼制与法治关系的认识

孔子重德治，认为"为政以德，譬如北辰，居其所而众星共之"（《为政》）。孔子将礼视为德的外化，便理所当然地将推行礼制看作治理国家的重要手段，即所谓"以礼让为国"（《里仁》）和"为国以礼"（《先进》）。为了推行德治和礼制，孔子曾将二者的作用与政令和刑罚做过比较：

> 子曰："道之以政，齐之以刑，民免而无耻；道之以德，齐之以礼，有耻且格。"（《为政》）

用政令去引导，用刑罚去整治，民众虽可免于罪过，却没有廉耻之心；用道德去引导，用礼制去规范，则民众不仅有廉耻之心，而且会内心叹服。在这种比较中，孔子对德、礼的作用有所夸大，对政令、刑罚的作用有所低估，是显而易见的。有些学者正是根据孔子的这一比较说明，批评孔子轻视法治。假如孔子对二者关系的认识仅此一见，这种批评也不无道理。但从孔子的诸多言行和当时礼制和刑罚的实际情况看，却并不如此简单。

（一）孔子所言之"刑"并不完全等同于今天所说的"法"，而且以严酷和针对平民为主要特征

刑罚在我国产生较早，如夏代的"禹刑"，商代的"汤刑"，西周的"九刑"，以及春秋时期的"刑书"等。据考证，古代刑罚大多比较残酷，如破面涂黑的"墨刑"，削除鼻子的"劓刑"，断足的"刖刑"，男子去势、女子幽闭的"宫刑"、"蚕室刑"等。剥夺生命的刑罚也多种多样，如挖心、活埋、晒干以及烹、枭首、戮尸等。对这些严刑峻法的负面作用，一些进步的政治家在当时即有比较清醒的认识，并提出了反对或修正的意见。如周初的统治者吸取殷商灭亡的教训，强调要"明德慎罚"。周穆王初年，大司寇吕侯有感于滥用刑罚、政乱民怨的现实，作《吕刑》，主张"明于刑之中"、"轻重诸罚有权"（《尚书·周书·吕刑》），即用刑适中，惩罚罪犯的轻重要灵活掌握，从轻、公正、慎用刑罚。

　　明德慎罚的主张虽在周初即被提出，也取得一些实际效果，却并没有得到普遍、持久的施行。到春秋时期，因"礼崩乐坏"和诸侯争霸，一些诸侯国君和当政者维护统治的主要手段，就是军事与刑罚。譬如齐国，就因为断足的"刖刑"被滥用而致使鞋子滞销、假肢成为市场上的紧俏商品，即齐相晏婴谏景公时所言之"踊贵屦贱"（《左传·昭公三年》）。鲁哀公时执政上卿季康子，也曾想用杀戮的办法解决社会问题，被孔子所反对：

　　　　季康子问政于孔子曰："如杀无道，以就有道，何如？"孔子对曰："子为政，焉用杀？子欲善而民善矣。君子之德风，小人之德草，草上之风，必偃。"（《颜渊》）

　　孔子以统治者想行善政，民众就会善良为由反对杀戮，当然不无理想化的色彩，但也是针对了当时滥施刑罚和以刑代德的实际。还有一个值得注意的情况，即当时社会存在"礼不下庶人，刑不上大夫"（《礼记·曲礼上》）的规定或理念。所谓"刑不上大夫"，并非大夫犯法可不受任何追究，而是与平民的处理方式和结果不同。例如，"凡命夫命妇不躬坐狱讼，凡王之同族有罪不即市"（《周礼·秋官·小司寇》）。凡大夫以上的贵族及其妻子的违法犯罪，不用亲自参加诉讼活动，而由其属吏代理；王室中人被判处死刑，可以不像庶民那样被陈尸于市。更为重要的是，从夏代起，便有"赎刑"制度即缴纳罚金免除刑罚的规定，如《尚书·舜典》中的"金作赎刑"。春秋时期，齐国亦通过赎刑的办法扩充军备（见《国语·齐语》）。赎刑虽不是特为贵族所设，但平民却很难有条件利用。这样一来，其严刑峻法的实施对象就主要是平民百姓。在这种情况下，孔子主张用"齐之以礼"的办法减少或减轻刑罚，也体现了对百姓的同情。

　　在崇尚武力征伐和视民众生命如草芥的时代，孔子从总体上反对杀戮,限用刑罚,这与他痛斥"俑殉"一样,反映出对人的生命的珍视和人道主义情怀。我们已经看到,随着社会文明程度的提高,法治已不再依赖或体现于血腥的刑罚手段,死刑在许多国家亦被废除。以此来关照孔子重德礼而慎刑罚的主张,更能从中体会出其进步意义。

(二)孔子虽将道德和礼制视为治本之策,但并没有否定政令与刑罚的作用

孔子认为:"善人为邦百年,亦可以胜残去杀矣。"(《子路》)就是说,要实现克服残暴、免除虐杀的社会理想,需要一个漫长的过程。在此过程中,对各种犯罪的刑罚就不可避免。据《左传·昭公十年》记载,郑国执政上卿子产在去世前嘱其儿子大叔说:"我死,子必为政。唯有德者能以宽服民,其次莫如猛。夫火烈,民望而畏之,故鲜死矣。水懦弱,民狎而玩之,则多死焉。故宽难。"大叔执政后,不忍心使用严厉的手段而施行宽松政策,结果盗贼蜂起。大叔后悔没有听从子产的教诲,于是兴兵剿盗,从而减少了贼患。对此,孔子大为赞赏:

> 仲尼曰:"善哉! 政宽则民慢,慢则纠之以猛。猛则民残,残则施之以宽。宽以济猛,猛以济宽,政是以和。"

孔子称许宽猛相济的为政方略,认为这样可实现政事协和,是理想与现实碰撞的结果,并由此而形成了对德政与刑罚互补关系的理性认识。孔子的这一认识,是比较牢固而丰富的:

> 孔子曰:"圣人之治化也,必刑政相参焉。太上以德教民,而以礼齐之。其次以政焉导民,以刑禁之,刑不刑也。化之弗变,导之弗从,伤义以败俗,于是乎用刑矣。"《孔子家语·刑政》

这是孔子在其学生仲弓请教政令与刑罚运用的问题时给出的答案。孔子认为,圣人治理教化民众,必须刑罚和政令相互配合使用。最好的办法是用道德教化民众,并用礼来统一思想。其次是用政令来教导民众,用刑罚来禁止他们。用刑罚的目的是为了制止犯罪从而勿需使用刑罚。对经过教化还不改变,经过教导还不听从,损害义理又败坏风俗的人,就要使用刑罚。比较可见,孔子此论,与对子产父子的评价是一致的。在《孔子家语·执辔》中,还有孔子把治国比喻为驾车,把德、法比喻为驾车的缰绳和鞭子的记录：

> 闵子骞为费宰，问政于孔子。子曰："以德以法。夫德法者，御民
> 之具，犹御马之有衔勒也。君者人也，吏者辔也，刑者策也。夫人君之
> 政，执其辔策而已。"（《孔子家语·执辔》）

闵子骞在出任费宰（季氏封邑的长官）前向孔子请教为政的方法，孔子以依靠德、法答之。在具体阐释中，孔子将德、法视为治理百姓的工具，并以执御作譬，认为领导者就好比驭马者，官吏好比马缰绳，刑罚好比马鞭，君主为政，只不过是执持缰绳和鞭子罢了。孔子自认以"执御"见长（《子罕》），并将其作为教育学生的一个科目，因此，用"执辔"来譬喻治国之道，是可信的。在《孔丛子·刑论》中，记有孔子以辔（缰绳）、策（鞭子）喻礼、刑的记录，可互为参证。此外，孔子在评价周武王时也说过："武王正其身以正其国，正其国以正天下，伐无道，刑有罪，一动而天下正，其事正矣！"（《说苑·君道》）可见，对公正得当的刑罚，孔子也是主张使用的，只是反对仅用刑罚一种手段和滥施刑罚而已。另据上海博物馆藏战国楚竹书中记载，在鲁国遭遇旱灾、鲁哀公向孔子讨教应对之策时，孔子以加强刑、德之治答之，并告诫鲁哀公不要沿用民间的做法举行大旱之祭。原文如下：

> 鲁邦大旱，哀公谓孔子："子不为我图之？"孔子答曰："邦大
> 旱，毋乃失诸刑与德乎？""唯之何在？"孔子曰："庶民知说之事，
> 视也，不知刑与德。女毋薆珪璧希帛于山川，政刑与。"（见马承源主
> 编《上海博物馆藏战国楚竹书（二）》，上海古籍出版社2002年版，第
> 204—206页）

据专家测定，上博楚简系战国晚期文物，其抄写的文章当来自孔门后学。这一新材料的发现，对《孔子家语》和《孔丛子》中孔子相关论述的真实性提供了有力的佐证。起码可以说明，这些记录是有史料来源的。

对礼乐与刑罚的关系，孔子在与子路讨论"正名"的问题时，有直接的推演：

> 名不正，则言不顺；言不顺，则事不成；事不成，则礼乐不兴；礼
> 乐不兴，则刑罚不中；刑罚不中，则民无所措手足。（《子路》）

在孔子看来，礼乐是刑罚的基础，如果礼乐得不到实施，社会风气不好，刑罚就不会得当；刑罚不得当，民众就无所适从。反过来说，礼乐得到实施，法官公正执法，刑罚就会得当；刑罚得当，民众就知道该如何行事了。孔子没有否定刑罚的作用，由此亦可看出。

不仅如此，孔子还把刑罚与道德同样视为君子应该怀有或关注的东西，即"君子怀德，小人怀土；君子怀刑，小人怀惠"（《里仁》）。君子既关心道德，也关心刑罚，就是"刑政相参"的"圣人治化"。其中的"怀刑"不仅是为政之需，也有以刑自律的意义，是道德自觉基础上的遵守法律的自觉。

（三）"礼"在中国古代具有习惯法的性质，有一定的外在强制作用

《礼记·曲礼上》在阐述礼的作用时，有"分争辨讼，非礼不决"和"班朝治军，莅官行法，非礼威严不行"的结论，说明礼已被运用到司法领域，具有一定的强制性。《管子·枢言》指出："法出于礼。"此认识也是有事实根据的。在《周礼·秋官·司寇》中，有对大司寇以下数十官职在刑罚和狱讼中分工、标准、程序的明确规定，其精细程度超乎今天的想象。在《礼记·王制》中，也有关于司寇听讼应遵循的原则，案件从审理到定案应履行的程序等规定，相当于法律文献。这些情况表明，中国古代的礼制并不完全是现代意义上的德治，而是包括部分制度、刑罚和法律精神在内的德治与法治融合的形态，所以才具有一定的强制性。孔子讲"道之以德，齐之以礼"，即用道德去引导，用礼仪去规范和整顿，就言明了二者的联系和区别。"道之以德"是通过道德教化增强人的自律意识，"齐之以礼"是通过礼法规范人的行为，是自律与他律的结合。

荀子极重视礼，也是看到了这一点："《礼》者，法之大分，群类之纲纪也，故学至乎《礼》而止矣。"（《荀子·劝学》）荀子认为，《礼》是法制的前提，是各种条例的纲要，所以学习到《礼》才终止。礼既然是法制的前提，那么，学礼就是为了用法。对此，荀子也有明确的解说："好法而行，士也；笃志而体，君子也；齐明而不竭，圣人也。人无法则伥伥然，有法而去其义则渠渠然，依乎法而又深其类，然后温温然。"（《荀子·修身》）人无法度就会不知所措；有法度而不懂它的意义，就会窘迫不安，遵循法度并能依法类推，就会轻松自如。荀子此论，揭示了学礼用法的作用和不同境界。荀子还总结说："礼之所以正国也,譬之犹衡之于轻重也,犹绳墨之于曲直也,犹规矩之于方圆也,正错之而人莫之能诬也。"(《荀子·王霸》)荀子重礼,礼与法又有如此紧密的联系,这也就不难理解,荀子的两个学生李斯和韩非,何以能够成为法家代表人物了。

传统礼制形态向后发展,便一分为三,一部分成为政治制度,如官职的设置和官员的考察任用等;一部分成为法律和法规,如刑罚和狱讼;一部分成为反映道德意识的礼仪、规范或公序良俗,这是分化之后礼的主体。

从传统礼制的结构看,尽管其具体内容和形式需要随着社会发展、时代变迁而不断进行调整和改革,但作为道德规范的具体化,作为反映社会成员之间、社会成员与社会组织之间关系的准则,礼一旦形成并取得习惯法的地位,就具有一定的外在强制作用。它要求社会成员共同遵守,否则就无法发挥"经国家,定社稷,序民人"的作用。《左传·昭公二十年》载有一个事例和孔子的评论,可证明这一点:

> 十二月,齐侯田于沛,招虞人以弓,不进。公使执之,辞曰:"昔我先君之田也,旃以招大夫,弓以招士,皮冠以招虞人。臣不见皮冠,故不敢进。"乃舍之。仲尼曰:"守道不如守官,君子韪之。"

按照当时的礼法和官制,国君狩猎时,用旗帜招唤大夫,用弓招唤士,用皮冠招唤猎场的管理人员。而齐侯在沛泽打猎时,用弓招唤管理人员,管理人员不敢应召,齐侯便派人逮捕了他。当管理人员依礼说明原因后,齐侯释放了他。孔子对此评论说:"遵守官道不如遵守官制,君子认为是对的。"臣下听从君主招唤,是为官之道;但君主不依成规礼法招唤而臣子不至,是遵守礼制的表现。孔子赞成后者,说明在"非礼勿"的问题上,对君主也是一样的。如果君主(包括礼法和规则的制定者和倡导者)凭借自己的地位和权势不依礼行事,恣意妄为,就会使人无所适从,就会乱制,使礼法和规则成为一纸空文。有人将孔子的"非礼勿"视为僵化、教条、守旧的主张,是因为没有真正领会这一主张所具有的规则和制度意义。无论道德、礼制还是法律,如果其中某些内容和要求是错误的、不合时宜的,就应该及时修正、完善或废止,如我们曾经有过的"投机倒把罪"和"反革命罪"。但要求人们守德、守礼、守法,不能缺德、无礼、违法,则没有什么错误。任何国家和民族,若不守规矩、不讲规则,就不能跻身世界先进民族之林。

(四)孔子本人有过直接的司法实践,并提出了一些进步的司法理念

《史记·孔子世家》记载,孔子在鲁定公十年初"由中都宰为司空,由司空为大司寇",并"由大司寇行摄相事"。"司寇"是掌管刑罚狱讼和纠察的官职,后世以大司寇为刑部尚书的别称。如果孔子轻视乃至抵制法治,就不会担当此任;如果孔子在这一职务上没有取得较好的业绩,也不会被再次提升。

孔子不仅担任过审理诉讼的官职,而且提出并运用了一些进步的司法理念。

1. "使无讼"的司法愿景

孔子曾自述说:"听讼,吾犹人也。必也使无讼乎!"(《颜渊》)"听讼"即审理诉讼。孔子自认其"听讼"的水平与其他法官差不多,不同之处在于,孔子希望使诉讼案件完全消失。有人认为,孔子的"使无讼"是反对运用法律手段解决纠纷,是"君子不入公庭"的"非讼"观念的滥觞。实际上,孔子所说的"使无讼",表达的是通过有效治理不再有诉讼事件发生的美好憧憬,是对执法目的的理解。没有案件发生,当然也就可以"无讼"了。这种愿望虽过于理想化,却并非轻视司法的作用。《汉书·刑法志》引孔子的话说:"古之知法者能省刑,本也。今之知法者不失有罪,末矣。"古时执法的人能让犯罪的减少,这是抓住了根本。如今执法的人不放过有罪的,这是抓住了末节。在仲弓向孔子请教古今刑罚教化的问题时,孔子以同样的认识回答说:"古之刑省,今之刑繁。其为教,古有礼然后有刑,是以刑省;今无礼以教而齐之以刑,刑是以繁。"(《孔从子·刑论》)这些认识,可视为对"使无讼"的解说,与前引之《论语·为政》中孔子对政、刑与德、礼关系的认识是一致的。

2. "不可失平"的司法理念

鲁昭公十四年,晋国的邢侯和雍子两位大夫争夺鄐地,韩宣子令晋大夫叔向的儿子叔鱼判处这一积案。罪过本来在于雍子,但由于雍子进献他的女儿给叔鱼做妻子,叔鱼便判邢侯有罪。邢侯发怒,在朝廷上杀了叔鱼和雍子。韩宣子向叔向询问,叔向没有隐瞒其子叔鱼的罪过,指责其"鬻狱"即出卖法律,认为与雍子的"知其罪而赂"和邢侯的"专杀"同罪,于是杀掉邢侯,并将叔鱼的尸体与雍子、邢侯一同在市上示众。对此,孔子给予了很高评价:

> 仲尼曰:"叔向,古之遗直也。治国制刑,不隐于亲,三数叔鱼之恶,不为末减。曰义也夫,可谓直矣。"(《左传·昭公十四年》)

孔子称赞叔向有古代流传下来的正直作风,原因是他将制度刑法视为治国之要,对于亲人也不包庇隐蔽,不替叔鱼减轻罪名。孔子认为这样做合乎道义,可谓正直。孔子接下来对此案评论说:"邢侯之狱,言其贪也,以正刑书,晋为不颇。"邢侯这起案件,是由贪婪引起的。按《刑书》公正处理,体现了晋国的不偏颇。这就表明,孔子主张的秉公严格执法,也包括"刑上大夫";"刑不上大夫"的规定,起码在春秋时期的晋国已被突破,并得到孔子的赞赏。与这种认识一致,孔子提出了司法公正的理念:"概者,平量者也;吏者,平法者也。治国者,不可失平也。"(《韩非子·外储说左下》)"概"是量粮时刮平"斗"一类容器的器具,孔子以"概"喻"吏",认为"概"是使计量公正的,"吏"是使法令公正的,治理国家的人不能失去这种公正。以称量粮食的统一尺度喻司法公正,把司法公正视为官员的责任和职业操守,比喻之恰切,认识之深刻,是前无古人的,具有超越时空的普适价值。

3. "置法以民"的立法原则

《礼记·表记》记孔子言曰:"无欲而好仁者,无畏而恶不仁者,天下一人而已矣。是故议道自己,而置法以民。"在孔子看来,无私欲而爱好仁德者,和无所畏惧而憎恶不仁者,天下就那么个把人而已,因此,就不能将其作为道德规范和法律制定的普遍标准。正确的做法是,议论道德应从自己出发,即推己及人;而设置法律要着眼于民众,即根据多数人的实际情况。既不能用少数人才能达到的标准去要求和责罚多数人,也不能只维护少数人的权益而置多数人的利益于不顾,"只许州官放火,不许百姓点灯"。这是维护法律的公平正义,为多数人服务并被多数人接受的重要立法原则,可防止法律成为统治阶层和立法者的私器。

4. "狱必三讯"的司法程序

在《孔子家语》中，记有孔子"大司寇正刑明辟以察狱，狱必三讯焉"的论说。对其中的"三讯"，王肃注为："一曰讯群臣，二曰讯群吏，三曰讯万民。"这大概是受了孟子"左右皆曰可杀，勿听；诸大夫皆曰可杀，勿听；国人皆曰可杀，然后察之，见可杀焉，然后杀之"（《孟子·梁惠王下》）的影响。其实，孟子所言之听取意见的主体是国君，而大司寇位列三卿之下，是没有"讯群臣"资格的。此外，司寇审理断案，若不是国家重犯，"讯万民"亦大可不必，也难以做到。孔子所说的"三讯"，当为多次问讯审理或听取意见之意，即《礼记·王制》中所说的"司寇正刑明辟，以听狱讼，必三刺。有旨而无简，不听。附从轻，赦从重"。"三刺"就是三番审理的意思，这从孔子接下来的阐释中亦可看出：

> 大司寇正刑明辟以察狱，狱必三讯焉。有指无简，则不听也；附从轻，赦从重；疑狱则泛与众共之，疑则赦之，皆以小大之比成也。
> （《孔子家语·刑政》）

孔子对"三讯"的解释，一是有指证而核实不了犯罪事实的，就不治罪；二是量刑可重可轻的，就从轻，赦免时则以重刑为先；三是对有疑点仍不能消除，就赦免他。从核实证据、量刑到合议，从重证据、把握量刑尺度到"疑罪从无"，这些程序设计和认识主张，是足可与当代法制理念接轨的。

孔子审理案件的具体情形，也有史料记载：

> 孔子为鲁司寇，断狱讼，皆进众议者而问之曰："子以为奚若？某以为何若？"皆曰云云。如是，然后夫子曰："当从某子几是。"（《孔子家语·好生》）

孔子在审理案件时，均广泛听取陪审人员的意见，然后择善而从。这样做的目的，当然是为了使裁决公正、准确。用孔子自己的话说，即"毋杀无辜，毋释罪人，则民不惑"（《说苑·政理》）。这是历史上较早出现的防止冤假错案的主张，也可能是陪审制度的最早记录。《史记·孔子世家》亦说："孔子在位听讼，文辞可与人共者，弗独有也。"孔子任鲁司寇审理诉讼案件时，文辞上有可与别人商量的时候，他从不独自决断。这是民主意识在司法领域的最早体现。

5."先教后诛"的司法主张

孔子认为："不教而杀谓之虐。"(《尧曰》)不经过教育就横加杀戮，叫做暴虐。这是孔子指认的四种恶政之一。先教育，不遵从然后用刑，教育的内容当然就是刑法。这是我国历史上较早出现的普法主张。对此，孔子有更为具体的论述：

> 孔子为鲁司寇，有父子讼者，孔子拘之，三月不别，其父请止，孔子舍之。季孙闻之不说，曰："是老也欺予。语予曰：为国家必以孝。今杀一人以戮不孝，又舍之。"冉子以告。孔子慨然叹曰："呜呼！上失之，下杀之，其可乎？不教其民而听其狱，杀不辜也。三军大败，不可斩也；狱犴不治，不可刑也；罪不在民故也。嫚令谨诛，贼也。今生也有时，敛也无时，暴也。不教而责成功，虐也。已此三者，然后刑可即也。《书》曰：'义刑义杀，勿庸以即，予维曰：未有顺事。'言先教也。故先王既陈之以道，上先服之，若不可，尚贤以綦之，若不可，废不能以单之，綦三年，而百姓往矣。邪民不从，然后俟之以刑，则民知罪矣。"(《荀子·宥坐》)

孔子担任鲁国司寇时，有父子二人打官司，被孔子拘留，三个月不判决。作父亲的请求停止打官司，孔子释放了他们。季孙听到后不高兴，认为应该杀其子以惩罚不孝。孔子听说后讲了不杀的理由，其中便有"不教育百姓而治罪，等于滥杀无辜"一条。他还引用《尚书·康诰》中的话，说明"先教"的重要。"先教"之后，需要自上而下服从。如果有奸邪的人不服从，再用刑罚来对待他们，百姓就懂得什么是犯罪了。通过"教而后刑"使民"知罪"，从而免于刑罚，是对"教而后诛"目的的诠释。

6.孔子反对晋铸刑鼎辨析

讨论至此，就不能不涉及孔子"反对晋铸刑鼎"的问题：

> 冬，晋赵鞅、荀寅帅师城汝滨，遂赋晋国一鼓铁，以铸刑鼎，著范宣子所为刑书焉。仲尼曰："晋其亡乎，失其度矣。夫晋国将守唐叔之所受法度，以经纬其民，卿大夫以序守之，民是以能尊其贵，贵是以能守其业，贵贱不愆，所谓度也。文公是以作执秩之官，为被庐之法，以为盟主。今弃是度也而为刑鼎，民在鼎矣，何以尊贵？贵何业之守？贵贱无序，何以为国？且夫宣子之刑，夷之蒐(搜)也，晋国之乱制也，

若之何以为法？"蔡史墨曰："范氏、中行氏其亡乎？中行寅为下卿，而干上令，擅作刑器，以为国法，是法奸也。又加范氏焉，易之，亡也。其及赵氏，赵孟与焉。然不得已，若德可以免。"（《左传·昭公二十九年》）

此记录虽被经常使用，并成为一些人评判孔子法治思想的重要论据，但在笔者看来，从史实到内容，均比较可疑。

其一，"范宣子所为刑书"一事，不仅《左传》中此前没有记载，《史记·晋世家》等史书中亦不得见。晋国的法令，是晋襄公时执政上卿赵宣子（赵盾）制定的：

六年春，晋蒐于夷，舍二军。使狐射姑将中军，赵盾佐之。阳处父至自温，改蒐于董，易中军。阳子，成季之属也，故党于赵氏，且谓赵盾能，曰："使能，国之利也。"是以上之。宣子于是乎始为国政，制事典，正法罪，辟狱刑，董逋逃，由质要，治旧洿，本秩礼，续常职，出滞淹。即成，以授大傅阳子与大师贾佗，使行诸晋国，以为常法。（《左传·文公六年》）

赵宣子是晋卿赵衰之子，其执掌国政，是从鲁文公六年晋国在夷地阅兵、经赵衰原来的属下阳处父举荐开始的。赵宣子上任后所采取的重要举措，就是制定规章，修正刑法，清理诉讼，督察逃犯，使用契约，清除积弊，恢复礼制秩序和官职，举用屈居下位的人才等。政令法规制定完成后，交给太傅阳处父和太师贾佗，让他们在晋国推行，作为经常的法律。既然是在全国推行的"常法"，就意味着臣民均应遵守，也就有公开的文本——无论刻在竹简上还是铸在鼎上。若是，则晋国公布成文法，不仅远在昭公二十九年"铸刑鼎"前，比"郑人铸刑书"还要早六十多年。在"刑鼎说"中，有"夫宣子之刑，夷之蒐也"句，即宣子的刑书，是在夷地检阅时制定的。但查阅相关史料，并无范宣子此行此作的记录，所能看到的，便是赵宣子在夷地阅兵后执政并"制事典，正法罪"一事。由此可以推测，既使存在晋铸刑鼎一事，其所著刑书也当为赵宣子所制作而非范宣子。更值得注意的是，"刑鼎说"中所言之铸鼎者之一的赵鞅是赵宣子的侄孙，昭公二十九年时，与范宣子之子范献子（士鞅）同为晋国下卿，执政上卿是有恩于赵家的韩氏。且不说范献子的儿子范吉射在赵鞅执政后被赵鞅所灭的后话,即使在当时的背景下,赵鞅也不可能舍弃其先祖制定的刑法而将范宣子的刑书铸在鼎上,更何况是否有范氏刑书还是个疑问。

其二,对赵盾(赵宣子)的作为,孔子是极赞赏的。据《左传·宣公二年》记载,在赵盾推行"常法"十八年后,因"晋灵公不君"(不行君道)而"宣子骤谏",晋灵公想借请赵盾进宫饮酒之时将其杀掉,在实施的过程中,赵盾在别人的帮助下幸免于难并准备逃往国外。在尚未走出晋国山界时,赵盾听说晋灵公被自己的同族赵穿杀掉,就回来了,于是发生了预想不到的事情:

> 乙丑,赵穿攻灵公于桃园。宣子未出山而复。大史书曰:"赵盾弑其君。"以示于朝。宣子曰:"不然。"对曰:"子为正卿,亡不越竟,反不讨贼,非子而谁?"宣子曰:"乌呼,'我之怀矣,自诒伊戚';其我之谓矣!"孔子曰:"董狐,古之良史也,书法不隐。赵宣子,古之良大夫也,为法受恶。惜也,越竟乃免。"

赵穿将晋灵公杀掉,史官董狐因赵盾当时尚未出国境,回来后又没有讨伐赵穿,便以"赵盾杀掉了他的国君"记录在案并公之于朝廷。这种认定虽不够公平,却符合当时史官的记事原则,因而孔子称赞董狐为"古之良史"即古代的一位好史官。但是,对晋灵公这样的无道之君被杀,就像武王伐纣一样,孔子显然并没有反对,故在称赞董狐的同时,称许赵盾为"古之良大夫",对其因为史官的记事原则背负了弑君的恶名而感到婉惜。孔子对赵盾的赞赏,不可能仅仅因为他"为法受恶"这一件事,必定是根据了他此前推行常法十八年取得的政绩和作为。如前所述,文公六年赵宣子所制定的法典,也是公开的成文法。倘若孔子反对公布成文法,就不会对赵盾给予如此高的评价。

其三,在春秋时期,公布成文法并非晋国一家。在赵宣子之后,公元前536年(赵宣子制常法八十五年后,"晋铸刑鼎"二十三年前),子产将刑法条文铸在铁鼎上,即所谓"郑人铸刑书"(《左传·昭公六年》),被视为我国历史上首次把法律刻在器物上公布于众的著名事件。实践证明,子产治郑是很成功的,得到百姓的拥护。对子产铸刑书一事,孔子不仅没有任何非议，而且对子产的执政理念极为赞赏：

> 子谓子产，"有君子之道四焉：其行己也恭，其事上也敬，其养民也惠，其使民也义。"（《公冶长》）

孔子对子产的认识和肯定，是颇为全面的。在得知子产去世的消息后，孔子流着眼泪表达了婉惜和敬意（《左传·昭公二十年》）。孔子既然对郑人"铸刑书"毫无反感，怎么能反对晋"铸刑鼎"并预言其会因此而败亡呢？

其四，"刑鼎说"中所记"仲尼曰"的内容，与孔子的一贯主张亦不相投合。从文中所记看，"仲尼"之所以反对晋铸刑鼎，主要原因是有了刑鼎之后，民众都能看到鼎上的条文，就会按条文规定行事而不尊重贵族了，这样就打破了"贵贱不愆"即贵贱不变之序，也就无法治理国家了。这显然并非孔子的思想。我们知道，孔子是我国历史上最早提出人性相近、差距由后天决定这一带有人生而平等认知倾向的思想家，并以此为根据，提出了"有教无类"（不分出身贵贱一律给予教育）和"从先进"（优先选用先学习礼乐后做官的没有贵族身份的"野人"）的主张。他不仅把"天下为家"的世卿世禄看作"大道既隐"的结果（见《礼记·礼运》），而且盛赞泰伯的"三以天下让"（《泰伯》），主张"尊贤为大"（《中庸》），甚至认为其出身卑微的弟子冉雍可以当面南之君（《雍也》），直接表明了对"贵贱不愆"的反对。孔子主张"治国制刑，不隐于亲"，指向便是握有刑罚权力的统治阶层而非平民百姓。他赞赏叔向"三数叔鱼之恶"并将自己儿子与另外两位大夫的尸体一起示众，也表明其并无担心百姓因此而不"尊贵"的意念。孔子主张公正执法，认为"刑罚不中则民无所措手足"，亦是反对将"刑罚"的"国器"作为"私器"滥用而惑乱民众，所以才反对"不教而杀"，并将其视为四种恶政之一。这与铸刑书或刑鼎的目的是一致的。孔子认为，"上有制度，则民知所止。民知所止则不犯，故虽有奸邪贼盗靡法妄行之狱，而无陷刑之民。"（《孔子家语·五刑解》）孔子既然如此坚持这些主张，怎么能反对使民知罪守法的"刑鼎"呢？

综上，我认为，《左传》中关于孔子反对晋铸刑鼎的记载，是值得怀疑的。或许有人在当时说了这样一段话，但在我看来，当不会是孔子。

孔子高度重视道德和礼制的治本作用而对政令和刑罚的作用估计不足,是勿庸讳言的。事实表明,政令和刑罚不仅有吓阻作用,也有规范和养成作用,孔子对此缺乏认识。但孔子没有因此而放弃政令与刑罚,主张德、法并用,也是显而易见的。在被认为出自孔门弟子或再传弟子公孙尼子的《礼记·乐记》中,就比较全面地论证了四者的关系 :"礼节民心,乐和民声,政以行之,刑以防之。礼乐政刑四达而不悖,则王道备矣。"在《史记·乐书》中,司马迁全文引述了这段话,与《乐记》一道,使这一认识和主张流传后世。但后世儒者除荀子外,多注重对孔子德治主张的阐发,从而使孔子"怀德怀刑"、"以德以法"、"宽猛相济"等主张被严重淡化乃至遮蔽了。还原孔子的这些认识和主张,会使我们看到与诸多腐儒完全不同的形象——在后面讨论孔子的政治思想时,我们将进一步地看到这一点。这将大有助于我们建立文化自信,并做出现实的回应。

(五)积极意义与消极影响

综上可见,孔子虽自称"述而不作,信而好古",并以"从周"的名义推行礼制,实则以传统礼制为基础进行损益发展乃至重建,从而使其礼制主张呈现出新的时代特点,具有了动态适应性。孔子选取的此一思想文化建设路径,既符合当时的实际,也符合一般规律。从当时的实际看,尽管周礼中存在一些不合时宜的内容,但从总体上看,尚没有失去其存在的合理性。以周礼为基础进行损益变革,甚至"旧瓶盛新酒",也更便于被接受和推行。从客观规律看,历史的发展是有连续性的。即使是革命性的变革,也不能离开优秀历史文化传统的支撑。16世纪欧洲的文艺复兴,就为资产阶级革命提供了必要的条件和准备。汤一介先生认为:"一个新文化的发展常常要回到它的原点,比如文艺复兴就要回到古希腊寻找其力量和源泉,然后再前进,再发出耀眼的光辉。"(《找寻中国文化原点》,《辽宁日报》2001年4月24日,摘自《青年参考》)对孔子的文化创造,当然不能与西方文艺复兴运动做简单的类比 ;但在没有其它文明成果可资借鉴的情况下,孔子以"从周"的名义推行自己的主张,亦足可见其过人的政治智慧。孔子虽不以创造者自居,实则在"礼崩乐坏"的文化焦土上,保护和培育了许多优良的文化胚芽,并成长为我们的民族文化基因,成为本民族的文化心理积淀和行为习惯。

近代以来，由于对礼制文化不加分析地批判和否定，对"革命"和"造反"精神的错误张扬，以及文明礼仪养成教育的缺失，使礼制被与封建专制划上等号，使讲礼仪被视为守旧的表现，一些人甚至以粗俗为美，以不讲礼貌、不守规则、不尊重公序良俗为个性解放的标志，遂使许多道德主张因失去礼仪的外化和养成而成为空洞的说教。一些国民既不知传统礼仪为何物，也不了解国际社会通行的惯例、礼节及不同国家、民族的道德习惯，以致在走出国门之后丑态百出，使国民素质屡遭质疑，"礼仪之邦"的肌体因失血和造血机能障碍而变得有些苍白。在任何国家、任何制度下，不讲规则、不尊重公序良俗，都是十分可怕的。其破坏性不仅体现在人的文明素养上，也会危及经济、政治、社会、环境和思想文化建设。因此，在公民中进行礼义廉耻教育，培养公民的规则意识和文明礼貌意识，并将其与法制建设结合起来，实乃当务之急。

孔子在推行礼制的过程中，也保留了一些落后的东西。例如，尽管孔子对礼乐提出了许多重内容轻形式的意见，也有所推行，却没有在传统礼仪的具体变革上下功夫。晏婴批评孔子"盛容饰，繁登降之礼，趋详之节"，虽不乏个人成见，但也不无根据。《说苑·修文》有孔子见子桑伯子的故事，亦可反映出这一点。故事说，孔子去见子桑伯子，子桑伯子不穿衣戴帽接待孔子。孔子弟子说："先生为什么要见这个人呢？"孔子回答说："他本质美却没有文饰，我想劝说他懂得礼仪文饰。"孔子离开后，子桑伯子的门人亦不高兴："为什么要见孔子呢？"子桑伯子说："他本质美却文饰繁缛，我想劝说他去掉文饰。"刘向取孔子的"文质彬彬，然后君子"解读此故事，认同孔子对子桑伯子"其质美而无文"的评价。其实，子桑伯子认为孔子"其质美而文繁"，也代表了一些人对孔子和儒家的看法。再例如，孔子反对僭越，维护天子和君主的权威性，虽有合理的一面，但被一些后儒片面理解和发展，被封建统治者所利用，对维护封建礼教起了很大作用——尽管我们不能将此完全归罪于孔子。此外，孔子对"三年之丧"等落后礼仪的坚持和维护，虽有动机和作用解读上的新变化，也无疑体现了保守的一面。对这些负面的东西，我们要给予充分的认识，并注意消除其在现实生活中的影响。

　　需要特别指出的是,在儒家的礼制文化中,有些内容和主张虽不出自孔子,但负面影响很大。孟子的"不孝有三,无后为大"(《孟子·离娄上》),从传统社会的语境看虽不能简单地完全否定,但由此而产生的负面作用则不能低估,特别是为纳妾、弃女婴和借腹生子等制造了理由;汉儒董仲舒提出的"三纲",即"君为臣纲,父为子纲,夫为妻纲"(《春秋繁露》),强化了臣、子、妻对君、父、夫的绝对服从关系和意识,并与"三从"(未嫁从父,既嫁从夫,夫死从子)一道,不仅使女性地位趋于卑下,造就了许多"节妇烈女",而且形成了"君教臣死,臣不敢不死;父教子亡,子不敢不亡"的强权政治和家长制理念,以致一些学者看不到礼制文化中起积极作用的一面而只看到"吃人"二字。我们要将其与孔子的礼制主张区别开来,把这些文化垃圾从我们的政治和社会生活中清除出去。

第四章　孔子的宗教观与人生哲学

宗教是人类社会发展到一定阶段时产生并普遍存在的文化现象。尽管不同宗教在具体形态和表现形式上有所差异，但从总体上看，共同特征是以神为本位、期待外缘拯救并有"彼岸"或"轮回"的追求。宗教作为人类文明的组成部分，在人类由野蛮走向文明的过程中发挥了重要作用。时至今日，在世界上具有广泛影响的几大宗教，与人类生活的一些需要依然有吻合之处，故仍在信众中发挥着调节作用。然而，宗教所确认的至上神和彼岸世界，毕竟是人们对客观世界虚幻的反映。因此，随着人类对自然和自身认识的深化，有神论和灵魂不灭的认识，便不断受到怀疑和否定。这种神学与人学、有神论与无神论的搏弈，从上古时代就开始了。孔子的宗教观与人生哲学，就是这种搏弈在其所处时代比较集中的体现。

一、历史背景

在人类社会早期，人们对自然和自身的认识都十分有限。当受惠于自然或对自然力量无法抗拒又无法解释时，就会生发崇拜和敬畏。《礼记·祭法》说："山林川谷丘陵，能出云，为风雨，见怪物，皆曰神。"这实际上就是对多神崇拜形成的追溯。在各种崇拜物中，"天"是最广大最变幻莫测的神秘存在，于是，人们便将其看作自然界和人类社会的主宰，产生了尊天的意识。这种意识的进一步发展，就是将自然力量人格化，在多神崇拜的基础上，抽象出至上神的概念——尽管在不同时期、不同民族那里，这种抽象过程和结果有所不同。

在殷商时期，这种至上神的概念是"帝"。在殷虚甲骨卜辞中，就多有诸如"帝令多雨"、"帝不令风"、"帝降其摧"和"帝受我又（佑）"等记载

（见《殷虚文字乙编》、《甲骨文合集》等）。在《尚书》中，则多有"上帝"之名，如舜继位时"肆类于上帝"（《舜典》），汤在讨伐夏桀时所言之"予畏上帝，不敢不正"（《汤誓》）。这种能呼风唤雨、降福降祸并决定朝代更替的"帝"或"上帝"，当然具有主神和至上神的意义，尽管其人格神的意象不似西人所塑造的上帝那般清晰而丰满。从《尚书》的记录看，在西周之前，也常有用"天"代指至上神使用的情况，如《皋陶谟》中的"天命有德"、"天讨有罪"，《甘誓》中的"今予惟恭行天之罚"，《汤誓》中的"有夏多罪，天命殛之"。这种混搭使用，在西周时也有所体现，如《君奭》记周公所言之"我亦不敢宁于上帝命"和"格于上帝"。但周人更多使用的是"天"，并由此而淡化乃至替代了"上帝"的概念。

周人用"天"替代"帝"，最初的动因可能仅出于自己的宗教文化传统并与前朝相区别，但对后来中华民族宗教观念的形成和走向影响至深。很明显，与"天"相较，"帝"更具人格化的特征和超自然的形象。"帝"的概念如果长期使用和培育，便会获得"神"的全部自然属性和社会属性，进而形成如世界上有影响的几大教派那样的宗教。"天"在周人那里虽然也是超自然性质的崇拜对象，但其人格化的特征却大为模糊了，更易于使人将其与自然之天和自然力量建立起直接联系，从而使其社会属性有所淡化。这就给无神论的产生和发展预留了空间。还有一个值得注意的问题是，尽管本民族的自然崇拜产生较早，但我们的先人只是认为它们能主宰风雨变化，能福祸于人，而没有西方宗教中那种普遍认同的创世观念。无论殷商的"帝"还是西周的"天"，都尚不具有造物主的位格。正因为没有这种位格，国人对自然神的信仰便没有西人那么虔诚而以实用主义的态度为多，天（帝）人关系就不那么紧密，并经常出现疑天、怨天的思潮，以及"天人相分"和"天人合一"的讨论。

除自然崇拜外，当人类有条件进行自我审视时，鬼神观念便产生了。由于远古人类不懂得自身的生理结构和机能，不理解肉体与意识（灵魂）的关系，便把梦幻等看作灵魂可以脱离肉体存在的证据，把梦到祖先看作祖先灵魂与自己的交流或暗示，把变态人格视为鬼魂附体的表现。对此，恩格斯曾有过具体研究和揭示："在蒙昧人和低级野蛮人中间，现在还流行着这样一种观念：梦中出现的人的形象是暂时离开肉体的灵魂；因而现实的人应当对自己出现于他人梦中时针对做梦者而采取的行动负责。例如伊姆·特恩于1884年在圭亚那的印第安人中就发现了这种情形。"（《路德维希·费尔巴哈和德国古典哲学的终结》注，《马克思恩格斯选集》第四卷，第219页）举例来说，当某人梦到你对其非礼时，这"某人"就有权力追究你的责任。这在今天看来虽有如笑谈，但在圭亚那的印第安人那里，则被视为合理的表现。

把变态人格视为鬼魂附体，也几乎是各民族普遍存在过的认识。治疗病患的主要手段，是通过神职人员的祷告或施行巫术，使恶魔离开精神病人的肉体。也有更极端的做法："考古学的发现表明，很多古人头颅带有小洞，说明了一种可能性，即这些小洞能够使恶魔由此逃脱。用粗糙的工具，例如石头或铁器做外科手术，在头颅上凿成小洞，就完成了对那些变态人或精神病的治疗。"（〔印〕S·K·曼格尔《变态人格心理分析》，辽宁教育出版社1988年版，第16—17页）

既然灵魂在人死后能离开肉体继续存在，并能祸福于人，于是产生了"鬼神"的概念，出现了以祖先"灵魂"为对象的祖先崇拜。人们在祭祀祖先时之所以要选用一些先人喜好的食品，最初的动因，便是"苾芬孝祀，神嗜饮食"（《诗·小雅·楚茨》）。相信人死后不仅灵魂不灭，而且依然有物质乃至金钱的需求，那么，作为后人就应满足这种需求。这既是孝心的表达，也不排除"祀神致福"的功利性，乃至恐惧。据孔子研究，这种崇拜在殷商时期发展到极致："殷人尊神，率民以事神，先鬼而后礼。"（《礼记·表记》）因为崇拜对象是人类自身和自己的祖先，加上中国人没有神创观念，这种神人关系一经建立便十分密切。尤其是在民间，祭祖比祭天更被重视和普及，也更为自觉。

以上两个方面，即对自然神与祖宗神的崇拜，成为原始自发宗教产生的主要根源，也是有神论形成的基础。

随着社会组织的出现和不断强化，"天"不仅作为至上神被人格化，而且被与地上的统治者直接联系起来。例如，《论语·尧曰》记载的尧、舜、禹前后传承的"天之历数在尔躬"，均把自己的统治地位看作"天之历数"即上天的大命。再如，商汤在讨伐夏桀之前，从天命的角度为自己的行为进行了辩解，认为"非台小子，敢行称乱；有夏多罪，天命殛之"（《尚书·商书·汤誓》），就是说，不是我敢犯上作乱，而是夏桀犯下许多罪行，天帝命令我去诛杀他。再例如，武王在伐纣前的誓辞中，在历数了纣的种种恶行后，也用天命证明自己行为的合理性："今予发惟恭行天之罚。"（《尚书·牧誓》）周灭商后，周武王自称"天子"，周公宣称"天休于宁王，兴我小邦周"（《尚书·周书·大诰》），上天嘉美文王，才使我们小小的周国兴盛起来，取代商朝而统治天下。在当时的社会条件下，这种天命神权的立论具有极大的感召力和凝聚力。

在天命神鬼观念被不断强化之下，特别是周公制礼后，祭神的原始礼仪被提高到制度层面，宗教仪式和神职人员登上大雅之堂。《周礼》将政府官员分为天、地、春、夏、秋、冬六大系统，其中的春官大宗伯，就是"掌建邦之天神人鬼地示之礼，以佐王建保邦国，以吉礼事邦国之鬼神示"的官职。与此同时，民间的有神论思想和表现也在不断发展，如以星象变化预测人事吉凶的占星术，以龟壳蓍草卜吉凶、决疑惑的卜筮，在旱涝灾害、生老病死时由神职人员设计的各种祈祷仪式等，都相当流行。所有这些，都标志着自发宗教已发展成人为的宗教，使有神论成为一种意识形态。

随着社会生产力的发展，以及由此而生的人们对自然、社会和自身认识水平的逐步提高，人们对天命神权以及人的吉凶祸福的认识也在不断改变。如禹的辅政大臣皋陶在与禹讨论如何行德政治理国家时说："天聪明，自我民聪明。天明畏，自我民明威。达于上下，敬哉有土！"（《尚书·虞书·皋陶谟》）老天的意旨来自民众的意见，即所谓"天遂民愿"，所体现的便是对民众意愿的重视。这种改变，更体现在周初的统治者阶层。他们虽对外宣称"天命不易"（《尚书·周书·大诰》）即天命不会改变，但从夏、殷王朝的覆灭和小邦周打败大国殷的过程中，也看到了民心向背和统治者个人品行的作用，认为"天视自我民视，天听自我民听"（《孟子·万章上》引《泰誓》），"皇天无亲，惟德是辅"（《左传·僖公五年》引《周书》），"民之所欲，天必从之"（《左传·襄公三十一年》引《周书·太誓》），主张"明德慎罚"（《尚书·周书·康诰》）。特别是周公，他虽然尊天重祭，尤其是在武王去世后东征平叛管蔡之乱前,反复以天命证明自己行为的必要性和合理性,用以统一各诸侯国君和各级官员的认识和行动(详见《尚书·周书·大诰》)。但在辅佐成王摄政七年后还政于成王时,周公认真总结了夏、殷两代虽受命于天却因不能敬德而"早坠厥命"的教训,以此告诫成王说:

> 王敬作所,不可不敬德。我不可不监于有夏,亦不可不监于有殷。我不敢知曰,有夏服天命,惟有历年,我不敢知曰,不其延,惟不敬厥德,乃早坠厥命。我不敢知曰,有殷受天命,惟有历年,我不敢知曰,不其延,惟不敬厥德,乃早坠厥命。今王嗣受厥命,我亦惟兹二国命,嗣若功。王乃初服。呜呼!若生子,罔不在厥初生,自贻哲命。今天其命哲,命吉凶,命历年;知今我初服,宅新邑。肆惟王其疾敬德?王其德之用,祈天永命。(《尚书·周书·召诰》)

周公认为夏、殷王朝的建立来自天命,就承认了他们存在的合理性。但合理的存在不等于永久的存在,关键在于能否敬德以自守。不敬德就不会得到天的护佑,这一看法是很深刻的,实际上已把统治者和统治集团的品行视为政权存废的决定性因素。根据这一认识,周公要求成王"疾敬德"即赶快注意自己的德行,认为只有凭此才有资格祈求上天,获得长久统治权力。按照这一思路发展,到后来,周公还提出了"天不可信,我道惟宁王德延,天不庸释于文王受命"的认识,即天是不可无条件信赖的,只有我们继承和发展文王之德之业,才会使上天不厌弃文王受的大命。缘此,周公告诫当政者要"嗣前人,恭明德","汝克敬德,明我俊民",依靠贤才辅佐巩固政权,完成大业(《尚书·周书·君奭》)。这些认识和主张,虽远没有否定"天"作为人格神的存在,但已由过去天命对人世绝对控制的认识变成了天人合一的理念,使人由绝对的被动变成了相对的主动,这就在一定程度上弱化了天的绝对权威,使尊天的原始宗教开始走上伦理化、世俗化的轨道。

周初统治者对天人关系的这些认识,成为西周社会的思想传统,尽管在执行上没能一以贯之。《毛公鼎铭》记周寅王的话说:"丕显文武,皇天引厌厥德,配我有周,膺受大命。"周寅王从天眷有德者和有德者必配天两个方面，去总结和效法文王和武王的成功之道，从而在周朝败亡之前，实现了一次短暂的中兴，这也验证了以德配天思想在当时社会所具有的进步意义。

到西周末期，由于周厉王的暴虐统治，使人们转而对上天产生了不满，出现了"怨天"、"疑天"的思潮，认为"天命不彻"，即天命不合正道；"昊天不佣，降此鞠讻。昊天不惠，降此大戾"（《诗·小雅·节南山》），即老天不公平，降祸害于百姓；老天不仁义，降下如此罪恶。类似内容的诗歌，在《诗经》中还有许多。有些诗人还提出了"下民之孽，匪降自天。噂沓背憎，职竟由人"（《诗·小雅·十月之交》）的认识，由对上天的期待和恐惧转入自我审视和期许："不愧于人，不畏于天。"（《诗·小雅·何人斯》）对人能够不惭愧，对天也就不惧怕。这些认识，表现出对意志之"天"信仰的动摇和改变。

进入春秋时期，这些来自社会中下层怀疑天命神权的思想萌芽，在统治阶级内部也得到部分应和，相继出现了以季梁、史嚚为代表的"重民轻神"和以叔兴、子产为代表的"天人相分"的思想主张。在神人关系的问题上，春秋初年随国大夫季梁将"忠于民而信于神"视为"道"，认为："夫民，神之主也，是以圣王先成民而后致力于神。"（《左传·桓公六年》）百姓是神的主人，所以古代圣王先成就百姓的生活然后才致力于事奉神灵。虢国太史嚚针对虢国缺少德行而虢公却派人请求神灵赐予土地一事而断言虢国将亡，理由是："国将兴，听于民，将亡，听于神。神，聪明正直而一者也，依人而行。"（《左传·庄公三十二年》）重民则国将兴，重神则国将亡。史嚚虽后来绕了一个弯子，说神灵聪明正直而专注，依照不同的人去行事，但他把"听于民"还是"听于神"视为判断国之兴衰的根据，态度是鲜明的。在天人关系的问题上，周内史叔兴反对以自然现象预测人事的吉凶，明确表达了"吉凶由人"（《左传·僖公十六年》）的见解。郑国大夫子产亦持相同的观点，并进一步提出了"天道远，人道迩，非所及也，何以知之"（《左传·昭公十八年》）的主张。上述思想认识，虽都没有否定天命和鬼神的存在，但比此前的统治者显然前进了一步，尽管从总体上看，尚没有成为社会的主流意识形态。

稍晚于叔兴和子产，孔子思想出现了。孔子对宗教问题接触较早，进行过比较深入的考察和比较研究，并在前人认识的基础上，提出了自己的看法和主张。为论述方便，我们先看孔子对鬼神的认识。

二、对"鬼神"的认识

如前所述，对祖宗神的崇拜是原始宗教的重要组成部分，其主要根据，在于感恩和对人死后有知并能祸福于人的鬼神迷信。与这种迷信相伴生的，是对灵魂不灭的期待。人死后能以另外一种形式继续存在，甚至可以"转世"，这给人带来无限的希望。于是，对"彼岸世界"的追求和对"来世"的憧憬，成为诸多宗教的支点，也是原始自发宗教向人为宗教转变的催生动力。

鬼神观念来自人类对自身的虚幻认识和设想，那么，当人的认识能力和知识水平达到一定阶段时，就会由盲目崇信转而为科学考察和理性认知。孔子对鬼神的认识和态度，就初步地体现了这样的过程。

孔子之时，由于宗教仪式的普及和神职人员的增多，鬼神观念比较浓重，祀神致福成为社会生活的重要组成部分。受此熏染，"孔子为儿嬉戏，常陈俎豆，设礼容"（《史记·孔子世家》），就是说，孔子小时候做游戏，常常摆起各种祭器，学做祭祀的礼仪。《论语·八佾》亦记载："子入太庙，每事问。"太庙是周公的祀庙。孔子在当时虽已获得"知礼"的名声，但到太庙之后，仍每件事都向别人请教，这不仅体现了虚心求证的精神，也表明了他对宗教礼仪的重视。

孔子对表达祖先崇拜的祭祀活动虽接触较早并给予了极大关注，但对来自远古社会的鬼神迷信并没有盲目接受。他不仅自己"不语怪、力、乱、神"（《述而》），而且反对其学生探讨这方面的问题：

> 季路问事鬼神。子曰："未能事人，焉能事鬼？"曰："敢问死。"曰："未知生，焉知死？"（《先进》）

子路向孔子请教如何服事鬼神的问题。孔子不仅拒绝回答，而且把"事人"看得比"事鬼"更为重要，这显然大出子路的意料，于是追问孔子对死亡的认识。子路虽是粗人，但其如此追问，也体现出比较缜密的逻辑思维：对死亡的认识，其实就是对死后有知无知的认识，就决定着人们对鬼神的态度。孔子以"焉知"拒绝讨论，不仅坚持了重现世人生的态度，也实际地表达了对人死后有知这一世俗观念的怀疑和否定。在《说苑·辨物》中有一段记录，更为清楚地表达了孔子的这一态度：

> 子贡问孔子："死人有知无知也？"孔子曰："吾欲言死者有知也，恐孝子顺孙妨生以送死也；欲言无知，恐不孝子孙弃不葬也。赐欲知死人有知将无知也，死徐自知之，犹未晚也。"

这种表面上不确定的回答，实际上说得再明白不过。只是考虑到无论肯定还是否定，都会产生不良后果，才采取了"不说破"的态度。但一句"死后你自然就知道了，那时也不算晚"，已直接表明了孔子对鬼神与现世无涉的认识，正可谓从委婉中见率直，于幽默中见机智。基于这种认识和态度，当他的另一位学生樊迟问怎样才算聪明的时候，孔子给予了更为率直的回答：

> 樊迟问知。子曰："务民之义，敬鬼神而远之，可谓知矣。"（《雍也》）

朱熹在《集注》中认为："民亦人也。""娉用力于人道之所宜，而不惑于鬼神之不可知，知者之事也。"他还征引程子的话说："人多信鬼神，惑也。而不信者，又不能敬。能敬能远，可谓知矣。"程子和朱熹的理解，是近于孔子本意的。孔子的"务民之义，敬鬼神而远之"，与季梁的"夫民，神之主也，是以圣王先成民而后致力于神"，意见是一致的，但说的更为直接。"务民之义"，即尽力于人事；"敬鬼神而远之"，就是对鬼神采取既不得罪也不亲近的态度。如果孔子相信鬼神实有且能祸福于人，这一回答本身就算不得聪明。

孔子一再拒绝讨论死后有知无知的问题，并坚持以"知生"为先，以"事人"为要，并以"君子疾没世而名不称焉"（《卫灵公》）表明其对现世人生的重视，说明孔子是懂得并承认死亡真实性的人，是对超现实的"彼岸世界"的存疑和排拒。孔子不仅断言"自古皆有死"（《颜渊》），而且在宰我问何谓"鬼神"时，给出过"众生必死，死必归土，此之谓鬼"的答案

（《礼记·祭义》）。人死后归入野土便叫做鬼，此定义是很写实的，没有任何神秘性可言。将"鬼"视为人死后的称谓，也被后世儒者所传承：

> 大凡生于天地之间皆曰命，其万物死皆曰折，人死曰鬼，此五代之所不变也。（《礼记·祭法》）

大凡生存在天地之间的都叫做命。这是对"生命"的普遍认识和概括，具有辞源意义。其中，万物的死亡称之为折，人的死亡称之为鬼，区别只是名称而已。这种去神秘化的导向，对儒学乃至中国文化的发展，是有重要影响的。

孔子虽然拒绝鬼神迷信，却对葬、祭之礼给予了坚持和维护，于是引起许多疑惑。墨家学派创始人墨翟，就在判定"儒以天为不明，以鬼为不神"的同时这样批评道："执无鬼而学祭礼，是犹无客而学客礼也，是犹无鱼而为鱼罟也。"（《墨子·公孟》）其实，对这种矛盾现象，孔子本人有过明确解释：

> 宰我问："三年之丧，期已久矣。君子三年不为礼，礼必坏；三年不为乐，乐必崩。旧谷既没，新谷既升，钻燧改火，期可已矣。"子曰："食夫稻，衣夫锦，于女安乎？"曰："安。""女安，则为之！夫君子之居丧，食旨不甘，闻乐不乐，居处不安，故不为也。今女安，则为之！"
>
> 宰我出。子曰："予之不仁也！子生三年，然后免于父母之怀。夫三年之丧，天下之通丧也。予也有三年之爱于其父母乎！"（《阳货》）

"三年之丧"即为死去的父母守孝三年，其具体规范虽不十分清楚，但从宰我的评论和《宪问》中子张引《尚书》的"高宗谅阴，三年不言"（殷高宗守孝，待在凶庐，三年不问政事）看，确是不合理的，也难以实行。因此，对"三年之丧"的丧制是否存在，以及《论语》所记的真实性，后世学人有过争论。在我看来，"三年之丧"当是存在的，但具体要求未必如宰我和子张所言所见之那么严苛，孔子也并不主张三年之内什么也不干。孔子十七岁丧母，在服丧期间季氏"飨士"，孔子便主动前往，被阳虎挡在门外（《史记·孔子世家》）。孔子死后一些弟子为其守孝三年，也并非整日无所事事。从三年后孔门弟子各奔东西的记录看，《论语》的编纂，以及孔门后学的有些著述，就当是在此期间完成的。无论如何，宰我以三年之丧时间太长、影响礼乐的修习和生产劳动为由，认为应改为一年，不仅是正确的，而且是有所保留的。后世将"三年之丧"简化为守丧三天及每周年的忌日祭奠一次，三年而止，虽然不能说是采纳了宰我的意见，但简化的根据与宰我的认识当是一致的。孔子不赞成宰我的改革意见，无论出于何种考虑，都反映出其保守的一面。不过，孔子关于反对理由的陈述，意义是比较重大的。孔子之所以坚持"三年之丧"，是因为儿女从出生起，三年以后才能完全脱离父母的怀抱；替父母守孝三年，是为了回报父母的"三年之爱"。可以看出，孔子讲究祭祀，是从人伦关系的角度出发的，是他竭力主张的"孝"的表现。对此，孔子有直接的说明：

> 孟懿子问孝。子曰："无违。"樊迟御，子告之曰："孟孙问孝于我，我对曰：无违。"樊迟曰："何谓也？"子曰："生，事之以礼；死，葬之以礼，祭之以礼。"（《为政》）

把葬、祭之礼视为孝的内容，与他用"三年之爱"解释"三年之丧"一样，均排除了鬼神迷信的原始内涵，从而使"祭祖"的宗教仪式被提纯为人文教化的载体。

"孝"是子女对父母的行为，故孔子认为，"非其鬼而祭之，谄也"（同上）。就是说，不是自己应该祭祀的鬼神却去祭祀他，这是献媚。如此认识，祭祀的家族性和感恩、纪念意义就被明确限定了，所体现的是人伦关系而不是神人关系。也正因为如此，便有了这样的记录：

> 祭如在，祭神如神在。子曰："吾不与祭，如不祭。"（《八佾》）

所谓"如在"，即"好像在"，实际上没有。"如神在"也是一样。知其没有而祭，祭祀就纯然成为对祖先的纪念、追思和灵魂净化方式。这当然是别人所不能替代的。精神信仰和亲情表达需要诚实而不能虚应故事，是孔子此言之真谛。倘若相信鬼神实有并能享用祭品，让人代祭亦有意义。

从上述剖析中可以看出，孔子虽然没有否定鬼神的概念并坚持维护葬祭之礼，但他对此的阐释与传统认识已有本质上的不同。孔子把葬祭之礼作为一种教化手段，其学生曾子看得很明白："慎终追远，民德归厚矣。"（《学而》）就是说，谨慎地对待父母的死亡，追念远代祖先，自然会导致百姓归于忠厚纯朴了。曾子对祭祖这一祖先崇拜形制的解读，深刻揭示了孔子和儒家重视祭礼的真谛。这种做法，在《易·观》的象辞中，被概括为"神道设教"，认为"圣人以神道设教，而天下服矣"。

孔子对"三年之丧"等祭礼的维护，虽有保守、落后的一面，但他排除鬼神迷信的内容以亲情释之，应该说是一种历史性的进步。冯友兰先生认为，儒家重视礼仪，是一种诗情，而不是出自宗教。这一结论是极精辟的。孔子以人性的诗情而不是神性的束缚去解读葬祭之礼，并将其划定在感恩和精神传承的范畴而排除祈福避祸的功利性，不仅有助于人们摆脱外缘拯救的虚幻期待而倾力于现实生活，也有利于人文精神建设。李泽厚先生对此亦有评论："且不管三年丧制是否儒家杜撰，这里重要的，是把传统礼制归结和建立在亲子之爱这种普遍而又日常的心理基础和原则之上。把一种本来没有多少道理可讲的礼仪制度予以实践理性的心理学的解释，从而也就把原来是外在的强制性的规范，改变为主动性的内在欲求，把礼乐服务和服从于神，变而为服务和服从于人。"（《美的历程》，第50页）

把礼乐由服务和服从于神变而为服务和服从于人，这就使传统的宗教伦理实现了向现实的世俗伦理的转变，从而使人的主体地位得以彰显。换句话说，通过孔子的改造，宗教礼仪从鬼神的需要和支配转变为人的需要和自觉，从表达对神的敬意转变为表达对人的敬重，成为人的心理和社会关系调节的手段。这样一来，宗教的神秘性和异化力量就大为减弱了，人的自主性和自律意义更多地替代了对鬼神的恐惧和外缘拯救的期待。

这种转变首先体现在孔子本人身上。除了表达纪念、感激之情和实现教化外，孔子反对具有功利性的祷告和祭祀活动：

> 子疾病，子路请祷。子曰："有诸？"子路对曰："有之。诔曰：'祷尔于上下神祇。'"子曰："丘之祷久矣。"（《述而》）

孔子生病，子路建议孔子祷告神灵。对子路建议的东西，孔子无疑是了解的，并曾有过实践；在这种情况下提出"有这回事吗"的反问，说明孔子已不相信这种做法。能够直接印证这一点的，是孔子对楚昭王拒祭的评价。楚昭王得病后，其身边的卜巫和大夫均建议其祭神消灾，被楚昭王拒绝。孔子对此极为赞赏，认为"楚昭王知大道矣！其不失国也，宜哉！"

并引证《夏书》中的"出兹在兹,由己率常",即付出什么便得到什么,由自己遵从常道,来证明福祸在己的道理(《左传·哀公六年》)。这两则记载,均表明了孔子不以"神"为社会生活依托的态度。

综上可见,墨子对孔子"以鬼为不神"和"执无鬼而学祭祀"的评论是准确的,尽管其所持有的是批判态度,且不解其意。墨子生于孔子逝世前后,据说原来也尊从儒家,后来易帜。墨子尊崇天命鬼神,认为"儒以天为不明,以鬼为不神。天、鬼不说(悦),此足以丧天下"(《墨子·公孟》)。在墨子看来,不相信天命鬼神是很危险的。世间之所以存在淫暴寇礼盗贼,就因为不相信鬼神能够赏贤罚暴。因此,"欲求兴天下之利,除天下之害,当若鬼神之有也"(《墨子·明鬼》)。这种认识和主张,在蒙昧时代是有积极意义的。相信鬼神存在且能赏贤罚暴,就给人的品行设置了神秘的约束或激励力量。上古时代一些智者把对上帝和彼岸世界的追求作为人生信仰的根据,作用庶几近矣。从墨子"当若鬼神之有也"的话来看,他对鬼神是否实有,也是不够确定的,只是从他的视域看到鬼神观念的作用,才主张"宁可信其有"。孔子以"敬而远之"的态度对待"鬼神"观念,其实也是看到了这一点,即所谓"神道设教"。他在将葬祭之礼纳入孝道予以坚持的同时,引导人们不要陷于鬼神迷信而关注现世人生,尽力于人事,是理性而智慧的。有人以"敬鬼神而远之"中的"敬"字批评孔子的不彻底,或将此视为孔子对鬼神认识的矛盾,是对当时的社会背景和孔子本意考察不够全面所导致的。在科学与哲学不够昌盛的时代,"神道设教"是有积极意义的。

此外,从社会学的角度看,孔子对葬祭之礼的保留和维护,也是有意义的。人是万物之灵,每个人的生命只有一次。当一个人的生命旅程结束时,其遗体能得到较好的处理,其生平和精神品格能够得到后人的追忆和怀念,便维护了人的尊严,体现了孔子对生命的珍视。

三、对"天命"的认识

在讨论孔子仁学精神特别是人本思想时,我曾简要地分析了孔子对天人关系的认识,认为孔子通过"人的发现",把人视为自身发展的力量和文明创造的主体,从而淡化了对神秘力量的盲目崇拜,松懈了天命神权对人的桎梏。在了解孔子对鬼神的认识之后,可进一步坚定我们的上述认识。一般说来,一个突出强调人的主体性并反对迷信鬼神的思想家,对传统的天命观亦应持相应的态度。墨子批评"儒以天为不明,以鬼为不神",就看到了这种一致性。孔子的学生子贡曾这样总结道:"夫子之文章,可得而闻也;夫子之言性与天道,不可得而闻也。"(《公冶长》)这与孔门弟子"子不语怪力乱神"的记录,也是一致的。

存在的问题是,在《论语》中,有许多孔子吁天叹命的记载,以及孔子主张"知天命"、"畏天命"的记录。有些学者据此认定孔子为天命论或有神论者,或同样指认这是孔子思想体系中的一个矛盾。通读《论语》我们可以发现,孔子言及天、命和天命的记载虽然不少,但大多发生在处境尴尬、无可奈何或情绪激动的情况下,是借以表达无奈、伤痛、惋惜和自负等情感。子贡说孔子关于天道的看法"不可得而闻也",显然没有将这些言论视为孔子对"天道"的理性认识或真实看法。此外,孔子虽然也曾在冷静的情况下使用"天"、"命"和"天命"的概念并主张"知命"、"畏天命",但具体内涵和意义与传统的天命观已有所不同。子贡没有将其归结为对天道的讨论,其弟子们也没有将其视为对"神"的言说,也是看到了这种不同之处。要澄清这一问题,必须从对孔子的具体言行和语境分析入手,才能做出符合实际的判断。

(一)孔子在情绪激动或无奈时吁天叹命,系本民族的语言传统和习惯,不能简单地视为对超自然神秘力量的崇拜

与西人的"My god!"一样,国人在有意外情况发生时,也常以"我的天啊"表达自己的惊奇、恐惧或无助,仅此尚不足以判明其宗教信仰和取向。孔子对"天"、"命"概念的使用,许多便属于这种情形:

> 颜渊死。子曰:"噫!天丧予!天丧予!"(《先进》)

> 伯牛有疾,子问之,自牖执其手曰:"亡之,命矣夫!斯人也而有斯疾也!斯人也而有斯疾也!"(《雍也》)

这两则记录,常被作为孔子承认主宰之天并信奉天命的证明。但从具体情况看,似不够充分。颜回与伯牛均以德行著称,是孔子喜爱的高徒。孔子一贯持"仁者寿"和"大德者必得其寿"的认识,故对二人的早逝深感意外并受到很大打击。特别是颜回,不仅崇德好学,且智商极高,可"闻一以知十"(《公冶长》)。孔子自己曾说:"回也视予犹父也。"(《先进》)颜回视孔子如父亲一样,故在颜回死时孔子"哭之恸",并经常为他的"不幸短命死矣"而惋惜(见《先进》、《雍也》)。就是说,从个人的感情和期待出发,二人的早逝是孔子不想看到和难以接受的。在此情况下孔子吁天叹命,是借以表达对两位弟子遭遇不幸而又不可抗拒、无法挽救的遗憾与痛苦,并非对意志之天的肯定。假如孔子真的认定其两位高足的死亡是意志之天所为,其"天丧予"——"老天爷这是要我的命啊!"表达的就不仅是个人的伤痛,而是对"天"的诅咒了。类似的运用,还有孔子"凤鸟不至,河不出图,吾已矣夫"(《子罕》)的感叹。凤鸟与河图是传说的祥瑞征兆,认为帝王行仁政时必见,实际上并不存在。孔子并非帝王,其"凤鸟不至,河不出图",系借用传说暗指能推行自己仁政主张的明君没有出现,所表达的是对现实的不满与失望,并非真的因为没有看到"凤鸟"与"河图"而相信宿命。在《史记·孔子世家》中,有孔子与三位弟子讨论自己政治主张为何难以推行的记载,虽然四人认识有所不同,但师徒中无一人将其与"天命"联系起来。孔子所认同的,是颜回的"有国者之丑"。

有人将子夏的"死生有命,富贵在天"视为孔子的话,或用以证明孔子持同样看法,其实不然:

> 司马牛忧曰:"人皆有兄弟,我独亡。"子夏曰:"商闻之矣:死生有命,富贵在天。君子敬而无失,与人恭而有礼。四海之内,皆兄弟也——君子何患乎无兄弟也?"(《颜渊》)

司马牛的兄弟亡故,因此而忧伤,子夏用他听说的"死生有命,富贵在天"进行劝解。且不说这种用来劝导别人的话本身就不能那么叫真,子夏所引用的话也并非出自孔子之口。在《韩诗外传》、《孔子家语》和《说苑》中,各有一段内容相同的记载,说明孔子并没有从普遍的意义上肯定"死生有命":

> 哀公问孔子曰:"有智者寿乎?"孔子曰:"然。人有三死而非命

者,自取之也。居处不理,饮食不节,佚劳过度者,病共杀之。居下而好干上,嗜欲无厌,求索不止者,刑共杀之。少以敌众,弱以侮强,忿不量力者,兵共杀之。故有三死而非命也者,自取之也。诗曰:'人而无义,不死何为?'"(《韩诗外传》卷一)

事实和生物学研究成果表明,人的寿命是有高限的,每个人的寿命,会因遗传基因、环境、个人际遇的不同而存在差异,偶然因素也往往会决定人的生死。古人不明白这一道理,或只看到结果而不识其因由,便将其归结为命运。这种认识,对让人面对和接受死亡的现实,是有意义的。但事实同样表明,良好的心态、生活习惯和正确的行为选择,也对人的寿命有重要影响,孔子便看到了这种影响,所以,在鲁哀公提出"有智慧的人能否长寿"的问题时,孔子在给予肯定的回答后,列举三种因为不智的选择而导致非正常死亡的情况予以证明。孔子所说的"自取"而"非命"的三种死亡,包括不良生活习惯、不良心态和不自量力的行为选择,涵盖范围很大。孔子此论,是对"死生有命"这一传统认识的补充和修正。

缘于当时的话语体系,孔子在不被理解和心情烦躁时,也常借"天"说事:

子曰:"莫我知也夫!"子贡曰:"何为其莫知子也?"子曰:"不怨天,不尤人,下学而上达。知我者其天乎?"(《宪问》)

子疾病,子路使门人为臣。病间,曰:"久矣哉,由之行诈也!无臣而为有臣。吾谁欺?欺天乎!"(《子罕》)

子见南子,子路不悦。夫子矢之曰:"予所否者,天厌之!天厌之!"(《雍也》)

第一例中的"知我者其天乎"是对"莫我知也夫"即"没有人理解我"的强调,"天知道"就是没人知道的极至之语,表达的是大境界者的孤独。假如孔子真的认为有一个意志之天能理解自己,也就不会如此苦闷了。其中的"下学而上达",与他指认的尧可则天一样,虽表面看来具有牟宗三先生所言之"超越的遥契"的宗教意味(《中国哲学的特质》第六讲),但实际内涵还是他自述的"吾十有五而志于学,三十而立,四十而不惑,五十而知天命",是足踏在地上、通过学习和实践实现自我超越的过程而非神秘的宗教之旅。用孟子的话说,即"孔子登东山而小鲁,登泰山而小天下,故观于海者难为水,游于圣人之门者难为言"(《孟子·尽心上》)。孔子境界之高、胸怀之博大,是不断攀登的结果;而一旦达至崇高的境界,也就知音难寻了。孔子说自己"不怨天,不尤人",也表明了成事在己而不在天的意蕴。

第二例中的"吾谁欺?欺天乎!"是对子路弄虚作假的不满。在孔子病得很厉害时,子路仿效当时诸侯和卿大夫的做法,指使孔子的学生充任处理后事的"臣"。孔子病愈并得知此事后,对子路提出了严厉批评。在孔子看来,像"无臣而为有臣"这样的事情,是愚蠢的自欺欺人的行为。因此,孔子的"欺天乎"显系愤慨之言,是极而言之的"没有人能够被欺骗"的意思。

第三例中的"天厌之",是孔子为了消除子路对自己会见南子的误解而发誓。据《史记·孔子世家》记载,卫灵公曾想重用孔子,因被人挑唆而未果。当孔子再次到卫国时,卫灵公的夫人南子使人传话给孔子,说如果想与卫君结交必须经过她,而她也想帮助孔子。在这种情况下,孔子会见了南子。或许因为周礼中有"男女授受不亲"一条,或者认为孔子想通过南子巴结卫灵公,子路对此很不高兴,害得孔子发誓证明自己的清白。

孔子在以上三种语境下对"天"的借用,是本民族的语言表达方式:凡只有自己知道而别人不知道或无法知道的事情,便以"只有天知道"代言;对自欺欺人的做法,便以"欺骗老天爷"进行嘲讽;在遭到误解而又无法说清楚的时候,便指"天"发誓。在这些情况下所使用的"天",虽也根源于传统,即将"天"视为最高的权威和最后的依凭,但实际上已成为极而言之的概念化的东西,象征意义远大于真实认知,不能以此作为判定一个人的宗教信仰和理性思维的论据。

孔子借天说事,还有一例:

> 王孙贾问曰:"与其媚于奥,宁媚于灶,何谓也?"子曰:"不然;获罪于天,无所祷也。"(《八佾》)

王孙贾是卫灵公的大臣,当时,卫国的实际权力不在卫君而在其宠姬南子等人手中。王孙贾借用当时"与其讨好奥神,宁可讨好灶神"的俗语,来说明与其事奉位高而无权的卫君，不如阿附权臣。孔子是主张君臣各尽其责、各司其职的人，认为君不像君、臣不像臣的权力下移是"天下无道"的表现，故对王孙贾的看法十分反感，便同样用宗教意象的比喻反对说："如果得罪了上天，连祈祷的地方都没有了。"在时人的宗教信仰中，"奥"被视为一室的主神，"天"则高于诸神。孔子以"天"喻一国之君，来说明维护君主地位在建立政治秩序中的重要，这是古今学者的一致看法，我们同样不能将其视为孔子对"天"的宗教信仰。前面已经介绍过，孔子对祷告之类的行为持拒绝的态度，因此，其"获罪于天，无所祷也"系借喻而非理性的主张，就更为昭明了。

（二）孔子对"天"和"命"的有些运用，是借以表明自信和对文化力量的认识，具有自然法则和人文精神的双重意象

如前所述，传统的天命观源于自然崇拜，是对自然力量施惠或施威于人类而使人由感激、恐惧转而为依赖、顺从的结果。用恩格斯的话说，即"一切宗教都不过是支配着人们日常生活的外部力量在人们头脑中的幻想的反映，在这种反映中，人间的力量采取了超人间的力量的形式，在历史的初期，首先是自然力量获得了这种反映"（《马克思恩格斯选集》第三卷，第35页）。就是说，"上帝"或"天命"的概念不是凭空产生的，有着"支配着人们日常生活的外部力量"存在的基础。正因为有这样的基础，这些概念一旦生成，就极易被人们接受和使用。即使是没有宗教情结的人，也极易被其引入相应的话语体系，并用以表达自己崇尚的事物或理念。

在许多情况下，孔子对"天"、"命"的保留使用，就是为了表达自信或自负，以及对人文精神和文化力量的认识：

> 公伯寮愬子路于季孙，子服景伯以告，曰："夫子固有惑志于公伯寮，吾力犹能肆诸市朝。"子曰："道之将行也与，命也；道之将废也与，命也。公伯寮其如命何！"（《宪问》）

此事大概发生在孔子相鲁期间。《史记·孔子世家》说："定公十三年（《左传》和《公羊传》记在定公十二年）夏，孔子言于定公曰：'臣无藏甲，大夫毋百雉之城。'使仲由为季氏宰，将堕三都。"孔子向鲁定公提出拆除季孙、孟孙、叔孙三卿封地城墙的建议并被采纳后，派自己的学生子路当季氏封邑的邑宰。公伯寮是季孙的家臣,当然对此不满,故向季孙毁谤子路。如果子路失信于季氏,当然会直接影响到孔子,故鲁大夫子服景伯提醒孔子,并表示以自己的力量可帮助孔子除掉公伯寮。孔子则没把公伯寮放在眼里。他告诉子服景伯说,自己的主张能否得到推行,取决于命运,而公伯寮那样的小人对命运是无法左右的。后来的事实表明,公伯寮确实没有对堕三都或孔子的其它政治活动构成危胁。

所谓"命运",既可指宿命,也可指主客观结合形成的情势和发展变化趋向,即时运。从孔子的一贯主张和当时的语境看,当系后者。对此,孔子不仅颇为重视,而且有具体解说:

> 孔子南适楚,厄于陈、蔡之间,七日不火食,藜羹不糁,弟子皆有饥色。子路进,问之曰:"由闻之:为善者天报之以福,为不善者天报之以祸。今夫子累德、积义、怀美,行之日久矣,奚居之隐也?"孔子曰:"由不识,吾语汝。汝以知者为必用耶?王子比干不见剖心乎!汝以忠者为必用耶?关龙逢不见刑乎!汝以谏者为必用耶?吴子胥不磔姑苏东门外乎!夫遇不遇者,时也;贤不肖者,材也;君子博学深谋不遇时者多矣!由是观之,不遇世者众矣!何独丘也哉?"
> (《荀子·宥坐》)

孔子在率弟子周游列国至陈、蔡两地之间时陷于困厄,连吃的东西都没了,子路便以"天"可赏善罚恶的认识为基础,对孔子"累德、积义、怀美,行之日久"却处境困窘而感到不可理解,向孔子质疑。孔子便以王子比干、关龙逢(夏桀的大臣,因规劝桀而被杀)、伍子胥为例,说明智者、忠者和谏者未必就会得到重用甚至反会被害的道理,从而证明生不逢时者很多,并不只有我孔丘自己。在这里,孔子提出了"遇不遇者,时也;贤不肖者,材也"的深刻认识,即贤与不贤是人的素养,得不得到重用是时运。这就在注重人的素质修养的同时,指出了机遇在成就事业中的重要性。重宿命和讲时运,二者的最大区别在于行动导向。前者期待外缘拯救,即"听天由命";后者则有备而待,即所谓"尽人事,听天命"。有备而待者,在命运面前就不完全是被动的,即使在困境中亦会保持自信和期待。这就极大地消退了宿命论者的消极和神秘色彩,宗教意识由此而被哲学化了。

能够体现孔子此一精神境界的，还有以下记录：

子曰："天生德于予，桓魋其如予何？"（《述而》）

子畏于匡，曰："文王既没，文不在兹乎？天之将丧斯文也，后死者不得与于斯文也；天之未丧斯文也，匡人其如予何？"（《子罕》）

这是孔子周游列国期间发生的两个故事。桓魋是宋国司马。《史记·孔子世家》记载："孔子去曹适宋，与弟子习礼大树下。宋司马桓魋欲杀孔子，拔其树。孔子去。弟子曰：'可以速矣。'孔子曰：'天生德于予，桓魋其如予何！'"桓魋为何要杀孔子，史料中均无说明。从"拔其树"的情节看，只是一种挑衅行为。故在弟子催促孔子快些离去时，孔子说："上天使我生成这样的品德，那桓魋能把我怎么样！"孔子这段话所实际表达的，与其说是相信命运的安排，不如说是自信，包括对形势的分析和判断。对孔子是如何摆脱桓魋追杀的，孟子和司马迁另有记录："孔子不悦于鲁卫，遭宋桓司马将要而杀之，微服而过宋。"（《孟子·万章上》）"孔子过宋，宋司马桓魋恶之，欲杀孔子，孔子微服去。"（《史记·宋微子世家》）"微服去"即化装逃走。这就表进，在危险面前，孔子并不寄望于神灵的保佑，而是凭借自己的智慧和计谋。用其自己的话说，即"临事而惧，好谋而成"（《述而》）。

"子畏于匡"发生在孔子离卫赴陈的途中，其背景是：因孔子长的与阳虎相像而阳虎曾"暴匡人"，于是匡人便将孔子及其弟子拘困起来。在弟子害怕时，孔子讲了"匡人其如予何"一段话。在这段话中，孔子自认是文王死后唯一能够全面传承历史文化的人，认为只要上天不想断绝这种文化传承，匡人就不会把他怎么样。这里面虽有"天佑我成"的意味，但主要表达的还是自信和对文化力量的认识。《孔子家语·困誓》在记此事时，有"子路弹剑而歌，孔子和之，曲三终，匡人解甲而罢"的描述，表明了孔子师徒在危殆时刻的镇定与从容，以及由此而生成的威慑和感化力量。

能够证明孔子是借用"天"和"天命"去表达道德和文化自信的，还有他对自己知识、品德和才能来源的认识。他虽在危机时刻以"天生德于予"之类的话表达无畏和自信，而在常态下，则屡言自己与常人无异，其知识、品德和才能都是通过学习、实践和修养得到的：

　　子曰："我非生而知之者，好古，敏以求之者也。"（《述而》）

　　子曰："若圣与仁，则吾岂敢！抑为之不厌，诲人不倦，则可谓云尔已矣。"（同上）

　　太宰问于子贡曰："夫子圣者与？何其多能也？"子贡曰："固天纵之将圣，又多能也。"子闻之，曰："太宰知我乎？吾少也贱，故多能鄙事。君子多乎哉？不多也。"（《子罕》）

　　卫公孙朝问于子贡曰："仲尼焉学？"子贡曰："文武之道，未坠于地，在人。贤者识其大者，不贤者识其小者。莫不有文武之道焉。夫子焉不学？而亦何常师之有？"（《子张》）

　　这些记录，都是孔子与孔门弟子在日常讨论中对自己道德和文化知识来源的说明，与"天生德于予"等特殊情况下的感奋之言相较，更为理性和切实，也更能表明孔子的实际认知。郭店楚简《成之闻之》有一段话，可视为对此的理解："昔者君子有言曰：'圣人天德'何？言慎求之于己，而可以至顺天常矣。"所谓"圣人天德"，就是"天生德于予"的意思。孔门后学将其解读为谨慎认真地修养提高自己，从而可以最好地顺应天之常道，也就是孔子所言之"下学而上达"的过程和境界。所谓"上达"，即较高的学问和道理，包括对自然法则和人文精神的认识。有了这种认识，才能做到不怨天尤人，自为地把握自己的进退行止。子贡用"文武之道，未坠于地，在人"和孔子学无常师来证明其老师学问道德的来源，说明他在自己的"固天纵之将圣"受到孔子批评后，已真正领悟了老师对天和天命的认识。因此，尽管孔子常有吁天叹命之语，子贡还是断言说："夫子之言性与天道，不可得而闻也。"

　　通过上述分析可以看出，孔子在一些特殊语境下借"天"、"命"说事，虽不同程度地表现出人在困难和不得志的情况下容易向传统天命概念复归或从中寻求慰藉的倾向，却不能将其视为孔子相信有主宰之天存在的实证。其所言之"天"、"命"，具有"必然性"的自然法则和"应然性"的人文精神的双重意象。我们还应看到，孔子借用天命的概念，将真理和人文精神视为不可抗拒的力量，这一点十分重要，是中华文明生生不息的内生动力。我们知道，孔子一生致力于推行他的主张，在困难的情况下亦"知其不可而为之",表现出坚定的文化自信和社会预期。后来的事实表明,孔子的主张虽在当时不被重视,甚至遭遇秦始皇的灭绝性打击,但从汉代起,却成为中华民族的基本精神价值和文化信仰。比焚书坑儒更甚的文革批孔,亦只是重蹈始皇复辙而已。由此反观孔子建立在对人文精神和文化力量认识基础上的自信乃至自负,并与其"匹夫不可夺志"和"岁寒然后知松柏之后凋也"结合起来审视,就更给人以内在超越的美感,彰显并提升了生命的价值与意义。

(三)孔子的"天命"概念,有些近于"规律"或"使命",因此强调"知天命"并重视人的作为

传统的"天"或"天命"是神秘而至上的,是人们无法确知和把握的异己力量。孔子之前,一些具有无神论倾向的政治家和思想家,或者认为它聪明、正直、可顺应民意(如史嚚),或者认为它远离人类社会而不可知(如子产)。而孔子则以其独特的视角,提出了天命可知的见解:

> 子曰:"吾十有五而志于学,三十而立,四十而不惑,五十而知天命,六十而耳顺,七十而从心所欲不逾矩。"(《为政》)

孔子自认在五十岁的年龄段上才了解"天命",此前经过了学习、自立和提高认识水平的过程,而且在"知天命"后,又经过二十年的努力,才达到"从心所欲不逾矩"的最高境界。这就表明,孔子所言之"天命"并非人格神的上帝的命令,而更接近于规律或使命,必须具有较高的学识、智力水平和人生历练才能认识和把握。正是在此意义上,孔子把"知命"和"畏天命"视为君子的品格和境界:

> 孔子曰:"不知命,无以为君子也;不知礼,无以立也;不知言,无以知人也。"(《尧曰》)

> 孔子曰:"君子有三畏:畏天命,畏大人,畏圣人之言。小人不知天命而不畏也,狎大人,侮圣人之言。"(《季氏》)

不懂得天命的人不可能成为君子,懂得天命的君子才能够敬畏天命。这就比较明确地将"知天命"视为"畏天命"的前提和基础,从而与对至上神的盲目崇拜有了区别。

把"天命"视为自然法则和人的使命,就与"道"的概念重合了,是人们对必然力及其作用方向的理性认知。具体到现实社会中，就是对生存法则、价值取向及实现途径的理性认识和自觉遵从。这种认识和遵从，在孔子所处的时代并不是一件容易的事情。孔子讲"朝闻道，夕死可也"(《里仁》)，并自认在七十岁时才能做到"从心所欲，不逾矩"，就既说明了"闻道"的重要，也证明了"从道"的艰难。在孔子的眼中，"圣人"和"大人"都是达此境界者，故将其与"天命"并列，认为是士人君子应该敬畏的对象，而小人则因无知而无畏。

后世学者多将孔子所言之"大人"理解为居高位的统治者，我看未必。《易·乾·文言》说：

> 夫大人者，与天地合其德，与日月合其明，与四时合其序，与鬼神合其吉凶。先天而天弗违，后天而奉天时。天且弗违，而况于人乎！况于鬼神乎！

这段话，是对乾卦"九五"爻辞"飞龙在天，利见大人"的解说。这个爻位在上卦之中，象征事物发展最完美的阶段。在这一阶段出现的"大人"，道德、行为均符合自然规律和社会规范，实现了主、客观的高度一致与和谐，因而天、人、鬼神均不会背弃他。可见，这里所说的"大人"，就是"知天命"的得道之人。而居高位者未必都能如此。特别是对当时的为政者，除子产等少数政治家外，孔子多不认同，甚至倍感失望，故虽主张以礼相待，但要求人们如对"天命"和"圣人"般敬畏，则不可能。孔子所言之"大人"非居高位者，从其"小人不知天命而不畏也，狎大人，侮圣人之言"中亦可看出。阿附权贵是小人通常具有的特点，若孔子所言之"大人"是居高位者，小人便不敢狎侮。

孔子的"不知命，无以为君子也"，显然是从他自己"五十而知天命"的实践中得出的结论。孔子五十岁时登上鲁国的政治舞台，官至司寇并代理相职。从此，便一生以推行仁德和社会变革为职志，"造次必于是，颠沛必于是"(《里仁》)。可见，"知天命"不仅是一种认识境界，也包括作为君子对天赋使命的承载。

既然"天命"可知可用，那么，在"天命"面前，人就不是完全被动的。《易传》认为，"大人"能够"与天地合其德"，可"先天而天弗违，后天而奉天时"，就是说，人一旦实现了主、客观的高度一致与和谐，就会得到各方面的支持和认同，就有了行动的自由。这就既肯定了自然力量和客观条件的重要性，又彰显了人的修为和主观能动作用，是孔子将"大人"、"圣人之言"与"天命"并举的原因。这一认识，成为后世儒家认识和处理天人关系的主旨。《中庸》关于天下至诚之人"可以赞天地之化育，则可以与天地参"，董仲舒的"天地人，万物之本也。天生之，地养之，人成之"，都是在此认识基础上形成的。孔子对时运的认识，也成为人们关注的重要问题。孟子认为："天时不如地利，地利不如人和"，原因是"得道者多助，失道者寡助。"（《孟子·公孙丑下》）其所强调的是人的主观能动性和人际关系状态的重要。荀子则天时、地利、人和并重，认为"上不失天时，下不失地利，中得人和，而百事不废"（《荀子·王霸》）。这些认识，引导人们在决策和行事之前，认真审视主客观条件，并自为地选择和利用这些条件。

（四）孔子对"天"的部分认识，体现了宏大与极至的审美境界，并有天道自然的思想萌芽

孔子在称赞尧时说："大哉尧之为君也！巍巍乎！唯天为大，唯尧则之。荡荡乎，民无能名焉。巍巍乎其有成功也，焕乎其有文章！"（《泰伯》）孔子称赞尧为伟大的君主，大概缘于他举能让贤的事迹。能把君主的位置让给别人，这在世袭社会中人看来，确是一件了不起的事情，体现了天一般博大的胸怀。以同样的原因，孔子称赞周朝先祖古公亶父的长子泰伯说："泰伯，其可谓至德也已矣，三以天下让，民无得而称焉。"（同上）可见，孔子对尧的赞叹，与子贡评价孔子"犹天之不可阶而升也"一样，是以天之广大高远来形容难以企及的崇高境界，即所谓"荡荡乎"和"巍巍乎"，因而其中的"天"就显然可视为自然之天，没有冥冥中至上神的意蕴在里面。在古人眼中，"天"是可望而不可及的，日月星辰均被视为天的组成部分，而且可化育万物。当孔子讲"天地之性（生）人为贵"时，就体现了这种认识。因此，即使没有宗教信仰的人，当仰望星空或置身于蓝天白云之下时，也会产生崇高、肃穆、伟大和被容摄的敬畏之感。就是说，人们对天的景仰和敬畏，是不必与宗教认识和主张发生必然联系的。特别是有文化的知识阶层，即使"以天为不明"，仅从审美的角度去审视，也不会否认"天"超越万物的巍然气度。

如前所述,孔子对"天"或"天道"进行理性解说的言论流传下来的不多,但有一条则是例外,现征引如下:

> 子曰:"予欲无言。"子贡曰:"子如不言,则小子何述焉?"子曰:"天何言哉?四时行焉,百物生焉。天何言哉?"(《阳货》)

对这里所说的"天",学术界有不同看法。要解决这一问题,须将这段对话前后贯穿起来考察,方可识其究竟。

所谓"予欲无言",即孔子不想再说什么了。子贡反对这一决定,认为孔子不讲授,学生们就没有什么可传述的了。在这种情况下,孔子以"天"为例开导子贡:"天说了什么呢?但四季照样运行,百物照样生长。天说了什么呢?"很明显,孔子是以"天"喻"己",以"天不言"对"己不言":既然天什么也没说而四时照行、百物照生,那么离开老师的话,学生也同样可以有所述。这后面的话在原文中是省略的,是不言自明的。孔子此言所表达的真正意图,是让其学生不要过分依赖老师。用"大者"(天)的不言来说明"小者"(孔子)不言的无关紧要,当然没有对天不敬的意识;但正如那位直呼皇帝没穿衣服的小孩子一样,孔子亦在情急之下,戳破了天的神秘性。

有些学者认为,孔子的"天何言哉!四时行焉,百物生焉"是肯定天作为至上神不用言表却可操纵万物的神秘作用,或者是推崇"无言之道"或"无言之教"。如果是这样的话,就与庄子的"天地有大美而不言,四时有明法而不议,万物有成理而不说。圣人者,原天地之美而达万物之理。是故圣人无为,大圣不作,观于天地之谓也"(《庄子·知北游》)相去不远。按照这种理解,孔子的"予欲无言",就是自认可像至上神的天一样无言而为天下则。而我们知道,这不是孔子的认识和主张。孔子主张慎言和说真话,并自认是一位"诲人不倦"的人。更为清楚可见的是,孔子只指认"惟天为大,惟尧则之",连子贡说其"天纵之将圣"都不肯承认,既然如此,怎么能出尔反尔、在子贡面前自视可与天一样伟大呢?

孔子关于四季变化、百物生长有其内在规律而非外部指令的认识,在其它史料中亦有所记载。《庄子·杂篇·列御寇》记孔子的话说:"凡人心险于山川,难于知天。天犹有春秋冬夏旦暮之期,人者厚貌深情。"孔子认为知人比知天还要困难,原因是天还有春秋冬夏旦夕的一定规律可以把握,而人却很复杂,难以认清、看透。这种对自然规律的认识,还体现在《易传》中:

> 子曰:"天下何思何虑? 天下同归而殊途,一致而百虑。天下何思何虑? 日往则月来,月往则日来,日月相推而明生焉。寒往则暑来,暑往则寒来,寒暑相推而岁成焉。往者屈也,来者信也,屈信相感而利生焉。尺蠖之屈,以求信也;龙蛇之蛰,以存身也。精义之神,以致用也;利用安身,以崇德也。过此以往,未之或知也;穷神知化,德之盛也。"(《易·系辞下》)

孔子将日来月往、寒来暑往视为自然法则,与其"天何言哉! 四时行焉,百物生焉"之论一样,都是将季节转换、万物生长视为自然固有的旋律和节奏,是天道自然的思想萌芽,没有批评家所见之神秘意义在里面。孔子以此说明人生和社会发展变化的客观规律,从大的方面看,也是有道理的。孔子的这种认识,并没有导致历史循环论和消极无为。因为他确信人的同归而殊途和一致而百虑,有如日月、寒暑的往来屈伸,是利益实现的必然过程,是向前进而不是向后退。肯定"同归而殊途"与肯定"殊途而同归",意义是不完全一样的。前者是在承认发展大趋势的同时,肯定多样性存在的意义,后者则容易产生相反的看法。

这一在今天看来比较简单的认识,在当时却有重要意义。一方面,自然变化既然是有规律的,不以人或神的意志为转移,那么就具有不可抗性,人必须对其保有敬畏,不能为所欲为,即所谓"畏天命";另一方面,自然变化既然是有规律的,人在自然面前就不完全是被动的,可通过对变化规律的认识和把握利用自然,即所谓"知天命","不知命,无以为君子也"。这两个方面,前者被荀子概括为"天行有常,不为尧存,不为桀亡",后者被荀子归纳为"制天命而用之"(《荀子·天论》)。这是荀子对天道自然思想的科学总结,也是对天人关系认识上的飞跃。

孔子要求人们认识和把握客观事物的发展变化规律,同时坚持进取、发展变化的观点,也不同程度地来自于他对自然现象的感悟:

子在川上,曰:"逝者如斯夫! 不舍昼夜。"(《子罕》)

孔子从河水奔流、日夜不停中,悟出了时事一去不返的永恒运动的规律性认识,这在当时是前无古人的。这一认识,与古希腊哲学家赫拉克利特(小孔子约十岁)提出的"人不能两次踏进同一条河流"有同样的意蕴,而且在告诫人们要珍时惜阴、承认历史、抓住现实、面向未来等方面,意义更为明确,并避免了相对主义的争论。

孔子对自然变化规律的认识,及天道自然思想的生成,不仅来自于对春夏秋冬季节转换和日来月往、寒来暑往时间推移的一般性认识,也来自于其对天体运行规律的科学考察:

冬十二月,螽。季孙问诸仲尼,仲尼曰:"丘闻之,火伏而后蛰者毕。今火犹西流,司历过也。"(《左传·哀公十二年》)

"螽"即蝗虫,在周历十二月即夏历十月时应蛰伏不见,但在鲁哀公十二年的"冬十二月"却仍然出现。季孙感到奇怪,向孔子询问缘由,孔子以大火星还在西行为据,证明当时是夏历九月,指出是历官少置一个闰月(夏历十月,大火星应隐没不见)。夏历九月天气还暖,出现蝗虫就不足为奇了。这段记载说明,孔子已掌握了一定的天文知识,并用以科学地解惑释疑。

此事发生在孔子去世前四年,是孔子"晚而喜《易》"的时期。《易经》贲卦象辞中,有"观乎天文,以察时变;观乎人文,以化成天下"句。从孔子对天文知识的掌握和对天人关系的看法中,我们有理由推测,这段象辞可能出自孔子。这也表明,孔子的天道自然思想,既来自日常生活的感悟,也有科学观测和研究的基础。正因为有了这种理性认识,孔子才"不语怪力乱神",在"季孙问螽"之类易于产生神秘解释的事物面前,不做超自然的精神力量的冥想。

(五)孔子以理性认知的态度对待"天命"和自然法则,反对宗教神学意义上的崇拜

孔子虽然在一些特殊情境和特定意义上保留使用了"天命"的概念,却反对宗教神学意义上的盲目崇拜。与他自己不相信祈祷神灵消灾并称赞楚昭王拒祭一样,孔子反对当时流行的祭天求雨行为和迷信祥瑞、灾异占卜之说。在1994年从香港古玩市场上发现的战国楚简中，就有这样的记载：

> 鲁邦大旱，哀公谓孔子："子不为我图之？"孔子答曰："邦大旱，毋乃失诸刑与德乎？""唯之何在？"孔子曰："庶民知说之事，视也，不知刑与德。女毋薆珪璧稀帛于山川，政刑与。"（见马承源主编《上海博物馆藏战国楚竹书（二）》，上海古籍出版社2002年版，第204—206页）

鲁国大旱，鲁哀公向孔子求教应对之策，孔子以加强刑罚和德化答之，并告诫鲁哀公不要沿用民间的做法举行大旱之祭，而要持之以刑德之治，来解决由大旱所引发的社会问题。大旱时祭天求雨，是沿袭了殷人"帝其令雨"的认识和习惯做法，孔子反对这种做法而强调人为，证明他并不相信祭天求雨会有什么作用。据《春秋》记载，鲁国从哀公十三年至十五年连续遭遇旱灾，此时孔子已结束周游列国返鲁并被奉为"国老"。孔子在鲁哀公十六年去世，因此，他与哀公的这段对话，代表了他对天的最终认识。

与这种认识一致，在《孔子家语·五仪解》（另见《说苑·敬慎》）中，有孔子向鲁哀公论证"存亡祸福皆己而已，天灾地妖不能加也"的记载，征引如下：

> 哀公问于孔子曰："夫国家之存亡祸福，信有天命，非唯人也？"孔子对曰："存亡祸福皆己而已，天灾地妖不能加也。"公曰："善。吾子之言，岂有其事乎？"孔子曰："昔者，殷王帝辛之世，有雀生大鸟于城隅焉。占之曰：'凡以小生大，则国家必王，而名益昌。'于是帝辛介雀之德，不修国政，亢暴无极，朝臣莫救，外寇乃至，殷国以亡。此即以己逆天时，诡福反为祸者也。又其先世殷王大戊之时，道缺法圮，以致妖蘖。桑穀生于朝，七日大拱。占之者曰：'桑穀野木而不合生朝，意者国亡乎？'大戊恐骇，侧身修行，思先王之政，明养民之道。三年之后，远方慕义，重译至者十有六国。此即以己逆天时，得祸为福者。故天灾地妖，所以儆人主者也；寤梦征怪，所以儆人臣者也。灾妖不胜善政，寤梦不胜善行。能知此者，至治之极。唯明王达此。"公

曰："寡人不鄙固,此亦不得闻君子之教也。"

在这段记载中,孔子首先否定了鲁哀公关于国家存亡祸福确实由天命决定而不唯人的认识,然后列举了殷代的两个事例。一是帝辛(商纣王)相信占者关于雀生大鸟"国家必王,而名益昌"的话,不理国政,实行残暴统治,结果殷灭亡。二是商纣王的先祖大戊统治时期,出现了桑、穀两种树木长于朝堂且生长快速的不祥之兆,占者认为预示了国家的灭亡。大戊听了之后十分恐惧,便以身作则加强个人修行,同时行德政和养民之道,从而使国家得到振兴。孔子由此得出的结论是:"天灾地妖"和"寤梦征怪"虽然对人有儆诫作用,但"灾妖不胜善政,寤梦不胜善行",起决定作用的还是自己的作为,即"存亡祸福皆己而已,天灾地妖不能加也"。这一认识的深刻程度,是前无古人的。将此段论说与上博楚竹书中孔子告诫鲁哀公不要举行大旱之祭的记录联系起来考察,可增强其可信度。

孔子重视和强调人的自主性和主观能动作用,在《孟子·离娄上》中也有记录:

> 有孺子歌曰:"沧浪之水清兮,可以濯我缨;沧浪之水浊兮,可以濯我足。"孔子曰:"小子听之!清斯濯缨,浊斯濯足矣。自取之也。"夫人必自侮,然后人侮之;家必自毁,而后人毁之;国必自伐,然后人伐之。《太甲》曰:"天作孽,犹可违;自作孽,不可活。"此之谓也。

文中那位小孩子所唱之《沧浪歌》,是楚地流传的古歌谣,在屈原投江之前,一位渔翁曾以此规劝屈原,取"水清可用来洗帽缨,水浊可用以洗双脚"之意,让其适应客观实际而不必作极端的选择(见《楚辞·渔父》)。孔子则以水喻人,取"水清则被用来洗帽缨,水浊则被用以洗双脚"之意,得出了人的作为由自己决定的结论。孟子对此心领神会,引《尚书·太甲》中"天作孽,犹可违,自作孽,不可活"句,来证明孔子的看法。此外,孟子还有一段阐明类似主张的论述,可参阅:

> 孟子曰:"仁则荣,不仁则辱;今恶辱而居不仁,是犹恶湿而居下也。如恶之,莫如贵德而尊士,贤者在位,能者在职;国家闲暇,及是时,明其政刑,虽大国,必畏之矣。《诗》云:'迨天之未阴雨,彻彼

桑土,绸缪牖户。今此下民,或敢侮予?'孔子曰:'为此诗者,其知道乎!能治其国家,谁敢侮之?'今国家闲暇,及是时,般乐怠教,是自求祸也。祸福无不自己求之者。《诗》云:'永言配命,自求多福。'《太甲》曰:'天作孽,犹可违;自作孽,不可活。'此之谓也。"(《孟子·公孙丑上》)

孟子在阐明实行仁政就会有荣耀、行不仁之政就会遭受屈辱的道理后,提出了在国家没有内忧外患时修明政治法典的重要和追求享乐、怠堕游玩的祸害,并得出了祸福无不取决于自己作为的结论。其中对"明其政刑"重要性的说明,与孔子在鲁国大旱时给鲁哀公的建议是一致的,具有明显的承袭关系。

除国家存亡祸福由己而不在天的结论外,在个人修为上孔子也持同样的看法。前面已经引述,有一位太宰因为孔子多才多艺而疑其为天生的圣人,子贡赞同,认为"天纵之将圣,故多能也";但孔子断然否认了这一看法,认为自己的才艺是由于少时贫贱、努力进取得来的。《孔子家语·本姓解》中,也有类似的故事。齐国的史官子舆到鲁国拜见孔子后,对孔子推崇备至,对南宫敬叔说:"或者天将欲与素王之乎,夫何其盛也!"南宫敬叔同意这一看法:"今夫子之道至矣,乃将施之无穷,虽欲辞天之祚,故未得耳。"孔子从子贡那里听到二人的评论后说:"岂若是乎?乱而治之,滞而起之,自吾志也,天何与焉。"子舆和南宫敬叔均认为孔子的才能和作为来自天意,孔子则予以否认,认为混乱就要治理,积滞就要疏导,这来自自己的志向,与天没有什么关系。从"天何言哉"到"天何与焉",其对意志之天的排拒和对人的主体性和自主意识的认知,就更加清楚明白了。

如孔子所言之"小人不知天命而不畏也,狎大人,辱圣人之言",当然是不行的;但倘若一个人对天命神灵充满迷信,将自己置于它们的控制之下,就会消融自己的主体意识;如果认为个人的德能必须仰赖于上天或神的赐予,那么个人的积极修为便多此一举。孔子如此强调人的主体性和个人的积极修为,显然已经摆脱了传统天命观最大的负面影响:由相信宿命到听天由命。当然,孔子也从天道自然的认识中得到人生的启示,即《易经》乾、坤两卦象辞中的"天行健(乾),君子以自强不息","地势坤,君子以厚德载物"。

四、总体评价及历史影响

孔子是一位既具有一定的宗教情结又富于理性、以人生哲学为取向的思想家。他既维护祖先崇拜的教化功能又反对鬼神迷信,既主张"知天命"、"畏天命"又反对宗教神学意义上的崇拜,着力将人的注意力由"事鬼"引向"事人",由"天道"引向"人道",由神性引向人性,从而构建以人为本位的人生哲学体系,确立积极进取的人生观。

(一)无神论的认知倾向

对孔子无神论的认知倾向,许多中外学者早有不同程度的发现。除墨子的"儒以天为不明,以鬼为不神"外,对孔子多有非难的东汉哲学家王充亦有同见:

> 孔子葬母于防,既雨而甚至,防墓崩。孔子闻之,泫然流涕曰:"古者不修墓。"遂不复修。使死有知,必恚人不修也。孔子知之,宜辄修墓,以喜魂神。然而不修,圣人明审,晓其无知也。(《论衡·论死》)

孔子葬母于防地后所修墓室被暴雨冲毁一事,见《礼记·檀弓上》。王充从孔子"不复修"中得出孔子知道死人无知的结论,其实也来自他对孔子的更多了解,并非仅凭此一孤例。王充对"鬼"给出的定义,就完全来自孔子:"人死精神升天,骸骨归土,故谓之鬼。"(《论死》。孔子的定义见前引之《礼记·祭义》,又见《孔子家语·哀公问》)王充是比较彻底的无神论者,其对孔子鬼神观念的认识和评价,当有助于我们的判断。

近代学者章太炎和鲁迅先生亦分别指出:"至于破坏鬼神之说,则景仰孔子,当如岱宗北斗。"(《太炎文録初编·别録卷二·答铁铮》上海人民出版社2014年5月第1版,第390页)"孔丘先生确是伟大,生在巫鬼势力如此旺盛的时代,偏不肯随俗谈鬼神;但可惜太聪明了,'祭如在祭神如神在',只用他修《春秋》的照例手段以两个'如'字略寓'俏皮刻薄'之意,使人一时莫明其妙,看不出他肚皮里的反对来。"(《坟·再论雷峰塔的倒掉》,《鲁迅全集》第一卷,人民文学出版社1981年版,第192页)清末民初的著名学者辜鸿铭先生在其著作中亦这样写道：

> 孔子不属于宗教创始者那一类人。要成为欧洲意义上的宗教创始者，一个人就必须有着强烈的、变态的个性特征。……因为孔子具有太高的文化素养，所以他不属于宗教创始者那一类人。（《辜鸿铭文集》，海南出版社1996年版，下册第63—64页）

这一见解，与基督教神学家圣·奥古斯丁的认识十分吻合："能够测量天空、计算星球和称量元素的人与不会作这些事情的人都难以让上帝中意，科学知识更加可能刺激人们骄傲自大，而不大可能引导人们通向上帝。"（转引自汉伯里·布朗《科学的智慧——它与文化和宗教的关联》，辽宁教育出版社1988年版，第2页）孔子的认知倾向就大体上符合这一结论。除通过对天体运行规律的观测解释鲁哀公十二年出现的蝗虫事件外，《晏子春秋》记有一段故事，也反映了孔子所具有的科学素养。故事说，齐景公铸了一口大钟，将要悬挂起来时，孔子、伯常骞（齐景公的大臣）和齐相晏婴都说这口钟将毁坏。撞击后，钟果然毁坏了。齐景公向三人询问毁坏的原因，晏婴说钟太大，不合乎礼的规定；伯常骞说时辰不对；孔子则认为："钟大而悬下，冲之，其气下回而上薄，是以曰钟将毁。"就是说，钟太大而向下悬挂，撞击后发出的声气会反冲其上而将钟胀破，所以说要毁坏。这种从科学的视域去解惑释疑的做法，用布朗先生的话说，显然"难以让上帝中意"。因此，十六至十八世纪欧洲的一些传教士，均从反对的角度批评孔子尊"天"而不敬"神"、所敬之天又不过是苍苍之天而与造物主毫无干涉的无神论态度。麦高温就曾这样写道：

> 不知为什么，孔子羞于使用在他之前哲人们都喜欢谈论的"神"这个字。他好像特别迷恋"天"字，但从他的言论中可以清楚地看出，他在一些重大思想问题上，并没有完全摆脱神的影响。鉴于他把一些本属于神的重要特征移入他的"天"中，他在这方面的思想在很大程度上便黯然失色了。……人们已经完全把神给淡忘了，而客观存在但又不明确的天却代替了神在人们心目中的地位。……但天毕竟只是头顶上的一个大空间，它可能为人间的不平伸冤，但它不会为人类的痛苦和灾难而落泪，也不会为此感到怜惜。很显然，孔子频繁使用

"天"这个字（尽管他没有试图给他下定义），并且教导他的门徒们在与神打交道时要谨慎小心,这导致中国的学者和思想家们都以无神论的态度讨论宗教问题。（《中国人生活的明与暗》,时事出版社1998年版,第63—67页）

麦高温的这段评述,最能代表一些持有神论观点的西方学者对孔子及儒家文化的看法,可与中国学人的认识和评价相互印证。

（二）人生哲学的位格

我从何处来,往何处去,这是人类发展到一定阶段必然产生的追问,是生命归属的终极关怀。从《论语》等有关史料看,孔子就曾屡屡遇到来自其门人弟子的这种追问。上帝和鬼神观念,以及体现这些观念的宗教,都是在这种追问下产生的。在这些观念已普遍生成的时代,孔子表示怀疑乃至拒绝,并非缺乏终极关怀意识,而是走了与宗教不同的道路。宗教的任务是构建和阐明神与人的关系,以外缘拯救和期待作为人生信仰。孔子对此表示怀疑,便努力构建和阐明人与人、人与社会和人与自然的关系,创建了以人为本位,以"仁"为价值取向,以人格完美、人际和谐、人与自然和谐为理想追求的人生哲学体系。对此,伏尔泰、莱布尼兹等西方哲学家均给予过极高评价,美国历史文化学者维尔·杜伦,更因此而将中国认定为人本主义哲学之乡。

由于孔子拒绝从神或抽象的概念出发去认识人与自然,而是从现实和人类自身出发,从人的实际生存状态和生活过程出发,去考察人的物质、精神和文化生活需要,探寻属于人类自身的精神家园,便有一些学者认为孔子的哲学思想不够纯粹。黑格尔就曾这样评价过孔子:

> 关于中国哲学首先要注意的是在基督降生五百年前的孔子的教训。孔子的教训在莱布尼兹的时代曾轰动一时。它是一种道德哲学。他的著作在中国是最受尊重的。他曾经注释了经籍,特别是历史方面的,〔他还著了一种历史〕。他的其他作品是哲学方面的,也是对传统典籍的注释。他的道德教训给他带来最大的名誉。他的教训是最受中国人尊重的权威。孔子的传记曾经法国传教士们由中文原著翻译过来。从这传记看,他似乎差不多是和泰利士同时代的人。他曾

作过一个时期的大臣，以后不受信任，失掉官职，便在他自己的朋友中过讨论哲学的生活，但是仍旧常常接受咨询。我们看到孔子和他的弟子们的谈话（按即《论语》——译者），里面所讲的是一种常识道德，这种常识道德我们在哪里都找得到，在哪一个民族里都找得到，可能还要好些，这是毫无出色之点的东西。孔子只是一个实际的世间智者，在他那里思辨的哲学是一点也没有的——只有一些善良的、老练的、道德的教训，从里面我们不能获得什么特殊的东西。西塞罗留下给我们的"政治义务论"便是一本道德教训的书，比孔子所有的书内容丰富，而且更好。我们根据他的原著可以断言：为了保持孔子的名声，假使他的书从来不曾有过翻译，那倒是更好的事。（《哲学史讲演录》第一卷，商务印书馆1981年版，第119页）

黑格尔是很有成就的哲学家。但他对包括孔子在内的所有东方思想的轻蔑，如他所断言的"东方及东方的哲学之不属于哲学史"（同上，第95页），则表现得有些偏执。这种偏执，主要来自他对"思辨的哲学"的认识。在黑格尔看来，哲学史"就是思想自己发现自己的历史"，而且这种思想是"自在自为和永恒的"，"哲学的目的在于认识那不变的、永恒的、自在自为的"（同上，第10—13页）。"一般说来，一直到最近，我们所见到的还不是真正的思辨性的实践哲学。……和希腊的贤者的言语一样，和毕泰戈拉在其宣言中及其他被作为他的象征的话中所说的言语一样，是不能当做思辨哲学或真正哲学看待的。"（同上，第248页）在这部书中，还有黑格尔认为柏拉图派、亚里士多德派、斯多葛派、伊壁鸠鲁派等"早期的哲学现在不能令一个有较深邃较明确的概念活跃其中的精神感到满意"的话（详见第48—52页）。有了这些了解之后，特别是知道黑格尔认为发明"哲学"一词的希腊人的思想亦"不能当做思辨哲学或真正哲学看待"时，对他给孔子的评价，就不足为奇了。

黑格尔用他的"泛逻辑主义"嘲讽孔子，而同样在西方，马克思和恩格斯对黑格尔"头脚倒置"的历史观察方法，也给予了批判："德国哲学从天上降到地上；和它完全相反，这里我们是从地上升到天上，就是说，我们不是从人们所说的、所想象的、所设想出来的东西出发，也不是从只存在于口头上所说的、思考出来的、想象出来的、设想出来的人出发,去理解真正的人。我们的出发点是从事实际活动的人,而且从他们的现实生活过程中我们还可以揭示出这一生活过程在意识形态上的反射和回声的发展。……前一种观察方法从意识出发,把意识看作是有生命的个人。符合实际生活的第二种观察方法则是从现实的、有生命的个人本身出发,把意识仅仅看作是他们的意识。""思辨终止的地方,即在现实生活面前,正是描述人们的实践活动和实际发展过程的真正实证的科学开始的地方。"(《德意志意识形态》,《马克思恩格斯选集》第一卷,第30—31页)这就表明,在西方哲学家那里,对"哲学"的理解和认识也是不尽一致的。

李泽厚先生曾这样分析黑格尔的哲学理念:

> 康德在某些方面比黑格尔高明,他看到了认识论不能等同也不能穷尽哲学。黑格尔把整个哲学等同于认识论或理念的自我意识的历史行程,这实际上是一种泛逻辑主义或唯智主义。这种唯智主义在现代受到了严重的挑战,例如像存在主义即使没有提出什么重大认识论问题,却仍无害其为哲学。人为什么活着,人生的价值和意义,存在的内容、深度和丰富性,生存、死亡、烦闷、孤独、恐惧等等,并不一定是认识论问题,却是深刻的哲学问题。它们具有的现实性比认识论在特定条件下更为深刻,它们更直接地接触了人的现实存在。人在这些问题面前更深切地感受到自己的存在及其意义和价值。把一切予以逻辑化、认识论化,像黑格尔那样,个体的存在的深刻的现实性经常被忽视或抹掉了。人成了认识的历史行程或逻辑机器中无足道的被动一环,人的存在及其创造历史的主体性质被掩盖和阉割掉了。

> 黑格尔这种泛逻辑主义和唯智主义在今天的马克思主义哲学中留下了它的印痕和不良影响。它忽视了人的现实存在,忽视了伦理学的问题。在黑格尔那里,伦理学是没有地位的,不过是他的认识论和逻辑学的一个环节罢了。因此个体存在的主体性就丢失了。……人的本质不应脱离人的存在,成为某种外在的主宰势力。所以,哲学可以包括认识论,也就是说包括科学方法论,像现在西方的科学哲学、分析哲学,我们讲的自然辩证法、辩证唯物论都属于这一范围,它们曾经

构成哲学的一个重要方面。但哲学又并不完全等同于它们。哲学还应包含伦理学和美学。(《论康德黑格尔哲学》,李泽厚十年集《批判哲学的批判》,安徽文艺出版社1994年版,第467—468页)

李泽厚先生的这两段话虽不是直接针对黑格尔对孔子评价而言的,但在我看来,却完全可以用来回应黑格尔对孔子乃至中国哲学的评价。

有些人以黑格尔的是非为是非,去评价孔子和中国哲学,甚至对"中国哲学的合法性"表示怀疑。怀疑的主要理由,是将西人——特别是黑格尔的"思辨哲学"视为"哲学"的规定性,认为不符合这种规定性的便不能称之为哲学。有学者撰文说:"至于说儒学就是一种哲学,甚而等同于哲学,则不敢苟同。哲学在我们的认识与理解中,已经是一个至高无上的神了,是我们人类认识的最高级的形态,这可从当代许多有关哲学的定义与界说中看出来。"(《二十世纪儒学研究大系》总第二十一卷《儒家哲学思想研究》,中华书局2005年版,导言第21页)文中没有为我们提供"当代许多有关哲学的意义与界说",也没有指出哪位学者认为儒学等同于哲学,但把哲学判定为"至高无上的神",并据此来证明和支持否定孔子及儒家哲学的观点,就比黑格尔先生还要"彻底"了。

完全以西方传统哲学的主旨和特征去审视中国哲学,就将哲学"专利"化和狭窄化了。众所周知,"哲学"是日本学者西周从英文philosophy译出的,这个词源于希腊,由希腊文中philia(爱)和sophia(智慧)两个词合成,语义为"爱智"。"爱智"本身不是有确定内涵的名词,而是一种动态的追求和取向,其起点、方法和结果,会由于时代、地域和哲学家个人条件的不同而有所不同,所以才会产生不同的哲学观点和哲学流派。黑格尔在其《哲学史演讲录》中,就明确使用了"东方哲学"、"中国哲学"、"印度哲学"、"希腊哲学"、"中世纪哲学"和"近代哲学"等概念,并认定孔子"在他的朋友中过讨论哲学的生活",说明他也没有把"哲学"视为自己的专利而拒绝别人使用,只是认为这些哲学均不符合自己的哲学理念而已。钱钟书先生在其《管锥编·周易正义》中批评"黑格尔尝鄙薄吾国语文,以为不宜思辨;又自夸德语能冥契道妙"时这样写道:"其不知汉语,不必责也;无知而掉以轻心,发为高论,又老师巨子之常态惯技,无足怪也;然而遂使东西海之名理同者如南北海之马牛风,则不得不为承学之士惜之。"(中华书局1986年6月第2版,第一册第1—2页)钱先生此论此见,当令黑格尔先生的"承学之士"有所反思。

吾国的一些学人极力神化哲学,而英国现实主义作家毛姆在其《哲学》一文中则这样写道:"哲学并不只是一门与哲学家和数学家有关的学问,它与我们人人有关。的确,我们大多数人是间接地接受各种哲学思想的,大多数人根本不知道自己有什么哲学。而事实上即使最不动脑筋的人也不自觉地有他的哲学。第一个说'泼翻了的牛奶,哭它也没有用'的老婆子,就是一个哲学家。因为她的意识不正是后悔无用吗?这里面包含着一个完整的哲学体系。"(《智慧日记》第三卷,吉林人民出版社2000年3月第1版,第317页)。

对"哲学"的广泛适用性问题,马克思曾谈过这样的看法:"难道存在着植物和星辰的一般性质而不存在人类的一般性质吗?哲学是问:什么是真理?而不是问:什么被看做真理?它所关心的是大家的真理,而不是某几个人的真理;哲学的形而上学的真理不知道政治地理的界限;至于'界限'从哪里开始,哲学的政治真理知道得非常清楚,而不会把个人世界观和民族观的幻想的视野和人类精神的真正的视野混淆起来。"(《第179号〈科伦日报〉社论》1842年6月29日—7月4日,《马克思恩格斯全集》第一卷,第116页)马克思对企图给哲学划定"政治地理界限"的批评,完全适用于我们今天的讨论。马克思还指出:"因为任何真正的哲学都是自己时代精神的精华,所以必然会出现这样的时代:那时哲学不仅从内部即就其内容来说,而且从外部即就其表现来说,都要和自己时代的现实世界接触并相互作用。那时,哲学对于其他的一定体系来说,不再是一定的体系,而正在变成世界的一般哲学,即变成当代世界的哲学。各种外部表现证明哲学已获得了这样的意义:它是文明的活的灵魂,哲学已成为世界的哲学,而世界也成为哲学的世界——这样的外部表现在所有的时代里都是相同的。"(同上,第121页)马克思对"世界的一般哲学"的定义,对把"哲学"视为西方的专利而否定中国有哲学的观点,可谓最直接而有力的批评。

顺便介绍一下,黑格尔在文中用来与孔子比较的西塞罗,是古罗马的政治家和哲学家,生于公元前106年,比孔子小445岁,比孟子小266岁,比荀子小207岁,比亚里士多德小278岁。以西塞罗的书"比孔子所有的书内容更丰富,而且更好"来嘲讽孔子,显然是没有说服力的。

(三)非宗教的意识形态

孔子不迷信鬼神,以理性的态度解读传统的天命观,同时在科学尚不昌明、巫鬼势力旺盛的历史语境中,利用一些宗教礼仪推行人文精神,从而使儒学具有了一定的宗教印痕。据此,当然还有关于其它一些理由,有些学者将儒学界定为儒教,认为"儒教的宗教信仰核心为'敬天法祖',当它处在原始宗教形态时,已蕴涵着它后来的基本雏形,祭天、祭祖,同等重要"(任继愈序李申著《中国儒教论》,河南人民出版社2005年版,转引自中国人民大学报刊复印资料《中国哲学》2005年第6期,第2页)。

从教化的意义和儒家学说在汉代以后获得的精神地位看,将儒学称为"儒教"也是可以的。但若将其界定为一种宗教,则没有充分的理由。一种学说、学派是否具有宗教性质,不在于是否主张"敬天法祖",而在于"敬天法祖"的原因、目的和价值取向,以及如何构筑自己的逻辑体系。我们知道,天、地是古人对自然和人类生存空间的统称,并认为人和万物均来自天地的生养,即所谓"天地之性(生)"、"天生百物"和"天生之,地养之"。前面已经谈到,这种自然孕育万物的朴素认识,加上天的宏大、崇高和不可抗拒的自然力量,使一些即使没有宗教信仰的人,也会对天产生敬畏之感。这种尊天意识当然有可能演化为宗教心理,但并非所有具有尊天意识者都必然如此,这在此前的讨论中已经证明过了。更为重要的是,从孔子的整个思想体系看,也不具宗教的属性。宗教的主要属性是以神为本位、期待外缘拯救或以出世解脱为终极目标。而孔子则强调以人为本位,重世俗道德而不是宗教权威,并以人生价值的实现为终极关怀。这种全神贯注于现世人生而不期待神的救赎和来世生活、用知识和智慧为自己开创精神家园的主张和做法,与宗教有本质上的区别。

以孔子和儒家的地位及被尊崇的程度,也有被神秘化、被改造成为宗教的可能。但由于孔子坚持拒绝对自己的神化和迷信,并较早确定了经世致用的价值取向,而他的弟子、再传弟子和儒家后学,又大多具有较高的文化素养和道德自信,故孔子的偶像虽被摆进庙堂,却并没有被视为宗教领袖。各地修建的"孔庙"也不同于宗教的教堂,只是追思纪念和教育的场所。儒家学派也始终保持了知识分子群体的社会形象,不是教会或神职人员的团体。从儒家思想的发展看,虽在部分后儒那里存在某种神秘化的倾向,但从总体上看仍不具宗教的形态。汉以后的"独尊儒术"和人们对孔子的信奉,是建立在道德、智识、理性和现世人生之用基础上的,不是宗教性的皈依。后世所搞的"祭孔",虽有一定的神秘性和宗教形制,但与孔子倡导的祭祖没有多少区别。人们的尊孔读经,目的是修、齐、治、平,是为了内在品格的超越和实现此岸世界的目标,不是为了宗教意义上的解脱和到达彼岸世界。十八世纪法国启蒙思想家伏尔泰就十分清楚地看到了这一点,他赞赏孔子不以神自居、崇尚理性、严格区分真理与迷信,推崇儒家的不讲灵魂不朽,不谈奇迹,不涉玄虚,不关心来世生活,并用以批判基督教神学。他还明确指出:"人们对孔子的信仰不同于对神的膜拜。人们之所以尊敬他,是因为他在上天的启示下,为人类创造了最崇高的理想。"(《自然法赋》)伏尔泰对孔子和儒家的这种推崇和赞誉表明,他对孔子及儒家思想与宗教的区别和优劣,是看得比较清楚的。

近代以来,有些学者努力证明儒学为宗教,但和者盖寡。还有学者试图通过修定传统的宗教定义来实现儒学与宗教的共通,进而实现东西方在宗教问题上的接轨。这些工作虽做得十分辛苦,并大多是为了提升儒家的地位和影响,却因为既不符合实际又与文明进步的脚步相磕绊,无法获得广泛认同。米恰尔在其《宗教思想史》中亦这样写道:

> 周初的天或上帝具有拟人神和人格神的特征……后来孔子和诸子百家中的哲学家、道德家和神学家也都赞颂那无所不在、俯察万物的天。但是在这些赞颂中,天帝愈发失去了其宗教本性;他变成了宇宙秩序的原则、道德律令的保证。

> 恰当地说,孔子不是一名宗教领袖。他的观念,尤其是新儒家的观念,通常是在哲学史范围内进行研究的。但是,孔子直接或间接地受到中国宗教的深刻影响。事实上,他的道德和政治改革的真实源泉

是宗教的。他并不拒绝那些重要的传统观念,如道、天神和祖先崇拜。此外,他赞美并且振兴了礼和风俗行为的宗教功能。(〔美〕米尔恰·伊利亚德《宗教思想史》,上海社会科学出版社2004年版,第466、474页)

米恰尔是著名宗教史家,其《宗教思想史》初版于上世纪七十年代。尽管米恰尔也同时指出了宗教对孔子的影响,但其总体结论是正确的,代表和反映了当代西方宗教史界对孔子的认识。

(四)对宗教的抵御、融和与改造

孔子既不信神又不渎神,把宗教礼仪视为教化手段的做法,成为儒家文化的一大特色。这在当时的历史条件下,是不可避免的,甚至是必要的。历史表明,人类社会的存在和发展离不开信仰的支撑与凝聚。在以人为本位的哲学思想和人文精神产生并被公众认同之前,宗教的存在胜于缺失。孔子所说的“吾欲言死者有知也,恐孝子顺孙妨生以送死也;欲言无知,恐不孝子孙弃不葬也”,就表明了不完全否定宗教意识在当时社会具有的实际意义。《易经》观卦的象传中说:“观天之神道,而四时不忒。圣人以神道设教,而天下服矣。”用“四时不忒”即四时循环没有偏差的自然规律比喻“神道”,并以此“设教”而使“天下服”,这一评价,直接道出了借助宗教仪轨在当时社会所具有的权威性来教化民众的目的。

孔子的这一做法,被许多后世学者所承袭。他的再传弟子公孟子(曾子的学生)就秉其师承,在明确提出“无鬼神”结论的同时,主张“君子必学祭礼”(《墨子·公孟》)。荀况在论述“三年之丧”时也同样认为:“三年之丧,何也?曰:称情而立文,因以饰群,别亲疏贵贱之节,而不可益损也。”“祭者,志意思慕之情也。……哀夫!敬夫!事死如事生,事亡如事存,状乎无形影,然而成文。”(《荀子·礼论》)王充虽反对把祭祀当作向鬼神求福避祸的手段,但也认为祭祀是人们纪念祖先的一种仪式:“宗庙祖先,己之亲也,生时有养育之道,死亡义不可背,故修祭祀,示如生存。推人事鬼神,缘生事死。人有赏功供养之道,故有报恩祀祖之义。”(《论衡·祭意》)王充在谈了上述看法后,还着意征引“孔子畜狗死,使子贡埋之”的事例,说明“祭为不背先者”,“圣人知其若此,祭犹斋戒畏敬,若有鬼神”(同上)。这些认识和主张,都在破坏鬼神之说的同时,保留了祭祖的宗教仪式,并使这种仪式成为推行仁德和孝道的重要手段。

孔子保留使用一些宗教概念和礼仪,也给有神论和宗教的发展预留了空间。但由于孔子较早确立了无神论的取向,并因为孔子思想所具有的影响力,就在很大程度上限制了至上神概念的发育和本土宗教的发展。中国古代的创世神话,如盘古开天地、女娲作人和补天,也与西方的创世神话不同,不是来自对超自然精神力量的冥想,而有着自然生成的质朴认识:

> 天地混沌如鸡子,盘古生其中。万八千岁,天地开辟,阳清为天,阴浊为地。盘古在其中,一日九变,神于天,圣于地。天日高一丈,地日厚一丈,盘古日长一丈,如此万八千岁,天数极高,地数极深,盘古极长。后乃有三皇。数起于一,立于三,成于五,盛于七,处于九,故天去地九万里。(《艺文类聚》卷一引三国徐整《三五历纪》)

> 首生盘古,垂死化身:气成风云,声为雷霆,左眼为日,右眼为月,四肢五体为四极五岳,血液为江河,筋脉为地里,肌肉为田土,发髭为星辰,皮毛为草木,齿骨为金石,精髓为珠玉,汗流为雨泽,身之诸虫,因风所感,化为黎氓。(《绎史》卷一引三国徐整《五运历年纪》)

> 俗说天地开辟,未有人民。女娲抟黄土作人,剧务,力不暇供,乃引绳于絚泥中,举以为人。故富贵者,黄土人也;贫贱凡庸者,絚人也。(《太平御览》卷七十八引《风俗通》)

> 往古之时,四极废,九州裂;天不兼覆,地不周载;火爁炎而不灭,水浩洋而不息;猛兽食颛民,鸷鸟攫老弱。于是女娲炼五色石以补苍天,断鳌足以立四极,杀黑龙以济冀州,积芦灰以止淫水。苍天补,四极正,淫水涸,冀州平,狡虫死,颛民生。(《淮南子·览冥训》)

在这些神话故事中,盘古是自然生成的,是人形,同时又开天辟地,且"垂死化身",体现的是儒家"天人合一"的宇宙观。女娲作人和补天,也来自对母爱和人的力量的放大,体现的同样是人文精神。比较可知,西方的传统宗教和哲学以神或精神现象去解释世界的根源,而中国的传统宗教和哲学则是以人和物理现象去解释世界的根源。二者虽都有缺陷,都不符合宇宙生成的实际,但中国的创世神话更接近于宇宙生成的科学猜想和人可"赞天地之化育"之后的情境。

由于孔子高度重视人的自主性和主观能动作用，从而摆脱了对神的信仰和对外缘拯救的期待，实现了以"仁"为核心的内在凝聚。用李泽厚先生的话说，即"替代了宗教圣徒的形象又具有相同的力量和作用"（《中国古代思想史论》，安徽文艺出版社1994年版，第33页）。这样一来，就使"上帝"等观念在中国没有获得在西方社会那样的广泛认同，本民族的宗教文化没有得到充分发育，同时抵御了外来宗教的长驱直入。譬如佛教和基督教等在传入中国之始，均与中国传统文化和习俗发生过激烈冲突。冲突的结果，是外来宗教的中国化，即与中国的政治、伦理、文化相结合。这既表明了儒学传统的牢固根基，也体现了儒家文化的包容化生作用。特别是佛教在中国的传播和发展过程中，表现出明显的儒学化倾向，如佛教徒可以敬君王、拜父母，就是对原始教义的修正。儒家学说对外来宗教的融合与改造，也是这些宗教得以在中国存在和发展的重要原因。

（五）对科学发展的影响

由于孔子不相信灵魂不灭之类的神秘学说，对天和天命持可知的态度，并有天道自然的思想萌芽，因此，尽管在其言行中还残存一些传统宗教意识和习俗，但在由他创立的儒学传统中，却没有形成能够阻碍科学发展的力量。而宗教势力强大的西方社会则不同。1543年出版的以人体解剖为基础的《人体结构论》一书，其作者安德烈亚斯·维萨留斯虽然发现心脏并非人的思考器官，却谨慎地回避讨论。他这样写道："我在这里唯恐与一些恶意中伤的人或异端监察官发生冲突，我愿统统放弃考虑灵魂和它们的所在位置的不一致。"（转引自《科学的智慧——它与文化和宗教的关联》，辽宁教育出版社1998年3月第1版，第3—5页）哥白尼的"日心说"和达尔文的生物进化论，也都因为与"上帝"的存在和"创世纪"的冲突而遭到强烈抵制，捍卫和发展哥白尼日心说的布鲁诺被宗教裁判们判为"异端"烧死在罗马鲜花广场，维护日心说的伽利略因此被罗马宗教裁判所判处终身监禁，直到1980年，即伽利略去世三个多世纪后，罗马教廷才正式承认前宗教裁判对他的审判是错误的。

这种比较意在说明，孔子和儒学中虽缺少倡导科学发展的内容，但也没有限制科学发展的主张，尽管其注重人文精神培育的价值取向不同程度地影响了后世学人对客观事物深入探讨的积极性。一个国家或民族的传统文化、传统思维和理念,对其科学探索与发明是有影响的,但关键在于后人如何认识和取舍。西方的传统理念是上帝创造世界,并遭受过宗教统治残酷迫害的黑暗历程,但这并没有阻止科学家对大爆炸宇宙论和生物进化的探讨,以及同样对创世说形成挑战的转基因和克隆技术的研发。同样,中国的儒学传统有重道义轻技艺的偏颇,但也没有阻止中国古代的四大发明。杨振宁博士曾有一个分析,认为在16世纪之前,中国的科学发明是甚于欧洲的。这当然不能说是孔子的功劳,但把我国近300年来的科学落后尽皆说成是儒家传统的影响,也显然没有充分的根据。日本、韩国和新加坡,包括中国的台湾地区,都是崇尚儒学传统的国家和地区,但这并没有妨碍他们近代以来的科技进步。近代以来中国与一些发达国家在科技上存在差距,其原因是很复杂的。其中,政治经济制度远大于传统文化的影响。

　　综上可见,孔子的宗教观虽表面看来比较复杂,或如鲁迅先生所见之"使人一时莫名其妙",但其总体上的认知取向还是比较明确而能够把握的。孔子对传统天命观和神鬼论的扬弃,虽受到有神论和无神论者的双重指责,但客观地说,这些指责——特别是近现代以来一些所谓"无神论"者的指责,并没有资格。对历史人物的评价,必须将其"回放"到其所处的历史背景中,才能看出个中究竟。更为重要的是,孔子对传统宗教思想的改造,即凸显了他所倡导的人文精神,又没有导致对自然法则的轻蔑;既破坏了有灵论的鬼神之说,又维护了祖先崇拜的社会学意义。这是"时中"在宗教问题上的运用。可以说,孔子的宗教观,是人类对自然和自身认识的重要环节,具有承上启下的历史意义。

　　宗教所设计的来世和天国,以及轮回转世之说,固然可给人以美好的希翼并减少对死亡的恐惧,但对孔子所担心的由此而生的"孝子顺孙妨生以送死"者,对在生存压力下到"天国"去寻求解脱者,对因期待外缘拯救而不尽自己的努力者,则是一种不幸和悲哀。所有真正相信科学并勇于直面人生者都会看到,人的幸福既不在宗教的彼岸,也不在死后的未来,而在有限的生存阶段,在用自己智慧和能力战胜艰难困苦所获得的每一个具体收获和满足之中,其中包括爱人和被爱。在现代科学的影响下,许多宗教也在改变或调整信仰的外在超越性和彼岸性,逐步将其视为人的理念和智慧,教导人们在面对苦难和困惑时,运用自己的智慧去开辟精神的出路。这是孔子所寄望和期待的。我们应该从中获得更多的自信。

也要有足够的思想准备。当科学家将宇宙生成的"大爆炸"图景展现在我们面前的时候,当我们知道恐龙曾一度统治世界、人类在此之后由猿到人长期进化而来的时候,当现代医学和生物学已将人类和生物智能产生和存在机理做出科学阐释的时候,当转基因技术可创造新的物种、克隆技术可以复制生物的时候,一些人——包括被称许为"哲学家"的人,对神创论或有灵论仍持迷恋态度。有一位学者在其"哲学演讲录"中就这样言道:"到底有没有一个作为灵魂生活的根据的至高的本质世界,科学虽然不能证明,但也不能否定。"这种"莫须有"的"理论",成为原始宗教与哲学抗争的最后依凭。

马克思在一百年前就指出:"彼岸世界的真理消逝以后,历史的任务就是确立此岸世界的真理。人的自我异化的神圣形象被揭穿以后,揭露非神圣形象中的自我异化,就成了为历史服务的哲学的迫切任务。"(《黑格尔法哲学批判》,《马克思恩格斯选集》第一卷,第2页)从"确立此岸世界的真理"的维度看,这一工作孔子从二千五百年前就开始了。他既不神化自己,也不将认识对象神秘化,所体现的便是理性精神和哲学思维。他回避乃至拒绝从宗教和神学的视域观察自然、社会和人生,而以人性和人的社会性为基点,以重视人生和生而有为为价值取向,构建了自己的人生哲学体系。历史已经证明,孔子选取的这一道路是正确的。

随着科学的进步和人类对自然、宇宙及自身认识的深化,纯粹神学意义的宗教理论已十分脆弱。对此,冯友兰先生在1946—1947年于美国宾夕法尼亚大学任访问教授时,就提出了很深刻的识见:

> 科学每前进一步,宗教便后退一步;它的权威在科学前进的历程中不断被削弱。维护传统的人们对这个事实感到遗憾;惋惜大众离开宗教,结果是自身的衰退。如果除宗教外,没有什么办法可以达到更高的价值,则今日人们的宗教意识日益淡薄,的确应当为之惋惜,因为大众抛弃了宗教,也就抛弃了更高的价值。他们只得被圈于现实世

界之中,而与精神世界隔绝。幸好除宗教外,还有哲学能够达到更高的价值;而且,这条通道比宗教更直接,因为通过哲学达到更高价值,人不需要绕圈子,经由祈祷和仪式。人经过哲学达到的更高价值比经由宗教达到的更高价值,内容更纯,因为其中不掺杂想象和迷信。将来的世界里,哲学将取代宗教的地位。这是合乎中国哲学传统的。人不需要宗教化,但人必须哲学化。当人哲学化了,他也就得到了宗教提供的最高福分。(《中国哲学简史》,新世界出版社2004年版,第6页)

　　冯先生的这段论述,是精辟而富有远见的。其对科学、宗教与哲学关系的认识,客观而实际,简明而精当,大有助于我们建立哲学自信、文化自信。按照冯先生的思路,我想,随着宗教赖以生存的空间不断被科学发现所削减,在未来的文明冲突中,既承认客观强制力的存在又肯定人的主观能动作用,既凸显人的地位和价值又强调人与自然万物和谐共生,既尊重人格独立又倡导推己及人的儒学传统,将会在兼容并蓄、损益完善的基础上,得到更为广泛的认同,并在不同文化和价值取向的冲突中,起到融合相通的作用。

第五章　孔子的义利观与经济思想

所谓义利观,即人们对求利动机和求利行为的根本看法,是人的价值观、理想追求和道德素质的集中体现。孔子是我国历史上较早对义利关系进行深入讨论的思想家。其认识和主张不仅集中体现了他对人性和人的价值取向的根本看法,也涉及到治国方略和经济管理等诸多领域,从而成为孔子思想体系中的重要组成部分。

一、对求利行为的人性归结

在《论语》中,有孔子"罕言利"的记录(《子罕》),也有其"君子喻于义,小人喻于利"的主张(《里仁》)。后人对孔子义利观的认识,大多缘于这两段文字,从而给出了重义轻利和贵义贱利等结论。义利相较孔子重义,这结论是不错的。但若将其视为贵义贱利的主张,则是过度解读。从实际情况看,孔子对义利关系的看法并不如此简单,具体认识和主张则更为丰富。

让我们先了解一下孔子对求利行为的基本认识。

(一)"人之所欲"的客观认知

孔子是我国历史上较早对人性问题进行探讨的思想家,其结论集中体现在"性相近也,习相远也"(《阳货》)的命题中。在孔子看到的相近的人性中,就包括求利的欲望:

> 子曰:"富与贵,是人之所欲也;不以其道得之,不处也。贫与贱,是人之所恶也;不以其道得(去)之,不去也。君子去仁,恶乎成名?君子无终食之间违仁,造次必于是,颠沛必于是。"(《里仁》)

孔子把趋利避害视为每个人都具有的情感,是符合实际的,也被许多后世学者认同。曾与孟子讨论人性问题的告子认为："食色,性也。"(《孟子·告子上》)《礼记·礼运》同样认为："饮食男女,人之大欲存焉。"荀子也明确指出："凡人有所一同:饥而欲食,寒而欲暖,劳而欲息,好利而恶害,是人之所生而有也,是无待而然者也,是禹、桀之所同也。"(《荀子·荣辱》)所谓"无待而然者",即无需费时教化就自然如此。司马迁更极而言之:"天下熙熙,皆为利来;天下攘攘,皆为利往。"(《史记·货殖列传》)这些认识,与孔子是一脉相承的。

孔子虽然强调人的利欲追求要"以其道得之"——这在后面将详加分析,但他承认这种追求的普遍性,则是可以肯定的。不仅如此,孔子亦曾坦陈过自己的想法:

> 子曰:"富而可求也,虽执鞭之士,吾亦为之。如不可求,从吾所好。"(《述而》)

朱熹注云:"执鞭,贱者之事。"孔子说,如果能求得财富,即使是地位卑微的职业也干,否则的话就根据自己的爱好去选择了。对为官(求贵)也是如此。孔子曾明确宣称:"苟有用我者,期月而已可也,三年有成。"(《子路》)假如有用我主持国家政事的,一年可初见成效,三年可大见成效。这可能是我国历史上较早出现的自荐广告。他还说过:"三年学,不至于穀,不易得也。"(《泰伯》)学习三年,却不想做官得俸禄,这样的人是很难得的。可见,孔子对致富达贵的心理不仅没有否定,而且认为是包括他本人在内所有人的正常欲望。

孔子对这种"人之所欲"的客观认知,还体现在他所肯定的《周易》中。《周易》的内容虽然十分隐晦,但其原始意义,是根据卦象判断人的处境,从而选择自己的进退行止,逢凶化吉,趋利避害。一部《周易》,从"乾"开始到"未济"结束,"吉""利"二字充斥其间。如果孔子不加区分地一概轻视乃至否定"利",就不会肯定《周易》。

把物质利益视为人的行为选择的基本动力,是孔子对人和人性认识的重要组成部分,并成为他推行自己政治、伦理和道德主张时始终关照的轴线。

(二)"以其道得之"的积极倡导

孔子将对功名利禄的追求视为多数人具有的正常欲望,因此,在他认为可"以其道得之"时,给予了积极的支持。他曾明确指出:"邦有道,谷;邦无道,谷,耻也。"(《宪问》)"邦有道,贫且贱焉,耻也;邦无道,富且贵焉,耻也。"(《泰伯》)就是说,在国家政治清明的时候,应该做官得薪俸;如果国家政治清明而自己却贫穷下贱,是一种耻辱。与此一致,孔子对功名的追求也给予了肯定:

> 子曰:"君子疾没世而名不称焉。"(《卫灵公》)

在我国古代,功名与利禄一直被相提并论,在人的欲求中也居较高层次。孔子认为,到死而名声不被人家称述,君子引以为恨。这是对人的成就感和被尊重需要的认同,也是孔子把现世成就作为终极关怀而不寄望于"来世"的明证。孔子还说过:"君子去仁,恶乎成名?"(《里仁》)君子失去仁德,怎么成就他的声名呢?这就在强调仁德重要性的同时,表明了对人的声名的重视。

孔子重名节,实际上是重修为。他在认定"后生可畏"后补充说:"四十、五十而无闻焉,斯亦不足畏也。"(《子罕》)"无闻"即没什么可称述之处,亦即没什么作为。故孔子反复强调说:"不患莫己知,求为可知也。"(《里仁》)"不患人之不己知,患其不能也。"(《宪问》)一个人要想得到肯定和称颂,就必须有所作为,有值得称述之处。他曾举例说:"齐景公有马千驷,死之日,民无德而称焉。伯夷叔齐饿于首阳之下,民到于今称之。"(《季氏》)齐景公虽身居高位且十分富有,但他死后百姓却找不出什么可称述之处;伯夷和叔齐饿死于守阳山下,却一直被百姓称颂。这就道出了孔子重名节的真谛。与孔子同时但年长的鲁国重臣叔孙豹,在与晋执政上卿范宣子的对话中,也提出过同样的认识。范宣子与来访的叔孙豹探讨古人所言之"死而不朽"的问题,叔孙豹没有回答,范宣子便以包括自己家族在内的世袭爵禄释之。叔孙豹不赞成,认为"禄之大者,不可谓不朽",提出了"大(太)上有立德,其次有立功,其次有立言,虽久不废,此之谓不朽"的定义(《左传·襄公二十四年》)。叔孙豹此论,被后人概括为"三不朽"。

孔子不仅重现世人生,而且认为人应该生而有为,这从他对原壤的责骂中亦能体现出来:

原壤夷俟。子曰："幼而不孙弟，长而无述焉，老而不死，是为贼。"以杖叩其胫。(《宪问》)

原壤是孔子的老朋友，性情比较古怪。据《礼记·檀弓下》记载，原壤的母亲死后，孔子帮助其料理丧事，原壤却敲打着木头站在棺椁上唱歌，其怪异举止很类似于后来的庄子。对原壤此举，孔子显然是有思想准备的，故好像没听见一样；当有人因此而建议孔子与其断绝来往时，孔子表示不能失掉老朋友的友谊。孔子视原壤为朋友，并有如此密切的交往，这原壤必有其可取之处。但对其桀骜不驯的性情，孔子显然也颇为不满。此番私下会见，原壤两腿像八字一样张开坐在地上等着孔子，依然体现出放浪形骸的品性，孔子便借此对其无所作为进行了责骂，并用手杖敲了敲他的小腿。此一发生在两位老朋友之间的故事，其情其景颇具喜感，既表明了孔子的人生态度，也表露出孔子率真而恢谐的一面。

孔子重名节的主张，对后世影响巨大。所谓"雁过留声，人过留名"，便是由此而生的积极向上的人生理念。可能是受了沽名钓誉者众多而求取真功名者甚少的影响，当下国人中鲜有公然宣称求取功名者，甚至把求名视为境界不高的表现。就个人修养而言，淡薄名利固然是高尚的，倘若将其与追求卓越对立起来，就难以形成积极进取的民族精神，也会造成人格扭曲。孔子讲"人之生也直"(《雍也》)，所反对的便是人格扭曲和伪作。其实，与其满肚子名利之念却侈谈视名利如粪土，还不如孔子那样坦诚为好。

孔子对功名和利禄的肯定虽有前提条件，主张"义以为上"(《阳货》)，但并不无视个人利益，也并非人们想象的那么迂腐。他曾直言不讳地这样言道："君子谋道不谋食。耕也，馁在其中矣；学也，禄在其中矣。君子忧道不忧贫。"(《卫灵公》)孔子之所以鼓励其弟子"谋道不谋食"，"忧道不忧贫"，除了出于忧国忧民的责任感和使命感，也因看到了种地的人却常常挨饿、通过学习却可做官得俸禄的现实。这种认识，也来自他本人的实践。孔子在担任鲁司寇时每年"奉粟六万"。离鲁适卫国后，卫灵公问孔子"居鲁得禄几何"，孔子没有用"何必曰利"之类的话去客套，而是以实相告，于是"卫人亦致粟六万"(《史记·孔子世家》)。其中的

"六万",有人认为是六万斗,有人认为是六万小斗,合后来的二千石。即使是二千石粮食,也着实不少。孔子知道,假如没有这些俸禄,他和诸多跟随弟子的生活,就难以维系。

还有一个例证,是孔子对子贡经商才能的欣赏:

> 子曰:"回也其庶乎,屡空。赐不受命而货殖焉,亿则屡中。"(《先进》)

颜回是孔子的高徒,以学问道德著称,却常常穷得没办法;子贡(端木赐)虽不如颜回聪明,但经商时对行情却把握得十分准确。有人认为孔子的这段话是"贤颜渊而讥子贡"(《汉书·货殖传》),其实未必。孔子虽然赞赏颜回穷不失志的精神,但也并不希望他永远穷下去。例如,孔子师徒在陈、蔡之野被围困并绝粮时,就因为得到颜回的理解和支持而说过"使尔多财,吾为尔宰"的话(《史记·孔子世家》)。假如你有许多财富的话,我愿意为你当理财的人。这虽然是一种假设,但也表明了孔子的愿望。以此观之,其"回也其庶乎,屡空",就很有点替颜回感到遗憾的意味。而"赐不受命而货殖焉",无论对其中的"不受命"做何种理解,都是自取自为的意思,"亿则屡中"则是对子贡经商才能的肯定。子贡是孔子十分器重的弟子之一,能官能商。经商的主要手段,是根据对不同地区行情的预测,贱买贵卖,从中获利。司马迁在《史记·货殖列传》中说:

> 子赣既学于仲尼,退而仕于卫,废著鬻财于曹、鲁之间,七十子之徒,赐最为饶益。原宪不厌糟糠,匿于穷巷。子贡结驷连骑,束帛之币以骋享诸侯,所至,国君无不分庭与之抗礼。夫使孔子名布扬于天下者,子贡先后之也。此所谓得执而益彰者乎?

从司马迁的描述看,子贡的买卖不仅做得很大,而且相当富有,所到之处国君无不将其视为上宾礼待。孔子是否如司马迁所见,是因为有了子贡的帮助而名扬天下姑且不论,但孔子对子贡十分信赖,子贡对孔子无比忠诚,则是事实。在《论语·子张》中,连续四章记录了子贡颂扬孔子、反对诋毁孔子的言论,特别是当有人宣传"子贡贤于仲尼"或以此向其本人求证时,子贡不仅不买帐,而且指出他们见识低下。子贡把孔子学问之博大精深比作"数仞宫墙",把孔子之贤比作"日月",认为"夫子之不可及也,犹天之不可阶而升也",把毁谤孔子者喻为"自绝于日月"般不自量力,情真意切。据《史记·孔子世家》和《礼记·檀弓上》记录,在孔子病危时,最先赶来探望的便是子贡,孔子亦将自己的后事托附于子贡。在孔子死后,孔门弟子皆为孔子守丧三年,"唯子贡庐于冢上,凡六年,然后去"(《史记·孔子世家》),其师生之谊可见。可以设想,假如孔子反对子贡的经商行为而子贡坚执其行,就不会形成这样的师生关系;有了这样的师生关系,如果孔子对子贡的经商活动不赞成,就会直言劝阻,子贡也会听从孔子的意见。正因为孔子没有阻止甚至支持,才使子贡获得了骄人的经商业绩,并与范蠡(陶朱公)一道,被后世尊为商人的鼻祖。后世的一些商人常以此二人为榜样,在厅堂中摆他们的偶像,挂"陶朱事业,端木生涯"的对联,顶礼膜拜。

子贡的商业意识和行为也直接影响到孔子。有一次,子贡问孔子:"有一块美玉在此,是把它藏在匣子里呢,还是找一个识货的人把它卖掉!"孔子回答说:"卖掉! 卖掉! 我正在等识货的人呢。"(《子罕》)这里的"美玉"虽可能暗指孔子的才能,但也可以从中看出孔子对商品交换的一般看法。就是说,孔子虽倡导志于道并钦佩颜回那样穷不失志的品格,却并没有将求道与致富对立起来,即所谓"学也,禄在其中矣"。将这些情况与孔子曾祝愿颜回也能"多财"的话联系起来看,孔子的"回也其庶乎,屡空。赐不受命而货殖焉,亿则屡中",既不是对颜回的肯定,也不是对子贡的批评,而是一种带有些许困惑的对客观事实的陈述。这种困惑,几可视为对"富贵在天"传统认识的怀疑,在形成孔子对天命最终认识的过程中,起了实际作用。

此外,从子贡的经商业绩和孔子对子贡的评价中可以看出,春秋时期跨地区的商品交换行为已达到相当规模,在孔子那里,也没有重农抑商或重本抑末的认识取向。

(三)"危邦不入"的自我保护意识

孔子是主张积极入世、为理想而奋斗不息的人,即所谓"志士仁人,无求生而害仁,有杀身以成仁"(《卫灵公》)。但与此同时,孔子也注意引导人们树立自我保护意识,反对做无谓的牺牲:

> 子曰："笃信好学,守死善道。危邦不入,乱邦不居。天下有道则见,无道则隐。"(《泰伯》)
>
> 子曰："邦有道,危言危行;邦无道,危行言孙。"(《宪问》)
>
> 子谓南容,"邦有道不废,邦无道免于刑戮"。以其兄之子妻之。(《公冶长》)

这些论述的主旨在于,一个人既要坚守道义、保持自己的人格操守,又要审时度势、根据环境和条件决定个人的进退行止,不能鲁莽行事或作无畏的牺牲。他称赞其弟子南容这方面的表现,并因此将其侄女许配给南容,说明孔子是极看重这种处世能力的。《诗经》有云:"既明且哲,以保其身,夙夜匪懈,以事一人。"(《大雅·蒸民》)这是周宣王时朝臣尹吉甫写给另一位朝臣仲山甫赞美诗中的诗句。明智的人善于保全自己。但保全自己的目的不是苟且偷生,而是坚持不懈地为国效力。可见,"明哲保身"其实并无贬意,只是被毛泽东将其与"但求无过"联用后,才被赋予了消极意义。例如,孔子的"危邦不入,乱邦不居。天下有道则现,无道则隐",是作为"笃信好学,守死善道"的具体表现提出的,故以洁身自好和"留得青山在"的意蕴为多,是同流合污与无畏牺牲的中道。对此,孔子与颜渊、子路有一次对话,我们可从中看得更加清楚:

> 子谓颜渊曰:"用之则行,舍之则藏,惟我与尔有是夫!"子路曰:"子行三军,则谁与?"子曰:"暴虎冯河,死而无悔者,吾不与也。必也临事而惧,好谋而成者也。"(《述而》)

孔子表扬颜渊,认为只有他能和自己一样,被任用就倾力而为,不被任用就全身而退。子路听了很不服气;如果让您率领军队,您找谁共事?这实际上是拿自己的长处比颜回的不足。孔子深知其意,虽没有否定其长处,但也直接指出了其有勇无谋的缺点。子路虽以为人正直、果敢和忠诚深得孔子信任,但因过于鲁莽、遇事不知变通,孔子对其颇为担心并多有批评和提醒。尽管如此,子路还是因为不能正确判断形势并灵活选择而在卫国发生的宫廷政变中被杀,令孔子伤痛不已。

(四)"富而后教"的政治主张

与"义"相对应的"利",包括私利和公利(民利)两个方面。如果说孔子在某种程度上对个人利益有所轻视的话，对公利和民利，则给予了高度重视。他不仅把"博施于民而能济众"视为圣人的境界（《雍也》），而且认为"政之急者，莫大乎使民富且寿也"（《孔子家语·贤君》），主张对百姓要"富之"然后"教之"（《子路》），要求统治者能够"因民之所利而利之"（《尧曰》）。在这些主张中，满足民众的利益不仅被公开倡导，而且被纳入"仁"的最高境界和为政之要。对此，将在本章第四部分详加考察。

综上可见，对人的合理欲求和趋利避害的正常选择，孔子不仅没有否定，而且持肯定的态度。这就告诉我们，仅从"子罕言利"和"君子喻于义，小人喻于利"两条记录去评价孔子的义利观，是不全面也不充分的。在具体理解上，也不能以文害辞，以辞害志，简单草率。

二、见利思义的理性原则

孔子没有从一般的意义上去否定人的求利欲望和求利行为，但也不主张以求利特别是追求个人私利为唯一目的，并为此而不择手段。孔子看到，如果这种追求完全依照个人欲望直生直长而没有道德和理性的约束，不顾及他人和群体利益，就会产生矛盾和冲突，影响社会的正常秩序，正所谓"君子义以为上。君子有勇而无义为乱，小人有勇而无义为盗"（《阳货》）。因此，孔子倡仁隆礼，推行中道，提出了"见利思义"（《宪问》）的理性和道德原则。

在孔子倡导的诸多范畴中，"义"与"中"相近，是综合评价人的德性和理性的普遍概念。在"见义不为，无勇也"中，"义"指正义和当为的事项；在"主忠信，徙义，崇德也"中，"义"指正确的道理或准则；在"君子之于天下也，无适也，无莫也，义之与比"中，"义"指审时度势的合理选择。"义"之最准确的定义，就是"义者，宜也"（《中庸》）。因此，重义不仅是重道德，也是重理性和时宜。循此，孔子对求利行为给出了诸多建议，形成了比较系统的义利关系学说。

（一）孔子主张采取正当手段追求个人利益，反对见利忘义

所谓"见利思义"，就是说，在看到利益的时候，要考虑是否应该追求

和获取。他所说的"富与贵，是人之所欲也；不以其道得之，不处也"中的"道"，也就是"义"，即正当合理的手段。无论致富达贵还是摆脱贫贱，虽都是人的正常欲求，但均不能采取不正当手段，这是孔子对义利关系的基本看法。

例如，孔子本人虽然也怀有致富达贵的愿望，但同时表明："饭疏食，饮水，曲肱而枕之，乐亦在其中矣。不义而富且贵，于我如浮云。"（《述而》）这是对以追求个人利益为惟一目的的惟利是图的否定。孔子所说的"乐在其中"，不是乐贫而是乐道，是穷不失志的精神境界。孔子称赞颜回"一箪食，一瓢饮，在陋巷，人不堪其忧，回也不改其乐"（《雍也》），绝非赞赏他能安于贫困而不图改变，而是肯定颜回穷不失志的精神；他说吃粗粮喝冷水，弯着胳膊做枕头也有乐趣，表达的是对"不义而富且贵"的轻蔑。孔子把通过不正当手段获得的富贵看得如天空中的浮云一样，强调的是人格操守。这也并非个人的清高和固执。浮云是浅淡而易逝的。一个靠不正当手段谋取富贵的人，会充满不安全感，也就难以"乐在其中"，自己做自己的主人。

无论贫穷还是富有，都要坚守做人的底线，并不断提升境界：

> 子贡曰："贫而无谄，富而无骄，何如？"子曰："可也；未若贫而乐，富而好礼者也。"子贡曰："诗云'如切如磋，如琢如磨'，其斯之谓与？"子曰："赐也，始可与言《诗》已矣，告诸往而知来者。"
> （《学而》）

对子贡提出的贫穷却不巴结谄媚、富有却不骄横凌弱，孔子首先给予了肯定。但在孔子看来，仅此还不够，不如虽贫穷却乐于道（在皇侃本、高丽本和足利本中，"贫而乐"的"乐"后有"道"字，可取），纵富有却以礼待人。有人认为，孔子提出的境界不如子贡，甚至是"别有用心"。在历次批孔运动中，"安贫乐道"也都是一条主要罪状。对此，我们不妨进行一下比较和分析。

"贫而无谄"当然是有骨气的表现，孔子对此也给予了肯定。但如果仅仅做到这一点，却既难以改变自身命运，更不足以解决社会问题。"贫而乐道"即穷不失志，才能真正表现出人的精神气质，是积极向上的人生态度。推理可知，能够做到"贫而乐道"的人，就自然能够做到"贫而无谄"；而能够做到"贫而无谄"者，却未必能做到"贫而乐道"。"富而无骄"和"富而好礼"，二者的递进关系也是明显的。富有而不骄横，固然可体现出良好的修养；但若能做到富有而以礼待人，乃至乐善好施，显然更为高尚。在孔子那里，礼是以仁为本质的，且包含着制度和有约束性的行为规范在内。如果做到"富而好礼"，就可摆脱"为富不仁"的常态而进入新的境界。

孔子倡导"贫而乐道"，也是对道义的追求与维护："士志于道，而耻恶衣恶食者，未足与议也。"（《里仁》）事实也大概如此。一个以吃粗粮穿破衣为耻辱的人，不仅难以"贫而乐道"，而且极易滑向"不义而富且贵"的歧途。孔子所说的"士"所志之"道"，是仁道。对此，其学生曾子所见甚明："士不可以不弘毅，任重而道远。仁以为己任，不亦重乎？死而后已，不亦远乎！"（《泰伯》）这就更加可以证明，孔子所说的"贫而乐道"，是以推行仁德为己任的人生道路；孔子主张"富而好礼"，目的是使富者成为乐善好施的仁人。这就并非有些学者所见，是劝说"一方乐道，一方好礼，穷人听话，富人安宁"，而是既表现骨气又表现理想追求的精神境界和理想人格。

如前所述，子贡是通过自取自为的经商之途由穷变富的，同时一生追随孔子。他可能自认已经做到"贫而无谄，富而无骄"，想得到孔子的认可，而孔子则告诉他，能做到这一点固然很好，但还有更高的境界，要努力去追求。对孔子的意见，子贡心领神会，并引《诗》以证，认为从"贫而无谄，富而无骄"到"贫而乐，富而好礼"，犹如治骨角既切又磋，治玉石既琢又磨，是提高品质的过程。孔子闻此非常高兴，认为子贡能"告诸往而知来者"。

孔子贫而乐道、富而好礼的主张，在后来的儒家代表人物那里均没有出现曲解。孟子主张"穷则独善其身，达则兼善天下"（《孟子·尽心上》），"得志，与民由之；不得志，独行其道。富贵不能淫，贫贱不能移，威武不能屈"（《孟子·滕文公下》）。这种"大丈夫"气节，是对孔子思想的继承和发展。实践证明，只有达此境界的人，才能获得对人类精神的真正认知，才能摆脱利欲的束缚而进入思想自由的领域。

（二）孔子倡导通过个人努力获取收益，反对不劳而获

这一思想，主要体现在他与其学生樊迟的两次问答中：

> 樊迟问知，子曰："务民之义，敬鬼神而远之，可谓知矣。"问仁，曰："仁者先难而后获，可谓仁矣。"（《雍也》）

> 樊迟从游于舞雩之下，曰："敢问崇德、修慝、辨惑。"子曰："善哉问！先事后得，非崇德与？攻其恶，无攻人之恶，非修慝与？一朝之忿，忘其身以及其亲，非惑与？"（《颜渊》）

在孔门弟子中，樊迟理解能力稍差且曾一度志向不高，曾因向孔子请教种庄稼而受到批评。但樊迟后来改变很大，经常向孔子请教"仁"、"智"等重要问题，被孔子充分肯定并倾心传授。所谓"先难而后获"与"先事后得"，都是先付出后收获的意思，孔子将其看作仁者之风和提高品德的途径。

孔子反对不劳而获，也针对了当时一些官员尸位素餐的实际，故有"事君，敬其事而后其食"（《卫灵公》）的告诫。在《诗经》中，有许多劳动者不满于贵族阶层不劳而获的诗篇，如人们所熟知的《硕鼠》，孔子给予了充分肯定。

孔子将先付出后收获看得如此之高，不仅是对道德的坚守，也具有维护公平正义的政治和社会意义。例如，在正常的理性范围内，穷人对凭借勤劳和智慧致富者可能会看着眼热，却不会眼红；而即使同是富人，凭勤劳和智慧致富者对"不义而富且贵"者，亦会产生愤怒。所谓"仇富"心理，主要源自这些不劳而获或依凭不正当手段一夜暴富者，是被不公平刺痛的反应。孔子已然看到："公则悦。"（《尧曰》）公平百姓就会高兴。如果在收入和分配上缺少了公平，即使百姓生活水平有了普遍提高，其满足感和幸福指数也难以同步提升。

（三）孔子坚持"欲而不贪"的适度原则，反对贪得无厌

"欲而不贪"是孔子提出的从政者应尊崇的五种美德之一（见《尧曰》），所针对的是一些统治者贪得无厌的行为。例如，鲁国大夫季孙氏比周公还富有，但冉求还帮助其推行增税政策，孔子便对学生们说："非吾徒也,小子鸣鼓而攻之可也!"(《先进》)再例如,季康子苦于盗贼太多,向孔子咨询解决的办法,孔子指出:"苟子之不欲,虽赏之不窃。"(《颜渊》)就是说,假如您不贪求太多的财富,就是奖励偷抢他们也不会干。这就在批评季康子过于贪欲的同时,指出了从政者品行对民众的影响和示范作用。

此外,从普遍的意义出发,孔子认为:"放于利而行,多怨。"(《里仁》)完全依照个人利益行事,会招致很多怨恨。这是我们在日常生活中经常可以看到的。孔子还认为,一个贪欲太多的人,就不能做到刚毅不屈。有一次,孔子颇为失望地言道:"我没有见过刚毅不屈的人。"有人回应说:"申枨这个人差不多吧!"孔子则不予肯定,理由是"枨也欲,焉得刚?"(《公冶长》)这就直接指出了贪欲对人格和心灵颐养的伤害,是"无欲则刚"的辞源。这两个看法说明,"欲而不贪"不仅是一种为政之道,也是个人修养和处世原则,是人的欲求的中道。

(四)孔子强调在追求个人利益时要兼顾他人利益,反对损人利己

孔子肯定趋利避害是人的天性,但同时主张互利,反对损人利己。他推崇"己欲立而立人,己欲达而达人",是一种兼顾自己和他人利益的主张;他倡导"己所不欲,勿施于人",就是要求人们能够将心比心,不能把对自己不利或有害的事物加诸别人,损害别人的利益。对此,孔子将其概括为"恕",即推己及人之道,认为是可终身奉行的做人准则。对此,在讨论孔子"仁"的主张时已有较详的分析,不再赘述。

对损人利己的行为,孔子不仅反对而且十分愤懑:

> 子曰:"鄙夫可与事君也与哉?其未得之也,患得之;既得之,患失之。苟患失之,无所不至矣。"(《阳货》)

与患得患失的人在一起共事,的确是一件很困难且很危险的事情。他们为了争得或保护自己的名利,什么事都会干出来。所谓"无所不至",即无所不用其极,这是患得患失的必然表现。

(五)孔子要求人们从大处着眼,反对急功近利

对利益的追求需要理性调节,同时也要具备相应的眼界和智慧。孔子的学生子夏当上莒父的县长后,向其请教为政方法,孔子回答说:"无欲速,无见小利。欲速,则不达;见小利,则大事不成。"(《子路》)快速实现自己追求的目标和利益,当然是人人希望的。但如果客观条件不具备而盲目求快,通常会适得其反。从上个世纪的"大跃进",到前些年不顾环境和效益盲目追求GDP,不良后果都是极为严重的,这可以证明,孔子给子夏的政治建议,是具有普适性的。

个人行事亦当如此。孟子评价孔子说:"可以仕则仕,可以止则止,可以久则久,可以速则速。"(《孟子·公孙丑上》)其中的"可以"二字,考量的就是主、客观条件,以及行为后果。

孔子反对不顾条件和可能性的急功近利,反对被眼前的蝇头小利所惑而影响大目标的实现,既是为政之道和求利原则,也是成就事业的不刊之论,是研究孔子义利观时必须深刻领会的重要观点。孔子这一主张的深层次意义,是在"见利思义"合理化原则基础上的利益最大化原则。体现这一原则的,还有"人无远虑,必有近忧"和"小不忍则乱大谋"(《卫灵公》)等。这些体现大局观和战略思维的精辟论断,可广泛运用于政治、经济、军事和社会生活的不同层面,是中华民族智慧宝库中的精彩组成部分。

(六)孔子弘扬"义以为上"的大境界,反对见义不为

"义以为上"(《阳货》)是孔子倡导的君子人格。在义与利不能兼得时,特别是在行义可能带来伤害或危险时,是舍义取利还是见义勇为,是对人格和人品的极大考验。孔子认为:"见义不为,无勇也。"(《为政》)此一"勇"字,既是对私利的割舍,也包括自我牺牲精神。孔子所主张的"志士仁人,无求生以害仁,有杀身以成仁"(《卫灵公》),是见义勇为的最高境界。孟子也同样指出:"生,亦我所欲也;义,亦我所欲也。二者不可得兼,舍生而取义也者。"(《孟子·告子上》)此二者的结合,便是"舍生取义,杀身成仁",成为中华民族为了正义事业勇于牺牲、不屈不挠的精神品格,是民族精神和人性之光的展现。

见义勇为之举虽会与牺牲个人利益乃至危险相联系,但也并非全然如此。有些所需要的,只是有限的付出乃至举手之劳。此时的"勇"字,所考验的便是有无爱心和正义感的精神境界。孟子曾举例说:"挟太山以超北海,语人曰,'我不能。'是诚不能也;为长者折枝,语人曰,'我不能。'是

不为也,非不能也。"(《孟子·梁惠王上》)近些年来,出现了一些因见义勇为而被反诬的事件,经媒体炒作后,导致了一些见义而不敢为的社会现象。其实,举手之劳的见义勇为之举,在我们的生活中是每时每刻都在发生的,被助者反诬助人者情况的发生,可能只是百万分之一而已。对此类无德无良之人,我们当然应该遗责,并通过法律和舆论为见义勇为者撑腰,使反诬者无容身之地;但切不可将其视作社会生活的常态,使见义勇为者望而却步。我们还是要相信好人有好报的常理,相信社会正义的力量,不要被个别和极端事件影响了"见义勇为"这一民族美德的传承。

(七)孔子注重社会影响和实际效果,不以僵化的标准看待利益取舍

孔子倡导"义以为上",但并不要求人们在私利面前一概采取排拒的态度——这在前面已经论证过了。孔子还有一个很重要的意见,就是对利益的取舍要综合考虑别人的感受和社会效果:

> 子路拯溺而受牛谢,孔子曰:"鲁国必好救人于患。"子赣赎人而不受金于府,孔子曰:"鲁国不复赎人矣。"子路受而劝德,子赣让而止善。孔子之明,以小知大,以近知远,通于论者也。(《淮南子·齐俗训》)

文中所述子路救人和子贡赎人两件事及孔子的评论,在《吕氏春秋·先识览·察微》和《说苑·政理》中亦有记录,其中《吕氏春秋》记子贡赎人一事及孔子的评论说:"鲁国之法,鲁人为人臣妾(奴仆)于诸侯,有能赎之者,取其金于府。子贡赎鲁人于诸侯,来而让不取其金。孔子曰:'赐失之矣。自今以往,鲁人不赎人矣。取其金则无损于行,不取其金则不复赎人矣。'"《说苑》记此事说:"鲁国之法,鲁人有赎臣妾于诸侯者,取金于府。子贡赎人于诸侯而还其金。孔子闻之曰:'赐失之矣。圣人举事也,可以移风易俗而教导,可施于百姓,非独适其身之行也。今鲁国富者寡而贫者众,赎而受金则为不廉,不受则后莫复赎,自今以来,鲁人不复赎矣。'"将以上各种记录综合起来,主要情况是:子路救了溺水的人,接受了主人一头牛的酬谢,孔子说:"鲁国人肯定喜欢从患难中救人了。"子贡从国外赎回当奴仆的人,按鲁国法令规定,可从国库领取赎金,但子贡却辞拒不受,孔子说:"鲁国人不会再有人赎人了。"孔子认为,领取赎金对品行没有损害，而不领取赎金，则会对别人造成影响。特别是在国中富人少而穷人多的情况下，如果认为赎而受金是不廉洁之举，就不会再有人到国外赎人了。《淮南子》的作者对此评论说：子路接受酬谢而鼓励了做好事的人；子贡辞拒赎金而制止了行善的行为。孔子很明察，能通过小事推知大道理，由近前的推知未来的，是通晓大道理的人。这些记事记言表明，对利益的取舍，孔子是并不机械教条的，所采取的是"时中"之法。这也表明，在孔子那里，公利与私利、利己与利人并不完全是对立的，二者不仅可以兼容，而且可以互相促进。

三、义利统一的本质特征

通过分析可以看出，孔子的义利观既是调节个人与他人、个人与群体、私利与公利关系的原则，也是指导人们正确处理物质与精神的关系、提升意志品格和精神境界的途径。孔子所重之"义"，既体现德性，也包括理性。德性倡导利他或不伤害他人利益，理性则不局限于此，也包括对个人利益的正确把握。孔子用德性与理性调节统治者与被统治者、个人与他人、理想与现实、当前与长远等不同利益之间的冲突，力图将人的物质性与德性、理性完美地结合起来，是其义利观的本质特征。

用德性和理性去调节社会上不同利益主体之间的关系，是任何文明社会都不可缺少的手段。由于这种手段的运用会与个人或眼前利益发生冲突，因而推行起来会遇到阻力——这在人类社会早期尤其如此。十八世纪法国启蒙运动的思想家孟德斯鸠就提出过如下看法：

> 正义是确实存在于两件事物之间的恰当的关系；无论谁来考虑这种关系——上帝也好，天使也好，以至于人也好——这种关系始终如一。
>
> 那倒是真的：人们并非永远看得见这种关系；往往甚至看见了还故意远而避之；而利益所在，人人眼明，却永远如此。正义发出呼声，但是人之七情，纷纭复杂，正义的呼声很难听见。（《波斯人信札》第十二信，人民文学出版社1959年版，第144—145页）

因为"正义的呼声很难听见"，就必须有人不停地呼喊——孔子主动担负了这一重任，故多有重义的言论传世；因为"利益所在，人人眼明"，无需有人刻意倡导，故孔子"罕言利"。司马迁在《史记·孟子荀卿列传》中，也谈过类似的看法：

　　太史公曰：余读《孟子书》，至梁惠王问"何以利吾国"，未尝不废书而叹曰："嗟乎，利诚乱之始也！夫子罕言利者，常防其原也。故曰'放于利而行，多怨'。自天子至于庶人，好利之弊何以异哉！

司马迁读《孟子》至梁惠王问"怎样才对我的国家有利"时，总不免要放下书本而感叹说："唉，谋利的确是一切祸乱的开始呀！孔夫子极少讲利的问题，其原因就是经常防备这个祸乱的根源。所以他说'依据个人的利益而行动，会招致很多怨恨'。上自天子下至平民，好利的弊病都存在，有什么不同呢？"司马迁对利的看法虽与孟子一样，多少有些极端化的倾向，但对孔子"罕言利"的理解，是很贴切的。

《论语》记有一则故事，读来颇觉有趣：

　　子问公叔文子于公明贾曰："信乎？夫子不言、不笑、不取乎？"公明贾对曰："以告者过也。夫子时然后言，人不厌其言；乐然后笑，人不厌其笑；义然后取，人不厌其取。"子曰："其然？岂其然乎？"（《宪问》）

公叔文子是卫国大夫，有人说他不言、不笑、不取，孔子对此表示怀疑，向卫人公明贾求证。这一求证本身就表明，"三不"是有违人的常态或常理的。公明贾是一个聪明人，当然知道孔子此问的原由，于是回答说：公叔文子在该说话的时候才说话，别人不厌恶他的话；在高兴的时候才笑，别人不厌恶他的笑；在符合道义的时候才取，别人不厌恶他的取。这一回答虽十分机智，却过于完满，于是引起孔子的进一步质疑：是这样吗？难道真的是这样吗？这种对"三不"的质疑和嘲讽，也体现了孔子不以极端的态度对待私利的立场。

主张义而后取并反对不义而富且贵，所追求的是得利手段的合理性和良心的不受责备，是纯然利己和纯然利他的中道。孟子深明此理，得出了"杨子取为我，拔一毛而利天下，不为也。墨子兼爱，摩顶放踵，利天下，为之。子莫执中,执中为近之"的结论(《孟子·尽心上》)。

讨论至此,对孔子的"君子喻于义,小子喻于利",就应该进行一下具体分析了。

朱熹注此章曰:"喻,犹晓也。义者,天理之所宜。利者,人情之所欲。"以"天理"和"人欲"解"义"与"利",是与其"存天理,灭人欲"的主张相呼应的,故朱熹此解,与孔子的主张有明显的不相投合之处。朱熹在《集注》中引程子曰:"君子之于义,犹小人之于利也。唯其深喻,是以笃好。"读此说与读原文没多大区别。不过,程朱一派的意见,显系将"君子"视为有德者。有德者重义,无德者重利,当然可以说得通;但由此反推,将重利者尽皆视为无德的小人,不仅打击面过大,也将义与利视为完全对立的范畴了。程子的"计利则害义"(朱熹《四书集注》"子罕言利"注引),朱熹的"存天理,灭人欲"(《朱子语类》卷十二),都是由此而生成的。

也有学者认为,其中的"君子"和"小人"指有位者和无位者,如董仲舒的"明明求仁义,常恐不能化民者,卿大夫之意也;明明求财利,常恐困乏者,庶人之事也"(《汉书·杨恽传》引)。对董仲舒的这一解释,我们要从以下两个方面去认识。

其一,如果将董仲舒的这一解释理解为对有位和无位者实际表现的概括,显然不符合实际。一方面,对当时的统治者,孔子大多不满意,尤其是对他们过分贪欲、缺乏远见和不能给民众率先垂范深恶痛绝。除对季康子过分贪欲的批评外,孔子曾直言晋文公"谲而不正",指责卫灵公"无道"(《宪问》),把当时的从政者一概斥之为见识狭小的"斗筲之人",认为连次一等的"士"也算不上(见《子路》)。在这种情况下,孔子怎么能概言有位者皆"喻于义"呢?另一方面,孔子的许多学生出身贫贱,无权无位,如以德行著称的颜渊、闵子骞和冉雍等,孔子当然不会认定他们只"喻于利"。孔子在阐述"君子义以为上"的道理时就说,"君子有勇而无义为乱,小人有勇而无义为盗"。这里的"君子"与"小人"显系有位者与无位者,但孔子认为这两种人中均可产生不义之徒。

其二,若将董仲舒的解释理解为因职责和处境不同而应关注不同,则有些道理。读董仲舒的"天人三策"可知,其对孔子"君子喻于义,小人喻

于利”的解读,确是“应然”的期待而非“实然”的指认:

> 身宠而载高位,家温而食厚禄,因乘富贵之资力,以与民争利于
> 下,民安能如之哉!是故众其奴婢,多其牛羊,广其田宅,博其产业,
> 畜其积委,务此而亡已,以迫蹴民,民日削月朘,寝以大穷。富者奢侈
> 羡溢,贫者穷急愁苦;穷急愁苦而上不救,则民不乐生;民不乐生,尚
> 不避死,安能避罪!此刑罚之所以蕃而奸邪不可胜者也。故受禄之
> 家,食禄而已,不与民争业,然后利可均布,而民可家足。此上天之理,
> 而亦太古之道,天子之所宜法以为制,大夫之所当循以为行也。(《汉
> 书·董仲舒传》)

作为统治阶层,无论从“四海困穷,天禄永终”的原始民本思想出发,
还是从巩固自己的统治地位计,均应考虑治国安民的道义问题,用孔子的
话说,即“义以生利,利以平民,政之大节也”(《左传·成公二年》)。同时,
与民众相比,作为物质生活得到极大程度满足的统治者,若不以道义为先,
与民争利,本身就是一种罪恶。孟德斯鸠在讨论正义的问题时就指出:
“上帝决不可能作任何不义之事;既然假定上帝看得见正义,他就必然需
要循正义之道而行。因为,上帝自给自足,不需要任何东西,如果他不图
利益而违背正义,他将成为一切人中最恶劣的一个。”(《波斯人信札》,第
145页)由此我们可以想到,当孔子看到比周公还富有的季氏仍贪得无厌
地到处搜括民财时所产生的那种愤懑,必定与孟德斯鸠对其假设的“不图
利益而违背正义”的“上帝”心情是一样的。区别只在于,“上帝”不图利
益而违背正义,“季氏”不需要过分贪图利益而违背正义。而百姓则不同,
特别是衣食难保的穷人,不仅谋利生存是第一需要,而且思想的空间也完
全被日常生活和忧虑所占据,所以很难主动关注为政者必须思量的道义问
题——尽管也有许多像颜回那样安贫乐道的人。

这样理解孔子的“君子喻于义,小人喻于利”,也有孟子的看法为之佐
证。孟子在承袭孔子的义利观时,虽有重义贱利的极端化言论,如他在回答
梁惠王“何以利吾国”之问时所言之“何必曰利”(《孟子·梁惠王上》),但在
对士君子和民众提出不同要求这一点上,与孔子是比较一致的。孟子指出:

> 无恒产而有恒心者,惟士为能。若民,则无恒产,因无恒心。苟无

恒心，放辟邪侈，无不为已。及陷于罪，然后从而刑之，是罔民也。焉有仁人在位罔民而可为也？是故明君制民之产，必使仰足以事父母，俯足以畜妻子，乐岁终身饱，凶年免于死亡；然后驱而之善，故民之从之也轻。(《孟子·梁惠王上》)

没有固定的产业收入却有一定道德观念和行为准则，只有士人才能够做到。至于一般人，如果没有一定的产业收入，便也没有一定的道德观念和行为准则，就会胡作非为，违法乱纪，什么事都干得出来。等到他们犯了罪，然后去加以处罚，这等于陷害百姓。孟子将孔子的富民主张发展为"制民之产"，即设法使民众有固定产业收入，认为民众如果没有一定的产业收入，就不会有一定的道德观念和行为准则，从而深刻揭示了孔子"富而后教"主张的缘由，证明了物质基础对精神的决定作用。

儒家的另一位重要代表人物荀子，对义利关系也持有与此相近的看法：

义与利者，人之所两有也。虽尧、舜不能去民之欲利，然而能使其欲利不克其好义也。虽桀、纣亦不能去民之好义，然而能使其好义不胜其欲利也。故，义胜利者为治世，利克义者为乱世。上重义，则义克利；上重利，则利克义。故天子不言多少，诸侯不言利害，大夫不言得丧，士不通货财。有国之君不息牛羊，错质之臣不息鸡豚，冢卿不修币，大夫不为场园。从士以上皆羞利而不与民争业，乐分施而耻积臧。然故，民不困财，贫窭者有所窜其手。(《荀子·大略》)

荀子认为，义与利是人同时具有的追求，但以何为先，则可决定社会的治乱。"义胜利者为治世"，这是"胜利"一词的来源。要实现"义胜利"或"义克利"，荀子认为关键在于"上重义"，并因此提出了"士以上皆羞利而不与民争业"的意见。

从天子至士人皆以谋求私利为耻而不与百姓争夺产业，乐于施舍而把积财当作耻辱，民众就不会被财所困，贫穷的人也都有出力的地方了。荀子此见，显然并非一般意义上的道德主张，而有解决利益冲突的意蕴在里面。官员经营牟利，权力和资本结合，不仅会导致腐败，也易于使制定的政策向自己而非公共利益倾斜，从而失去公平。这或许就是"士以上皆羞利而不与民争业"的深刻意义。防止这种"利益冲突"，也是当代社会解决腐败问题所要考量的重要概念。

将上述意见综合起来看，孔子的"君子喻于义，小人喻于利"，与其另外所言之"君子怀德，小人怀土；君子怀刑，小人怀惠"（《里仁》），认识和主张是一致的，是对因职责、使命、境界或社会角色不同、要求不同而关注不同的理论陈述。其中的"君子"既指有德者，也可指有位者；对有位者，是应然的期待而非实然的指认。所以，孔子既要求统治者"欲而不贪"、"节用而爱人"也要求其志于道的弟子不要把衣食看得太重："士志于道，而耻恶衣恶食者，未足与议也。"（《里仁》）而对诸多百姓的怀土怀惠和求利行为，孔子不仅没有反对，而且给予了极大关注，即所谓"富民"、"利民"和"博施于民而能济众"。不加分析地以孔子的一句"君子喻于义，小人喻于利"便将其视为义利对立论者，是不符合实际的。

对孔子的"君子喻于义，小人喻于利"，也有另外一种看法：

> 孔子说"君子喻于义，小人喻于利"，并不是把"君子"和"小人"看成固定不变的两种相互对立的人格模式，而是提出了一种判断"君子"和"小人"的评价标准。如果"喻"于"私利"并按照是否能满足"私利"去行事，就会成为一个没有道德的"小人"；相反，如果能够"喻"于义，并按照义去行事，就会成为一个有道德的"君子"。在这里，"义"主要是指整体利益，"利"主要是指个人的自私自利。（罗国杰《中国古代儒家思想与政治统治》，《中外历史问题八人谈》，中共中央党校出版社1988年版，第413—414页）

这种解释虽代表了一个方面的意见，并可免受低估百姓或无位者境界的指责；但认为"义"主要指整体利益，"利"主要指个人的自私自利，则有过度解读之嫌。若是，则"见利思义"和"义然后取"，就应该译为"看到个人利益时要想到整体利益"和"先满足整体利益再考虑个人利益"，"义以为上"也就成为"整体利益至上"了。这是上世纪中叶以来曾长期宣传的"社会主义"主张，在孔子那里是没有的。

无论如何，大量事实表明，尽管孔子为了倡扬道义而对个人私利持某种程度的节制态度，个别言论和主张也有矫枉过正之嫌，持有明显的重义轻利的价值取向，却没有从一般意义上否定人的求利动机和求利行为，没有将"义"与"利"看成对立的范畴,更没有禁欲主义的倾向。在义利关系的问题上,孔子的普遍性主张,还是既承认"人之所欲"又反对见利忘义和唯利是图,主张"见利思义"和"以其道得之"。这种主张,是符合人性、道德、正义和社会建设需要的。

四、经济思想及政策主张

孔子的经济思想是与其义利观紧密相连的。作为以推行仁德为宗旨、以社会变革为己任、以构建大同社会为目标的思想家,孔子虽在人格培育上存在重义轻利的价值取向,但在探讨治国安邦之策时,则更为关注义利统一的国计民生问题,循此,孔子从不同角度提出了自己的经济思想和政策主张,对后世产生了重要影响。

(一)强国富民

在孔子的治国方略中,强国富民始终是最鲜明的理念。在子贡"问政"时,孔子就提出了三个要件:"足食,足兵,民信之矣。"(《颜渊》)要足食足兵,就必须发展经济,这是不言而喻的。

与以牺牲民众利益为代价的强国路线不同,孔子主张富民。例如,卫国在春秋中期曾一度亡国。孔子游历卫国时,看到人口稠密的复兴景象,发出了由衷的赞叹。在冉有问人口多了下一步应该怎么办时,孔子提出了使他们富裕起来、然后教育他们的主张:

> 子适卫,冉有仆。子曰:"庶矣哉!"冉有曰:"既庶矣,又何加焉?"曰:"富之。"曰:"既富矣,又何加焉?"曰:"教之。"(《子路》)

富民是孔子的为政理想,也是巩固政权和维护社会稳定的需要。孔子看到,"贫而无怨难"(《宪问》)。如果贫穷达到一定程度,民众的怨恨就会变成行动;如果百姓起来造反,政权就不会巩固,即所谓"四海困穷,天禄永终"(《尧曰》)。孔子的学生颜渊在向鲁定公阐述国家领导人"不穷其民"的道理时,就秉其师承说:"臣闻之,鸟穷则啄,兽穷则攫,人穷则诈。自古及今,未有穷其下而能无危者也。"(《荀子·哀公》)这与孔子告诫鲁哀公的"君者,舟也;庶人者,水也。水则载舟,水则覆舟"(同上),道理是一致的。

孔子主张富民，还是他仁学体系的重要组成部分。在鲁哀公问政时，孔子就以"政之急者，莫大乎使民富且寿也"回答（见《说苑·政理》《孔子家语·贤君》）。将富民利民视为为政目的和为政者的责任，这在当时的历史条件下，是十分宝贵的认识，是由"工具理性"的民本主义向"价值理性"的人本主义的迈进。事实表明，统治者只有把富民利民看成自己的职责，才能真正做到心系百姓，行富民利民之策。

孔子提出的"富而后教"主张，也是极富创造性的。一方面，孔子之前学在官府，百姓没有受教育的权利。孔子主张教民并亲自实践，就打破了不合理的旧制，有利于提高国民素质。另一方面，孔子主张先富后教，也是看到了国民教育所必需的物质基础。其所言之"君子怀德，小人怀土。君子怀刑，小人怀惠"，不仅是对君子人格的期许，也肯定了百姓对土地和物质生活资料的依赖，指出了因社会角色和生存状态不同而产生的不同取向。孔子的这一认识，也被一些后儒和后世学人所接受。除孟子的"无恒产"便"无恒心"外，荀子亦同样指出："不富无以养民情，不教无以理民性。故家五亩宅、百亩田，务其业而勿夺其时，所以富之也。立大学，设庠序，修六礼，明十教，所以道之也。"（《大略》）这完全可以视为对孔子"富而后教"的解说。此外，在《管子·牧民》中，有"仓廪实则知礼节；衣食足则知荣辱"的认识，是对物质生活在教化中基础作用的简明概括。司马迁在《史记·货殖列传》中，以"礼生于有而废于无"来解读此论，就深得其要。美国心理学家亚伯拉罕·马斯洛在其《人类激励理论》中，把人的需求分为生理需要、安全需要、爱和归属感、尊重、自我实现五个层次，认为人的需要是从低级向高级不断发展的，只有最基本的需要满足后，才会出现高层次的需要。尽管马斯洛的需要层次理论也受到一些质疑，但从总体上看，是符合人类需要发展一般规律的。以此反观孔子的先富后教，以及孟子、荀子和管子的认识和主张，便足可视为其理论先声，也符合教育和德化的一般规律。可以说，孔子是我国历史上较早将富民、发展经济与教育紧密联系起来的思想家。

（二）厚施薄敛

春秋时期生产力水平不高，加上战乱连绵，百姓生活十分艰苦。在诸侯争霸的过程中,一些统治者对外穷兵黩武,对内横征暴敛,以致有人宁愿躲进山林被老虎吃掉也不愿受苛政之苦,这就是孔子所概括的"苛政猛于虎"(《礼记·檀弓下》)。出于对百姓的同情,实现富民的目的,孔子提出了厚施薄敛的经济主张:

> 季孙欲以田赋,使冉有访诸仲尼。仲尼曰:"丘不识也。"三发,卒曰:"子为国老,待子而行,若之何子之不言也?"仲尼不对,而私于冉有曰:"君子之行也,度于礼,施取其厚,事举其中,敛从其薄。如是,则以丘亦足矣。若不度于礼,而贪冒无厌,则虽以田赋,将又不足。且子季孙若欲行而法,则周公之典在。若欲苟而行,又何访焉?"弗听。(《左传·哀公十一年》)

季孙是鲁国的执政上卿,想通过"田赋"即按田亩征税的办法提高赋税。在派冉求(孔子的学生,时任季孙的家臣)征求孔子意见时,孔子以"不识"为借口拒绝回答。经再三请教,孔子私下与冉求谈了自己的反对意见,主张继续采用"丘赋",理由是治理国家"施舍要力求丰厚,事情要做得适当,赋敛要尽量微薄",并对季孙的"贪冒无厌"进行了讽谏。

对"田赋"与"丘赋"的区别,史家多有分析,但说法不一。多数意见认为,"丘赋"只征收公田的赋税,"田赋"则打破公田与私田的界限一律按田亩征税。如果仅此而已,孔子的反对似乎没什么充分的理由。倘若当时的私田大多掌握在贵族阶层手中,则收税与百姓无关,涉及不到厚施薄敛的惠民问题;若私田大多掌握在中下层民众的手中,孔子反对私田征税,则是一农民领袖的形象。《国语·鲁语下》在记叙孔子反对季氏用田赋这段史实时,有反对理由的具体说明:

> 季康子欲以田赋,使冉有访诸仲尼。仲尼不对,私于冉有曰:"求来!女不闻乎?先王制土,籍田以力,而砥其远迩;赋里以入,而量其有无;任力以夫,而议其老幼。于是乎有鳏、寡、孤、疾,有军旅之出则征之,无则已。其岁,收田一井,出稷禾、秉刍、缶米,不是过也。先王以为足。若子季孙欲其法也,则有周公之籍矣;若欲犯法,则苟而赋,又何访焉!"

把孔子陈述的理由翻译过来大概是:先王制定土地的法度,是按劳动力的实际情况分配土地,按土地的远近肥瘠差别征收田赋;征收商税按照商人的利润收入,而且估量其财产的多少加以调整;分派劳役按照各家男丁的数目,而且要照顾那些年老和幼小的男子。于是就有了鳏、寡、孤、疾不服兵役,有战事时才征收他们的赋税,无战事时就免除的规定。有战事的一年,每一井田要交多少粮、草、米,都有具体规定,不超过这个标准。先王认为这样就足够了。如果季康子想按法规办事,那已有周公的籍田之法在;若不按法规办事,就随意赋税好了,又何必来征求我的意见呢?

从这段记叙中可以看出,孔子之所以非难季康子以田赋,主要是因为田赋没有像丘赋那样考虑土地的肥瘠、远近,商贾收入的多少,农户劳力的状况,以及对鳏、寡、孤、疾等弱势群体的照顾等,而且平时和战时一样,这就不够公平,也加重了弱势群体的负担。以此来考察孔子的反对田赋,才会对这一历史事件有比较全面和公允的认识和判断。

尽管季孙没有听从孔子的意见,但孔子关于厚施薄敛的主张并没有因此而改变。当冉求按照季孙的意见增加赋税时,受到孔子的公开批评:

> 季氏富于周公,而求也为之聚敛而附益之。子曰:"非吾徒也。小子鸣鼓而攻之,可也。"(《先进》)

对这段记载的背景和具体内涵,孟子曾给予了明确的揭示:"求也为季氏宰,无能改于其德,而赋粟倍他日。孔子曰:'求,非吾徒也,小子鸣鼓而攻之可也。'由此观之,君不行仁政而富之,皆弃于孔子者也。"(《孟子·离娄上》)这就表明,季氏聚敛财富的手段,就是增加赋税,而且是倍增的幅度。冉求虽是执行者,但孔子有一个观点,即在当权者昏庸或做出错误决策时,臣属应给予正确的建议和辅佐,否则便是失职,就应该去职(参见《季氏》)。冉求没有听从孔子的建议,帮助季氏推行倍增的税赋政策,于是受到孔子的谴责。孔子在季康子患盗而向其请教治理方法时批评之"苟子之不欲,虽赏之不窃",亦应与此有关。

孔子主张厚施薄敛,除反映了他的道德意志外,也是一项十分重要的经济政策:

> 哀公问政于孔子,孔子对曰:"政之急者,莫大乎使民富且寿也。"公曰:"为之奈何?"孔子曰:"省力役,薄赋敛,则民富矣;

敦礼教,远罪疾,则民寿矣。"公曰:"寡人欲行夫子之言,恐吾国贫矣。"孔子曰:"诗云:'恺悌君子,民之父母。'未有子富而父母贫者也。"(《孔子家语·贤君》,另见《说苑·政理》)

鲁哀公向孔子请教如何治理国家,孔子提出要把使百姓富裕并长寿作为当务之急,并指明了减少劳役、降低税赋的具体途径。鲁哀公不赞成,认为这样的话国家就会因减少收入而陷于穷困。对此,孔子借用《诗经》中君民如父子的诗句开导鲁哀公,认为如果百姓富足的话,国家(君主)就不会贫困。这一认识,也体现在有若与鲁哀公的一段对话中:

哀公问于有若曰:"年饥,用不足,如之何?"有若对曰:"盍彻乎?"曰:"二,吾犹不足,如之何其彻也?"对曰:"百姓足,君孰与不足?百姓不足,君孰与足?"(《颜渊》)

鲁哀公时采用十分抽二的税率,在年成不好的时候国家用度不够,于是向有若征询解决的办法,有若建议采取"彻"即十分抽一的税率。鲁哀公十分奇怪:十分抽二我还不够用,怎么能十分抽一呢?有若于是谈了百姓富有则君也会富有,百姓不富有则君也不会富有的辩证关系。有若的"百姓足,君孰与不足",与孔子的"未有子富而父母贫者也",道理是一样的,都是对"敛从其薄"作为一项经济政策的深刻阐发。特别是有若关于灾年减税的建议,既是对统治者和被统治者之间利益冲突的调和,也是重视税源培养的卓越观点。自有若始,灾年减赋便成为儒家倡导的重要政策主张。孟子认为:"凶年饥岁,君之民老弱转乎沟壑,壮者散而之四方者,几千人矣;而君之仓廪实,府库充,有司莫以告,是上慢而残下也。"(《孟子·梁惠王下》)荀子说:"岁虽凶败水旱,使百姓无冰馁之患,则是圣君贤相之事也。"(《荀子·富国》)这些认识和主张的人民性是比较鲜明的,是用重民思想影响经济政策的具体行动。

厚施薄敛主张的提出也具有政治意义。《大学》对此揭示说:"得众则得国,失众则失国。是故君子先慎乎德。有德此有土,有土此有财,有财此有用。德者本也,财者末也。外本内末,争民施夺。是故财聚则民散,财散则民聚。"始言"得众则得国",终言"财散则民聚",这就将税赋政策与国家政权的存亡紧密联系起来了。其实,当政者并非都看不到这种关系,只是如鲁哀公般过于看重眼下的为政和个人之需罢了。在所谓"公有制"和吃"大锅饭"的年代，我们习惯于讲"大河无水小河干"的道理，让人们舍"小家"顾"大家"。这在国家和民族面临外部侵害等特殊时期，是可取的；但作为经常性的主张，则是本末倒置。无涓流难以成江河。假如无视税源涵养，再充盈的国库也迟早会亏空。

（三）惠而不费

厚施薄敛是富民主张的贯彻，也是调动劳动者积极性的重要手段，即所谓"惠则足以使人"（《阳货》）。但在当时的历史条件下，这一主张很难被统治者接受，也不具备太多的条件。因此，孔子提出了另外一项措施，就是"惠而不费"（《尧曰》）。给人民以好处自己却无所耗费，孔子提出的具体办法，是"因民之所利而利之"（同上）。就着人民能得利益之处而使他们得利，用今天的话说，就是政策支持和环境创造，使百姓能够在良好的环境中自食其力，解决生存和生活问题。

这需要极高明的社会管理技术，也涉及到生产关系调整。从西周起，生产关系便逐步发生变化，大量劳动者从奴隶地位解放出来，成为有简陋的生产工具和家庭经济，能在完成封建义务之外得到一部分自己劳动产品的自由民。孔子提出"因民之所利而利之"的"惠而不费"主张，不仅说明他对这种经济关系的变化持积极的支持态度，而且要求在政策和措施上更进一步，使民众有更大的自由发展空间，如后面将要讨论的"使民以时"。与有限的物质救助相比，这种政策性的利民措施，显然更具长久效力，会推动社会生产和管理方式的变革，在利民的同时，也有利于封建制度的完善和发展。

（四）均贫富

同样是在冉有担任季氏家臣的时候，季氏将要讨伐鲁国的附庸国颛臾，冉有与子路一起去见孔子并告之，遭到孔子的反对。当冉有为季氏的决策辩护时，孔子引用别人的话，提出了自己对分配问题的看法：

> 丘也闻，有国有家者，不患寡（贫）而患不均，不患贫（寡）而患不安。盖均无贫，和无寡，安无倾。（《季氏》）

文中的"寡"与"贫"应调换位置，才与后面的"均无贫"等对应并符合语义。孔子所说的"不患贫"和"不患寡",不是对财物匮乏和人口稀少的不重视或不关心,而是从政治的角度,将"贫"与"寡"、"不均"与"不安"相比较,说明后二者的重要。

孔子主张富民利民,在这种情况下赞成"不患贫而患不均"的看法,说明他对收入和分配不均可能产生的不良社会后果已有较深刻的认识。"丘也闻"即"我听说",古人虽经常用这种方式表达自己的意见,但在解决贫富差距的问题上,在孔子前后,均贫富确是比较普遍的认识和主张。《史记·五帝本纪》记禹言曰:"食少,调有余补不足,或迁,公民乃定,万国为治。"在粮食匮乏的情况下,禹提出了两项解决措施,一是调剂余缺,二是移民开发,认为这样才能使公民安定,国家得到有效治理。与孔子同时的齐相晏婴,提出过"权有无、均贫富"(《晏子春秋·问上》)的主张,将其视为古代有大德之君的取财之法。在《管子》中,有"贫富无度则失"的认识,主张"富而能夺,贫而能予",因为"民贫则难治也","甚富也不可使"。《老子·德经》认为:"天之道,犹张弓者也,高者抑之,下者举之,有余者损之,不足者补之。故天之道,损有余而益不足。人之道则不然,损不足而奉有余。孰能有余而有以取奉于天下乎?唯有道者。"

中国古代政治家和思想家们的这些认识、担心和主张,是有理由和根据的。春秋战国之际,贫富不均主要体现在贵族与平民之间,用孟子的话说,即"庖有肥肉,厩有肥马,民有饥色,野有饿莩"(《孟子·梁惠王上》)。收入分配存在一定差距,是必然的现象;但贫富差距过大,则会影响人们对社会的态度和信心。如果两极分化达到一定程度,极富者就会产生政治野心,极贫者就会起来造反。这一点,在孔子之时已有所表现。例如,季氏虽只是鲁哀公时的正卿,但由于比周公还富有并把持鲁国的执政权力,便野心膨胀,不仅肆无忌惮地使用天子礼仪,而且横征暴敛,使得社会上盗贼蜂起,民怨沸腾。对季氏的政治野心和聚敛民财的社会后果,孔子看得十分清楚。他一方面批评季氏"八佾舞于庭"的僭越行为,一方面反对其增加农民的赋税,同时把社会上盗贼增多的原因归之于季氏的贪婪,尽己所能维护国家的正常秩序和社会稳定。

贯彻均贫富的思想,孔子提出的主要意见,是推行体现关怀贫弱者的

赋税政策,这在前面已经讨论过了。同时,孔子主张"君子周急不继富",即施与救济时,要以迫切需要帮助的穷人为对象:

> 子华使于齐,冉子为其母请粟。子曰:"与之釜。"请益。曰:"与之庾。"冉子与之粟五秉。子曰:"赤之适齐也,乘肥马,衣轻裘。吾闻之也:君子周急不继富。"(《雍也》)

> 原思为之宰,与之粟九百,辞。子曰:"毋!以与尔邻里乡党乎!"(同上)

子华(公西华)与原思都是孔子的学生。子华家境比较宽裕,在被派往齐国去做使者时,冉有替他的母亲向孔子请求粟米,孔子答应给六斗四升,冉有请求增加,孔子答应再给二斗四升,而冉有却给了他八十石。孔子知道后,虽没有直接批评冉有,却解释了他因公西华家境宽裕而不宜多给粟米的理由,提出了应雪中送炭而无需锦上添花的主张。原思家境贫困,在担任孔子家臣时,孔子给他粟米九百斗,原思推辞。孔子说:"不要推辞了,如果用不了,就给你的邻里乡亲吧!"这两个事例被孔门弟子编入《论语》同一篇的上下两章,显然是为了证明孔子对"君子周急不继富"主张的贯彻。这一主张,与孔子在"大同"社会构想中提出的"矜寡孤独废疾者皆有所养",目标是一致的,是社会救助和社会保障思想的萌芽。社会发展到今天,人们已经越来越注意到,通过税赋政策和社会保障制度确保底层民众生活的逐步改善,扶植中产阶层的发展,是解决各阶层收入差距扩大、影响社会进步的重要途径。

孔子所言之"均无贫",是以哲学思维对社会管理的政治考量。无论贫穷还是富有,包括当下的热词"幸福感"或"幸福指数",都是相对而言的,产生于比较。而这种比较又往往不是绝对数量上的,而是过程的合理性。如前所述,一个因为好吃懒作而沦为乞丐者,就没有理由对勤劳致富者眼红;而勤劳致富者,则有权对不劳而获或"不以其道得之"者讨伐。这就给我们通过法律、政策、监督和有效的社会治理实现收入分配过程的合理性的过程,提出了严肃的课题。

因贫富差距过大而造成的社会危害,在任何时代都是不容忽视的。意大利经济学家基尼于1912年提出的定量测定收入分配差异程度的分析指标,被称之为"基尼系数"而广泛运用,就体现了这种重视。按照联合国有关组织规定,若这一系数低于0.2表示绝对平均,0.2—0.3表示比较平均,0.3—0.4表示相对合理,0.4—0.5表示收入差距较大,0.5以上表示收入差距悬殊。超越了这一警戒线,就会产生严重的社会问题。

上述情况表明,孔子均贫富的主张,并非我们今天批评的"平均主义"——尽管一些学者多有这种理解,并将其视为平均主义产生的思想来源。在我国,平均主义主张和表现最为兴盛的时期,恰是在上个世纪中后期孔子和儒家思想被排拒和批判的时段,如"共产风"、吃"大锅饭"和"割资本主义尾巴"等,其指导思想来自所谓"共产主义"而非孔子和儒家。改革开放的最大阻力,也来自这一时段的思想积淀,如邓小平先生所见之姓社姓资的争论。认清这一点,对正确认识和评价孔子"均贫富"的主张,是十分重要的。

(五)社会分工

社会分工在殷、周时期就出现了,但比较明确的划分,大概出现于春秋时期,如《国语·齐语》中的士、农、工、商。"士"虽被视为与农、工、商并列的社会阶层或社会集团,但其职业特点在当时并不十分鲜明。其中的一部分人可以为官,如孔子就曾官至司寇并行摄相事,其许多弟子亦担任过地方长官或国卿的家臣。而更多的士人,则以知识、礼仪等非生产性技能,从事教育、司仪和管理等非生产性活动。孔子所创办的私学,实际上就是以培育士阶层为目标的学校,并以培养具有政治和道义担承的士君子为职志。于是便发生了如下一段对话:

> 樊迟请学稼。子曰:"吾不如老农。"请学为圃。曰:"吾不如老圃。"子曰:"小人哉,樊须也! 上好礼,则民莫敢不敬;上好义,则民莫敢不服;上好信,则民莫敢不用情。夫如是,则四方之民襁负其子而至矣,焉用稼?"(《子路》)

对孔子反对樊迟学稼一事,史上多有微辞,主要看法,是认为孔子轻视稼穑之事。从职业的选择看,这样说也不无根据。孔子曾指导其学生说:"君子谋道不谋食。耕也,馁在其中矣;学也,禄在其中矣。"(《卫灵公》)无论读者是否赞成孔子的这一主张,但这确是孔子对自己学生的期待。孔子在骂樊须为"小人"后所讲的道理，都是从为政者的角度出发的，就表明了这种期待。不过，若据此认定孔子轻视农业生产或厌恶劳动，则并不准确。春秋时期是农耕为主的社会，孔子主张富民，并把"足食"视为治理国家的三个重要因素之一，如果轻视农耕，这些目标和主张怎么实现呢？这段话所反映的实际情况是：孔子希望樊须走为政之路，并且认为，如果为政者能够以礼义诚信待民，就会赢得民众的敬服和真情，以至四方之民背负着他们的子女来投奔；劳动力多了就会增产增收，为政者也就不用自己去种庄稼了。

为政者用礼义诚信吸引四方之民而不必亲自耕作，实际上也蕴含了社会分工的思想。用子夏理解的话说，即"虽小道，必有可观者焉，致远恐泥，是以君子不为也"（《子张》），"百工居肆以成其事，君子学以致其道"（同上）。这些道理，在孟子那里讲得更为清楚。《孟子·滕文公上》说，楚人陈相兄弟本学儒术，见到农家许行后大悦其道，便抛弃过去所学转而向许行学习农家学说，并对孟子转述许行的话说："贤者与民并耕而食，饔飧而治，今也滕有食廪府库，则是厉民而以自养也，恶得贤？""饔飧"指熟食，在这里系自己做饭吃的意思。许行说，贤人应该亲自与百姓一道耕作来供养自己，在自食其力的同时去治理国家，而滕君没有做到这一点，所以算不上贤明的君主。孟子对此给予了驳斥：

> 孟子曰："许子必种粟而后食乎？"曰："然。""许子必织布然后衣乎？"曰："否，许子衣褐。""许子冠乎？"曰："冠。"曰："奚冠？"曰："冠素。"曰："自织之与？"曰："否，以粟易之。"曰："许子奚为不自织？"曰："害于耕。"曰："许子以釜甑爨，以铁耕乎？"曰："然。""自为之与？"曰："否，以粟易之。""以粟易械器者，不为厉陶冶；陶冶亦以械器易粟者，岂为厉农夫哉？且许子何不为陶冶，舍（啥）皆取诸其宫中而用之？何为纷纷然与百工交易？何许子之不惮烦？"曰："百工之事，固不可耕且为也。""然则治天下独可耕且为与？有大人之事，有小民之事。且一人之身，而百工之所为备，如必自为而后用之，是率天下而路也。故曰，或劳心，或劳力。劳心者治人，劳力者治于人；治于人者食人，治人者食于人：天下之通义也。"

针对农家的基本思想和行为标准,孟子采取引君入瓮的方法,向陈相提出了许行是否一定自己织布才穿衣等问题,在陈相逐一给予否定的回答并在孟子层层追问下自己得出"百工之事,固不可耕且为也"的结论后,孟子以同理证明了治理天下不能也不必"耕且为"的道理,得出了从事脑力劳动与从事体力劳动是不同社会分工的结论。

孟子"劳心者治人,劳力者治于人"的认识,与孔子反对樊迟学稼一道,常被视为维护阶级统治和轻视劳动者的观念,甚至被认为是消极影响最严重、最深远的思想。现在看来,在春秋末期,他们能够把统治者与被统治者、脑力劳动与体力劳动视为不同分工的交换关系,承认脑力劳动的社会价值,其积极意义是不容忽视和否定的。

(六)近者悦远者来

在介绍孔子富民主张时已经谈到,孔子对卫国中兴时期人口众多的状况曾发出由衷的赞叹,这来自当时社会的实际情况。春秋时期地广人稀,人口的繁衍和聚集,既是政治清明、国家兴旺的标志,也是发展生产、增加财富的重要条件。据《孔子家语·哀公问政》记载,孔子曾向鲁哀公阐述过"重庶民则百姓劝,来百工则财用足,柔远人则四方归之"的道理,《中庸》将其纳入治理天下的"九经"即九条准则。缘于这种认识,在叶公问政时,孔子提出了"近者说(悦),远者来"(《子路》)的建议;在反对季氏搞武力兼并时,孔子提出了"远人不服,则修文德以来之,既来之,则安之"(《季氏》)的主张。

孔子的这些主张表明,当时社会生产力水平已有较大提高,剩余产品的增多使孔子看到了劳动力特别是技术工人数量与财富创造的正比例关系。孔子主张"来远人",也反映出当时社会人口迁徙活动已比较频繁,说明部分劳动者已有了选择生存环境的自由,这是生产关系变革的结果。但正如孔子所见,人才资源的流向,取决于一个国家或地区的政策和环境。"近者悦,远者来"所揭示的道理是:要想增强一个国家或地区对外来人力资源特别是人才的吸引力,必须使本地人力资源和人才得到重视和使用。倘若对本地人才视而不见而抱定"外来和尚会念经"的俗见,不仅会使"本地和尚"消沉乃至逃亡,"外来和尚"的地位亦不会巩固,或将令其望而却步。只有实现"近者悦，远者来"的局面，才是政治清明、社会安定、环境优越和有凝聚力的表现。以是观之，孔子的"近者悦，远者来"，言简易赅地道出了具有普适意义的政治和经济社会发展方略。

与靠武力俘获奴隶不同，这种"远人不服，则修文德以来之"的人力资源吸引政策，所依凭的是"软实力"。《大学》中的一段话，可视为对此的解释："有德此有人，有人此有土，有土此有财，有财此有用。"这种以恩德凝聚劳动者、以劳动者开发利用土地创造财富的观点，深得孔子主张的真谛。孔子在任中都宰时，就亲自实践过这一政策："四方之民至于是邑者，不求有司，皆予之以归。"（《孔子世家》）"不求有司"，即不用"打点"地方官吏。我们现在搞招商引资，人才引进，政策制定得比较宽松，但往往"有司"之关难过。我们讲以史为鉴，讲文化复兴，许多人不服，认为社会进步了，古人古事均已过时，其实未必。

"来百工则财用足"，也体现了孔子对工商业和生产技能的重视。"百工"即制作生产和生活用具的各类工匠，从子夏的"百工居肆以成其事"看，当时已成为有专门制造场所、脱离农业生产的群体。孔子认为百工多了可使财用富足，可体现在两个方面。一是表明百工的产品已进入市场交换，市场繁荣了，国家就可从中获得更多的税收，这是对工商业的重视；二是百工制作的生产和生活用具，可提高劳动生产率，劳动生产率的提高，可使财用富足，这是对生产工具和劳动技能的重视。对工具与劳动的关系，孔子在子贡的一次求教中亦有明确揭示：

　　子贡问为仁。子曰："工欲善其事，必先利其器。居是邦也，事其大夫之贤者，友其士之仁者。"（《卫灵公》）

孔子答问中所说的"工匠要搞好他的工作，一定要先搞好他的工具"，虽是用来说明事贤友仁在培养仁德中重要性的借喻，也表明了孔子对工具在生产劳动中重要作用的认识。这一认识，在荀子那里也有所体现：

　　吾尝终日而思矣，不如须臾之所学也，吾尝跂而望矣，不知登高之博见也。登高而招，臂非加长也，而见者远；顺风而呼，声非加疾也，而闻者彰。假舆马者，非利足也，而致千里；假舟楫者，非能水也，而绝江河。君子生非异也，善假于物也。（《荀子·劝学》）

荀子认为,君子的本性与一般人并无不同,只是善于利用物类而已。荀子所列举的大多是自然物,从工具论和科技发明的角度看,他的认识不如孔子"利其器"的认识深刻。利用工具和制作使用工具,是人类进化和生产力发展的两个不同阶段。但荀子最后得出的结论与孔子是一致的,构成了工具理性思想的萌芽。恩格斯曾经指出:"劳动是从创造工具开始的。"(《马克思恩格斯全集》第二十卷,第515页)孔子虽然没有也不可能提出如此完整的结论,但他对"利器"与"善事"关系的认识,会引起人们对工具制造和完善的重视,从而成为科技发展的动力。

孔子和儒家学者的上述认识和主张,在经济学和经济管理思想史上具有重要意义:财富来源于劳动和土地及通过完善工具提高劳动效能的认识,是生产力概念产生的基础;通过"重庶民"和"来远人"凝聚和调动劳动者的积极性,则是经济学和经济管理的核心内容。在成熟的经济和管理理论产生之前,正是这些朴素、直观的认识,引导和推动了生产力的发展和生产关系的变革。

(七)敬事而信

这一要求,与下面将要分述的另外两个主张,是孔子在阐述为政之要时提出的:

> 子曰:"道千乘之国,敬事而信,节用而爱人,使民以时。"(《学而》)

敬事就是谨慎而勤勉地工作,这是孔子对为政者的一贯要求:

> 子张问政。子曰:"居之无倦,行之以忠。"(《颜渊》)

> 子路问政。子曰:"先之劳之。"请益。曰:"无倦。"(《子路》)

> 樊迟问仁。子曰:"居处恭,执事敬,与人忠。虽之夷狄,不可弃也。"(同上)

子张问政时孔子回答的"居之无倦,行之以忠",即在位不要倦怠,执行政令要尽心竭力。这是"敬事"的具体内涵。子路问政时,孔子要求为政者要"先之劳之",即给百姓以身示范,带头劳作;在子路请求多讲一点时,孔子虽只讲了"无倦"两个字,但这两个字却是检验敬事精神的重要标准,是干成事业不可或缺的要件。因此,在樊迟问仁时,孔子以同样的视角送其三句话：处事端正庄严，工作严肃认真，待人忠心诚意。孔子认为，这三种品行，纵然到落后的夷狄之邦，也是不能废弃的。把"敬事"和"执事敬"作为治理国家和从事政务的要求，是其管理思想的重要组成部分。

为政者要尽心竭力地从事政务，要以身示范带动工作人员和民众，就来不得虚伪和奸诈，故孔子将敬事与诚信联系起来作为二而一的要求，并经常忠信并举，如"主忠信"（《学而》）和"言忠信"（《卫灵公》）。"信"的简明意义是说到做到，取信于人。在孔子那里，诚信首先是做人的原则，即"人而无信，不知其可也"（《为政》）。上升到政治层面，则成为不可缺少的治国方略和管理要素：

> 子贡问政。子曰："足食，足兵，民信之矣。"子贡曰："必不得已而去，于斯三者何先？"曰："去兵。"子贡曰："必不得已而去，于斯二者何先？"曰："去食。自古皆有死，民无信不立。"（《颜渊》）

首先需要明确的是，在孔子的治国方略中，"足食、足兵、民信之"是应同时具备的三个要素。子贡提出的"必不得已而去"是一种假设，是给孔子提出的三难或两难选择。因此，孔子关于"去兵"和"去食"的回答，并不表明对这两个要素的轻视，而是在特殊设问的情况下，依次说明这三个要素中哪个是重中之重，不能断章取义。但有些学者不这样认为。东汉王充在其《论衡·问孔》中说：

> 使治国无食，民饿，弃礼义；礼义弃，信安所立？《传》曰："仓廪实，知礼节；衣食足，知荣辱；让生于有余，争生于不足。"今言去食，信安得成？春秋之时，战国饥饿，易子而食，析骸而炊，口饥不食，不暇顾恩义也。夫父子之恩，信矣；饥饿弃信，以子为食。孔子教子贡去食存信，如何？夫去信存食，虽不欲信，信自生矣；去食存信，虽欲为信，信不立矣。……语冉子先富而后教之，教子贡去食而存信。食与富何别？信与教何异？二子殊教，所尚不同，孔子为国，意何定哉？

王充这种反诘的最大问题，是抛开孔子在正常情况下提出的完整答案和子贡"必不得已而去"的两次特殊追问，将孔子最后一次的两难选择作为无条件的主张，归谬为"去食存信"，然后将其与孔子答冉有之问的"富而后教"对比，认为孔子在治理国家的问题上意见不一，自相矛盾。其实，对王充论证的民富与民信的关系,孔子早有明确认识,否则,怎么能把"使民富而寿"视为"政之急者",把"博施于民而能济众"视为圣人的境界,并提出"厚施薄敛"和"富而后教"的主张呢?还应注意的是,孔子在这里所说的"足食",系指国家要有充足的粮食储备。国家粮食储备充足,当然可用以赈灾济贫,但在当时的社会,主要还是用于王室消费、官员俸禄和保证国家机器的运转,而不是全体百姓的粮仓。孟子所见之"疱有肥肉,厩有肥马,民有饥色,野有饿莩"(《孟子·梁惠王上》),就反映了这种情况。在这种情况下,在必不得已时,去掉国家的粮食储备,遭受直接损失或生命威胁的就不是百姓而是为政者。因此,孔子在讲了"去食"二字之后说:"自古皆有死,民无信不立。"这里的"死"系指国君而不是百姓,是让国君而不是百姓"去食存信"。若系指民众和百姓,死后焉有信存?

以是观之,孔子论证的道理是:巩固政权需要具备"足食,足兵,民信之"三个要件。如果在迫不得已的情况下必须舍弃两项,就只能去兵、去食。去兵、去食,人君虽有国灭身死的危险,但自古以来人总是要死的,如果有民众的信任和支持,尚有转危为安的可能;如果失去民众的信任和支持,即使有充足的粮食和军备也难以立足。孔子把取信于民看成为政之要,体现了他作为民本主义政治家的真知灼见。

要取信于民,为政者就必须首先讲诚信,即"上好信,则民莫敢不用情"(《子路》)或如子夏所言:"君子信而后劳其民。未信,则以为厉己也。"(《子张》)为政者必须先取得民众的信任然后才去使用,否则百姓会以为你在折磨他们。这就把诚信引入了经济管理领域。诚信作为一种道德意识和管理理念,在后来的经济活动特别是商业行为中被奉为圭臬,甚至成为民法体系中的"帝王条款"。

(八)节用而爱人

"节用"是理财概念。在齐景公向孔子请教为政之道时,孔子即以"政在节财"答之,获得齐晏公的赏识(《史记·孔子世家》)。

孔子把节用视为治理国家的重要原则,既针对了当时社会创造财富能力有限的实际,也有戒奢反贪、培育良好政风的目的。在林放问礼的本质时,孔子就以"礼,与其奢也,宁俭"回答(《八佾》);卫公子荆不追求奢华而易于满足,孔子便称许其"善居室"(《子路》);鲁国想改建库府,闵子骞表示反对,认为原来的库府仍然可用,于是得到孔子的赞许:"夫人不言,言必有中。"(《先进》)

孔子把"节用"与"爱人"联系起来作为治国方略提出,立意更为高远。朱熹在注"节用而爱人"时说:"盖侈用则伤财,伤财必至于害民,故爱民必先节用。"这一理解是准确的。此外,统治者节用而爱人,也大有利于取信于民,赢得百姓支持。所以,孔子在倡导节俭的同时也反对吝啬。孔子认为:"如有周公之才之美,使骄且吝,其余不足观也已。"(《泰伯》)不仅如此,孔子还将吝啬视为四种"恶政"之一:"犹之与人也,出纳之吝谓之有司。"(《尧曰》)在应该支付时却出手悭吝,叫做小家子气。可见,在节俭的问题上,孔子也是讲求度量分界的。特别是对为政者来说,倘若在惠民的问题上该出手时不出手,就不能以节俭视之。

在孔子节用的主张中,还有一个很值得重视的具体意见,就是倡导官员兼职:

> 子曰:"管仲之器小哉!"或曰:"管仲俭乎?"曰:"管氏有三归,官事不摄,焉得俭?"(《八佾》)

其中的"官事不摄",就是家臣不兼职。不兼职则吃官饭的人多,支出就会增大。孔子将其视为管仲不节俭的证据之一,体现了对收入与支出关系的认识。这一认识,在《大学》中有明确的阐述:

> 生财有大道,生之者众,食之者寡,为之者疾,用之者舒,则财恒足矣。

增加财富有重大原则,生产的人多,消费的人少,创造迅速,开支舒缓,财富就会经常保持充足了。这段话,被后世儒家视为"万世理财之大法",也常被一些政治家和理财专家引用。

(九)使民以时

民众是生产的主体,也是财富的创造者。但由于春秋时期是宗法等级社会,虽然大部分民众摆脱了奴隶身份而成为自由民,但仍居社会底层,难以受到应有尊重。从劳动支付看,除沉重的赋税外,还有劳役。征派劳役在西周和春秋时期比较普遍且无时间限制,给民众的生产和生活带来灾难性的影响。在《诗经》中,就保存了许多服劳役者的怨诗,如"王事靡盬,忧我父母"(《小雅·北山》),"南山律律,飘风弗弗,民莫不榖,我独不卒"(《小雅·蓼莪》)。其中最有代表性的,当是《王风·君子于役》:

> 君子于役,不知其期。曷至哉? 鸡栖于埘,日之夕矣,羊牛下来。君子于役,如之何勿思!

> 君子于役,不日不月。曷其有佸? 鸡栖于桀,日之夕矣,羊牛下括。君子于役,苟无饥渴!

这是一位妇女思念她久役于外的丈夫的诗,表达了"君子于役,不知其期"和"君子于役,不日不月"的幽怨。针对这种情况,孔子从社会政治、经济发展进步的角度,给统治者提出了"使民以时"的为政方略。

"使民以时",就是征用劳役要在农闲时间,以便使百姓不违农时。对此,孔子有另外一种说法,即"择可劳而劳之",即选择可以劳动的时间、情况和对象去劳动人民,认为这样做可使百姓"劳而不怨"(《尧曰》)。这种兼顾国家和百姓利益的主张,加上他的"使民如承大祭",把西周以来的重民思想提到更高层面,成为保护和调动百姓积极性的劳动经济政策。

孔子的这一主张,也是建立在领主封建社会生产关系基础之上的。在奴隶社会,奴隶是会说话的生产工具,没有自己的家庭经济,因而既无需考虑如何敬重的问题,也无需考虑其自有劳动时间和公共劳动时间分配使用的问题。从西周至春秋时期,不仅私田的比重和占有者不断增多,百姓分得土地的情况也开始出现,统治阶层也看到了由此带来的好处,如《管子·乘马》所见之"均地分力,使民知时也。民乃知时日之早晏,日月之不足,饥寒之至于身也。是故夜寝早起,父子兄弟不忘其功,为而不倦,民不惮劳苦"。文中描绘的情形,类似于上个世纪改革之初的"分田到户"。此外,郑国百姓称颂子产"我有田畴,子产殖之"(《左传·襄公三十年》),以及荀子将"农分田而耕"视为治国之策(《荀子·王霸》),也反映了土地私有得到推行和肯定的情况。土地私有和农民获得土地的耕种权利,是封建社会的特征。孔子主张"使民以时",就是与此相适应的,是他赞成封建制度并推动其发展完善的证明。

(十)弋不射宿

孔门弟子记孔子的渔猎活动说:"子钓而不网,弋不射宿。"(《述而》）钓鱼而不截流网鱼，射鸟但不猎击鸟巢，孔子如此行事，旧注多以仁爱释之。朱熹在注释本章时就引洪氏语曰："孔子少贫贱，为养与祭，或不得已而钓弋，如猎较是也。然尽物取之，出其不意，亦不为也。此可见仁人之本心矣。待物如此，待人可知；小者如此，大者可知。"此解虽不够全面，也并不牵强。《史记·孔子世家》记孔子的话说："丘闻之也，刳胎杀夭则麒麟不至郊，竭泽涸渔则蛟龙不合阴阳，覆巢毁卵则凤皇不翔。何则？君子讳伤其类也。夫鸟兽之于不义也尚知辟之，而况乎丘哉！"剖腹取胎、竭泽而渔和覆巢毁卵，均系灭绝性的杀戮，被孔子视为不义之举。

不过，孔子不反对渔猎行为而反对灭绝式的捕杀，除道德感的约束外，也有可持续发展利用的经济上的考量。据《吕氏春秋·审应览·具备》、《淮南子·道应训》《水经注·泗水注》等记载，孔子的学生宓子贱受命担任亶父的长官，三年后，孔子派巫马旗去考察那里的变化。巫马旗乔装夜入亶父后，看到一位渔人捕到鱼后又放回水里，便问其原因，渔人回答说："宓子不欲人之取小鱼也。所舍者小鱼也。"宓子贱希望人们在小鱼长大后再捕，渔人便自觉遵从，将捕到的小鱼放生。此举得到孔子的赞赏，认为宓子贱治邑有方，可担当大任。

将这些认识和主张与"钓而不纲，弋不射宿"结合起来解读，既可见孔子猎取动物时的矛盾心理，体现了不尽物取之的节制态度，又表明了可持续利用的生态保护意识，是生态伦理思想的萌芽。对孔子此一主张的经济和政治意义，孟子进行过详细推论：

> 不违农时，谷不可胜食也；数罟不入洿池，鱼鳖不可胜食也；斧斤以时入山林，材木不可胜用也。谷与鱼鳖不可胜食，林木不可胜用，是使民养生丧死无憾也。养生丧死无憾，王道之始也。（《孟子·梁惠王上》）

这段论述，深刻揭示了孔子"使民以时"和"不尽物取之"的重大意义，孟子将其视为可持续利用的保证和王道的肇始。荀子也谈过类似的意见：

> 圣王之制也，草木荣华滋硕之时则斧斤不入山林，不夭其生，不绝其长也；鼋鼍、鱼、鳖、鳅鳝孕别之时，罔罟毒药不入泽，不夭其生，不绝其长也；春耕、夏耘、秋收、冬藏四者不失时，故五谷不绝而百姓有

余食也；污池渊沼川泽谨其时禁，故鱼鳖优多而百姓有余用也；斩伐养长不失其时，故山林不童百姓有余材也。(《荀子·王制》)

以仁爱之心待物与可持续利用，是孔子和儒家倡导之生态伦理的两个重要支点，是德性与理性的结合。这就既坚持了"天生百物人为贵"的人本主义，又反对了对自然万物的漠视与任意宰割；既倡导人对自然的爱护与尊重，又没有阻止人们为了生存和发展对自然的有节制利用。坚持这两个方面，既可防止狂妄自大的人类中心主义，使人类对自然万物怀有感恩之情与敬意；又可避免极端的泛道德主义，使人类陷入狭小而自虐的境地。

如何既有效地利用自然又有效地保护自然，是现代社会面临的重大课题。矛盾的主要方面，是人们对自然的过度利用与破坏，以及对这种破坏后果的漠视。恩格斯曾警告说："我们不要过分陶醉于我们对自然界的胜利，对于这样的胜利，自然界都报复了我们。"(《自然辩证法》，《马克思恩格斯选集》第3卷第517页)孔子和先秦儒者当然不可能预见到这一点，但他们关于人们既支持从自然获得生存需要又反对过度利用的主张，与维护生态平衡和可持续发展的学说是吻合的，是处理人与自然关系的中道。认真研究、继承和发展孔子和儒家的生态伦理学说，创建和完善生态文明建设学科体系，会对建立人与自然和谐共处的关系，树立可持续发展的科学理念，加强对动植物和生态环境的保护，起到积极的推动作用。

五、历史影响与现实意义

孔子的义利观和经济思想，是与当时社会的政治、经济和文化状况相伴生的，同时又有着自己独到的视角，是相互关联、相对完整的认知体系。这一认知体系的建立，对提升人的理性和道德意识，规范人的求利行为，增强为政者对民众利益的关切度，制定和运用合理的经济政策，以及建立和调整人与自然的和谐关系，都起到了十分重要的作用，并对后世学人产生了重要的影响。

譬如墨子。墨子虽是以儒家反叛者的面目出现的，但其许多认识和主张仍难脱儒者的轨道。墨子主张"利人乎，即为；不利人乎，即止"（《墨子·非乐》）。这种以利人为唯一取向的主张，与孔子"己欲立而立人，己欲达而达人"的人、己兼顾的主张，显然是不同的；但墨子在阐述其"兼相爱、交相利"的理论时说："夫爱人者，人必从而爱之；利人者，人必从而利之；恶人者，人必从而恶之；害人者，人必从而害之。"（《墨子·兼爱中》）这种因果关系的阐述，实与孔孟之道相去不远。

如果抛开孔子完整的认知体系而单独审视，其"君子喻于义，小人喻于利"等，也极易造成误解和误导，事实上也不同程度地产生了一些误解和误导。如孟子的"何必曰利，亦有仁义而已矣"（《孟子·梁惠王上》），董仲舒的"夫仁人者，正其谊不谋其利，明其道不计其功"（《汉书》董仲舒传），程子的"计利则害义"（朱熹《四书集注》"子罕言利"注引），朱熹的"明天理，灭人欲"（《朱子语类》卷十二）等。这些人虽然也不是无条件地反对利欲，但总的倾向是过于强调道义而贱视功利，从而形成了片面的导向，使言利特别是言私利成为境界不高的表现。这些主张和看法虽在传统社会影响不是很大，如"恭喜发财"一直是国人常用的祝辞；但在知识阶层，却形成了较深的思想文化积淀。这种积淀虽有正面的调节作用，但负面影响也不容忽视。当我们研究和解读孔子的义利观和经济思想时，必须将这些情况结合起来审视，才能达到正本清源的目的。

例如，我国社会长期存在的平均主义思想，通常被归咎于孔子和儒家。通过前面的讨论我们可以看到，均贫富的主张与平均主义是不能划等号的，而且几乎是各家各派的共同识见。再以道家为例，道家与儒家一样，都看到了贫富不均的社会问题，看到了"民之饥者，以其上食税之多也"，看到了贪得无厌、为富不仁者的大量存在。但道家长于批判而短于创造，没有孔子和儒家那样提出积极、具体的经济调节手段。孔子要求统治阶层节用爱人，主张厚施薄敛、周急不继富，实行有利于贫弱者的税收政策去解决；老子则主张"损有余而益不足"，即取富者之余而补贫者的不足，认为这是"天之道"。如果这种"损"、"益"通过的是税赋和慈善事业等手段，便与孔子达成了一致。但老子没有提出类似的意见，只是寄望于"能有余而有以取奉于天下"的"有道者"。当这种有道的富人难得一见且无法解决更多问题时，就出现了将"杀富济贫"视为"替天行道"的意识——尽管这并非老子或道家的本意。历代的农民起义，大多打这面旗帜。在两极分化严重、民不聊生的情况下，这种认识和行为有一定的积极意义。但通过税收和社会保障的手段解决两极分化问题，更具理性和建设性，也是现代社会通行的办法。不分青红皂白地肯定"杀富济贫"，就会产生不健康的仇富心理，就会扼杀人们通过正当手段勤劳致富的积极性和创造性，就会使平均主义当道。

再例如，孔子的"君子谋道不谋食"，虽是根据自己的政治理想给其弟子职业选择提出的意见，但对后世学人影响很大。尤其是实行科举取仕的制度后，因考试的内容以人文道统为主，遂使一些聪明才俊把目标定在"学而优则仕"一途，弱化了其他职业的人才基础。这一问题，在古代农耕为主的社会影响还不是很大的，但随着时间的推移，特别是西方经济与科技崛起之后，就表现出明显的不适应。当然，与我国古代科技方面曾有过的辉煌历史不能归功于孔子一样，近代以来的科技落后，也不能归罪于孔子。日、韩等深受儒家文化影响的国家姑且不论，我国的台湾地区，一直秉持儒学传统而没有搞过批孔，其经济和科技发展水平也并未因此而受到影响。我们不能把后人的缺乏创造和变革，尽皆归罪于古人。

对孔子的义利观和经济思想，我们要全面认识，分清良莠。要摒弃重批判而轻继承的研究态度和方法，取其精华，弃其糟粕，注重汲取其中对当下的思想文化建设和经济生活仍有借鉴和指导意义的合理部分。

首先，我们正在建立和完善市场经济体制，市场经济既是竞争经济又是法制经济。遵守法律、法规和社会公认的道德规范及行为准则，是参与市场竞争的必然要求。孔子主张的"见利思义"、"以其道得之"及"君子怀刑"和"主忠信"，与这些要求是相契合的。特别是孔子倡导的诚信原则，已由一般的道德规范和治国理念变成市场主体应遵循的原则。一个时期以来因假冒伪劣商品充斥市场而引起广泛关注的道德与诚信危机，也说明"见利思义"的理性原则并没有过时。

其次，市场经济条件下的生产、经营和管理，与急功近利的小生产观念和竭泽而渔的发展和赋敛政策是格格不入的。尽管由于社会政治、经济的发展变化,使当今社会的生产、经营和管理变得十分复杂,但孔子和儒家提出的重视税源培养和生态环境保护的可持续发展观点,不仅依然适用,而且有着更为重要的意义。从税赋政策看,国家收税的目的,一是维系国家机器的运转,二是集中一部分资金去干应由国家干的事情,三是用以调节生产、收入和分配,包括社会保障和社会救助。税率的确定,当然要考虑这些需要,但同时也要顾及地方和纳税人的承受力,保护和调动财富创造者的积极性。无论个人、企业还是地方,创造财富的动力都来自于税后净收入和可支配财力。如果总收入很大而净收入和自己可支配的财力很小,创造财富的积极性就会大为减弱。此外,高税率固然可增强国家的宏观调控能力,但收上来再分下去,不仅增加了许多成本,也难保公平,并为权力寻租创造了条件。从生态和环境保护看,以破坏环境和生态为代价换取短期内快速发展的路径,已被实践证明是十分愚蠢的。生态环境一旦遭到严重破坏,恢复和治理便十分困难,不仅代价高昂,而且会遗害子孙后代。

再次,孔子关于"富民"、"利民"和防止两极分化的认识,也是当今国际社会普遍关注的问题。判断一个国家或地区政治、经济制度的好坏及领导人能力的强弱,主要标准是生产力的发展水平和民众的富足程度。前苏共的败亡和我国计划体制的终结,以及小平同志"贫穷不是社会主义"论断的受欢迎,也从正反两个方面说明,富民利民是任何国家政权必须始终遵循的为政纲领。富民需要有一个过程。特别是贫穷国家在经济发展之初,一部分人先富起来不仅是政策上应该允许的,也是必然的。但如果没有宏观调控手段,没有社会保障体系的建立,两极分化达到一定程度,就会出现贫富对立等严重的社会后果。二十世纪以来,许多发达国家针对十九世纪经济发展中出现的问题,采取了反托拉斯立法、累进税法、失业保险、社会保障等政策,以消除极度不均的两极分化。这样做的结果,既维护了社会稳定,也带来了群体消费时代,促进了经济发展。就是说,正确理解和运用均化主张,不断壮大中产阶层群体,形成橄榄型的收入分配格局,不仅符合正义原则,让绝大多数人分享社会发展成果,也有益于社会持续稳定和健康发展。因此,当我们批判和纠正计划体制时期平均主义的经济政策时,切不可将其与孔子的主张等同起来一并丢弃。孔子对贫富不均所带来的社会问题的关注,以及他为解决这一问题而提出的厚施薄敛特别是社会救助和社会保障思想,是超前而具有普遍意义的。

再其次,孔子关于戒奢反贪、先劳后获和"政在节财"等主张,在当前具有特殊重要的意义。孔子批评的官员腐败,在后世愈演愈烈,至今仍是我们致力于解决的严重政治和社会问题。奢侈浪费、怠于政事和"官事不摄"等问题,也是久治不愈的顽症。通过深化改革和政治文明建设解决这些问题,依然是十分紧迫而重要的任务。

最后,孔子重视人的德性与理性教育的思想,也是我们必须珍视的。不能否认,孔子讲的"人之所欲"是人的创造活动的内在活力,是社会发展不可缺少的动力。从这一意义上看,孔子和儒家对利欲观念的正面作用认识不足,特别是对个人私欲的认识和调控有矫枉过正之处,应予修正。但是,正如孔子所见,人的欲望具有非理性的本质特征,若不用理性和道义加以节制和引导,就会失去正确方向,导致人格缺损和人文精神的萎缩。实践已使我们看到,在个人利欲面前,要保持理性和健康的心态,并不是每个人都能做到的;拜金主义思潮对经济社会发展造成的危害,也已使我们产生了切肤之痛。我们承认物质利益原则,肯定物质生活在社会发展中的决定性作用,尊重和保护个人利益及私有财产,但也绝不能忽视道德与文化建设。道德沦丧,就不可避免地会滋生罪恶。特别是在经济落后的情况下搞现代化建设,更需要强大的精神支柱和精神力量,譬如以国家和民族利益为重、友爱互助和艰苦奋斗精神。只有具备这些精神品质,才能产生凝聚力、向心力和战斗力,才能在国家面临危难、民族需要奉献时,产生不计功利的义务感和献身精神,才能实现中华民族伟大复兴的神圣目标。

第六章　孔子的人才观与教育思想

孔子是确立以人为本价值取向的思想家。所谓"以人为本",既体现为尊重人、关心人和爱护人,也包括重视人的作用,提高人的素质,合理使用人才。因此,孔子在心无旁骛地对人及人类社会进行考察的过程中,对人才和人才教育问题给予了特殊关注,提出了许多创造性的认识和主张,对中华民族人才观念的形成和教育科学的发展,产生了深远的历史影响。

一、对人才作用的认识

孔子之时,人才概念的使用不够统一,有时单用一个"人"或"才"字,有时用"骥"借喻,更多的是以"贤"概言。孔子全面使用过这些概念,并对人才的作用进行了较全面的考证。

(一)为政在人的理念

在考察孔子的宗教现时我们已经看到,在孔子之前,人们常把宇宙和人类社会的最高主宰称为"天",把支配社会生活的盲目异己力量称为"命",因此,在考察人类社会治乱兴废的原因时,大都离不开对"天命"的追究。如尧让位给舜时所言之"天之历数在尔躬",周公在总结商灭周兴的原因时所宣称的"天休于宁王,兴我小邦周"。孔子虽然没有完全摆脱这些认识的影响,但已有了相当的改变。他虽然说过"道之将行也与,命也;道之将废也与,命也"的话,但与其另外所言之"人能弘道,非道弘人"相互参详,其中的"命"与传统的"天命"已有很大区别,而以不可抗拒的社会力量和社会发展规律的意义为多,并以治乱兴废在人为主要取向。这种改变,是孔子对人类社会——特别是社会政治进行长期观察和潜心研究的结果。先从个案解读看:

> 子言卫灵公之无道也。康子曰："夫如是，奚而不丧？"孔子
> 曰："仲叔圉治宾客，祝鮀治宗庙，王孙贾治军旅。夫如是，奚其
> 丧？"（《宪问》）

卫灵公是卫国国君，在位四十二年。当孔子讲到这位国君的昏乱时，季康子提出了"既然如此，为什么卫国还不败亡"的问题。对此，孔子没有沿袭前人的思维方式，从"天命"的角度去研究和分析，而是从实际出发，列举了三位能人（均系卫国大夫）的辅佐作用，认定是因为有了他们在外交、内务和军事方面强有力的领导，才使卫国免于败亡。《孔子家语·六本》记有一则故事，也体现了孔子同样的认识：

> 荆公子行年十五而摄荆相事，孔子闻之，使人往观其为政焉。使
> 者反，曰："视其朝，清静而少事，其堂上有五老焉，其廊下有二十壮士
> 焉。"孔子曰："合二十五人之智，以治天下，其固免矣，况荆乎！"

孔子听说楚公子十五岁就代理楚相的职位，便派人去观察其处理政事的情况。观察者回来后向孔子报告说："看他的朝政，清净而少政务，在其堂上有五位老先生，其廊下有二十个壮士。"孔子据此评论说："集合二十五个人的才智，治理天下亦当没有问题，何况仅仅一个楚国呢？"此事在《说苑·尊贤》中亦有记载，其中的"荆公子"误为"介子推"。介子推在晋文公（重耳）逃难时是其身边的小臣，晋文公即位后没得到封赏，介子推不仅没有邀功请赏，而是与其母亲一起隐居至死（《左传·僖公二十四年》）。可见，《说苑》所记不如《家语》准确。

除这些个案外，孔子还从宏观上对人才的作用进行了总结：

> 哀公问政。子曰："文武之政，布在方策。其人存，则其政举；其
> 人亡，则其政息。人道敏政，地道敏树。夫政也者，蒲卢也，故为政在
> 人。"（《中庸》）

鲁哀公向孔子请教从政之道，孔子回答说：文王、武王的政法，都记在方板和简策之上了，[关键是在推行]。有贤人在，这些政法就能够被施行；没有贤人，这些政法就会被废弃。人贤有利于政事，地良有利于种植。政事就犹如蒲苇获得地力就能成长一样，得到人才就会兴盛。所以，治理国政在于得到人才。把政事的成败归因于人才的得失，孔子的观点是

很鲜明的,从而使人们对社会治乱兴废原因的认识,由"命定论"转向"人定论"。《说苑·杂言》记孔子的一段言论,也体现了这种转变:

> 孔子曰:"依贤固不困,依富固不穷。马蚿斩而复行者何? 以辅足众也。"

"马蚿",虫名,多足,被斩断后仍可行走,故又名"百足"。孔子以"马蚿"喻国喻君,以其"百足"喻辅佐的群贤,很形象亦很精妙。

(二)人才难得的识见

孔子肯定人才的作用,同时也看到了人才难得的现实:

> 舜有臣五人而天下治。武王曰:"予有乱臣十人。"孔子曰:"才难,不亦然乎? 唐虞之际,于斯为盛。有妇人焉,九人而已。"(《泰伯》)

这是一段总结性的评述。舜有五位贤臣,天下便得到有效治理。武王也说过:"我有十位能治理天下的臣子。"孔子由此得出了"才能"即人才难得的结论。在评论中,孔子因为武王所说的十位治乱之臣中有一位是妇女而不予承认,显然是错误的,并给后世留下了不良影响;但其"人才难得"的认识结论,则极具创见。

春秋时期,由于权力下移,一些新贵们缺乏政治经验且骄横无忌,能出将入相统军治国的人才比较缺乏。对当时的执政者,除子产、晏婴等少数政治家外,孔子多评价不高。在孔子与子贡讨论士人准则的一次对话中,孔子便坦陈了他对当时从政者整体素质不高的评价:

> 子贡问曰:"何如斯可谓之士矣?"子曰:"行己有耻,使于四方,不辱君命,可谓士矣。"曰:"敢问其次。"曰:"宗族称孝焉,乡党称弟焉。"曰:"敢问其次。"曰:"言必信,行必果,硁硁然小人哉! 抑亦可以为次矣。"曰:"今之从政者何如?"子曰:"噫! 斗筲之人,何足算也?"(《子路》)

孔子给士人划了三个等次,第一等的便是优秀的从政人才。当子贡让孔子以此标准评价当时的执政诸公时,孔子将他们一律指斥为器识狭小之人,认为连知践诺守信的三等士人还不如。

因为人才难得,孔子极重视人才培养。他在三十岁前就开始办学授徒,教育弟子抛弃眼前利益而"志于道",倾其所有丰富他们的为政知识,不遗余力地塑造他们的为政品格,千方百计提高他们的为政本领,不仅培养了一大批优秀人才,也为战国时期私学勃兴和养士之风的形成奠定了基础。

(三)举贤才的主张

孔子在论证了"为政在人"的道理后说:"仁者,人也,亲亲为大。义者,宜也,尊贤为大。"(《中庸》)"仁"是人之所以为人的规定性,推行仁德要以亲亲为要;"义"是合于时宜的准绳,推行道义要以尊贤为要。这是孔子此论的意义。有人将二者混淆,把"亲亲"与"尊贤"共同视为孔子主张的取士原则,显系误读。

尊贤是为政之要,而人才又十分难得,故在其学生仲弓担任季氏家臣后向孔子问政时,孔子提出了以身作则,原谅别人小的过错,举用优秀人才的忠告:

> 仲弓为季氏宰,问政。子曰:"先有司,赦小过,举贤才。"曰:"焉知贤才而举之?"子曰:"举尔所知,尔所不知,人其舍诸?"(《子路》)

季氏是鲁执政上卿,其家臣的权力也不小。故孔子将"举贤才"作为政务之要叮嘱之。体现同样的心情,在他的另一位学生子游担任武城县长时,孔子关注的仍然是人才问题:

> 子游为武城宰。子曰:"女得人焉耳乎?"曰:"有澹台灭明者,行不由径,非公事,未尝至于偃之室也。"(《雍也》)

"得人"即发现和使用人才。子游的回答,既表明了对人才的重视,也体现了对人才标准的把握。

"尊贤为大"和"举贤才",是孔子以"为政在人"为依据打出的一面旗帜。这些主张,把历史上对人才特别是为政人才作用的认识提到前所未有的高度,并成为孔子乃至我国古代人才学说的逻辑起点。

二、人才规格与人才标准

孔子的人才概念是以品德、才智和作为为主要内涵的，并侧重于政治和社会建设的领域，尚没有涉及生产技术等层面——尽管其所言之"来百工则财用足"，也体现了对各类工匠和艺人的重视。这在今天看来是一很大缺陷。从当时社会的实际出发，孔子对人才规格和标准提出了自己的认识和主张。

（一）人才规格

据《荀子》、《孔子家语》和《韩诗外传》等记载，孔子在与鲁哀公对话时，把人分为圣人、贤人、君子、士人、庸人五个层次，即所谓"五仪"。"五仪"虽非五种人才的概念，如"庸人"；但其他四种，则均在孔子的"人才"范畴之内。从语言风格看，"五仪"的定义未必完全出自孔子，但其认知取向来自孔子，当无疑问。下引"五仪"说，取《孔子家语·五仪解》。

综合孔子经常使用的概念和相关论述，其人才规格可大致划分为以下几个层次。

1.圣人

"圣人"是孔子眼中的最高人才境界。"五仪解"说："德合于天地，变通无方，穷万事之终始，协庶品之自然，敷其大道而遂成情性。明并日月，化行若神。下民不知其德，睹者不识其邻。此谓圣人也。"此一定义，与《易·乾·文言》中的"知进退存亡而不失其正者，其唯圣人乎"是一致的，均指出了圣人具有大德和大智慧的突出特点。循此，孔子将行仁的最高境界称为圣人（《雍也》），将智慧的最高境界称为"聪明圣知"（《荀子·宥坐》）。子贡曾以此评价孔子说："学不厌，智也；教不倦，仁也。仁且智，夫子既圣矣。"（《孟子·公孙丑上》）孟子的"大而化之之谓圣，圣而不可知之之谓神"（《孟子·尽心下》），亦当来自孔子的"化行若神"。

孔子以"圣人"为最高境界，并将其与"天命"和"大人"一道，视为君应敬畏的对象："君子有三畏：畏天命，畏大人，畏圣人之言。"（《季氏》）孔子虽如此说，却从未以圣人称许过别人，也不以此自誉。他曾这样言道："圣人，吾不得而见之矣，得见君子者，斯可矣。"（《述而》）他还说："若圣与仁,则吾岂敢? 抑为之不厌,诲人不倦,则可谓云尔已矣。"(同上)当他的学生子贡问"如有博施于民而能济众,何如? 可谓仁乎"时,孔子回答说:"何事于仁! 必也圣乎! 尧舜其犹病诸!"(《雍也》)孔子认为他十分尊崇的尧舜亦难以达到圣人的境界,说明在孔子那里,"圣人"是十分崇高的境界,人们可心存此境去景仰和追求。

后世对"圣人"概念的使用,便远没有孔子这样严格。尧、舜、禹、汤、文、武、周公,特别是孔子,被比较普遍地公认为圣人。伯夷、伊尹、柳下惠等贤达之士,在孟子那里亦被称之为圣人。汉代以后,孟子、颜回、曾子、子思,也被归入圣人的行列,分别被称之为亚圣、复圣、宗圣和述圣。此外,一些领域的出类拔萃者也被称圣,如画圣、书圣、诗圣等。此类冠名,已与圣人的原始意义相去甚远。尽管如此,能够被称圣者,还是屈指可数的。

2.仁人

"仁"是孔子着力倡导的价值取向,"仁人"便理所当然地成为孔子的理想人格。从孔子"何事于仁,必也圣乎"的评论中即可看出,"仁人"是比"圣人"稍逊的人才规格。但孔子不仅"圣与仁"并论,而且肯定说:"志士仁人,无求生以害人,有杀身以成仁。"(《卫灵公》)这是一种极高的期许。仁人的具体表现,是"恭、宽、信、敏、惠",及所有利他、利民之举。仁人如果能达到"博施于民而能济众"的程度,就进入了圣境。其次便是"己欲立而立人,己欲达而达人"(《雍也》)和"己所不欲,勿施于人"(《颜渊》)。

孔子虽然认为"仁"的境界可以通过努力去不断实现,但同样不轻易以"仁"许人,也不以仁者自居。他明确称许的几位仁人,都是古代杰出的政治家和有较高人格操守者,如管仲、子产和微子、箕子、比干等。此外,孔子曾称赞其学生颜回能够较长时间地坚守仁德:"回也,其心三月不违仁。"(《雍也》)这就说明,"仁人"在孔子的眼中虽也是极高的境界,但与"圣人"相较,是可望而又可及的。

3.贤人

"贤人"即有才德的人。孔子主张"举贤才"(《子路》)和"尊贤"(《子张》),指的就是这部分人。"五仪解"的"贤人"定义是:"所谓贤人者,德不逾闲,行中规绳,言足以法于天下而不伤于身,道足以化于百姓而不伤于本,富则天下无怨财,施则天下不病贫,此则贤者。”贤人的这些特点,概括起来就是守规矩而重操守,有才德而能惠民。

贤人是孔子极推崇的人格典范,也是政治精英的代指。孔子曾称许伯夷、叔齐和颜回、柳下惠为贤人,主张“见贤思齐”(《里仁》),“居是邦也,事其大夫之贤者,友其士之仁者”(《卫灵公》)。特别是其“义者宜也;遵贤为大”,更为明确地凸显了贤人的地位,也由此奠定了国人尊贤的传统。后世多以“贤明”、“贤良”、“贤能”、“贤达”等评价优秀政治家和杰出人物,也常将其与圣人并言,是为“圣贤”。

4.君子

“君子”是指人格高尚者。“五仪解”的定义是“言必忠信而心不怨,仁义在身而色无伐,思虑通明而辞不专。笃行信道,自强不息,油然若将可越而终不可及者。此则君子也。”此定义虽使用了一些令人费解的补语,也大体上汇集了孔子对君子的认识和评价。

《论语》记孔子对“君子”的讨论,频率极高且内涵丰富,如“君子去仁,恶乎成名?君子无终食之间违仁,造次必于是,颠沛必于是”(《里仁》)。这就将仁德视为君子的第一要务。孔子还经常通过“君子”与“小人”对举的方式去展现君子风范,如“君子和而不同,小人同而不和”,“君子成人之美,不成人之恶,小人反是”,“君子坦荡荡,小人常戚戚”,“君子求诸己,小人求诸人”,以及“君子不忧不惧”,“君子尊贤而容众”等(以上见《论语》)。在这些认识中,既有道德标准,也有人的心胸、器识、担承和作为的评价,包括审美尺度。孔子还总结说:“君子不可小知而可大受也,小人不可大受而可小知也。”(《卫灵公》)在孔子看来,有大作为和大进境者通常不拘小节或对小的方面关注不够,而专注于细枝末节谨守小德小信者,往往不会有大的作为,于是得出了“君子不可以用小事情考验他,却可以接受重大任务;小人不可以接受重大任务,却可以用小事情考验他”的结论。得其师传,子夏明确宣称:“大德不逾闲,小德出入可也。”(《子张》)人的重大节操不能逾越界限,小节上有点出入是可以的。曾子亦曾这样言道:“可以讬(托)六尺之孤,可以寄百里之命,临大节不可夺也,君子人与？君子人也！"（《泰伯》）可以把幼子托付给他抚养而不用担心其遗弃，可以把国家交给他治理而不用担心其谋反篡位，在面临危难时亦不会背信弃义而改变节操。这种君子形象，就不是仅用一个"德"字可概言的，其中既有忠诚和信实，亦有担当和作为。后世所言之"可托孤寄命之臣"，就来自曾子的这一识见。

以作为论君子，孔子认为："君子疾没世而名不称焉。"（《卫灵公》）要想死后名声被人称述，就要有所作为，如鲁襄公时重臣叔孙豹所说的立德、立功、立言之"三不朽"。于是，孔子顾谓弟子说："君子病无能焉，不病人之不己知也。"（《卫灵公》）这些认识和主张，极大地丰富了"君子"的内涵，使君子人格超越了传统认识而体现出一种宏大气象，颇具阳刚之美，在人格建设上具有历久弥新的引领作用。

5.士人

"士"在古代指贵族以外有一定社会地位或有修养的人，是我国传统社会中介于贵族与平民之间的一个特殊阶层。在西周社会划成的十个等级中，"士"居"王"、"公"、"大夫"之后，多有为卿大夫家臣或卿大夫所属私邑的长官者，但不能进入统治阶层。到春秋时期，这种等级划分虽依然存在，但由于新兴力量的崛起和旧的政治格局的被打破，给士阶层的崛起创造了条件，部分士人已可跻身统治阶层，孔子就曾担任鲁司寇并代行相职。

孔子对士阶层寄予很大希望，认为："行己有耻，使于四方，不辱君命，可谓士矣。"（《子路》）要求"志士仁人，无求生以害仁，有杀身以成仁"，认为"士而怀居，不足以为士矣"（《宪问》）。孔子对士阶层的这些要求，反映了他对知识分子的政治期待，并最终提出了"从先进"的政治主张，"士"也因此成为孔子重点培养的为政人才。通过孔子的努力，不仅推动了士阶层的兴起，而且激发了知识分子的责任感和使命感。曾子说："士不可以不弘毅，任重而道远。仁以为己任，不亦重乎？死而后已，不亦远乎？"（《泰伯》）这完全可以视为古代学人扶危济世的政治宣言。

（二）人才标准

人才有不同的层次和规格，也有共同点和基本要求。从理想和现实出发,孔子对此进行了思考和总结,概括起来有以下几个方面。

1.孔子尚"德",把道德品质视为人才必备的要件

孔子重德治,认为"为政以德,譬如北辰,居其所而众星共之"(《为政》)。要施行德治,为政者本身就必须具有良好的道德品质,正所谓"君子之德风,小人之德草,草上之风,必偃"(《颜渊》),"其身正,不令而行;其身不正,虽令不从"(《子路》)。缘于这些认识,孔子提出了"骥不称其力,称其德也"(《宪问》)的命题。把千里马叫做"骥",并不是赞美它的气力,而是赞美它的品质。这一异于寻常的认识,极易使人想到"龟兔赛跑"的故事,从而彰显了道德品质在人才构成要素中的突出位置。他还假设说:"如有周公之才之美,使骄且吝,其余不足观也已。"(《泰伯》)周公是孔子心目中的偶像,但孔子认为,一个人即使具有周公那样美好的才能,但如果骄傲而吝啬,那其他方面也就不值得一看了。可见,在孔子的人才标准中,德是第一位的。

孔子重视为政者的品德,首先来自历史经验的总结:

> 南宫适问于孔子曰:"羿善射,奡荡舟,俱不得其死然。禹、稷躬稼而有天下。"夫子不答。南宫适出,子曰:"君子哉若人! 尚德哉若人! "(《宪问》)

南宫适即孔子的学生南容,他所列举的四个历史人物,前二者各有一技之长并崇尚武力,但都没有得到好死;后二者从事农耕但崇尚道德,却当上了帝王。南宫适能够从中总结出尚力者不得善终、尚德者终有天下的道理,于是得到孔子的高度赞扬。

孔子把"德"视为人才的要件,也来自他对德能关系的深刻认识:

> 鲁哀公问于孔子曰:"请问取人。"孔子对曰:"无取健,无取詌,无取口啍。健,贪也;詌,乱也;口啍,诞也。故弓调而后求劲焉,马服而后求良焉,士信悫而后求知能焉。士不信悫而有多知能,譬之其豺狼也,不可以身尒也。(《荀子·哀公》)

鲁哀公向孔子请教取人之道,孔子告诫哀公,不要取用急于求成的人、胁制人的人和能言善辩的人,原因是急于求成者多贪得无厌,胁制人的人多犯上作乱,能言善辩的人多夸诞不可信。孔子还以"弓调而后求劲,马

服而后求良"作譬,认为士首先必须忠诚信实然后才要求他有智慧有能力。如果士不忠诚信实而又多智慧多才能,就有如豺狼一样,绝对不能接近。这一认识虽产生于两千五百年前,但对人格缺陷在政治上表现的认识,迄今为止仍没有过时,体现了孔子敏锐的洞察力和成熟的政治经验。

2.孔子重"能",强调要有真才实学

孔子崇尚人才的道德品质,但并不因此而轻视人才的能力素质。他曾反复强调:"君子病无能焉,不病人之不己知也。"(《卫灵公》)"不患人之不己知,患其不能也。"(《宪问》)"不患无位,患所以立。不患莫己知,求为可知也。"(《里仁》)孔子所说的"能"(才能)和"所以立"(赖以站稳脚跟的东西),有很丰富的内涵,涉及文化素质、气质修养、领导艺术和实践经验各个方面。以文化素质为例,孔子一贯倡导要"博学于文"(《雍也》),但一方面要做到"文质彬彬"(同上),另一方面要能学以致用:

> 子曰:"诵《诗》三百,授之以政,不达;使于四方,不能专对。虽多,亦奚以为?"(《子路》)

熟读了《诗经》三百篇,叫他去处理政务,却行不通;派他去出使外国,却不能独立应付;读得虽多,又有什么用处呢? 这种重真才实学和能力作为的思想,对人才的成长和选拔任用具有良好的导向作用。

3.孔子倡导人的全面发展,主张"君子不器"

"器"是某一专长或专门技艺的代指。所谓"君子不器"(《为政》),即君子不要像器皿那样,只有一种用途。这是我国古代最早出现的通识教育主张,是"通才"概念的肇始。孔子本人就一直在朝着这个方面努力,并因此而被称许为博学多能的人。

至于什么样的人才可谓之通才,孔子在与子路讨论何谓"成人"时,提出了初步的设计:

> 子路问成人。子曰:"若臧武仲之知,公绰之不欲,卞庄子之勇,冉求之艺,文之以礼乐,亦可以为成人矣。"曰:"今之成人者何必然? 见利思义,见危授命,久要不忘平生之言,亦可以为成人矣。"(《宪问》)

子路问怎样才是完美的人,孔子回答说,如果智慧像臧武仲,清心寡欲像孟公绰，勇敢像卞庄子，多才多艺像冉求，再用礼乐来成就他的文采，就可以说是完美的人了。孔子虽然在补充说明中认为这种完人难求，但从其"君子不器"的主张中可以看出，孔子对此寄予了很大期望。司马迁总结说："孔子以《诗》《书》《礼》《乐》教，弟子盖三千焉；身通六艺者七十有二人。"（《史记·孔子世家》）"身通六艺者"，在当时就可视为通才。

孔子"君子不器"的主张，也就是人的全面发展的主张，对提升人的境界，成就完善人格，提高人的综合素质和创新能力，意义十分重大。美苹果公司已故CEO史蒂芬·乔布斯认为，通识教育可以为人们日后在某一领域取得创造性的成果奠定基础，提供可能性。乔布斯指出，研究Mac的初始团队拥有人类学、艺术、历史和诗歌等学科的教育背景。这对苹果产品脱颖而出一直很重要。这是ipad与它之前或之后所有平板电脑的区别。这是一种产品的外观和触觉，是它的灵魂。但计算机科学家或工程师很难看出这种重要性，因此任何公司都必须有一个领袖认识到这种重要性（美国《福布斯》双周刊网站2012年9月9日，转引自《参考消息》2012年9月30日）。乔布斯从科技创新的视域对通识教育作用的解读，对于我们加深对孔子"君子不器"的认识和理解，会有很大帮助。

4.孔子重视创造性思维能力，追求通权达变的境界

一个人是否具有创造性的思维能力，或这种能力的大小，可决定其可塑性和发展潜力。孔子深明此理，故提出了"温故而知新，可以为师矣"（《为政》）的认识，积极培养和促进其弟子这方面能力的养成。譬如，他盛赞子夏能"告诸往而知来者"（《学而》），嘉许颜回的"闻一而知十"（《公冶长》），对子夏能够创造性地阐发他的思想认识而感到由衷的高兴（《八佾》），对不能举一反三者表示失望："举一隅不以三隅反，则不复也。"（《述而》）把这种创造性的主张运用于实践，孔子提出了"权变"的要求：

子曰："可与共学，未可与适道；可与适道，未可与立；可与立，未可与权。"（《子罕》）

能够在一起学习的人，未必都能学到道；能够一起学到道的人，未必都能坚守道；能够一起坚守道的人，未必都能通权达变。把权变的本领看

得高于学道、适道、守道,是对人才境界的提升,也表明了孔子灵活处世的态度。孔子还说过:"君子之于天下也,无适也,无莫也,义之与比。"(《里仁》)君子对于天下的事情,没有一定要怎样做,也没有一定不要怎样做,而是要根据实际情况,怎样做适宜便怎样去做。这一标准的确立,对人才创造性的开发具有重要意义。

5.孔子尊崇"躬行君子",提倡求真务实的作风

所谓"躬行君子",就是能够身体力行的人,这是孔子在一次自我评价中提出的:

子曰:"文,莫吾犹人也,躬行君子,则吾未之有得。"(《述而》)

在这里,孔子提出了一个重要的人才标准,即只有文化知识还不够,必须能够将其运用于实践,成为能身体力行的实干家。循此,孔子提出了一系列重行的主张:

子曰:"君子欲讷于言而敏于行。"(《里仁》)

子曰:"古者言之不出,耻躬之不逮也。"(同上)

子贡问君子,子曰:"先行其言而后从之。"(《为政》)

子张问政。子曰:"居之无倦,行之以忠。"(《颜渊》)

樊迟问仁。子曰:"居处恭,执事敬,与人忠。虽之夷狄,不可弃也。"(《子路》)

重行就是重实际,重践履,同时也是重政绩,正所谓"敏则有功"(《阳货》),勤敏于事就会有功绩。在这一思想的指导下,孔子反对言过其行:"君子耻其言而过其行。"(《宪问》)反对花言巧语:"巧言令色,鲜矣仁。"(《学而》)反对卖弄小聪明:"群居终日,言不及义,好行小慧,难矣哉。"(《卫灵公》)这些重行和求真务实的主张,涵盖了今天所说的"勤"、"绩"两个方面。

以上这些标准和要求,体现了孔子对人才素质的综合认识,是孔子人才思想的立论基础。

三、人才的教育与培养

孔子在三十岁前就开始为学授徒，直至晚年。在长期的教育实践中，孔子提出了许多重要主张和规律性的认识，从而奠定了他在中华民族乃至世界教育史上的重要地位。

（一）"有教无类"的教育方针

孔子所处的时代，在人的知识和才能产生的问题上，占统治地位的是"生而知之"的先验论。对此，孔子虽有所保留，认为"生而知之者上也"（《季氏》），但孔子从未称许过任何人是生而知之者，即使是他所景仰的尧、舜和周公等往圣先哲也不例外。当有人认定他本人是"生而知之者"时，孔子断然予以否认："我非生而知之者，好古，敏以求之者也。"（《述而》）他曾明确指出，人的性情生来是互相接近的，只是由于后天的习染不同，才相距悬远："性相近也，习相远也。"（《阳货》）这是后天决定论的明确表述。直接反映孔子这一思想的，还有以下记录：

> 子曰："里仁为美。择不处仁，焉得知？"（《里仁》）

> 子谓子贱："君子哉若人！鲁无君子者，斯焉取斯？"（《公冶长》）

前者是说，居住在有仁风的地方才好，否则的话，怎么能是聪明的呢？后者则通过子贱认定鲁国有君子存在，认为如果鲁国没有君子的话，子贱就不会学到这种好品德了。这些材料证明，孔子的真实认知和现实主张，还是"学而知之"。假如孔子认定有生而知之者存在，或认为人的知识和道德可与生俱来，就不会提出上述主张和评价了。

对孔子"性相近也，习相远也"认识的合理性，在本书第一章中已进行了分析。现代教育科学研究和实验成果，也为此提供了证据。例如，人的智商有高低之别，可遗传并对人的发展有重要影响。特别是智商过低（如先天愚型）和智商极高者，会有两个极端的超常表现。孔子显然也看到了这一点，故在"性相近也，习相远也"之后，紧接着补充了一句"唯上智与下愚不移"，即只有最聪明和最愚笨的人，是难以改变的。但是，一方面，多数人的智商是相近的，在80—120之间；另一方面，智商的高低只是后天成长的基础，实际如何关键在于后天的努力，包括环境的影响。一位专门研究基因、环境和智力的法国专家通过研究证明，一个出生在其父母的平均智商指数在90左右的儿童，如果被一个智商指数为110的家庭收养的话，他的智商指数可以提高到110（贝尔纳·热涅斯《神童之谜》，法国《新观察家》1997年11月19日）；同样道理，一些被认为是"神童"的早慧儿童，虽然在同样的教育环境下会表现出某些超常之处，但如果没有良好的教育和成长环境，也难以成为优秀人才。被教育家和人类学家密切关注的"狼孩"、"猪孩"等特殊实践结果，也证明了人的成长与环境的密切关系。

既然人性相近，差距是后天形成的，那么在"出发点"上就没有高低贵贱之分，每个人都有通过教育和实践获得良好发展的可能。因此，孔子提出了"有教无类"（《卫灵公》）即不分贫富、贵贱、智愚和性情对人无区别地加以教育的主张，创办私学，广收门徒。孔子自己总结说："自行束脩以上，吾未尝无诲焉。"（《述而》）"束脩"有两解，一为十五岁以上的成童，二为一束干肉。从孔门弟子记孔子"沽酒市脯不食"即从市场上买来的酒和干肉不吃看，当为前者。即使是后者，也不是很高的学费，否则的话，像颜回那样"一箪食，一瓢饮，在陋巷"（《雍也》）的人，就难以置身孔子门下，成为出类拔萃的人才。

孔子的"有教无类"，在司马迁的《史记·仲尼弟子列传》中有比较充分的展现。颜回是"一箪食，一瓢饮，在陋巷，人不堪其忧"的穷人；仲弓的父亲是"贱人"；子路"性鄙，好勇力"，并曾"陵暴孔子"；宰予"利口辩辞"；澹台灭明（子羽）"状貌甚恶"；公冶长曾在"缧绁之中"，即被关在监狱；子羔"长不盈五尺"，即身材矮小；司马耕（子牛）"多言而躁"。孔子将这些人收之为徒，在当时就曾引起过疑惑：

> 南郭惠子问于子贡曰："夫子之门何其杂也？"子贡曰"君子正身以俟，欲来者不距（拒），欲去者不止。且夫良医之门多病人，檃栝之侧多枉木，是以杂也。"（《荀子·法行》）

南郭惠子对孔门如此庞杂感到不解，向子贡求证。子贡的回答虽没有切中孔子"有教无类"的宗旨，但其"欲来者不拒，欲去者不留"，却真实地道出了孔子"有教无类"的实践。

孔子有弟子三千，贤人七十，虽资质不同，表现各异，孔子在评价上也

不尽一致,但在日常教育中却一视同仁——即使对自己的儿子也不偏爱:

> 陈亢问于伯鱼曰:"子亦有异闻乎?"对曰:"未也。尝独立,鲤趋而过庭。曰:'学诗乎?'对曰:'未也。''不学诗,无以言。'鲤退而学诗。他日,又独立,鲤趋而过庭。曰:'学礼乎?'对曰:'未也。''不学礼,无以立。'鲤退而学礼。闻斯二者。"陈亢退而喜曰:"问一得三:闻诗,闻礼,又闻君子之远其子也。"(《季氏》)

陈亢,字子禽,其身份不甚明了。有人说他是孔子的学生,但从《论语》中与其有关的三则记录看,不似孔门弟子,当是与孔门弟子特别是子贡交往较多的人。陈亢原以为伯鱼能从他父亲那里得到特别的教导,与伯鱼对话后消除了这一疑虑,得出了"君子不偏爱自己儿子"的结论。伯鱼是孔子的独生子,因出生时鲁昭公送鲤鱼致贺,取名孔鲤。所谓"远其子",不是疏远自己的儿子,而是不溺爱、不骄纵,在发展的问题上只原则指导而不包办替代。"远其子"的另一判断根据,是孔子对儿子与对学生一样,没有偏私。譬如《诗》和《礼》,是孔子教育学生的通用教材,"兴于诗,立于礼,成于乐",也是孔子对学生的普遍教诲。其实,孔子曾明确表示自己对学生毫无保留:"二三子以我为隐乎!吾无隐乎尔。吾无行而不与二三子者,是丘也。"(《述而》)正是这种一视同仁的态度,使出身卑微如仲弓、受过刑罚如公冶长、桀傲不羁如宰予、头脑简单如子路者,均受到良好教育,名列七十贤人之中。

孔子"有教无类"的主张和实践,不仅体现了其思想的人民性和平等意识,而且打破了"学在官府"的贵族教育的旧格局,使教育由官府走向民间,从贵族及于平民。这在教育史上是一次历史性的变革,影响深远。孔子之后,各派私学继出,庶民向学之风大盛。到战国中期,出现了百家争鸣的局面,在实现教育、文化与学术繁荣的同时,推动了政治经济和社会变革。

在教育已成为社会群体分化基础性力量的今天,学习和继承孔子"有教无类"的教育主张和教育实践,解决当下存在的入学难、入学贵、教育资源分配不均衡,以及考试、录取等环节存在的问题,建立健全教育政策及其运行的公平机制,使教育成为社会进步的正面力量,具有十分重要的现实意义。

（二）"学而不厌，诲人不倦"的职业操守

教导学生是老师的天职，但要做一名合格的老师，就必须有较高的学识，即"教育人者要先受教育"。孔子自幼习礼，"十有五而志于学"，二十岁左右就被鲁大夫孟僖子视为"达者"，三十岁前就开展办学授徒，在学识和品德修养方面，当时就获得极高评价。"达巷党人"因孔子的"博学"而赞其伟大："大哉孔子！博学而无所成名。"（《子罕》）有一位太宰因为孔子的"多能"而说他是"圣者"："夫子圣者与？何其多能也！"（同上）子贡持同样的看法，并曾以"天"和"日月"作譬，认为孔子是别人无法企及、不可逾越的（《子罕》《子张》）。但孔子不仅一再拒绝这些评价，而且经常自找差距，不断学习和进取。在孔子看来，当老师的如果不加强学习，也同样会落后，即"学如不及，犹恐失之"（《泰伯》）。因此，孔子坚持"学而不厌，诲人不倦"（《述而》），反对"不知而作"，主张"见贤思齐"（《里仁》），倡导"敏而好学，不耻下问"（《公冶长》），认为"三人行，必有我师"（《述而》），把"学而时习之"（《学而》）当成快乐的事情，以至"发愤忘食，乐以忘忧，不知老之将至"（《述而》），真正做到了"活到老学到老"。在谈及自己的学术成就时，孔子这样言道："十室之邑，必有忠信如丘者，不如丘之好学也。"（《公冶长》）这既是自谦，也很写实。正因为如此，使孔子成为学识渊博的一代宗师。

"学而不厌"不易，"诲人不倦"则更难，要求老师具有良好的心理素质和敬业精神，即"乐教"。孔子的"诲人不倦"，在《论语》中表现得淋漓尽致。例如，对同一问题，不仅不同的弟子经常发问，同一弟子亦常反复请教，仅樊迟就三次问"仁"，两次问知。因孔子每次都认真作答，培养了孔门弟子善问和勇于质疑的精神。理学家程颐就说过："孔子弟子善问，直穷到底。如问'乡人皆好之何如？'曰'未可也'，便又问'乡人皆恶之何如？'又说'足食足兵，民信之矣'，便问'必不得已而去，于斯三者何先？'才说'去兵'，便问'不得已而去，于斯二者何先？'自非圣人不能答，便云'去食，自古皆有死，民无信不立'。不是孔子弟子不能如此问，不是圣人不能如此答。"（《二程集》，中华书局1981年版，第一册第254页）类似的情况，还有子贡问士（《子路》）和子路问君子（《宪问》）等，都是在

孔子给出一种答案之后，锲而不舍地追问下去。有些问题，犹如"母亲、妻子、儿子同时落水，你先救谁"一样，是两难或三难选择，无论怎样回答都不可能是完美的。对此，孔子既不厌其烦，亦不畏其难，不用要滑头的办法应付弟子，以此来鼓励弟子的质疑和探索精神。这就是程颐所见之"不是孔子弟子不能如此问，不是圣人不能如此答"。假如没有孔门弟子善问和孔子善答，许多思想火花便不能在碰撞中产生，我们也就难以看到今天这部《论语》了。

对"学而不厌，诲人不倦"，梁启超先生将其视为"孔子人生哲学第一要件"，认为"孔子特别过人处和他一生受用处，的确就在这两句话"（《教育家的自家田地》，见《历史上最伟大的演说辞》，天津社会科学院出版社2001年版，第261页）。从教育家的视域看孔子，梁先生此论是很精准的。子贡在当时就据此认为孔子已达圣境：

> 昔者子贡问于孔子曰："夫子圣矣乎？"孔子曰："圣则吾不能，我学不厌而教不倦也。"子贡曰："学不厌，智也；教不倦，仁也。仁且智，夫子既圣矣乎。"（《孟子·公孙丑上》）

我们常说，教师是神圣的职业。从孔子的表现和子贡的评价中，我们看到了最高的典范和最早的理论定义。

（三）"当仁不让于师"的教育理念

孔子有一句名言，叫作"当仁不让于师"（《卫灵公》）。这与他的"后生可畏，焉知来者之不如今也"（《子罕》）一起，构成了鼓励年轻人奋发向上的有力支撑。基于这种认识和主张，孔子积极倡导师生间的相互批评和启发，故孔门弟子不仅善问，而且善于向老师质疑乃至批评，孔子亦以平等的姿态与学生讨论。既使对一些学生的意见和表现不满乃至有所责怪，亦只是表明态度而已，并非强加于人，也并不因此而影响师生关系。例如，在孔门弟子中，子路是最能给孔子提意见的人。孔子虽然批评子路的粗野，却极看中其诚笃忠信的优点，视子路为最可靠、最值得信赖的人："道不行，乘桴浮于海，从我者，其由与！"（《公冶长》）就是说，如果我的主张行不通，乘木排漂洋过海，跟随我的恐怕只有仲由吧！孔子还充分肯定子路的军事才能，经常向当权者举荐子路为官。孔子在鲁国任大司寇并代理宰相时,子路就被委任为当时最有权势的执政上卿季氏的家臣。孔子周游列国期间,子路一路跟随,对孔子起到了重要的保护作用。再例如,宰予曾因白天睡懒觉和对"三年之丧"提出质疑而受到孔子的严厉批评,但宰我不以为忤,仍经常向孔子请教,孔子亦给予了耐心的指导和传授,并将其列为"孔门四科"中以言语见长的代表人物(《先进》)。宰我曾心悦诚服地评价孔子说:"以予观于夫子,贤于尧、舜远矣!"(《孟子·公孙丑上》)还有一个比较典型的事例,即孔子对颜回的聪明、好学和艰苦奋斗精神极为赞赏,以至对其不幸短命死去十分惋惜,悲痛欲绝;但由于颜回对孔子言听计从,便受到孔子的批评:

> 子曰:"回也,非助我者也,于吾言无所不说。"(《先进》)

孔子之所以说颜回不是对自己有帮助的人,是因为他对自己的话没有不喜欢的。这就在师生关系的问题上,开辟了另外一条认识路线。用《礼记·学记》中的话说,即"教学相长"。所以,每当其学生在学习的过程中有所发明,甚至纠正自己的错误,孔子便适时予以鼓励:

> 子贡曰:"贫而无谄,富而无骄,何如?"子曰:"可也;未若贫而乐,富而好礼者也。"子贡曰:"《诗》云'如切如磋,如琢如磨',其斯之谓与?"子曰:"赐也,始可与言《诗》已矣,告诸往而知来者。"(《学而》)

> 子夏问曰:"'巧笑倩兮,美目盼兮,素以为绚兮',何谓也?"子曰:"绘事后素。"曰:"礼后乎?"子曰:"起予者商也!始可与言《诗》已矣。"(《八佾》)

> 子之武城,闻弦歌之声,夫子莞尔而笑,曰:"割鸡焉用牛刀?"子游对曰:"昔者偃也闻诸夫子曰:'君子学道则爱人,小人学道则易使也。'"子曰:"二三子!偃之言是也。前言戏之耳。"(《阳货》)

在以上三例中,无论是对子贡和子夏对《诗》创造性阐发的肯定,还是对子游敢于对自己的话提出质疑的赞赏,都体现了孔子谦虚坦诚的态度和对学生成长进步的喜悦,也表现出相当的民主、平等意识。许多记录表明,孔门师生之间的交流是没有严格界限和约束的。正因为如此,一些被孔子批评过的学生并不因此而噤若寒蝉,遇事照问不误,从而留下许多精彩的对白。譬如,因"请学稼"被孔子责骂的樊须,就多次向孔子问仁、问智,"爱人"就是樊须问仁时孔子给出的答案,而且在孔子对所有问仁的回答中,以此二字最为经典也最具本质意义。还有一次,樊须陪同孔子游历舞雩之下时,向孔子请教"崇德、修慝、辨惑",孔子当即赞赏说:"善哉问!"并给予了明确而深邃的解答(《颜渊》)。在这样的环境下,孔门弟子大多善于提问和思考,形成了良好的学风。这种问题导向的教育和评价方式,对培养学生的质疑精神和创新思维能力,是极为重要而有效的。

(四)德能兼修的教育内容

孔门弟子总结说:"子以四教:文、行、忠、信。"(《述而》)司马迁说:"孔子以《诗》《书》《礼》《乐》教。"(《史记·孔子世家》)孔子本人亦有自述:"志于道,据于德,依于仁,游于艺。"(《述而》)概括起来,孔子的教育内容包括以下三个方面:

1.道德规范与人格涵养

孔子曾告诫子夏说:"女为君子儒,无为小人儒。"(《雍也》)这里所言之"君子",既指道德境界,也包括人格气象。为了加强学生的道德和人格涵养,孔子概括、总结出一系列道德范畴,如仁、义、孝、悌、忠、信、宽、恕、恭、敬、俭、让、群、勇、慈、惠等,并对这些范畴的内涵、表现和境界进行了说明和界定。后世对这些道德范畴的认识和理解,大多肇始于孔子。

孔子在实施德育时,不以让学生知道"标准答案"为尺度,而是重价值观、人文理念和品格的涵养,让学生知道如何做人。例如,孔子倡导"躬自厚而薄责于人",而子贡经常讥评别人,孔子就批评说:"你就做得那么好吗?要是我就没那闲功夫。"(《宪问》)这种指导,是最直接而又最见功效的。对一些具体的道德范畴,孔子也善于从不同的角度去揭示其内涵和意义,使学生有比较全面的体认。譬如"信",孔子不仅说明了"人而无信,不知其可也"(《为政》)的重要性,揭示了"信近于义,言可复也"(《学而》)的内涵,而且具体论证了"上好信,则民莫敢不用情"(《子路》)和"信则人任焉"(《阳货》)等具体作用,同时要求"君子贞而不谅"(《卫灵公》),即分清原则是非,守大信而不拘泥小信。再如"孝",孔子首先将其归结为子女对父母养育之恩的回报,然后把"孝"视为推行仁德的基础,进而认为

"孝慈则忠"（《为政》），即一个孝敬父母、慈爱幼小的人，会赢得人们的尊重和忠诚。这种道德教育，就把情与理、个人与社会紧密结合起来了，从而避免了因教条、空洞和不切实际的高调而产生的逆反，增强了说服力和吸引力。

孔子不仅重视品德教育，而且将其视为文化教育的基础：

> 子曰："弟子，入则孝，出则弟，谨而信，泛爱众，而亲仁。行有馀力，则以学文。"（《学而》）

这里所言之"行"，就是前述之孝悌、恭谨、忠信、仁爱等德行，而非一般意义上的生活实践。其所言之"文"，也不仅指一般的文化知识，而是"文王既没，文不在兹"之"文"，是传统的学术文化。孔子主张"行有余力，则以学文"，所言系做人与做学问的关系。我们常讲"文如其人"，或"文品见人品"，便是这样的关系。倘若不能打好做人的根基，或人品卑下，其学问也很难做得好。孔子的这段话，被清康熙年间秀才李毓秀引申扩展解读，写成《训蒙文》，后经贾存仁修订改编，更名为《弟子规》，成为重要的童蒙读物。

2.学术文化与才艺

司马迁说"孔子以《诗》《书》《礼》《乐》教，弟子盖三千焉，身通六艺者七十有二人。"其中的《诗》《书》《礼》《乐》是前人的文献典籍，属学术文化的范畴。孔子选择这些内容去教育学生，当然是为了文化传承与发展。他说过："文王既没，文不在兹乎？"（《子罕》）要使自己掌握的传统文化知识传于后世，教育当然是最好的手段。同时，孔子的文化教育并不满足于知识的传递，更注重品格塑造和人文化成，也就是他所说的"兴于诗，立于礼，成于乐"（《泰伯》）。在《礼记·经解》中，记有孔子"入其国，其教可知也"一段话，就从正反两个方面，说明了"六经"在教化中的作用。

除"六经"外，孔子以"六艺"即礼（礼仪）、乐（音乐）、射（射箭）、御（驾车）、书（书写）、数（计算）教育学生，体现了他对人才素质较全面的理解和要求。"六艺"属具体知识和技能的范畴，或曰才艺。这些知识和技能，可谓文、理兼修，文、武兼备，体现了孔子通识教育的主张，并由此形成了士阶层知识和才能结构的基本框架。战国时期盛行的养士之风,就与士阶层的广泛适应性不无关系。

孔子以"六艺"教育学生,主要目的不是让学生成为六个方面的专门家,如诗人和乐手,而是以此来丰富他们的知识和能力结构,成为"不器"之君子。譬如"射",不仅可增强学生的体魄,亦可用于军事和狩猎,同时培养学生对竞争的认识:"射有似乎君子,失之正鹄,反求诸其身。"(《中庸》)"君子无所争。必也射乎! 揖让而升,下而饮。其争也君子。"(《八佾》)这就将知识和才艺教育与品格培养结合起来了。孔子自己也是如此。他精于"六艺",却不以其中任何一项为职志,而以思想文化建设和治国安邦为最高理想。于是便有了达巷党人的困惑:"大哉孔子! 博学而无所成名。"(《子罕》)孔子调侃地回应说:"吾何执? 执御乎? 执射乎? 吾执御矣。"这也表明,孔子通识教育的主张,在当时尚未被广泛认识和理解。

3.为政理论及方法艺术

培养为政人才是孔子办学授徒的重要目标之一。因此,在进行道德、文化等基础教育的同时,孔子精心传授为政理论和方法艺术,遂使其首创的私学成为我国历史上最古老的"行政学院"。《论语》虽记言记事涉及领域甚广,但大多与为政之道和为政之需有紧密的联系。汉武帝采纳董仲舒的意见"独尊儒术",宋相赵普的"半部《论语》治天下",均比较清楚地看到了这一点。

有人据此指责孔子轻视劳动者,这对于以培养士阶层为主要目标的私学创办者来说,未免有些苛求。譬如樊须,要想学习种庄稼的本领,就该读"农学院"而不必拜孔子为师。荀子曾经指出:"农精于田而不可以为田师,工贾亦然。"(《荀子·大略》)就是说,农夫精通于种田的技术但不能成为管理种田事务的田师,工匠商人也是这样。这一看法虽有些绝对化,但从整体上看,是有道理的。

（五）灵活多样的教育方法

依据对教育规律的认识,孔子在实践中创造并运用了许多行之有效的教育方法。

1.学、习并举

孔子之前，"学"与"习"是分开使用的两个概念。将二者联系起来使用，始于孔子的"学而时习之，不亦说乎"（《为政》）。把学习视为令人愉快的事情，来自孔子对学习作用的认识：

> 子曰："吾尝终日不食，终夜不寝，以思，无益，不如学也。"（《卫灵公》）

因为孔子有"学而不思则罔，思而不学则殆"（《为政》）的识见，故这里所说的"思"不是一般意义上的思考，当是脱离学习实践的冥想。孔子做此实验，可能是对"生而知之"的验证。在实验失败后，孔子坚定了"学而知之"的信念。荀子也曾做过与孔子同样的实验，并得出了同样的结论："吾尝终日而思矣，不如须臾之所学也。"（《荀子·劝学》）《论语》从"学而"篇编起，《荀子》从"劝学"篇开始著述，看来不是偶然的巧合，体现了从孔门弟子到荀子对学习的重视。

根据"不如学也"的认识结论，孔子培养人才所选取的基本手段，就是鼓励其弟子勤学、博学，认为"好学近乎知"（《中庸》），并指出了"不好学"的危害：

> 子曰："由也，女闻六言六蔽矣乎？"对曰："未也"。"居！吾语女。好仁不好学，其蔽也愚；好知不好学，其蔽也荡；好信不好学，其蔽也贼；好直不好学，其蔽也绞；好勇不好学，其蔽也乱；好刚不好学，其蔽也狂。（《阳货》）

"六言"即六种品德。孔子认为，爱仁德却不爱好学习，其流弊就是容易被人愚弄；爱智慧却不爱好学习，其流弊就是游谈无根；爱诚信却不爱好学习，其流弊就是伤害自己；爱直率却不爱好学习，其流弊就是尖刻；爱勇敢却不爱好学习，其流弊就是胡作非为；爱刚强却不爱好学习，其流弊就是狂妄自大。孔子告诉子路，六种品德分别会产生六种流弊，只有通过学习获得理性智慧，才能防止和化解。

作为求知的手段，孔子所倡导的"学"既包括历史文献，即"君子博学于文"（《雍也》），也包括广闻博见：

> 子曰："盖有不知而作之者，我无是也。多闻，择其善者而从之，多见而识之，知之次也。"（《述而》）

对"知之次也",古往今来大多解释为"次于生而知之"或"生而知之者次",其实未必。孔子虽然有过"生而知之者上也,学而知之者次也,困而学之,又其次也,困而不学,民斯为下矣"(《季氏》)的评论,但那是就智力基础和求知态度而言的,不是对"知"本身划定的不同等次。《中庸》引孔子的一段话,可为此提供佐证:"或生而知之,或学而知之,或困而知之,及其知之,一也。"无论在什么基础或在什么样的条件下求知,只要"知之"就是一样的。同样,孔子关于"知之次也"的一段论述,是为了证明自己并非"不知而作"而是"有知而作",说明的是自己知识的来源而不是自己的"知"属于什么档次。从语言的逻辑关系看,"多闻,择其善者而从之,多见而识之"是原因,"知之次也"是结果。这样看来,其中的"次"是"顺次"的意思,可译为"获得"或"达至"。

对"多见而识之"之"识",多读为"zhi",取"记住"的意思。其实,读为"shi"可能更为贴切。多闻与多见是获得知识的两大渠道。对听到的东西要择善而从,对看到的东西也需要分辨识别,否则同样难以获得真知。对此,孔子亦有明确的阐述:"多闻阙疑,慎言其余,则寡尤;多见阙殆,慎行其余,则寡悔。言寡尤,行寡悔,禄在其中矣。"(《为政》)"阙疑"与"阙殆"同义,都是存疑的意思。孔子认为,无论听到还是见到的东西,均应分辨识别,存疑而慎言、慎用其余可信的部分,这样就可以减少错误和懊悔。以此反观孔子的"多见而识之",将"识"解读为分辨识别之"识",与"多见阙殆"就一致了。清代学者袁枚在《续诗品·尚识》中认为:"学如弓弩,才如箭镞。识以领之,方能中鹄。"就是说,知识好比弓弩,才能好比箭头,而见识则是引领箭头射中目标的本领。因此,当我们说某人有学识、有见识的时候,就不仅指其学的多、看的多、记得住,更包括对学到和看到的东西有较高的认识和领悟能力。对此,孔门后学亦深得其要,《礼记·学记》就结论说:"记问之学,不可以为人师。"记住标准答案用来应对学生的提问,这样的学问是不足以做老师的。以此解读孔子的"多闻,择其善者而从之,多见而识之,知之次也",即"多听,选择其中好的加以接受;多看而能分辨识别,这样就能获得真知了。"以是观之,孔子的"多见而识之"应是"见识"的辞源。

孔子在鼓励"学"的同时倡导"习",即温习和实习。"习"的作用不仅是对学过知识的巩固,也可以提高,可以获得新知,即"温故而知新,可以为师矣"(《为政》)。孔子认为,在温习旧知识时若能有新体会和新发现,就可以当老师了。学、习并举有如此美妙的作用,这就可以理解孔子为何将"学而时习之"视为愉快的事情了。

2.学、思结合

孔子认为不学而思无益,却极看重学习过程中的思考,认为二者缺一不可:"学而不思则罔,思而不学则殆。"(《为政》)"罔"即诬罔、受骗,"殆"即疑惑、不解。只学习而不思考,就会受骗;只思考而不学习,就会疑惑。通过学习解惑,通过思考辨伪,是孔子学、思结合方法的精要。《中庸》的作者依循孔子的认识,将治学概括为五个步骤,即"博学之,审问之,慎思之,明辨之,笃行之"。其中的审问慎思明辨,是由"学"入"行"的重要环节,所体现的便是思考的力量。正因为如此,孔子强调:"不曰'如之何,如之何'者,吾未如之何也已矣。"(《卫灵公》)"如之何"就是"怎么办"的思考,以求言行合乎时宜。不以此来提醒自己的人,其行为后果当然也就难于把握了。其学生子夏,则从正面阐明了这一认识:"博学而笃志,切问而近思,仁在其中矣。"(《子张》)

基于这种主张,孔子反对尽信书本上的东西:"吾犹及史之阙文也。"(《卫灵公》)孔子说他能看到史书中存疑的地方,就离不开分析思考。孔子还说过:"书不尽言,言不尽意。"(《易·系辞上》)既然如此,要想融会贯通,也必须运用思考和感悟的能力。对日常生活中的闻见,孔子也反对盲从:"道听而途说,德之弃也。"(《阳货》)所以才主张"多闻阙疑,慎言其余"、"多见阙殆,慎行其余"和"多见而识之"。这种选择和存疑的过程,就是学、思结合方法的运用。学思结合不仅可去伪存真、由表及里,而且可以出新。《周易》本是一部占卜之书,孔子经过反复研读和思索,就从中获得了哲学和人文精神的启示。

3.见贤思齐

孔子倡导的学习不仅指书本和文献,也包括取法他人。孔子自述说:"三人行,必有我师焉。择其善者而从之,其不善者而改之。"(《述而》)

"见贤思齐焉,见不贤而内自省也。"(《里仁》)看到别人的优点就向其学习,看到别人的缺点便引以为戒。可见,孔子所言之"师"也包括反面教员。善恶之人皆可为"师",则"师"无处不在,故曰"三人行必有吾师"。

向有才德之人学习,孔子认为是培养仁德的手段:

> 子贡问为仁。子曰:"工欲善其事,必先利其器。居是邦也,事其大夫之贤者,友其士之仁者。"(《卫灵公》)

把通过向有才德之人学习来提高自己的品格比喻为"利器"以"善事",是很精妙的。根据这一识见,孔子告诫其弟子要慎重交友:"益者三友,损者三友。友直,友谅,友多闻,益矣。友便辟,友善柔,友便佞,损矣。"(《季氏》)有益的朋友有三种,有害的朋友有三种。同正直的人交友,同信实的人交友,同见闻广博的人交友,便有益了;同谄媚奉承的人交友,同当面恭维背后毁谤的人交友,同夸夸其谈的人交友,便有害了。循此,孔子还提出了"乐多贤友"(同上)和"无友不如己者"(《学而》)的意见。

"乐多贤友"即以多交有益的朋友为快乐,是不待言的。对"无友不如己者",在认识上则多有分歧。朱熹《集注》:"'无'、'毋'通,禁止辞也。友以辅仁,不如己则无益而有损。"按照这种解释,"无友不如己者"便是"不要跟不如自己的人交朋友"。可能认为此见有些偏激,苏东坡认为:"世之陋者乐以不己若者为友,则自足而日损,故以此戒之。如必胜己而后友,则胜己者亦不与吾友矣。"(程树德《论语集释》本章引)针对由此而生的疑惑,程树德先生认为:"'如'字不可作'胜'字说。如,似也。……黄氏《后案》:不如己者,不类乎己,所谓'道不同,不相为谋'也。"(同上)如此,"无友不如己者"便可译为"不与志趣不相似的人交朋友"。但"道不同不相为谋"是共事的原则而非交友的原则,是显而易见的;用"不相似"解"不如己",也比较牵强。也有学者认为,"'无友不如己者'作自己应看到朋友的长处解",并将其译为"没有不如自己的朋友"(李泽厚《论语今读》)。这些解释,均不愿将孔子的"无友不如己者"绝对化,立意是好的。但"交友"与"交往"不同。古人对"朋友"的概念看得很重,是人际关系中甚为重要的交际对象,不似今天理解得那么宽泛。《易传》象辞解《易经》五十八卦"兑"为"说也",即喜悦。象辞则以"丽泽"即两泽相连译之，引申为"君子以朋友讲习"。孔疑达疏曰："同门曰朋，同志曰友，朋友聚居，讲习道义。"正因为古人将"朋友"看得如此厚重，才有了孔子"有朋自远方来，不亦乐乎"的情感抒发。在西方也同样如此。亚里士多德就认为："真正的朋友，是一个灵魂孕育在两个躯体里。"这是对"朋友"的极而言之的定义。

从孔子"友其士之仁者"和"乐多贤友"的主张看，孔子确是很重视交友质量的。孔子如此说，并非轻视或瞧不起普通人，而是成就事业和完美人格的追求。其"泛爱众，而亲仁"，就讲清了二者的关系。孟子有一段话，对理解孔子的"无友不如己者"会有所帮助：

> 孟子谓万章曰："一乡之善士斯友一乡之善士，一国之善士斯友一国之善士，天下之善士斯友天天下之善士。以友天下之善士为未足，又尚论古之人。颂其诗，读其书，不知其人，可乎？是以论其世也。是尚友也。"（《孟子·万章下》）

孟子告诉其学生万章说：一个乡村优秀人物便和那一乡的优秀人物交朋友；一个国家的优秀人物便和那一国的优秀人物交朋友；全天下的优秀人物便和天下的优秀人物交朋友。如果认为这样还不够，便追论古代的人物，通过诵读其诗、书并了解其时代背景，来了解他们的为人，从而与古人交朋友。这才是真正注重交友。孟子此论，特别是"与古人交友"的超绝之见，尽现通过交友提升境界的取向，与孔子将"事其大夫之贤者，友其仕之仁者"视为"工欲善其事，必先利其器"，是颇为一致的。

通过与高品位的人交往不仅可取长补短、提高自己，更可以将自己与他人的智慧融合起来，共同成就一番事业。诺贝尔经济学奖获得者保罗·萨缪尔森在1970年总结出科学家获奖的五个必备条件，第二条就是"要与伟大的同事、合作者和伙伴共同工作"。后来的实践证明，萨缪尔森的看法是正确的。在他当时提及的三个同事、合作者和伙伴中，有两人分别在十一年和十七年后获得了诺贝尔奖（阿根廷《民族报》2004年9月27日《诺贝尔奖：发现、发明……和获奖的秘方》，转引自《参考消息》2004年10月8日）。美国第35任总统约翰·肯尼迪亦说过："聪明人必须聪明到选用比自己聪明的人的程度。"其所追求的也是智慧融合的效应。以此去解读孔子的"无友不如己者",便是重视交友质量以提高自己的主张,如"君子以文会友,以友辅仁"(《颜渊》)。刘禹锡《陋室铭》中的"谈笑有鸿儒,往来无白丁",亦是此意此境。所以,苏东坡用"世之陋者乐以不己若者为友"来证明孔子此论的来由或追求,是有道理的,只是其"如必胜己而后友,则胜己者亦不与吾友矣",过于注重了逻辑推演。记得华君武先生有一幅漫画,题为"武大郎开店",画中的伙计无一比武大郎高者。这才是我们应该指责的"劣根性"。从"三人行必有吾师"的广泛学习和借鉴,到"无友不如己者"的高层次交往与合作,就在重视个体能力和修为的同时,给人们指明了一条提升智力和创造力的重要途径。

4.因材施教

孔子认定"性相近也,习相远也",同时也看到了人的天赋、资质、性格和兴趣爱好的差别,以及不同阶层、不同处境和不同年龄的不同特点。例如,在领悟能力上,他肯定"回也闻一以知十,赐也闻一以知二"(《公冶长》)。在性格特点上,他判定"柴也愚,参也鲁,师也辟,由也喭"(《先进》)。在兴趣爱好和专长上,他指认"德行:颜渊,闵子骞,冉伯牛,仲弓。言语:宰我,子贡。政事:冉有,季路。文学:子游,子夏"(同上)。在不同阶层和不同处境上,他看到"君子有勇而无义为乱,小人有勇而无义为盗"(《季氏》)。在不同年龄段上,他认为"少之时,血气未定,戒之在色;及其壮也,血气方刚,戒之在斗;及其老也,血气既衰,戒之在得"(《季氏》)。依据这些认识,孔子善于把普遍要求与个别指导结合起来,根据学生的不同特点,有针对性地进行教导。颜回聪明并谦虚好学、安贫乐道,但缺点是对老师过于迷信,故孔子批评说:"回也,非助我者也,于吾言无所不悦";子贡能官能商且具语言天赋,但自视较高且常讥评别人,孔子便以"己所不欲,勿施于人"和"富而好礼"教导之;子路忠诚且有勇力,但头脑比较简单,行事鲁莽,孔子就告诫其要"临事而惧,好谋而成";公西华有礼宾才能,却只想做个小司仪,孔子批评其志向不高(以上均见《论语》)。除此类个别指导外,孔子还根据人的不同悟性和知识水平,讲不同层次的道理:

　　　　子曰:"中人以上,可以语上也;中人以下,不可以语上也。"
　　(《雍也》)

对悟性和知识水平较高的人可以讲高深的道理，否则就无法沟通，这是在教育和交流中经常遇到的问题。孔子直言其感受，既非歧视，也不是等级意义上的划分。

对不同弟子提出的同一个问题，孔子的回答往往各不相同，其中很多也是针对了学生的特点：

> 子路问："闻斯行诸？"子曰："有父兄在，如之何其闻斯行之？"冉有问："闻斯行诸？"子曰："闻斯行之。"公华西曰："由也问'闻斯行诸'，子曰'有父兄在'；求也问'闻斯行诸'，子曰'闻斯行之'。赤也惑，敢问。"子曰："求也退，故进之；由也兼人，故退之。"（《先进》）

因为冉求平日做事退缩，子路的胆子却有两个人的大，故在他们提出"听到就干起来吗"的同一问题时，孔子给予了完全相反的回答。对孔子的这一教育方法，程颐评论说："孔子教人，各因其材，有以政事入者，有以言语入者，有以德行入者。"（《二程集》，中华书局1981年版，第一册第252页）朱熹在《集注》中亦持此说，并最终被概括为"因材施教"。正是凭借这一方法，使孔子门下不同资质的学生均受到良好教育，成为有用的人才。

孔子的因材施教，也体现在政治生活领域：

> 子贡问于孔子曰："昔者齐君问政于夫子，夫子曰'政在节财'。鲁君问政于夫子，夫子曰'政在谕臣'。叶公问政于夫子，夫子曰'政在悦近而来远'。三者之问一也，而夫子应之不同。然政在异端乎？"孔子曰："各因其事也。齐君为国，奢乎台榭，淫于苑囿，五官伎乐，不解于时，一旦而赐人以千乘之家者三，故曰政在节财。鲁君有臣三人，内比周以愚其君，外距诸侯之宾以蔽其明，故曰政在谕臣。夫荆之地广而都狭，民有离心，莫安其居，故曰政在悦近而来远。此三者所以为政殊矣。诗云：'丧乱蔑资，曾不惠我师。'此伤奢侈不节以为乱者也。又曰：'匪其止共，惟王之邛。'此伤奸臣蔽主以为乱者也。又曰：'乱离瘼矣，奚其适归？'此伤离散以为乱者也。察此三者，政之所欲，岂同乎哉。"（《孔子家语·辩政》）

子贡与孔子的这段对话，在《韩非子·难三》和《说苑·政理》等典籍中亦有记载,虽情节和文字略有不同,但基本内容是一致的。其中齐君和叶公问政,在《史记》和《论语》中均有记录。子贡作为一生追随孔子的忠诚弟子,对此当然有所了解甚至亲历,于是才有此问。三位国家领导人向孔子请教同样的问题,孔子给予了不同的回答,子贡不解,孔子以"各因其事"即根据三个国家存在的不同问题有针对性地给予回答解释。这就表明,孔子的因材施教不局限于弟子,也包括所有向其求教的人。我们在讨论孔子对一些问题的认识时之所以仁者见仁、智者见智,就在于他的因材施教。倘若孔子如当下国内教育那样,以一个"标准答案"教授所有学生,其思想就远不会如此精彩了。

"因材施教"需要老师有足够的学识和智慧,需要对学生的特点有具体了解,也需要对人的多样性和社会需求的多样性有所把握,包括理解、尊重和宽容。所以,"因材施教"不仅仅是教育方法问题,也综合地体现了教师的教育理念、学识水平和敬业精神。而起决定作用的,是仁爱。

5.启发诱导

"夫子循循然善诱人,博我以文,约我以礼,欲罢不能。"(《子罕》)这是颜渊对孔子这一教导方式的总结。"循循善诱"就是善于有步骤地启发诱导而不是生硬地灌输,目的是培养学生的学习兴趣,增强自觉性和主动性。从颜回"欲罢不能"的体会看,孔子这一教育方法的运用是成功的。此外,孔子主张师生之间相互启喻,启发诱导就是教学相长的过程;孔子倡导"温故而知新",启发诱导就是开动脑筋、创新思维的过程。运用这一方法,孔子"不愤不启,不悱不发。举一隅不以三隅反,则不复也"(《述而》)。朱熹注云:"愤者,心求通而未得之意。悱者,口欲言而未能之貌。"以此解读孔子的这一教法,即不到心求通而不得的时候不去开导;不到口欲言而未能的时候不去启发;告诉一个方向而不能由此推知其他三个方向的,就不再讲解了。程子对此的理解是:"不待愤悱而发,则知之不能坚固;待其愤悱而后发,则沛然矣。"这就不是简单的灌输,而是培养学生的思考能力和知识运用能力,意在"授人以渔",把学生培养成有头脑的人,而非储存标准答案的容器。这种通过启发诱导使学生积极思考并对学到的知识能够举一反三、触类旁通的方法,是培养学生创造性思维能力的有效途径。

孔子善用启发式教学的另一表现，就是坚持以学生为主导。在孔子门下，弟子是可以根据自己的爱好和志向自由选择、自由兴发的。譬如，宰我认为，父母死后守孝三年为期太久，会影响礼乐的修习和传承，一年就可以了。当宰我就此征询孔子的意见时，孔子反问道："父母死后不到三年，你就吃白米饭，穿花缎衣，你心里安不安呢？"宰我说："安。"孔子说"安，你就去干吧！君子守孝，吃美味不晓得甜，听音乐不觉得快乐，住在家里不以为舒适，所以才不这样干。你既然觉得心安，便去干好了。"（《阳货》）孔子不赞成宰我的意见，从一开始就是明确的。尽管如此，宰我仍以一个"安"字回应，就有点不服气和"对着干"的意思。孔子对此虽十分不满，却只以"女（汝）安，则为之"表明了自己的态度。这种讲道理进行引导而不强求的态度，往往更能获得学生的尊重。如前所述，宰我虽然当面顶撞老师并坚持自己的意见，但私下议论时却对孔子敬佩有加，认为孔子之贤远胜于尧、舜。再如，他在让弟子"各言其志"时（见《先进》），虽各有点评，却并不强迫，鼓励学生不同观念的表达，给其独立的叙事空间，营造自由讨论的氛围。这就提高了学生的自主性和独立思考能力，避免了教育的同质化。假如孔子对其三千弟子均以一个标准和取向去教授和考评，其"教育家"的头衔就黯然失色了。

对孔子启发式的教育方法，后世学人多有体会和总结：

君子既知教之所由兴也，又知教之所由废，然后可以为人师也。

故君子之教喻也，道而弗牵，强而弗抑，开而弗达。道而弗牵则和，强而弗抑则易，开而弗达则思。和易以思，可谓善喻矣。（《礼记·学记》）

这段论述，是对孔子启发式教学方法、目的和意义的极好概括。作者将其上升到可决定教育兴废的高度去认识，可谓一语中的。

孔子因材施教和启发式的教育方法被肯定和传诵了两千多年，启喻了无数教育家和教育工作者，但在一个时期以来的国内教育中，却明显地被淡化了。当下的学校教育，多以应试和获得文凭为目标，以对"标准答案"的熟记程度为衡量标准，这不仅使学习变得枯燥乏味，使教育变得机械而荒谬，也极易扼杀学生的想象力和创造精神，并使教育对象同质化。

而社会和人生,是需要丰富多彩的。

6.激励进取

孔子秉持"为仁由己"的认识,强调个人志向和切实的努力在成才中的作用,因而十分注重激发学生的内生动力和进取精神。他告诉学生:"有能一日用其力于仁矣乎? 我未见力不足者。盖有之矣,我未之见也。"(《里仁》)为了坚定学生的信念,孔子还曾以"我欲仁,斯仁至矣"(《述而》)的现身说法对学生进行引导。对信心不足者,孔子则及时进行批评和激励:

> 冉求曰:"非不说子之道,力不足也。"子曰:"力不足者中道而废,今女画。"(《雍也》)

冉求向孔子诉说:不是我不喜欢老师的主张,而是力量不够。孔子回答说:力量不足的人在途中走不动了才停止,而你现在是划地自限。也许正是由于接受了孔子的这一批评,才使冉求坚持下来,成为多才多艺的人才。孔子对冉求虽然也有不满之处,如不能阻止季氏的增税政策并为之推行;但总体上还是肯定的,如"求也艺,于从政乎何有? "(《雍也》)冉求多才多艺,让他治理政事有什么困难呢? 这是孔子向季康子推荐冉求时给出的评价。特别是在孔子提出的"成人"即通才的标准中,有"冉求之艺"一条,这对冉求说来,是莫大的荣耀。在孔子晚年归鲁前后,冉求担任鲁执政上卿季康子的家臣,亲自指挥了抵抗齐国入侵的保卫战并获得胜利,得到孔子的称赞。有人仅以《论语》中孔子批评冉求的记录为凭来判断孔子对冉求的认识和评价,是不全面的。

为了鼓励学生上进,孔子树立了颜回的典型,称赞其"好学"(《雍也》)、"语之而不惰"(《子罕》)、生活贫困而"不改其乐"(《雍也》)。颜回虽短命而死,却在孔门弟子中发挥了重要的引领和示范作用,用孔子的话说,即"自吾有回,门人益亲"(《史记·仲尼弟子列传》)。颜回在孔门弟子中的威信,从孔子与子贡的一次对话中即可看出:

> 子谓子贡曰:"女与回也孰愈? "对曰:"赐也,何敢望回? 回也闻一以知十,赐也闻一以知二。"子曰:"弗如也;吾与女弗如也。"
> (《公冶长》)

孔子让子贡自己与颜回比较谁更优秀一些,子贡自叹弗如,孔子也当即肯定了这一点。这种引领、激励和示范作用,是不可小觑的。

激励进取最根本的手段,是使学生端正学习动机,明确学习目的。为此,孔子提出了"为己之学"的命题:

> 子曰:"古之学者为己,今之学者为人。"(《宪问》)

"为己"就是为了提高自己,"为人"就是装样子给人看。对此,荀子有具体的解读:"古之学者为己,今之学者为人。君子之学也,以美其身,小人之学也,以为禽犊。"(《荀子·劝学》)君子学习是为了使自己身心完美,小人学习是把知识当作禽犊一样用来贩卖。在孔子看来,只有以提升自己的学问道德和生而有为为目的,才能产生内在的动力,才能不被浅近、外在的东西所惑,才能做到"学而不厌",并使学习成为爱好和习惯。对此,孔子提出过外延更为广泛的命题:"知之者不如好之者,好之者不如乐之者。"(《雍也》)对任何事物懂得的人不如喜爱的人,喜爱的人不如以其为乐的人。用爱因斯坦的话说,即"兴趣是最好的老师"。当我们发自内心地喜好某种事物时,追求和实践时才能不厌不倦,并为所得所获感到由衷地快乐。

不同的动机不仅会产生不同的效果,而且可以反映出不同的社会风气。"为己"而学,说明社会重内涵和实际;"为人"而学,说明社会重表象和虚荣。在重表象的社会,学习和教育效果都会大打折扣。孔子对装样子给人看的"学者"的批评,值得引起我们对当今社会学风的反思。

在孔子的引导和激励下,孔门后学和后世儒者多持积极进取的人生态度,没有《老子》那般"不敢为天下先"的小心和谨守。

7.学以致用

孔子是重真才实学和躬行实践的思想家,体现在教学中,孔子也极重视这方面的引导,并将"行"即社会实践作为重要的教育内容,即"子以四教:文、行、忠、信"。对学以致用的重要性,孔子有明确说明:"诵《诗》三百,授之以政,不达;使于四方,不能专对。虽多,亦奚以为?"(《子路》)即使能够把《诗》背诵下来,对内不能胜任政务,对外不能应对谈判,也毫无用处。这里所言之《诗》,可代指所有文化知识,体现了孔子对学习与实践关系的认识。

要做到学以致用，就不能死读书。孔子在教育学生时，经常把前人的识见与现实联系起来加以阐释，鼓励弟子透过诗文的表面意义悟求深刻的道理并用以指导实践，譬如他与子贡和子夏"言诗"时所产生的喜悦。

曲阜有"杏坛"，是孔子讲学的地方。但孔子教育学生并不囿于课堂，而是"无行不与二三子"。孔子在周游列国期间，就有许多学生追随其左右，所得到的不仅是言传身教，也包括对各国政治、经济、文化和风土人情的考察，以及政治和社会实践。孔子对学生的考察，也不重"口试"而看实际表现，即"听其言而观其行"。其学生宓子贱受命担任亶父的长官三年后，孔子曾专门指派其另一名学生巫马期乔装考察那里的变化（《吕氏春秋·审应览·具备》）。这不仅是对学生的了解，也是对自己教育成果的检验。

孔子依据教育规律和人才标准对人才教育与培养进行的广泛研究和探索，是孔子人才思想的实践主体，也从而奠定了孔子作为教育家和"万世师表"的历史地位。

四、人才的识别与选用

培养人才的目的是为了使用人才。对此，孔子提出了许多有价值的意见和建议。

（一）选用人才的方针

西周时期实行以宗法血缘关系为基础的世卿世禄制度。这一制度到春秋时期虽有所突破，一些非世卿出身的士人因特殊贡献和才能也获得了被重用的机会，但作为制度和观念形态，世卿世禄制仍居统治地位。春秋时期选用官吏虽有"内举"和"外举"两部分，但"外举"的范围十分有限。晋大夫士会评价楚君"内姓选于亲，外姓选于旧"（《左传·宣公十二年》），即楚君在选拔人才时，与国君同姓的从亲族中选用，与国君异姓的从世家大臣中选用。这种选用虽然也有一定的标准，如"举不失德，赏不失劳"，但由于不能突破"亲"、"旧"的框架，仍极大地限制了选拔人才的视野和渠道。对此，孔子提出了改革性的主张：

> 子曰："先进于礼乐,野人也;后进于礼乐,君子也。如用之,则吾从先进。"(《先进》)

先学习礼乐而后做官的是未曾有过爵禄的普通人,先有了官位而后学习礼乐的是卿大夫的子弟。如果要我选用人才,我主张选用先学习礼乐的普通人。这种选择,无疑是注重了为政者的文化和道德素质,是打破门第观念和出身界限选用人才的明确表述,代表和反映了新兴力量在政治上的要求。

贯彻这一主张,孔子一面鼓励那些出身卑微的人积极进取,一面极力向为政者推荐其平民出身的弟子出仕:

> 子曰："雍也可使南面。"(《雍也》)

> 子谓仲弓曰："犁牛之子骍且角,虽欲勿用,山川其舍诸?"(同上)

冉雍,字仲弓,其父是"贱人",按例不能出仕。孔子却认为他"可使南面"即可以做君主,并以"犁牛之子"为例证明自己的观点。古代供祭祀的牺牲是专门饲养的赤色牲畜而不用耕牛,耕牛之子也不配作牺牲。孔子认为"耕牛之子长着赤色的毛,整齐的角,虽然不想用它作牺牲来祭祀,但山川之神难道会舍弃它吗?"其意思是说,像仲弓这样"可使南面"的人才,为什么因为他父亲下贱的出身而舍弃不用呢?在孔子的推荐下,仲弓后来当上了鲁执政上卿季氏的家臣。

当然,孔子主张"从先进",也不是对贵族子弟的一概排斥。鲁昭公二十八年秋,晋韩宣子卒,魏献子为政。在任命十位县大夫时,有两位是"有力于王室"者,有四位是"不失职能守业"的卿的庶子(其中包括他的庶子魏戊),另外四位魏献子虽然不认识,但"以贤举也"。这种"夫举无他,唯善所在,亲疏一也"的做法,得到孔子的肯定:

> 仲尼闻魏子之举也,以为义,曰:"近不失亲,远不失举,可谓义矣。"(《左传·昭公二十八年》)

孔子对魏献子的肯定,与其"从先进"、"举贤才"和"尊贤唯大"的主张是一致的,为后世遵奉的"任人唯贤"路线奠定了思想理论基础。

(二)识别人才的方法

要"尊贤"和"举贤才",前提是能够识别人才。对此,孔子提出了一些具体方法。

1. 知言观行

一个人的言谈举止，通常可以反映出其秉性和知识水平。用子贡的话说，即"君子一言以为知，一言以为不知"（《子张》）。孔子亦曾举例说："其言之不怍，则为之也难。"（《宪问》）一个人如果大言不惭的话，他做起来就不容易。孔子还认为："群居终日，言不及义，好行小慧，难矣哉！"（《卫灵公》）同大家整天在一块，话说不到点子上，只喜欢卖弄小聪明，这种人难以有什么作为。因此，孔子十分重视对人的言语的分辨，认为"不知言，无以知人也"（《尧曰》）。把"知言"视为"知人"的手段，是经验之谈。

孔子重视知言，同时也深知"君子不以言举人"（《卫灵公》）的道理，故注重对言行是否一致的观察："始吾于人也，听其言而信其行；今吾于人也，听其言而观其行，于予与改是。"（《公冶长》）这里面有个故事。孔子有个叫宰予的学生，经常白天睡觉，孔子因此批评过他。宰予以言语见长，对孔子的批评可能做出了令孔子相信的改正表态，但说了之后仍照睡不误，于是引起老夫子的不满，在将宰予骂了一通之后，说了上面这番话。

对应如何"观其行"，孔子提出了"视其所以，观其所由，察其所安"的要求，认为只要看一个人做什么、怎样做、要达到什么样的目的，那么这个人就没什么能隐藏得住的了（见《为政》）。在练就"知言"本领的同时"听其言而观其行"，实乃考察人才的可靠方法。在《庄子·杂篇·列御寇》中，有孔子提出识人"九征"之法的记录，可用来与此参悟：

　　孔子曰："凡人心险于山川，难于知天。天犹有春秋冬夏旦暮之期，人者厚貌深情。故有貌愿而益，有长若不肖，有慎懁（狷）而达，有坚而缦，有缓而釬（悍）。故其就义若渴者，其去义若热。故君子远使之而观其忠，近使之而观其敬，烦使之而观其能，卒然而问焉而观其知，急与之期而观其信，委之以财而观其仁，告之以危而观其节，醉之以酒而观其则，杂之以处而观其色。九征至，不肖人得矣。"

该记录始言知人难于知天，并举了一些外表与实际不相符合的列子，然后提出了对人的九种考验办法。"远使之而观其忠"，即将他派到远处工作,可考察他是否忠诚;"近使之而观其敬",即将他调到身边工作,考察他是否恭敬;"烦使之而观其能",即在情况复杂时派他去工作,考察他的能力;"卒然而问焉而观其知",即在他没有准备时突然提问,考察他的智慧;"急与之期而观其信",即在时间紧迫的情况下和他相约,考察他是否守信;"委之以财而观其仁",即将管理财产的任务交给他,考察他是否廉洁;"告之以危而观其节",即告诉他正面临危险,考察他能否守住气节;"醉之以酒而观其则",即让他喝醉酒,考察他是否守规矩;"杂之以处而观其色",即使之与异性相处,考察他的色态。如果这九个方面都考察过了,其是否不肖之人就可以掌握了。这"九征"之法,虽被王夫之视为"苛察纤诡之说"而疑为法家的"申、韩"之说(王夫之《庄子解》卷三十二),但在取向上确是忠臣良相应具备的品质,个个直指人性的弱点,是老到的经验总结。

2. 观过知仁

在孔子看来,"人之过也,各于其党。观过,斯知仁矣"(《里仁》)。就是说,人们所犯的错误,常常是同他们各自的社会类别相联系的,仔细考察某人所犯的错误,就可以知道他是什么样的人了。例如,他把没有真是非的好好先生视为足以败坏道德的小人,即"乡愿,德之贼也";把患得患失者称为"鄙夫",认为这种人会为了保住官位而无所不用其极,因而很难与之共事;认定"饱食终日,无所用心"者不会有什么作为(以上均见《阳货》),等等。

循着孔子的这一思路分析,我们还会发现,有些人的问题是由品质决定的,难以改变;有些人的缺点是由性格决定的,可以调整;有些人的过错是一时的原因造成的,比较容易纠正。因此,对不同性质的问题,缺点和过错,就不能等视,要区别对待。只有把握到这种程度,才算真正掌握了孔子"观过知仁"的真谛。

3. 民意分析

一般说来,一个人的品行和作为如何,通过民意是可以有所把握的,对此,孔子也比较重视:

> 齐景公有马千驷,死之日,民无德而称焉。伯夷、叔齐饿于首阳之

下,民到于今称之。(《季氏》)

齐景公有马四千匹,但死了以后,谁都不觉得他有什么好行为可以称述;伯夷、叔齐两人饿死在首阳山下,大家现在还在称颂他们。这种对比,既揭示了民众口碑生成的根由,也从历史主义的角度,说明了民意不可能长久地被权力操控的事实,以及"政声人去后"的规律。从现实出发,孔子亦态度鲜明地认为:"天下有道则庶人不议。"(同上)把民众的舆论视为政治清明与否的晴雨表,既符合实际,也表明了对民意的重视和支持。正是缘于这种认识,孔子根据郑国执政上卿子产"不毁乡校"和重视民意的主张得出结论说:"以是观之,人谓子产不仁,吾不信也。"(《左传·襄公三十一年》)

为政者不仅要重视民意,也要善于分析民意,从而做出正确的判断和选择:

　　子曰:"众恶之,必察焉;众好之,必察焉。"(《卫灵公》)

　　子贡问曰:"乡人皆好之,何如?"子曰:"未可也。""乡人皆恶之,何如?"子曰:"未可也。不如乡人之善者好之,其不善者恶之。"(《子路》)

对大家都厌恶的人,一定要去考察;对大家都喜欢的人,也一定要去考察,并以好人喜欢、坏人厌恶为取用的标准。这些认识和主张,体现了既重视舆论又不能完全被舆论所左右、对多数人的意见也要进行具体分析而不盲从的态度。孟子在与齐宣王讨论"国君进贤"的问题时,便直接运用了孔子的这一主张:

　　左右皆曰贤,未可也;诸大夫皆曰贤,未可也;国人皆曰贤,然后察之;见贤焉,然后用之。左右皆曰不可,勿听;诸大夫皆曰不可,勿听;国人皆曰不可,然后察之;见不可焉,然后去之。左右皆曰可杀,勿听;诸大夫皆曰可杀,勿听;国人皆曰可杀,然后察之;见可杀焉,然后杀之。故曰,国人杀之也。如此,然后可以为民父母。(《孟子·梁惠王下》)

这些既重视多数人意见又以实际考察结果为凭准的主张,不仅会使"好好先生"和以不正当手段操控舆论者无所遁形,也会为刚正不阿或不事张扬者张目,防止用人失误。

4.大受考验

"大受"即接受重大任务。孔子认为:"君子不可小知而可大受也,小人不可大受而可小知也。"(《卫灵公》)君子不可以用小事情考验他,却可以接受重大任务;小人不可以接受重大任务,却可以用小事情考验他。这就有一个如何通过大事、大的变故去识别人才的问题。孔子说:"岁寒,然后知松柏之后凋也。"(《子罕》)天冷了,才晓得松柏是最后凋零的。此认识虽不无悲壮色彩,却是很值得珍视的人生体验,深刻揭示了艰难困苦环境可考验出人的意志品格的道理。

考察评价人才要从大处着眼,从最能表现一个人的品质和才能之处去发现人才,这是只有饱经政治风霜者才能产生的识见。循此,曾子提出了直接而具体的认识:"可以托六尺之孤,可以寄百里之命,临大节而不可夺也——君子人与? 君子人也。"(《泰伯》)可以把幼小的孤儿和国家的命脉都托付给他,面临安危存亡的重大考验而不动摇屈服,这种人当然堪称君子。在中国封建社会的历史上,奉命辅佐幼小皇帝的"托孤之臣",大多是老皇帝死前经过长期考察认为可信赖且有治国才能的人。同时,托孤寄命本身,也是一种巨大的考验。

5.由表及里

与言行不一相近,有些人的表里亦不尽一致。要识别这种人,就必须由表及里,去伪存真。例如,有些专靠献谄获利的小人极善于伪装自己,因而常得到一些权贵的赏识。孔子明察于此,故一再提醒人们不要被这种表面的东西所迷惑,要给予注意和警惕:

> 子曰:"巧言、令色、足恭,左丘明耻之,丘亦耻之。"(《公冶长》)

> 子曰:"巧言令色,鲜矣仁。"(《学而》)

> 子曰:"巧言乱德。"(《卫灵公》)

花言巧语,伪善的容貌,十足的恭顺,在有些人的眼中可能被视为有语言表达能力、谦虚和忠诚,从而增大被选用的可能性。而孔子则认为这种人不仅缺少仁德,甚至会败坏道德。这既需要眼力,更需要原则和立场。如果用人者本身就喜好这些东西,即使看到其虚伪的一面,也不会像孔子那样如此深恶痛绝。

　　还有一种情况,就是有些人虽不是有意伪装,但外表与实际亦有相当差距。例如,有的人虽表面看起来聪明,实际上却腹内空空,孔子批评的"言不及义,好行小慧"者,就接近于此种类型;有的人虽不善言表但内涵丰富,有很高的智商和创造力,颜回就属于此类人物,孔子通过"退而省其私"即私下观察,给颜回以极高的评价。孔子曾总结说:"吾以言取人,失之宰予;以貌取人,失之子羽。"(《史记·仲尼弟子列传》)两个"失"字均系指失误、看错,而非失去之意。孔子的这一自我检讨,与其"听其言而观其行"一道,成为由表及里识人和考察人才的至理名言。

　　(三)使用人才的原则和方法

　　孔子不仅是一位优秀的教育家,也有比较丰富的从政和参与政治的经历,在如何使用人才方面积累了较丰富的经验和认识。除前面论述中已述及的重德、重真才实学和"从先进"等外,孔子还推出了如下一些建议。

　　1.使人如器,不求全责备

　　孔子提出过"君子不器"的"成人"主张,推行通识教育,崇尚人的全面发展。但因为"成人"难得,故在实际考评人才时,孔子既不如此苛求,也不轻视在某一方面有专长者。例如,子贡是孔门弟子中仅次于颜回的贤才,孔子很欣赏子贡的能力,子贡对孔子也十分尊崇。有一次,子贡向孔子求证对自己的看法,孔子便以"器也"作答:

　　　　子贡问曰:"赐也何如?"子曰:"女,器也。"曰:"何器也?"曰:"瑚琏也。"(《公冶长》)

　　孔子认为子贡好比一个器皿,而器皿有大小和功用的不同,故子贡追问自己好比什么器皿,孔子以"瑚琏"定评。瑚琏是古代祭祀时盛粮食的器皿,比较尊贵。孔子以此评价子贡,子贡想必也是会满意的。从孔子始,"器"经常被作为才能的概念使用,如"成器"就是成为有用的人,"大器"就是能成就大事的人物。我们常用的"器重"一词,也与此不无关系。

　　因为孔子认识到通才难得,故很赞成周公"无求备于一人"(《微子》)即不要对一个人求全责备的主张。他在评述"君子"与"小人"两种"领导风格"时,便明确提出了应使人如器、反对求全责备的意见:

　　子曰："君子易事而难说也。说之不以道，不说也；及其使人也，器之。小人难事而易说也，说之虽不以道，说也；及其使人也，求备焉。"（《子路》）

在君子底下工作很容易，讨他的喜欢却难，不用正当的方式去讨他的欢喜，他不会喜欢的；等到他使用人的时候，会根据人的不同专长去分配工作。在小人底下工作很难，讨他的喜欢却容易，用不正当的方式去讨他的欢喜，他也会喜欢的；等到他用人的时候，却会百般挑剔，求全责备。在这里，孔子既提出了两种截然相反的用人观和用人原则，也深刻剖判了两种领导作风和领导境界，可谓入木三分。

"使人如器"既是反对求全责备的意见，也是用其所长的主张。对此，孔子有具体的说明和运用：

　　孟武伯问子路仁乎？子曰："不知也。"又问。子曰："由也，千乘之国，可使治其赋也，不知其仁也。""求也何如？"子曰："求也，千室之邑，百乘之家，可使为之宰也，不知其仁也。""赤也何如？"子曰："赤也，束带立于朝，可使与宾客言也，不知其仁也。"（《公冶长》）

孟武伯是鲁大夫孟懿子的儿子，向孔子询问子路、冉有、公西赤是否可称得上仁人。孔子虽没有就此给予肯定的答复，却分别指出了他们的优长和可担当的重任。子路性格粗鲁，经常批评孔子，曾因孔子提出为政必先"正名"而指斥孔子迂腐（见《子路》），因对"子见南子"不高兴而害得孔子发誓（见《雍也》）。但孔子很欣赏子路的诚笃忠信和军事才能，对其十分信任并评价很高，认为"千乘之国可使治其赋"，即可任大国的武臣。冉求在担任季氏家臣时，因为帮助季康子聚敛民财而受到孔子的严厉批评（见《先进》），但孔子对冉求的多才多艺极为赞赏，与对子路一样多次推荐其为官，认为冉求可担任县长或大夫封地的总管。公西赤长于礼容、礼仪，孔子认为其可任"束带立于朝"的大司仪。从这段对话及背景材料的分析中可以看出，孔子虽然认为子路、冉求和公西赤均没达到仁者的境界，但均具备了独当一面的素质和才能；孔子对他们虽有所批评，但并没有影响对他们优点的肯定和推荐。

　　2.赦小过，举贤才

不求全责备是不要求人人都像"成人"那样完美无缺，而"赦小过，举贤才"（《子路》）则是针对犯有过失的人才而言的。孔子之所以提出不要计较贤才的小错误，是因为在他看来，人是难免犯错误的。孔子就曾多次坦言自己会犯错误：

子曰："丘也幸，苟有过，人必知之。"（《述而》）

子曰："加我数年，五十以学《易》，可以无大过矣。"（同上）

孔子不仅勇于承认自己的错误，而且认为即使在学习《周易》之后，仍然难免犯错误，只是"可以无大过"罢了。《荀子·法行》载有子贡与孔子讨论君子为何"贵玉而贱珉（似玉的石头）"的对话，孔子在阐述玉的诸多品质可与君子的品德相比时，其中就有"瑕适并见，情也"一条。把玉的瑕瑜互见与君子的优缺点并存看作情理之中的事情，结论便是人无完人。这就给其不求全责备和赦小过举贤才的主张，提供了人性认识的基础。

在孔子看来，可担当大任的人才，常常在小的方面不够精细或不予重视；而过于重视细小之事的人，通常难当大任，即所谓"君子不可小知而可大受也，小人不可大受而可小知也"（《卫灵公》）。因此，孔子认可"君子贞而不谅"（《卫灵公》），即君子讲大信，却不讲小信。这一看法，比较鲜明地体现在他对管仲的评价上。孔子虽然多次批评管仲奢侈、不知礼，其弟子对管仲也颇多微辞，但仍以"管仲相桓公，霸诸侯，一匡天下，民到于今受其赐"的突出才能和政绩作为标准，坚持认为管仲是个仁人，并将管仲不依"忠臣不事二主"的礼法行事视为小节而不屑一顾（详见《宪问》）。据此，孔子的学生子张认为："大德不逾闲，小德出入可也。"（《子张》）人在大的节操上不能逾越界限，在小节上有些出入是可以的。《荀子·王制》引孔子的话说："大节是也，小节是也，上君也。大节是也，小节一出焉，一入焉，中君也。大节非也，小节虽是也，吾无观其余矣。"这段话的意思是，大节正确，小节也正确，是上等的君主；大节正确，小节有得有失，是中等的君主；大节错误，小节虽然正确，我也不必看他其余的方面了。把什么样的行为和表现视为"大节"和"小节"，当然有不同的标准和尺度。从孔子对管仲的评价中我们可以看出，孔子的认识和把握是正确的。

孔子"赦小过"的更为普遍的意义，就是我们常说的"人非圣贤，孰能无过"。人难免会犯错识,重要的是要能认识和改正错误。孔子指出:"过而不改,是谓过矣。"(《卫灵公》)孔子还说过:"能补过者,君子也。"(《左传·昭公七年》)这就进一步提高了对能改正错误者的评价。倘若我们揪住一个人的过错不放,不给改过的机会,就会使人自暴自弃,成为社会和群体中的消极力量。许多事实表明,一个人在犯了错误后如果能够得到宽容,有改过的机会,就会产生内疚乃至负罪感,从而改过自新。循此,孔子提出了"既往不咎"(《八佾》)的意见。对已经过去的事情不再追究,是用发展变化的眼光看待人和事物的方法。

有一个具体事例,可见孔子倡导并运用这一方法的用心所在:

> 互乡难与言,童子见,门人惑。子曰:"与其进也,不与其退也。唯何甚?人洁已以进,与其洁也,不保其往也。"(《述而》)

"互乡"是地名,据说这个地方的人惯于做坏事且不大讲道理。但互乡的一个少年却受到孔子的接见,弟子们感到疑惑不解,孔子便以鼓励其进步、不应当抓住他过去的污点不放来说明这样做的道理。"不保其往",即不要抓住过去的事情不放,就是"既往不咎"。

对孔子"赦小过,举贤才"和不求全责备的主张,其孙子子思心领神会。《资治通鉴》卷一记有一则故事说:子思向卫侯推荐苟变,认为"其才可将五百乘",即可担任统军的将领。卫侯虽认可苟变的将才,却因为苟变有一次征税吃了老百姓两个鸡蛋而不想使用他。子思劝导卫侯说:"夫圣人之官人,犹匠之用木也,取其所长,弃其所短;故杞梓连抱而有数尺之朽,良工不弃。今君处战国之世,选爪牙之士,而以二卵弃干城之将,此不可使闻于邻国也。"往圣先哲选用人才就像木匠选用木材一样,取其所长而弃其所短。所以,一根合抱粗的巨木,只有几尺腐朽处,好的木匠是不会将整根木材弃之不用的。现在国家处于战乱之时,急需选用卫国的武将,而您却因为吃人家两个鸡蛋这样的小过错而弃用能够确保城池不失的将才,此事可千万别让邻国知道啊! 卫侯听从了子思的劝告,明确表示"谨受教矣"。这一历史故事,以卫侯所见之小而子思所见之大,以及比喻之形象恰切,被后人津津乐道。

3.举尔所知

孔子认为人才难得，同时也肯定人才的客观存在，即"十室之邑，必有忠信如丘者焉"（《公冶长》），问题在于能否使已发现的人才及时得到任用。在仲弓向孔子提出"焉知贤才而举之"的问题时，孔子就这样回答："举尔所知。尔所不知，人其舍诸？"（《子路》）就是说，举用你所知道的人才，这样的话，你不知道的人才，别人就不会舍弃了。使已经发现的人才得到任用而不被埋没，会产生人才聚集作用，对此，孟子有进一步的揭示："尊贤使能，俊杰在位，则天下之士皆悦，而愿立于其朝矣。"（《孟子·公孙丑上》）

能否使自己身边的人才得到使用，既可见为政者的识才之眼和用才之胆，也可反映出为政者的胸怀和境界。古往今来，都有一些因嫉贤妒能、搞小圈子而使优秀人才得不到正确任用的情况，孔子就看清了这一点。他曾批评鲁国大夫臧文仲说："臧文仲其窃位者与！知柳下惠之贤而不与立也。"（《卫灵公》）知而不举显然不是认识能力问题，所以孔子说他是"窃位者"，即占据高位而不能尽责的人。由此可见，"举尔所知"虽看起来简单易行，实际上也并非人人都能做到。《韩诗外传》卷七记有孔子与子贡的一段对话，可进一步体现孔子对举贤者的重视：

> 子贡问大臣。子曰："齐有鲍叔，郑有子皮。"子贡曰："否。齐有管仲，郑有东里子产。"孔子曰："然。吾闻鲍叔之荐管仲也，子皮之荐子产也，未闻管仲、子产有所荐也。"子贡曰："然则荐贤贤于贤？"
> 曰："知贤，智也；推贤，仁也；引贤，义也。有此三者，又何加焉？"

管仲和子产是春秋时期齐国和郑国的名臣良相。但在子贡向孔子求证时，孔子所指认的却是这两个国家的另外两位大夫鲍叔和子皮。子贡不赞成，孔子解释说：我听说，管仲是鲍叔推荐的，子产是子皮推荐的，未听说管仲和子产推荐过谁。子贡有所感悟地回问：这么说，推荐贤人的人比贤人更可贵吗？孔子给予了肯定的回答，并把发现、举荐和引入才能高于自己的贤者归结为智、仁、义三种高贵品质，实乃不刊之论。

4.近不失亲，远不失举

孔子是主张将政治原则与家庭伦理关系区分开来的思想家，即所谓"仁者人也，亲亲为大；义者宜也，尊贤为大"（《中庸》）。按照这一原则，孔子对晋大夫祁奚（祁黄羊）不分亲疏以贤举人的做法给予了很高评价：

> 晋平公问于祁黄羊曰："南阳无令，其谁可而为之？"祁黄羊对曰："解狐可。"平公曰："解狐非子之仇邪？"对曰："君问可，非问臣之仇也。"平公曰："善。"遂用之。国人称善焉。居有间，平公又问祁黄羊曰："国无尉，其谁可而为之？"对曰："午可。"平公曰："午非子之子邪"对曰："君问可，非问臣之子也。"平公曰："善。"又遂用之。国人称善焉。孔子闻之曰："善哉！祁黄羊之论也。外举不避仇，内举不避子。祁黄羊可谓公矣。"（《吕氏春秋·孟春纪·贵公》）

对祁奚举荐自己的仇人和自己的儿子担任官职一事，《左传·襄公三年》有相近的记载。南阳县令出缺，晋平公问大夫祁黄羊谁可担任，祁黄羊举荐解狐。晋平公感到惊奇："解狐不是你的仇人吗？"祁黄羊回答说："君主只问谁可以当县令，不是问谁是臣下的仇人。"晋平公称善而用之，得到国人的赞许。过了不久，晋国的军尉出缺，晋平公又让祁黄羊举荐，祁黄羊推荐了自己的儿子祁午。晋平公同样不理解："祁午不是你的儿子吗？"祁黄羊回答说："君主只问谁可以当军尉，不是问谁是臣下的儿子。"晋平公称善而用之，也得到国人的赞许。孔子听到这件事后，对祁黄羊大加赞赏，将其概括为"外举不避仇，内举不避子"，认为体现了用人上的公平正直。以此为准绳，孔子还对魏献子给予了类似评价。鲁昭公二十八年秋，晋韩宣子卒，魏献子为政。在任命十位县大夫时，有两位是"有力于王室"者，有四位是"不失职能守业"的卿的庶子，其中包括他的儿子魏戊，另外四位他虽然不认识，但"以贤举也"。这种做法，同样得到孔子的肯定：

> 仲尼闻魏子之举也，以为义，曰："近不失亲，远不失举，可谓义矣。"（《左传·昭公二十八年》）

从"外举不避仇，内举不避子"，到"近不失亲，远不失举"，都是对"尊贤为大"用人方针的具体阐释。两千多年来，孔子赞祁黄羊的故事已成为脍炙人口的案例，启喻了许多明君良相，对封建社会任人唯亲的原则起到了调整和修正作用，也给官制变革和反对吏制腐败提供了榜样和借鉴。

5.举直错诸枉

这一用人原则，是孔子在回答鲁哀公"怎样做才能使百姓服从"的问题时提出的：

> 哀公问曰："何为则民服？"孔子对曰："举直错诸枉，则民服；举枉错诸直，则民不服。"（《为政》）

举用正直的人而废置邪曲的人，百姓就会服从；举用邪曲的人而废置正直的人，百姓就会不服从。将用人与民众服从与否结合起来，孔子没有言重。如果正直之士得不到任用而邪曲者当道，政治必然黑暗；在黑暗的统治下，民众怎能心悦诚服？"民不服"的最终结果，会因为遭到反对、失去信任而丧失统治地位，即所谓"民无信不立"（《颜渊》）。对孔子的这一认识，《大学》有一个总结：

> 见贤而不能举，举而不能先，命（怠）也。见不善而不能退，退而不能远，过也。好人之所恶，恶人之所好，是谓拂人之性，灾必逮夫身。

发现贤才而不能举荐，举荐了而不容其地位在自己之上，是怠慢；发现德行不好的人而不能罢退，罢退了而不能疏远，是过错。喜好人们所厌恶的，厌恶人们所喜好的，这叫做违逆人的本性，灾祸必然会降临到自己身上。这些认识所表达的共同看法是，能否"举直错诸枉"，不仅关系到事业的兴衰，也决定政权的存废。

对"举直错诸枉"，孔子还有一个说法，即"好贤恶恶"：

> 子曰："好贤如《缁衣》，恶恶如《巷伯》，则爵不渎而民作愿，刑不试而民咸服。《大雅》曰：'仪刑文王，万国作孚。'"（《礼记·缁衣》）

《缁衣》是《诗·国风·郑风》的首篇，以赠朝服赞美郑武公好贤；《巷伯》是《诗·小雅》中的一篇，是作者因被谗受害而作的怨诗，表达了对谮人之恶的憎恨。孔子认为，爱好贤人如同《缁衣》所讲的那样，憎恨恶人如同《巷伯》所讲的那样，则爵位就不会滥授而人民也就兴起了谨厚的风气，不须动用刑罚人民就都会服从了。这就将"好贤恶恶"的作用由政风扩大到民风。孔子还说："大人不亲其所贤，而信其所贱，民是以亲失，而教是以烦。"（同上）就是说，执政者如果不亲近贤人而信任卑鄙的小人，人民就会因此失去所当亲近的人，而教化也会由此而烦乱了。

"举直错诸枉"不仅会因政治清明而得到百姓的拥护，而且能够淳化

政风和民风,使邪曲之人望而却步、得到改造:

> 樊迟问仁。子曰:"爱人。"问知。子曰:"知人。"樊迟未达。子曰:"举直错诸枉,能使枉者直。"樊迟退,见子夏曰:"乡也吾见于夫子而问知,子曰:'举直错诸枉,能使枉者直。'何谓也?"子夏曰:"富哉,言乎! 舜有天下,选于众,举皋陶,不仁者远矣。汤有天下,选于众,举伊尹,不仁者远矣。"(《颜渊》)

孔子以"知人"释"智",再以"举直错诸枉,能使枉者直"释"知人",遂使知人善任成为智者的重要表现。樊迟心不在政治,未能理解,便进一步向子夏求证,子夏便以舜和汤治理天下时,分别从众人中选了正直贤能的皋陶、伊尹,从而使不正直者远离朝廷为例,给予了解释和说明。《史记·商君列传》引孔子言曰:"推贤而戴者进,聚不肖而王者退。"推举贤才,受人拥戴者就会进入朝廷;聚集不肖者,能统一天下的人才就会退出朝廷。这是对用人导向作用的概括。坚持正确的用人导向,不仅会避免出现奸臣贼子当道的黑暗局面,从而确保政治清明;也会给人才成长创造良好环境,或使邪曲者望而却步,改邪归正。

6.重视使用年轻人

传统的世卿世禄制在用人上是尊贵、尊老、尊德,即所谓"三达尊"。孔子主张尊贤,就在打破门第观念的同时,也打破了年龄和长幼的界限。孔子说:"后生可畏,焉知来者之不如今也?"(《子罕》)年轻人是可敬畏的,怎么能认为后来者赶不上今天的人呢? 这一肯定年轻人作为的主张,影响是极为深远的。后世凡有欲重视使用年轻人者,多以此为理论支撑。孔子本人的表现,就是极力向当政者推荐自己的学生为官,其中子游二十多岁就担任了"武城宰"。此外,孔子还盛赞周朝祖先古公亶父的长子泰伯让位给三弟进而成就文王之举(详见《泰伯》),表明了他对打破惯例和年资而使有作为者脱颖而出的积极支持。

孔子关于人才识别和选拔使用的主张,不仅内容丰富,而且见地深刻,其中许多认识和主张成为后世考察和选用人才的重要方法和原则,是孔子人才思想的出发点和落脚点。

综上可见,孔子的人才与教育思想是一个比较完整的体系,构筑了我国古代人才思想和教育学的基本框架。当然,由于历史和孔子本人的局限,在这一体系中也存在一些缺陷。

一是孔子的人才概念比较狭窄,偏重于上层建筑的领域,而对其它方面的人才重视不够。从孔子本人的办学目的看,这一点本无可厚非,但由于孔子的言论被后世奉为圭臬,其"士志于道"就成为读书人比较普遍的追求。其学生子贡就反复申明:"虽小道,必有可观者焉;致远恐泥,是以君子不为也。""百工居肆以成其事,君子学以致其道。"(《子张》)这里所说的"小道"和"百工"之事,指的便是专门技艺。其看法和主张虽不无社会分工的道理,但当德智兼备者均囿于学道致仕一途时,人才成长的目标取向就无疑窄化了。受此影响,特别是科举制的推行,后世学人大多致力于走"学而优则仕"的道路。这虽有进步的意义,但也弱化了其它领域人才成长的基础,使"官本位"意识得到强化。这虽然不能完全归因于孔子,但也不能说与孔子毫无关系。

二是孔子把对女性的偏见带入了人才领域。孔子说过:"唯女子与小人为难养也,近之则不逊,远之则怨。"(《阳货》)孔子说女子难以相处,理由只是"亲近她(他)就对你不恭敬,疏远她(他)就怨恨你",所表达的是对女人情感善变难以相处的无奈而非男权的威仪。尽管如此,这种对女性的纠结和疏离态度,也确实影响了孔子对她们的认识和评价。例如,周武王说自己有十位能治理天下的臣子,孔子就在肯定人才难得的同时,因为其中有一位是女性而不予承认:"有妇人焉,九人而已。"(《泰伯》)孔子反对女人参政,也来自对历史经验教训的片面总结。商纣王宠爱妲己,唯妲己之意是从,周武王在牧野与纣王军队决战前的誓师词中,就以"牝鸡无晨;牝鸡之晨,惟家之索"(母鸡没有早晨啼叫的,如果母鸡早晨啼叫,这个人家就会倾家荡产)的古人之言为证,谴责商纣王只听信妇人之言而荒政,并将其作为讨伐商纣的重要根据(详见《尚书·周书·牧誓》)。将妇人参政视为母鸡司晨的反常现象,来自当时社会给女性的定位,以及妇女总体上受教育水平不高、参政能力不强的实际。特别是在有了妲己这样的"反面教员"之后,此认识便得到进一步强化。孔子不仅拒绝将女性视为人才,在自己的门下也不收女弟子,并在相当长的历史时期内成为各类学校教育的传统。这就不仅使其"有教无类"的教育方针在贯彻上打了折扣,也不同程度地为后来的"男尊女卑"提供了依据,不利于女性人才的成长。

三是孔子"为政在人"的认识特别是对明君良相作用的肯定,虽符合中国古代人治社会的实际,在今天也不容忽视;但在历代统治者的片面固守下,对人治观念和人治传统的巩固提供了思想理论积淀。十九世纪中叶以来,当西方社会致力于民主制度建设的时候,我们却仍然固守对明君良臣的渴望,沉迷于个人崇拜。因此,我们要对从孔子的"为政在人"到邓小平的"制度更带有根本性"这段漫长的历史过程进行认真反思,从而做出与时俱进的正确选择。

尽管存在以上缺陷,但瑕不掩瑜,在孔子的人才和教育思想中,积极、进步的一面是主要的。他对人类社会治乱兴衰原因的剖析,对人才作用的肯定,对人才成长教育规律的揭示,以及在人才选拔任用等方面提出的许多方法和原则,是符合当时社会需要的,在历史上产生过积极影响,至今仍具有启发和借鉴意义。

第七章　孔子的政治思想与为政方略

孔子以博学多能著称，并最终以教育家、思想家和文化集大成者名世。而纵观其一生奋斗的轨迹，却以治国安邦的政治理想为第一要务。从"苟有用我者，期月而已可也，三年有成"（《子路》）的自我推荐，到"如有用我者，吾其为东周乎"（《阳货》）的政治宣言；从在鲁国"由大司寇行摄相事"并"与闻国政三月"（《史记·孔子世家》）的政治实践，到周游列国"明王道，干七十余君"（《史记·十二诸侯年表》序）的漫漫征程；从"夫子至于是邦也，必闻其政"（《学而》），到鼓励其弟子学以致仕（《子路》）。所有这些，均表明了孔子对政治的浓厚兴趣和强烈追求，是把从政治国、施展政治抱负视为最高理想的表现。在此过程中，孔子对治国安邦问题进行了认真考察与研究，形成了比较丰富的认识。宋相赵普认为半部《论语》可治天下，虽有过誉之嫌，却道出了《论语》作为政治教科书的实用价值。从孔子乃至儒家思想在整个封建社会所发挥的作用看，也不是无根之谈。

一、华夏统一的政治追求

春秋时期是政治动荡的年代。尽管史家对这一时期的社会性质有不同看法，但处于社会转型期的意见是比较一致的。根据多年来的考古发现和论证，我比较认同春秋时期是由领主封建制向地主封建制过渡的意见。这种过渡虽是社会前进的必经阶段，但由于王室衰微，诸侯割据，国家政令不一，执政者行为失范，使各种矛盾异常尖锐复杂。在这种情况下，孔子作为有责任感的知识分子，主动承担了参与社会变革的历史使命："天下有道，丘不与易也。"（《微子》）"与易"就是参与社会政治改革。孔子宣称："如有用我者，吾其为东周乎！"（《阳货》）假若有人用我，我将使周文王、武王之道在东方复兴。这是孔子的政治宣言。

西周时期,周天子具有天下宗主的权威,对华夏诸侯具有较强的约束力。特别是从武王至穆王的一百多年间,不仅政令比较统一,社会比较稳定,政治、经济、文化也获得快速发展,成为孔子之前我国历史上最为繁盛的时期。随着诸侯国经济的发展,特别是在幽王被杀、平王因不敌西北戎狄进犯被迫东迁洛邑后,王室衰弱,不再有控制诸侯的能力。诸侯间的武力兼并,大国的陆续出现和称霸,不仅打破了诸侯并列、王室独尊的局面,而且出现了权力下移、政权更迭频仍和社会动荡加剧的趋势。孔子对此进行了如下概述:

> 孔子曰:"天下有道,则礼乐征伐自天子出;天下无道,则礼乐征伐自诸侯出。自诸侯出,盖十世希不失矣;自大夫出,五世希不失矣;陪臣执国命,三世希不失矣。天下有道,则政不在大夫;天下有道,则庶人不议。"(《季氏》)

这段话,既道出了当时的政治乱象和演进过程,亦表明了这种乱象不可能长久延续的预期。历史地看,西周灭亡和诸侯争霸局面的出现,是社会政治经济发展演变的结果,对中国社会从领主封建制向地主封建制过渡具有推动作用。但是,如果任由这种政令不一、权力下移和社会动荡的状况发展下去,就会加重人民的痛苦,导致国家分裂。孔子希望恢复和重建政治秩序,使天子和诸侯国君能有效地行使各自的权力,是一种久乱思治的主张,表明了华夏一统的政治理想。

特别值得注意的是,西周灭亡的直接原因,是西北戎狄族的进犯。"戎狄"是当时华夏各国对西北部族的称谓。西北部族当时处于经济文化落后且十分好战的状态,用孔子的评价说,即"夷狄之有君,不如诸夏之亡也"(《八佾》)。孔子认为这些国家有君主,还不如华夏诸国没有君主,虽有些偏激,但也比较符合当时边地民族自律意识和文明水准不高的实际。如春秋初年正式称王的楚君熊通及后代,就自称蛮夷,专力攻伐华夏诸侯,五年不出兵算是莫大的耻辱,死后见不得祖先(见范文澜《中国通史》,人民出版社1994年版,第一册第117页)。面对戎狄的攻伐,如果中原各国不能联合起来共同抵御,就难免遭受野蛮统治。对此,管仲曾有清醒的识见。鲁闵公元年春天，狄人攻打邢国（周公之子始封的姬姓侯国，在今河北邢台），管仲在向齐桓公进言请求救邢时说：

> 戎狄豺狼，不可厌也。诸夏亲昵，不可弃也。宴安酖毒，不可怀也。《诗》云："岂不怀归，畏此简书。"简书，同恶相恤之谓也。请救邢以从简书。（《左传·闵公元年》）

戎狄就像豺狼一样，是不能满足的。中原各诸侯国关系亲近，是不能丢弃的。如果图暂时的安逸而对戎狄的攻伐行为坐视不管，就等于喝毒酒自杀。因此，中原各国应同仇敌忾，联合起来抗击戎狄进犯。这是管仲对西北戎狄族的看法，也是他辅佐齐桓公成就霸业所采取的战略决策。与此相近，在鲁襄公四年，晋侯也提出了同样的看法："戎狄无亲而贪，不如伐之。"（《左传·襄公四年》）晋侯的中军司马魏绛虽反对武力讨伐而主张"和戎"，但也认为："戎，禽兽也。"（同上）缘于同样的认识，孔子在鲁定公十年的齐鲁夹谷之会中，提出了"裔不谋夏，夷不乱华"（《左传·定公十年》）的主张，坚决维护华夏民族的统一和尊严。从这些历史背景看，孔子把"礼乐征伐自诸侯出"的分裂分治和互相攻伐视为"天下无道"，也含有对华夏诸侯联合起来共同抗击夷狄进犯以维护华夏民族团结统一的期待。对此，我们可以从孔子对管仲的评价中得到印证。

管仲原系齐襄公的弟弟公子纠的家臣。齐襄公无道，公子纠便由管仲和召忽两位老师侍奉逃往鲁国，其同父异母兄弟公子小白此前由鲍叔牙侍奉逃往莒国。襄公被杀后，鲁国派兵送公子纠入齐，而公子小白已先行回国并即位，称桓公。齐桓公元年，齐败鲁师，鲍叔牙迫使鲁国杀了公子纠。公子纠被杀后，召忽自杀以殉，而管仲在鲍叔牙的推荐下做了桓公的宰相（见《左传》庄公八年、九年）。管仲的行为，不符合"忠臣不事二主"的礼法，孔子的学生子路和子贡均据此认为管仲"未仁"、"非仁"。但孔子则不以为然。孔子认为："桓公九合诸侯，不以兵车，管仲之力也。如其仁！如其仁！""管仲相桓公，霸诸侯，一匡天下，民到于今受其赐。微管仲，吾其被发左衽矣。岂若匹夫匹妇之为谅也，自经于沟渎而莫之知也？"（《宪问》）从孔子对管仲和齐桓公称霸的肯定性评价中可以看出，孔子虽然以复兴西周伟业为旗帜，却并非寄望于西周领主贵族的王朝复辟。只要能够实现华夏各国的统一并有效抵御戎狄的入侵,能够维护社会稳定并使百姓安宁,对诸侯国中出现的"一匡天下"的霸主,孔子也是承认的。

能够证明孔子此一主张的,还有孔子对春秋五霸之一的秦穆公的评价:

> 鲁昭公之二十年,而孔子盖年三十矣。齐景公与晏婴来适鲁,景公问孔子曰:"昔秦穆公国小处辟,其霸何也?"对曰:"秦,国虽小,其志大;处虽辟,行中正。身举五羖,爵之大夫,起累绁之中,与语三日,授之以政。以此取之,虽王可也,其霸小矣。"景公说。(《史记·孔子世家》)

秦是春秋时期的小国,却在秦穆公时称霸,齐景公向孔子征询原因。孔子回答说:"秦国虽小,志向却很大;所处之地虽然偏僻,但施政却很恰当。秦穆公亲自提拔用五张黑羊皮赎来的百里奚,授给他大夫的官爵,刚将其从拘禁中解救出来,就与他谈了三天,随后把执政大权交给了他。用这种精神来治理国家,就是统治整个天下也是可以的,他当个霸主还算是小的呢!"孔子谈此认识时,年仅30岁。300年后,秦始皇实现了孔子对秦国的期待——尽管这位始皇帝对儒家持敌视的态度。

孔子对管仲英雄般的景仰和对齐桓公、秦穆公两位霸主的肯定,既体现了他以国家民族大义为重的价值取向,也表明了他本人的志向和追求:

> 公山不狃以费畔季氏,使人召孔子。孔子循道弥久,温温无所试,莫能己用。曰:"盖周文、武起丰、镐而王,今费虽小,傥庶几乎!"欲往。子路不说,止孔子。孔子曰:"夫召我者岂徒哉?如用我,其为东周乎!"然亦卒不行。(《史记·孔子世家》)

公山不狃是季氏的家臣,于定公八年在季氏的都城费起兵反叛季氏,派人召请孔子。孔子在长期探索治国为政之道而不得志的情况下得到公山不狃的召请,马上想到当年周文王、周武王兴起于丰、镐两地而最终称王天下的历史,认为费城虽小,但也与丰、镐差不多,于是想应召前往,效法周文王和周武王,在东方建立一个像西周那样强盛的王朝。孔子虽然听从了子路的意见而最终没有成行,但从其"如用我,其为东周乎"的宣示中可以看出,孔子不仅怀有文、武之志,也有效法的意向,表明了孔子寻找机会一展自己政治才华的强烈愿望。

孔子关于社会政治秩序重建和政令统一的中央集权思想，在历经二百多年的诸侯兼并战争之后提出，具有明显的进步意义，并成为法家类似主张的重要来源。

需要补充说明的是，孔子对夷狄之邦虽曾持有警惕和排拒的态度，但并不认为他们不可改变。如孔子想搬到"九夷"居住，有人说："陋，如之何！"孔子说："君子居之，何陋之有！"（《子罕》）对其中的"陋"字，多作居住条件解，其实更可能指的是文明程度。有君子仁人居住在那里，就可以影响和改变那里的陋俗，这与其"里仁为美"的认识是相辅相成的。夷狄之地虽然文明程度不高，也并非完全不讲文明或不可改变，这从孔子下面的两段论说中即可看出：

> 子张问行。子曰："言忠信，行笃敬，虽蛮貊之邦，行矣。言不忠信，行不笃敬，虽州里，行乎哉？"（《卫灵公》）

> 樊迟问仁。子曰："居处恭，执事敬，与人忠。虽之夷狄，不可弃也。"（《子路》）

这些谈话表明，孔子对边地民族的基本道德水准也有肯定的一面，有华夏与夷狄文化可相通相容认识的一面，这与春秋中、早期一些政治家的认识和评价已有很大不同。特别是为了实现华夏统一的政治理想，孔子在赞同内诸夏而外夷狄的同时，主张采取怀柔政策："柔远人，则四方归之。怀诸侯，则天下畏之。"（《中庸》）"远人不服，则修文德以来之。既来之，则安之。"（《季氏》）这就既肯定了人文化成的力量，也在武力威迫之外，补充了和平统一的意见。威迫与诱服结合，也成为后世一些帝王和政治家内政外交常用的谋略。

二、人际和谐的社会构想

"和"是孔子极重视的概念，是多样性统一的哲学范畴，也是处理人际关系的重要准则，即"君子和而不同。"（《子路》）将其运用于政治领域，就是"宽以济猛，猛以济宽，政是以和"（《左传·昭公二十年》）。此一主张经孔门弟子至孟子,形成了"天时不如地利,地利不如人和"的认识(《孟子·公孙丑下》)。荀子对"人和"也极为重视,认为:"上不失天时,下不失地利,中得人和,而百事不废。"(《荀子·王霸》)"上失天时,下失地利,中失人和,天下敖然,若烧若焦。"(《荀子·富国》)人际和谐由此成为儒家社会建设的重要构想。

要构建人际和谐的社会,既要讲道德,也要重规则,同时要求人们以时中的方法去把握,三者缺一不可。这就是孔子重仁隆礼、推行中庸之道的重要原因。对此,在相关章节中已有论证,不再展开详述。

构建人际关系和谐的社会,既有助于社会稳定和政权巩固,也能降低社会摩擦成本,有利于人的生产和生活,提高幸福指数。孔子针对当时社会秩序混乱、人际关系紧张、矛盾冲突剧烈的实际,提出了重建社会秩序、改善人际关系、缓和矛盾冲突的一系列主张,并集中体现在其"大同"社会的构想和对"小康"社会的评价中:

> 孔子曰:"大道之行也,与三代之英,丘未之逮也,而有志焉。大道之行也,天下为公,选贤与能,讲信修睦。故人不独亲其亲,不独子其子,使老有所终,壮有所用,幼有所长,矜寡孤独废疾者,皆有所养;男有分,女有归,货恶其弃于地也,不必藏于己;力恶其不出于身也,不必为己。是故谋闭而不兴,盗窃乱贼而不作,故外户而不闭,是谓大同。
>
> 今大道既隐,天下为家,各亲其亲,各子其子,货力为己,大人世及以为礼,城郭沟池以为固,礼义以为纪,以正君臣,以笃父子,以睦兄弟,以和夫妇,以设制度,以立田里,以贤勇知,以功为己,故谋用是作,而兵由此起。禹、汤、文、武、成王、周公,由此其选也。此六君子者,未有不谨于礼者也,以著其义,以考其信,著有过,刑仁讲让,示民有常。如有不由此者,在执者去,众以为殃。是谓小康。"(《礼记·礼运》)

有人因为"大同"社会的描述过于符合现代社会的理念而怀疑其是否出自孔子,或认为是汉儒的伪作。其实,汉代也远非拥有更多现代元素的社会,而且更缺乏产生这些以古讽今思想主张的社会背景。从历史记录和近些年来的考古发现看,《礼记》虽成书于汉代,但其中的多数篇章在战国时期就已经流传了。如《大学》《中庸》为早期儒家经典,已有定论;

记录孔子言论的《缁衣》，在战国楚简中也有相近内容的发现，证明并非汉儒伪作。《汉书·艺文志》说：《记》百三十一篇，七十子后学所记也。"就是说，《礼记》所汇集的，是孔门弟子传经布道、讲说礼仪制度的记录。这些记录在辗转传承中虽可能存在增删润色和舛误，但以孔门学风和孔门弟子对孔子的尊崇程度看，对所记孔子言论，当不会也不必凭空伪造。更为重要的是，汉代是封建社会的鼎盛时期，汉儒因为儒家学说处于独尊的地位而有着良好的境遇，产生这一思想的可能性更小。特别是一句"今大道既隐"，如果历史文献中没有，汉儒是绝不敢妄加的。而春秋是西周社会由盛而衰之后的社会转型期，也是人们思想活跃的时期，最能激发人的批判精神和想象力，而且少有讳忌。孔子讲："乱而治之，滞而起之，自吾志也。"（《孔子家语·本性解》）天下混乱就要治理，社会停滞就要兴起，这是我的志向。胸怀这一志向，孔子抚今追昔，将上古社会的美丽传说与自己的社会理想结合起来作为现实的批判和未来的憧憬，比汉儒具有更大的可能性。

历史研究表明，"天下为公"确是私有制产生之前的社会景象。但由于生产力水平低下而没有剩余产品，社会组织和管理职能也十分有限，故其"天下为公"没有多少制度和行为学上的意义。孔子称其为"大道之行"，并非赞美其社会文明程度，而是取其"天下为公"的境界作为"天下为家"的现实批判，是通过"托古言志"以达到社会崇信的时效。孔子说过："大哉尧之为君也！巍巍乎！唯天为大，唯尧则之。荡荡乎，民无能名焉。"（《泰伯》）"巍巍乎，舜禹之有天下也而不与焉！"（同上）这些对尧、舜、禹贵为天下共主却不谋私利、以造福天下人为己任的赞美，就是对至公至善的推崇，并最终形成一种进步的治国理念。

"大同说"中描绘的社会和谐景象，也是有史料根据的。《尚书·尧典》记录说：

> 曰若稽古帝尧，曰放勋，钦明文思安安，允恭克让，光被四表，格于上下。克明俊德，以亲九族。九族既睦，平章百姓。百姓昭明，协和万邦。黎民于变时雍。

这是《尚书》的开篇首章，是史官对尧帝功德的颂扬。史官说：尧能发扬才智美德，使家族亲密和睦。家庭和睦了，就会辨明朝中百官的善

271

恶。百官的善恶辨明了，就进而使各诸侯国协调和顺，天下庶民也从此亲善和乐了。尧舜之时的社会治理结构和社会景象，我们知道的还十分有限。但作为治国理念和社会建设的目标追求，此记录中的"协和万邦"无疑是值得推崇的，并成为孔子"大同说"的重要史料来源。

把天下视为天下人的天下而不是统治者的家天下，才能"选贤与能，讲信修睦"。孔子的学生子夏在解读孔子"举直错诸枉，能使枉者直"时说："舜有天下，选于众，举皋陶，不仁者远矣；汤有天下，选于众，举伊尹，不仁者远矣。"（《颜渊》）这是"大同说"中"选贤与能"的认识来源，也是孔子"举贤才"（《子路》）和"尊贤为大"（《中庸》）的重要认识基础。将上述至公的主张与仁德结合起来，就产生了"人不独亲其亲，不独子其子，使老有所终，壮有所用，幼有所长，矜寡孤独废疾者皆有所养"和"盗窃乱贼而不作"等设想。这些设想，也散见于《论语》等典籍，如"泛爱众"，"君子周急不继富"，"老者安之，朋友信之，少者怀之"，"苟子不欲，虽赏之不窃"（以上均见《论语》），以及"天下有道，盗其先变乎"（《荀子·正论》）等。此外，从司马迁记孔子在鲁国主持政务期间的作为看，也是朝着这些方向努力的：

> 与闻国政三月，粥羔豚者弗饰贾，男女行者别于途，途不拾遗，四方之客至于邑者，不求有司，皆予之以归。（《史记·孔子世家》）

上述分析表明，《礼记·礼运》中的"大同"和"小康"说来自孔子，可信度是较高的，起码来自孔子的认识和主张。孔子关于"大同"社会的构想虽被一些后世学人指斥为"乌托邦"，实则体现了孔子超越时空的想象力，不仅给人以美妙的期盼，也产生了实际的引领作用。这就正如爱因斯坦所言，"想象力比知识更重要，因为知识是有限的，而想象力概括着世界的一切，推动着进步，是知识进化的源泉"。

从孔子对"小康"社会的描述和评价看，他虽然把"天下为家"的奴隶制和早期封建社会的出现说成是"大道既隐"的结果，但并没有否定这一社会历史发展进程。孔子在揭露"天下为家"社会弊端的同时，揭示了仁、义、礼、信等道德规范和国家、战争的起源及作用，并刻意彰显了禹、汤、文王、武王、成王、周公六位政治家的作为。就是说，孔子虽称颂上古大同社会,但在其政治主张和政治实践中,却现实地宣称"从周"(《八佾》),力图通过对西周文明的损益发展,成就天下一统、社会和谐的伟业。对此,著名学者萧公权在二十世纪四十年代撰写的《中国政治思想史》中,有一段极近情理的评说,现抄录如下:

> 孔子之政治思想虽以成王周公之制度为根据,然非墨守成规,举先王之政以为后生之教。必于旧政之中,发明新义而自成一家之言,然后七十子乃心悦诚服,奉为宗师。若仅传周公之政典,"符节匼合",毫无损益,则《诗》《书》六艺,当时既为官书,文武方策之政未经秦火,周鲁所藏,得观者岂仅孔子?《左传》所载春秋士大夫言谈中能称引《诗》《书》之文者不乏其例,何以儒家之学必以孔子为宗乎? 吾人如谓孔子就文武之成规,加以自得之创造,而以之为设教立言之资,所较近情理而易通也。(《中国政治思想史》,辽宁教育出版社1998年版,第一册第5页)

在社会动荡和变革时期"回头看",从历史记忆中寻找出路,从前人那里寻找精神资源,这是孔子的一大创造,也是人类社会发展进程中常见常用的手段。发生在十四至十六世纪欧洲的文艺复兴运动,就是通过对古希腊、古罗马思想文化的推崇和弘扬,以表达对封建制度和中世纪禁欲主义及宗教束缚的不满,并通过文艺作品反映新兴资产阶级的利益和要求,从而为资产阶级革命奠定了人文主义的思想基础。由于时代和社会性质不同,我们当然不能将孔子的方法与欧洲文艺复兴运动做简单的类比,但相似之处是无法让人割断联想的。与儒家对立的道家学派,实际上也采取了这种方式,只是由于理想和心态不同,才选取了不同的道路。我们不妨对两家进行一下比较。

对春秋战国时期社会弊端及道德起源的认识,儒、道两家基本上是一致的。儒家认为因"大道既隐"而产生了仁义和礼制,用以调节人际关系;道家同样认为"大道废,有仁义;智慧出,有大伪;六亲不和,有孝慈;国家昏乱,有忠臣"(《老子·道经》第十八章)。在解决问题的思路上,两家也比较一致,都是通过对上古社会的肯定来抨击现实社会。不同之处在于,儒家通过"美化"上古社会,以复兴为旗帜,引导社会向前走;

道家通过"朴化"上古社会,以返朴归真为主张,引导社会向后退:

> 绝圣弃知,而民利百倍。绝仁弃义,而民复孝慈。绝巧弃利,盗贼无有。此三言也,以为文未足,故令之有所属:见素抱朴,少私寡欲,绝学无忧。(《老子·道经》第十九章)

> 小国寡民。使什佰人之器毋用,使民重死而不远徙。虽有舟舆,无所乘之;虽有甲兵,无所陈之。使民复结绳而用之。甘其食,美其服,乐其俗,安其居。邻国相望,鸡犬之声相闻,民至老死,不相往来。(《老子·德经》第八十章)

道家对现实的批判虽然并不比儒家逊色,其"见素抱朴"的人性自然和"少私寡欲"的主张,对人的心理和行为也有积极的调节作用;但道家对小国寡民状态下人的生存质量和安逸程度的描述,是过于理想和浪漫了。他们既无视社会化给人类生存质量提高所带来的好处,亦不愿承认社会化是不可逆转的大趋势,把返回原始状态作为根治社会动乱的办法,过激和消极是显而易见的。因此,尽管老子与孔子一样都是有大智慧者,但由于价值取向和理想追求的不同,决定了两种学说的不同命运:儒家学说成为国家的官方哲学和民众的文化心理积淀;道家学说虽然也保持了一定的社会影响,并与儒家思想形成有益的互补,但其后学却大多走入道观,趋向神秘与虚幻。

孔子和儒家对大同社会的构想虽有很大的空想成分,但其所具有的批判性和建设性也是显而易见的,对社会发展有启发和借鉴作用。现代西方发达国家社会保障体系的建立和福利社会的出现,讲诚信的"帝王条款"和良好的社会秩序,以及选任制度的普遍实行,均可在"大同"说中找到原始影像。我们虽然不能因此而神化孔子,但对孔子所具有的超越时空的想象力也不应小视。古往今来,正因为不断地有人对自身解放和美好生活进行憧憬和追求,才引领和推动了人类社会的发展。

孔子和儒家把"天下为家"即天下成为君主一家的天下视为"大道既隐"的结果,虽从历史发展的实际进程看是一种错误的判断,但站在当今社会回头审视,却是一种极具挑战性的意见。孔子虽然承认这种现实并将其视为倡仁制礼的根据,但一句"今大道既隐",就表明了他对"家天下"

的批判态度。这使我想起西方学者皮日尔内在《中国文化史》中所写的一段话：“如果某人认为儒学仅仅是为政府服务的官方意识形态，那就错了。它恰巧经常是在官方对立面手中的一个武器”。

综上可见，孔子以“从周”的名义提出自己的政治主张，实则体现了与精英文化相若的理想性与批判性，这就是萧公权先生所见之“孔子之政治思想虽以成王周公之制度为根据，然非墨守成规，举先王之政以为后生之教。必于旧政之中，发明新义而自成一家之言”。孔子思想不同于精英文化之处，在于他试图将理想与现实结合起来，通过改良和渐进的方式实现自己的目标。这一特点，使他的思想主张在社会激烈变革的年代不被重视乃至受批判，在稳定发展的年代或为了稳定发展，则被尊崇和见用。这是被历史反复证明了的结论。

三、为政以德的治国理念

春秋时期是崇尚武力和刑罚的时代。据鲁史《春秋》记载，在二百四十二年间，列国间的军事行动就达四百八十三次，朝聘盟会四百五十次，总计九百三十三次。这些军事行动与朝聘盟会，多以兼并和勒索贡赋为直接目的，以强凌弱，以众暴寡，故有“春秋无义战”之说（《孟子·尽心下》）。孔子虽然没有否定武力与刑罚在治国中的作用——这一点将在下面具体分析，但从总体上看，孔子反对战争和杀戮，主张用道德和礼制解决社会问题。卫灵公曾向孔子请教军队陈列之法，孔子回答说：“俎豆之事，则尝闻之矣；军旅之事，未之学也。”并在第二天就离开了卫国（《卫灵公》）。季康子曾以“杀无道以就有道”的问题征询孔子的看法，孔子对曰：“子为政，焉用杀？子欲善而民善矣。”（《颜渊》）这些言行虽有具体的针对性，但也表明了他的总体认知倾向。

针对当时普遍存在的暴力倾向和人民痛疾的现实，孔子提出了以德治国的理念：

> 子曰：“为政以德，譬如北辰，居其所而众星共之。”（《为政》）

用道德来治理国政，就会像北极星一样，稳居其所而众星拱卫。这种

"天上群星朝北斗"的认识虽被后来的科学观测证明是不正确的,但孔子以当时的认识来比喻以德治国的重要,也很形象。

(一)端正自己,为民众取法

我国古代长期处于人治为主的社会,故孔子在推行德政时,十分重视为政者特别是君主的素质和作为。他所批评的"天下无道",其中就包括没有能够号令群雄、为民众取法的杰出人物出现。他的周游列国,实际上是寻求有为之君而辅之的过程。他在晚年发出的"凤鸟不至,河不出图,吾已矣夫"(《子罕》)和"甚矣吾衰也! 久矣吾不复梦见周公"(《述而》)的感叹,也反映出这种愿望和追求。为了实现这一愿望,孔子推出了尧、舜、禹、文王、武王和周公、管仲、子产等诸多优秀政治家的典型,并通过对他们事迹和品德的追述和赞美,为当时的执政者树立榜样。如尧的"允执其中"(《尧曰》),舜的"恭己正南面"(《卫灵公》),禹的"卑宫室而尽力乎沟洫"(《泰伯》),文王的文化创造(《子罕》),武王的善用人才(《泰伯》),周公之才之美(同上),管仲相桓公的霸业(《宪问》),子产的"君子之道"(《公冶长》),等等。

孔子重视为政者的品行,首先在于他们负有的责任。在孔子看来,只有品格高尚者为政,才能为天下人着想。在《论语·尧曰》中,有商汤"朕躬有罪,无以万方;万方有罪,罪在朕躬"和周武王"百姓有过,在予一人"的话,表达了贤明之君对天下事所具有的无限责任感。孔子刻意传承这些话,表明了他的赞赏。换一个角度看,如果为政者品行不端,不仅不能为百姓负责,而且会危及政坛,祸及社稷苍生。在鲁哀公向孔子请教如何"取人"时,孔子就讲了一番这样的道理,并且指出:"士不信悫(què)而有多知能,譬之其豺狼也,不可以身尒(迩)也。"如果士不忠诚信实而又多智慧多才能,就有如豺狼一样,绝对不能接近。简明地说,有智慧和才能的坏人为政,会利用手中的权力把坏事干到极至。

孔子重视为政者品行的另一重要原因,是看到了品行优劣对领导者履行职责的重要影响:

> 子曰:"苟正其身矣,于从政乎何有? 不能正其身,如正人何? "
> (《子路》)

子曰："其身正，不令而行；其身不正，虽令不从。"（同上）

季康子问政于孔子。孔子对曰："政者，正也。子帅以正，孰敢不正？"（《颜渊》）

子曰："下之事上也，不从其所令，从其所行。上好是物，下必有甚者矣。故上之所好恶不可不慎也，是民之表也。"（《礼记·缁衣》）

这些言论所要证明的，主要是领导者的非权力影响力，或曰"人格的力量"。只有自己首先做到的事情，要求别人时才有说服力。"其身正，不令而行；其身不正，虽令不从"，就从正反两个方面说明了这种力量的巨大。孔子曾举例说："无为而治者，其舜与？舜何为？恭己正南面而已矣。"（《卫灵公》）舜是孔子极推崇的明主，有大智慧，具谦让孝亲之德，善用人且能体察民情，从而获得臣属和民众的拥护。一个品行端正能乎众望的君主，只要做出正确的决策并善用辅佐的人才，当然也就无需事必躬亲了。荀子对此总结说："主道知人，臣道知事，故舜之治天下，不以事诏而万物成。"（《荀子·大略》）

孔子"无为而治"概念的提出，对后世影响也是很大的。孟子说："人有不为也，而后可以有为。"（《孟子·离娄下》）朱熹《孟子集注》引程子曰："有不为，知所择也。惟能有不为，是以可以有为。无所不为者，安能有所为邪？"此解是很贴切的。"无为"是道家极重视的理念，《老子》第四十八章有"无为而无不为"句。从孔、孟的论说中可见，"无为"并非道家专利，尽管儒道两家对"无为"的具体认识有所不同。

孔子对"正身"的重视，也来自他对为政者权力影响力的认识。在孔子看来，"君子之德风，小人之德草，草上之风，必偃"（《颜渊》）。就是说，领导人的品德好比风，老百姓的品德好比草，风向哪边吹，草就向哪边倒。这就是我们常说的"上行下效"。对此，孔子还有一个比喻："为人君者犹盂也，民犹水也，盂方水方，盂圆水圆。"（《韩非子·外储说左上》）有鉴于此，孔子提醒说："上之好恶，不可不慎。"这些比喻和结论，均把君主和官员视为解决政风和社会风气问题的主要矛盾，是符合社会实际的。

孔子所言之"上好是物，下必有甚者矣"，可谓洞见。上级喜欢的事，下级不仅会趋从，而且会为之更甚。这极易使我们想起"楚王好细腰，宫中多饿死"的故事,可见孔子并没有夸大其辞。

正身首先要正心,要加强个人修养。对此,孔子提出了"修己以敬"、"修己以安人"和"修己以安百姓"三个境界(《宪问》)。按照这一思路,《大学》提出了修、齐、治、平的理论:

> 古之欲明明德于天下者,先治其国;欲治其国者,先齐其家;欲齐其家者,先修其身;欲修其身者,先正其心;欲正其心者,先诚其意;欲诚其意者,先致其知;致知在格物。格物而后知至,知至而后意诚,意诚而后心正,心正而后身修,身修而后家齐,家齐而后国治,国治而后天下平。

从"正身"到"修身",都说明了为政者自我完善的重要性,并被概括为"内圣外王"之道而成为儒家治国理论的重要组成部分。

以上述认识为基础,孔子提出了为政者要勤于政事、戒奢反贪的主张:

> 子路问政,子曰:"先之劳之。"请益,曰:"无倦。"(《子路》)
> 子张问政。子曰:"居之无倦,行之以忠。"(《颜渊》)
> 季康子患盗,问于孔子。孔子对曰:"苟子之不欲,虽赏之不窃。"(同上)

"先之劳之",即把工作干在别人前面,以身作则;"居之无倦,行之以忠",就是在工作岗位上不要懈怠,执行政令要尽心竭力。这两段话,都说明了勤于政事、忠于职守的重要。后例中的季康子是鲁哀公时的正卿,是当时政治上最有权势的人,但孔子不畏权贵,当面把盗贼增多的原因归之于季康子的过分搜刮和贪欲,从而揭示了为政不廉所造成的社会危害。

在以人治为主的社会,统治者自身的素质对一个国家或地区的发展确实具有至关重要的作用。回顾历史可见,凡国家处于繁荣昌盛之际,大多系明君良相当朝之时。而一旦君昏臣聩、贪官污吏成为干部队伍的主流,社会进步就会受到严重阻滞乃至倒退,改朝换代也就为期不远了。因此,在解决政风和社会风气的问题上,孔子将君主和官员视为矛盾的主要方面,把正身视为为政之要,对促进为政者加强自身修养,引导社会各界关注他们的品行并进而形成舆论和监督力量,都具有十分重要的意义。

孔子关于为政者要修己正身的主张,在法制社会也同样十分重要。孟子认为，"徒法不能以自行"（《孟子·离娄上》），法律是由人制订、靠人去推行和维护的，假如当权者和公务员队伍道德水准不高，其身不正，就会影响和阻滞法律的推行，甚至会践踏法律。所以，美国既有《联邦竞选法》，也有《政府道德法》和"政府道德标准"，用以约束政府官员和雇员的道德行为。我们也可以看到，在美国四年一度的大选中，在候选人激烈角逐的情况下，政治家们舌枪唇剑，互相攻击的重点往往不是政见而是对方的品格。不良的品行显然难以承受对手的攻击和舆论的声讨。

（二）教育百姓，淳化民风

孔子主张对百姓"富而后教"，已经讨论过了。他要求统治者端正自己从而为民众取法，也含有这方面的意义。在孔子看来，"君子学道则爱人，小人学道则易使也"（《阳货》），把"学道"视为统治阶层和平民百姓共同的事情，可见孔子并非主张"愚民政策"。

这就涉及到对孔子"民可使由之不可使知之"（《泰伯》）的解读。由于标点不同，对这句话有不同的理解。一是"民可使由之，不可使知之"。对此，通常解释为老百姓可以使他们照着我们的道路走去，不可以使他们知道那是为什么。这就有点愚民政策的味道了。二是"民可，使由之；不可，使知之"，即对于民，其可者使其自由之，其不可者使其知之。这就成了教育落后者的主张。这两种意见究竟哪个正确，一直争论不休。持前一种意见者认为，后者是对"圣人"的回护，在语法上也有可疑之处；持后一种意见者，则以孔子的一贯主张为据，认为孔子不可能持愚民政策的观点。我觉得，如果按照第一种读法，将其译为"老百姓能够使他们照着我们的道路走，却难以使他们知道那是为什么"，也能说得通。这样一来，就由主观上的选择（政策或策略）变成了客观的陈述，是对教育百姓之难的感言。如此解读虽有对民智或民众境界评价不高之嫌，却更接近于语义和当时社会的实际。对此，孔子另有评论说："生而知之者，上也；学而知之者，次也；困而学之，又其次也；困而不学，民斯为下矣。"（《季氏》）这里所言之上、下虽非等级概念，"民"也并非指所有民众，但从孔子之前学在官府、多数民众苦于生计而无心向学的实际看，也与事实相去不远。《尚书》中的"民心无常，惟惠之怀"，孟子的"若民，则无恒产，因无恒心"，也是相近的认识。正因为如此，孔子才提出了"富而后教"的主张，并对其贫而乐道的弟子颜回等表示了钦佩和赞赏。

无论如何，孔子既然主张"小人（百姓）学道"，要求"富而后教"，并认为"不教而杀谓之虐"、"以不教民战，是谓弃之"，"愚民"的动机可以肯定是没有的。

在化民的手段上，除"富而后教"外，孔子主张"道之以德，齐之以礼"（《为政》）。用道德去引导，用礼制去规范，也同样符合公民教育的基本规律。

（三）爱人惠民，施行仁政

孔子在称赞子产时说："有君子之道四焉：其行己也恭，其事上也敬，其养民也惠，其使民也义。"（《公冶长》）这里所说的"君子之道"，也就是为政之道，是有德者当政的表现。在孔子肯定子产的四种君子之道中，有两个方面着眼于民众，体现了孔子为政之道的价值取向。

惠民是为政者的责任，孔子有许多表述，如"政之急者，莫大乎使民富且寿也。"（《孔子家语·贤君》）从政治上考虑问题，惠民也是为了取信于民：

> 子贡问政。子曰："足食，足兵，民信之矣。"子贡曰："必不得已而去，于斯三者何先？"曰："去兵。"子贡曰："必不得已而去，于斯二者何先？"曰："去食。自古皆有死，民无信不立。"（《颜渊》）

孔子认为，治理国家要具备"足食、足兵、民信之"三要素，而其中最重要的是人民对政府的信任和支持，否则就难以立足，正所谓"得民心者得天下"。要获得百姓的支持，就必须尊重并施爱于百姓。孔子将"使民如承大祭"指认为"仁"的内涵和表现，就体现了这样的认识，并将为政之道与百姓的期盼紧密结合起来了。

为了坚定统治者的信念，孔子提出了著名的"载舟覆舟"之论：

> 鲁哀公问于孔子曰："寡人生于深宫之中，长于妇人之手，寡人未尝知哀也，未尝知忧也，未尝知劳也，未尝知惧也，未尝知危也。"孔子曰："君之所问，圣君之问也。丘，小人也，何足以知之？"曰："非吾子无所闻之也。"孔子曰："君入庙门而右，登自阼阶，仰视榱桷，俯视

几筵,其器存,其人亡,君以此思哀,则哀将焉而不至矣！君昧爽而栉冠,平明而听朝,一物不应,乱之端也,君以此思忧,则忧将焉而不至矣！君平明而听朝,日昃而退,诸侯之子孙必有在君之末庭者,君以此思劳,则劳将焉而不至矣！君出鲁之四门以望鲁四郊,亡国之虚则必有数盖焉,君以此思惧,则惧将焉而不至矣！且丘闻之,君者,舟也；庶人者,水也。水则载舟,水则覆舟,君以此思危,则危将焉而不至矣！"(《荀子·哀公》)

鲁哀公向孔子请教说：我生在深宫之中,在妇人的抚育下长大,从来不知道什么叫哀伤、忧怨、劳苦、恐惧和危险。［您能告诉我吗？］孔子在推辞一番后,逐一给与了解答。对如何"知危"的问题,孔子是这样回答的："君主如同舟船,百姓如同水。水既能载舟而行,也能使舟船翻覆。您以此来考量危险,那么危险的意识怎么会不生成呢？"孔子的这番话,因比喻形象恰切而脍炙人口,成为启喻统治者和统治集团重民爱民的警世通言。在《礼记·缁衣》中,还有孔子以"心"喻"君"、以"体"喻"民",认为"心以体全,亦以体伤；君以民存,亦以民亡"的结论,体现了同样的认识。

百姓可决定君主的命运,是"君权民授"理念产生的重要基础。此认识能够在专制时代生成,十分可贵。这种认识被孟子承袭并发展,得出了"民为贵,社稷次之,君为轻"(《孟子·尽心下》)的结论,此结论与孔子的载舟覆舟之论一道,成为震古烁今的政治格言。

要取信于民,要获得百姓的支持和拥护,就必须关心民众的疾苦,维护和实现民众的利益。缘此,孔子把"博施于民而能济众"(《雍也》)和"修己以安百姓"(《卫灵公》)视为为政的最高境界,要求统治者"施取其厚,事举其中,敛从其薄"(《左传·哀公十一年》),能够"因民之所利而利之"(《尧曰》),并做到"使民如承大祭"(《颜渊》),实现"矜寡孤独废疾者皆有所养"的社会文明景象(《礼记·礼运》)。这些重民、惠民的主张,构成了仁政的基本内涵。

孟子在与梁惠王讨论如何强大自己国家时,明确提出了"仁政"的概念：

地方百里,而可以王。王如施仁政于民,省刑罚,薄税敛,深耕易

耨；壮者以暇日修其孝悌忠信，入以事其父兄，出以事其长上，可使制
梃挞秦楚之坚甲利兵矣。彼夺其民时，使不得耕耨以养其父母。父母
冻饿，兄弟妻子离散。彼陷溺其民，王往而征之，夫谁与王敌？故曰：
"仁者无敌。"王请勿疑！（《孟子·梁惠王上》）

孟子告诉梁惠王，虽方圆百里之地亦可称王天下，所凭借的便是施仁
政于民，使百姓富足和睦并团结一致，若是，则让他们手执木棍也能打败秦
楚那样拥有坚甲利兵的大国军队。孟子所引用的"仁者无敌"，来自孔子
的"夫国君好仁，天下无敌"（《孟子·离娄上》）。将"仁政"视为强国胜
敌、称王天下之举，从政治的角度看，取义就更为宏大了。孟子在推行孔子
的德治主张时，还有如下一段论述：

孔子曰："德之流行，速于置邮而传命。"当今之时，万乘之国行
仁政，民之悦之，犹解倒悬也。故事半古之人，功必倍之，惟此时为
然。（《孟子·公孙丑上》）

孔子认为，德政的流行，比驿站传达政令还要迅速。孟子据此提出，在
拥有万辆兵车的大国实行仁政，老百姓会高兴得像从被倒悬中解放下来一
样，收到事半功倍的效果。在崇尚武力刑罚而民众利益不被重视的时代，
孔、孟能提出这些意见主张，是十分可贵的。

四、宽猛相济的为政方略

孔子力主德治，反对战争和杀戮，故对军事、刑罚等暴力手段的使用持
十分慎重的态度。但值得注意的是，在其治国方略中，并没有排斥国家机
器的强制作用。

（一）"以德以法"——两手抓的执政主张

孔子的学生闵子骞在出任鲁国执政上卿季氏封邑费的邑宰时，向孔子
请教为政之方，孔子以"以德以法"即德法并用答之（详见《孔子家语·执
辔》）。孔子所说的"法"虽不是现代意义上的法治，但也是包括刑罚在内
的法制措施，这从孔子后面谈到的"吏者，辔也；刑者，策也。夫人君之政，
执其辔策而已"中即可看出。孔子主张德法并用，目的是通过标本兼治使

民心归服，使天下得到有效治理："善御马者，正衔勒，齐辔策，均马力，和马心，故口无声而马应辔，策不举而极千里；善御民者，壹其德法，正其百官，以均齐民力，和安民心，故令不再而民顺从，刑不用而天下治。"这段论述，与孔子当法官时所言之"听讼，吾犹人也；必也使无讼乎"（《颜渊》）是一致的意见和主张。这就表明，孔子虽主张慎用刑罚，期待"刑不用"，却并没有否定刑罚和法制的作用，尽管其对刑罚作用的估计有很大的不足。也正因为如此，孔子不仅出任过鲁司寇，在位听讼，而且提出了"不可失平"、"置法以民"和"教而后诛"等一系列进步的司法理念。对此，我在本书的第三章第四节有较详细的分析，在此不赘。

与以德以法的主张相若，孔子还提出过"宽猛相济"的理论：

> 郑子产有疾，谓子大叔曰："我死，子必为政。唯有德者能以宽服民，其次莫如猛。夫火烈，民望而畏之，故鲜死焉。水懦弱，民狎而玩之，则多死焉。故宽难。"疾数月而卒。大叔为政，不忍猛而宽。郑国多盗，取人于萑苻之泽。大叔悔之曰："吾早从夫子，不及此。"兴徒兵以攻萑苻之盗，尽杀之。盗少止。
>
> 仲尼曰："善哉！政宽则民慢，慢则纠之以猛。猛则民残，残则施之以宽。宽以济猛，猛以济宽，政是以和。《诗》曰：'民亦劳止，汔可小康。惠此中国，以绥四方。'施之以宽也。'毋从诡随，以谨无良。式遏寇虐，惨不畏明。'纠之以猛也。'柔远能迩，以定我王。'平之以和也。又曰：'不竞不絿（qiú），不刚不柔。布政优优，百禄是遒。'和之至也。"及子产卒，仲尼闻之，出涕曰："古之遗爱也。"（《左传·昭公二十年》）

子产是郑国主政大夫，在临终前考虑到其接班人大叔的特点，建议其在"宽"与"猛"之中选择"猛"即严厉的措施。而子产去世大叔执政后，不忍猛而宽，于是盗贼四起。大叔后悔没听子产的话，于是兴兵剿盗，使盗贼减少。孔子对此大为赞赏，并总结出"宽猛相济"的为政之要，认为如此可使政事和谐。从孔子对这一历史事件的评论中可以看出，他并不简单地否定刑罚和武力，只是更多地主张以德化民、以宽服民、胜残去杀而已。

子产的"唯有德者能以宽服民，其次莫如猛"，是执政经验的总结。有才德的政府能孚众望,故不必遇事紧张,以高压手段维护统治。而不能孚众望的政府,就难以做到令行禁止,于是必以强制措施维护统治。但强制手段虽可见效于一时,却难免积累矛盾,形成反抗力量。因此,孔子在子产认识的基础上,对宽猛相济之策总结出四种进境,即"施之以宽"、"纠之以猛"、"平之以和"和"和之至"。"宽"是主导方针,"猛"是辅助手段,"和"既是途径,也是目的。

其实,德治与法治并不矛盾。讲求自律的道德与讲求制约的法制虽有不同的规范对象,但二者所要达到的目的是一致的,而且相互渗透、相互转化、相辅相成。道德是法律特别是刑罚的基础,法律则总是代表着社会最基本的道德追求,用孔子的话说,即"置法以民"。我在分析孔子礼制主张时已经谈到,中国古代的礼制并不完全是现代意义上的德治,而是包括部分制度和法律精神在内的德治与法制融合的形态。中国与西方社会在处理德治与法治关系上的不同之处在于,以儒家为代表的中国传统文化,致力于将法律的负作用控制在最小范围并最大限度地发挥道德教化和礼制规范的作用,而西方社会则致力于将法律的积极作用发挥到最大范围而将许多道德规范被法律化,或以公序良俗外化为人们共同的行为准则。这两个方面各有优长,并在养成教育上存在共通之处,应互为补充和借鉴。

(二)"足兵"——重视军事力量建设

在《论语》中,有孔子拒绝与卫灵公讨论排兵布阵之法的记载(《卫灵公》),也有孔子对"桓公九合诸侯,不以兵车,管仲之力"的赞许(《宪问》),说明孔子对战争带来的杀戮和破坏是有充分认识并持反对态度的。但这并不表明孔子一概地反对用兵和军事力量建设。在孔子的学生子贡向孔子请教如何为政时,孔子就提出了三个要件:"足食,足兵,民信之矣。"(《颜渊》)"足食"就是发展经济,"足兵"就是发展军事力量,"民信之"就是取信于民。不发展经济,国家就会贫穷落后;没有充足的军事力量,就没有巩固的国防;失去民众的信任,就会丧失政权。这是一个比较完整的执政纲领,而不是三选二或二选一的命题。在子贡两次追问"必不得已而去"时,孔子将取信于民视为重中之重,但这并不表明孔子对"足食"和"足兵"的轻视。

孔子重视军备,故明确提出过要教育和训练军队的意见:

　　子曰:"善人教民七年,亦可以即戎矣。"(《子路》)

　　子曰:"以不教民战,是谓弃之。"(同上)

这是我国乃至世界历史上较早出现的关于提高军队作战和防卫能力的军事教育观点。对此,孔子也有自己的实践。在孔子教育学生的"六艺"中,就有"射"(射箭)和"御"(驾车)两项,是当时的重要作战技能。孔子以此培训学生,虽不必单纯用于军事,但也不能说与军事训练无关。据《史记·孔子世家》记载,孔子的学生冉有曾为季氏率师与入侵的齐国作战并获胜,季康子问冉求的军事才能是学来的还是生而知之的,冉有明确回答说:"学之于孔子。"这表明,孔子不仅懂军事,而且向学生传授过"军旅之事"《左传·哀公十一年》在记叙这场由冉有指挥的保卫战时,有孔子的直接评论:

　　孔子曰:"能执干戈以卫社稷,可无殇也。"冉有用矛于齐师,故能入其军。孔子曰:"义也。"

这两句评论,前者是对鲁人想以成年礼安葬在抵抗齐人入侵中战死的少年汪锜时答询的意见,体现了孔子对自卫战争的支持;后者是对冉求正确使用兵器的肯定,体现了孔子对军事的了解和关注。另据史料记载,孔子有过直接指挥军事行动的经历:

　　仲由为季氏宰,将堕三都,于是叔孙氏堕郈。季氏将堕费,公山不狃、叔孙辄帅费人以袭鲁。公与三子入于季氏之宫,登武子之台。费人攻之。弗克。入及公侧,仲尼命申句须、乐顷下,伐之,费人北。国人追之,败诸姑蔑。二子奔齐,遂堕费。(《左传·定公十二年》)

"堕三都"即拆毁季孙、孟孙、叔孙三家封邑的城墙,是孔子为加强鲁君权力、防止地方割据而提出的,并得到鲁君的认同。叔孙氏主动拆毁了自己城墙。在欲拆毁季氏费城时,费城首领公山不狃与叔孙辄采取主动出击的办法,率领费邑人袭击鲁国国都。在攻到鲁定公附近时,孔子亲自指挥申句须、乐顷两名大夫下武子之台攻打费邑人,费邑人败北,国人追击,在姑蔑打败了他们,公山不狃、叔孙辄逃奔齐国,于是毁掉了费邑的城墙。这就说明,孔子并非一概而论地反对军旅之事,而且具有一定的军事指挥才能。

还有一件很值得书写的事例，就是鲁定公十年发生的"夹谷之会"。夹谷之会是由齐人以两国和好的名义提出的两君相会，目的是借机劫持鲁君，阻止因孔子为政而出现的鲁国称霸势头。孔子作为鲁国的代理卿相，在出行前给鲁定公提出了"有文事者必有武备，有武事者必有文备"的建议。"文事"指外交活动，"武事"指军事活动。孔子认为，外交活动必须有武装力量做后盾，军事活动必须有外交上的准备。这种认识是十分深刻的，已成为当代各国处理国际关系普遍遵循的准则。鲁定公采纳了孔子的意见，安排武装力量随同前往。会见中，齐人使莱地的俘虏借舞乐之机劫持鲁君，被孔子发现后，一面掩护鲁君，一面指挥鲁国兵士拿起武器抗击莱人，然后据理力争，使齐景公"惧而动，知义不若，归而大恐"，归还了所侵占的鲁国土地（详见《左传·定公十年》、《史记·孔子世家》）。这一外交上的胜利，是孔子"文武兼备"政治谋略的成功实践。

从上述史实和孔子赞扬管仲相桓公"九合诸侯，不以兵车"看，孔子的"足兵"和"武备"，既考虑到实用价值，也重在威慑。这无论从人性、人道的角度看，还是从利益关系去衡量，都是比较高明的军事思想。从政治本质上看，战争的根本目的不是摧毁敌方力量，而是摧毁它的意志，迫使它接受自己的条件。因此，不战而屈人之兵，兵不血刃地使用力量并达到目的，当然是最理想的结果。战国时期的著名军事家孙子，便正式提出了这样的主张。荀子也认为，一个国家如果有治法、贤士、愿民、美俗，即可"不战而胜，不攻而得，甲兵不劳而天下服"（《荀子·王霸》）。当然，威慑作用的形成，一要靠实力，二要靠实战。譬如"夹谷之会"，假如孔子只在那讲道理而没有指挥兵士拿起武器抗击莱人乃至杀掉戏耍鲁君的"优倡侏儒"之举，齐景公就不会恐惧，主动归还所侵占的鲁国国土。这也告诉我们，任何国家和民族，在涉及领土和民族尊严的问题上，均不能有丝毫的让步和怯懦，否则的话就只能任人宰割。

（三）孔子相鲁考

孔子曾一度在鲁国代行卿相之职，在《史记·孔子世家》中有明确记载。但近代以来不断有学者对此提出质疑。钟肇鹏先生在其《孔子系年》中，就征引了毛奇龄、江永、崔述等人的异见，概括起来，是认为春秋之时无以"相"名官者，且《孔子世家》所言之"定公十四年，孔子年五十六，由大司寇行摄相事"，时间上也不对，故孔子所摄相事，乃傧相之相，非卿相之相（参见钟肇鹏《孔子研究》，中国社会科学出版社１９９０年版，第１６１页）。经笔者考察认为，《孔子世家》中的记载虽在时间上有误，但不能因此否定孔子相鲁的史实；孔子行摄相事在定公十年"夹谷之会"前，至定公十二年结束。主要根据如下。

第一，"相"作为辅佐君王的官职概念，在春秋时期已经存在了。《论语·宪问》就有这样的记载：

> 子贡曰："管仲非仁者与？桓公杀公子纠，不能死，又相之。"子曰："管仲相桓公，霸诸侯，一匡天下，民到于今受其赐。"

文中的两个"相"字，均系辅佐君主的职位概念。在《荀子·王霸》中，这一概念更为清晰："若夫论一相以兼率之，使臣下百吏莫不宿道乡方而务，是夫人主之职也。""治国者分以定，则主、相、臣下百吏各谨其所闻，不务其所不闻；各谨其所见，不务其所不见。所闻所见，诚以齐矣，则虽幽闲隐辟，百姓莫敢不敬分安制以礼化其上，是治国之征也。"前者是说，选择一位"相"去统帅全部官吏，使官吏们无不归于正道并向着正确的方向努力，这本是君主的职责。后者是说，治理国家的人已将等级名分划定，于是君主、相和臣下百官各自谨慎地对待自己的所闻所见，按照一致的原则去处理。这就明确地将"相"界定为一人之下、万人之上的百官之长。此外，春秋时期明确称相的也有，如晏婴便是齐相。说春秋之时无以"相"名官者，是不确切的。

第二，定公十年的夹谷之会，是由齐国提出的，动机和策略都是针对孔子相鲁：

> 定公十年春，及齐平。夏，齐大夫黎鉏言于景公曰："鲁用孔丘，其势危齐。"乃使使告鲁为好会，会于夹谷。鲁定公且以乘车好往。孔子摄相事。（《史记·孔子世家》）

> 四十八年（指齐景公四十八年，鲁定公十年），与鲁定公好会夹谷。犁鉏曰："孔丘知礼而怯，请令莱人为乐，因执鲁君，可得志。"景

公害孔子相鲁,惧其霸,故从犁鉏之计。(《史记·齐太公世家》)

十年春,及齐平。夏,公会齐侯于祝其,实夹谷。孔丘相。犁弥言于齐侯曰:"孔丘知礼而无勇,若使莱人以兵劫鲁侯,必得志焉。"齐侯从之。(《左传·定公十年》)

以上三则记载,虽文字有所差异,但所叙述的史实是一致的。齐国之所以提出夹谷之会并想在会见时劫持鲁君,实际针对的是鲁君任用孔子相鲁,即"鲁用孔丘,其势危齐","景公害孔子相鲁,惧其霸,故从犁鉏之计",这就明白无误地表明,孔子"相鲁"在前而夹谷之会在后。夹谷之会中的"孔子摄相事"和"孔子相",不是临时指定的,而是孔子的实际执政地位。

第三,从夹谷之会中孔子的地位和表现看,也是卿相所为而不是傧相。春秋时期两君相会,必有卿相相随。在夹谷之会中,齐相晏婴便在场。但此次会见鲁执政上卿季桓子没有参加,代表季桓子的是孔子。《世家》说,在出发前,孔子以"有文事者必有武备"为据,要求安排左、右司马一起去,得到定公的支持。"司马"在当时是掌管军政和军赋的官职,由三卿之一的叔孙氏担任,位在司寇之上。如果孔子不代理卿相之职而只是一傧相,就无需考虑如此重大的全局性问题,也不能越权提出这样的要求。在会见中,孔子也一直充任主要角色,直至指挥兵士抗击莱人护卫鲁君。在《穀梁传》中,就有孔子"命司马止之"和"使司马行法焉"句。能指挥司马的官员,当然位在司马之上。还有,《穀梁传》说:"夹谷之会,孔子相焉。两君就坛,两相相揖。"在两国君主就位后相揖致礼的"两相",当然应是除两国君主外到场的最高行政长官。先言"孔子相焉",再说"两相相揖",鲁相当然就是孔子。若孔子只是一个傧相,就没有资格与齐相晏婴分庭抗礼。

第四,从鲁国当时的政治环境和个人作为看,孔子具备相鲁的条件。从定公五年起,季桓子承其父位被立为上卿,把持鲁国权柄。但时间不长,季桓子受到其家臣阳虎和邑宰公山不狃的反叛:定公七年被阳虎囚禁,认输并订立了盟约才被释放;定公八年被公山不狃抓起来,后设计逃脱。在这种情况下,季桓子的执政条件是可想而知的。《孔子世家》说:"其后定公以孔子为中都宰,一年,四方皆则之。由中都宰为司空,由司空为大司寇。"这段话，记在定公九年后、定公十年春的夹谷之会前，故孔子任中都宰的时间应在定公九年的早些时候。当时，季桓子尚没有从公山不狃的反叛中摆脱出来，鲁定公直接任命孔子为中都宰并连续提拔，说明鲁国当时处于上卿缺位的权力真空时期。孔子担任的司寇，已是大夫一级职务，且孔子的为政才能得到各地认可，阳虎和公山不狃对孔子亦有所敬重，因此，在季桓子无法执政的情况下，定公起用孔子代行其职，当在情理之中。孔子代相职，也得到季桓子的认可。《春秋公羊传·定公十年》在解读夹谷之会后齐人归还侵占鲁国土地的原因时说："齐人曷为来运、讙、龟阴田？孔子行乎季孙，三月不违，齐人为是来归之。"就是说，齐人之所以归还侵占的鲁国土地，是因为孔子已取得季孙氏的高度信任，对孔子的话，季孙氏没有不听从的。古人言"三月"或"三年"，多系"好长时间"之意而非确指，如孔子在齐闻《韶》的"三月不知肉味"，如孔子评价颜回的"其心三月不违仁"，以及"三年无改于父之道"等。若按确数直译，如颜回只能坚持在三个月内不违背仁德，就不足以被孔子称道了。顾颉刚先生在解读《论语·宪问》"高宗谅阴，三年不言"时，以《史记》滑稽列传和楚世家中的"有鸟在于阜，三年不蜚，不鸣"为例，证明"三年云者，非三真年也，状其久也"（《史林杂识》初编，中华书局1963年版，第103页）。这就表明，在夹谷之会前后，孔子已处于权力中心的地位。这一判断，也有"堕三都"的史实为证：

> 定公十三年夏，孔子言于定公曰："臣无藏甲，大夫毋百雉之城。"使仲由为季氏宰，将堕三都。于是叔孙氏先堕郈。季氏将堕费，公山不狃、叔孙辄率费人袭鲁。公与三子入于季氏之宫，登武子之台，费人攻之，弗克，入及公侧。孔子命申句须、乐颀下伐之，费人北。国人追之，败诸姑蔑。二子奔齐，遂堕费。将堕成，公敛处父谓孟孙曰："堕成，齐人必至于北门。且成，孟氏之保鄣，无成是无孟氏也。我将弗堕。"十二月，公围成，弗克。（《史记·孔子世家》）

"堕三都"即拆除季孙、孟孙、叔孙三位国卿封邑的城墙，孔子提此建议的理由，是古礼中的"臣下的家中不能收藏武器，大夫的封邑不能筑起同大的城墙。"目的显然是为了防止卿大夫拥兵自重、割据谋反。孔子敢于向鲁定公提出这一建议并被鲁定公采纳,能够派自己的学生仲由去当季氏的管家实施这一计划,并与鲁定公一起直接指挥"堕费"即拆季孙氏封邑城墙的战役,这三个情节,都清楚表明了孔子当时摄相事的身份和地位,尽管"堕三都"的计划只完成了三分之二。

第五,继定公十年的"夹谷之会"后,齐人又在定公十二年采取了"归(馈)女乐"于鲁君的措施,所针对的仍是孔子相鲁。《孔子世家》说:

> 定公十四年,孔子年五十六,由大司寇行摄相事,有喜色。门人曰:"闻君子祸至不惧,福至不喜。"孔子曰:"有是言也。不曰'乐其以贵下人'乎?"于是诛鲁大夫乱政者少正卯。与闻国政三月,粥羔豚者弗饰贾,男女行者别于途,途不拾遗,四方之客至于邑者,不求有司,皆予之以归。齐人闻而惧,曰:"孔子为政必霸,霸则吾地近焉,我之为先并矣,盍致地焉?"黎鉏曰:"请先尝沮之,沮之而不可,则致地,庸迟乎!"于是选齐国中女子好者八十人,皆衣文衣而舞康乐,文马三十驷,遗鲁君,陈女乐文马于鲁城南高门外。季桓子微服往观再三,将受,乃语鲁君为周道游,往观终日,怠于政事。

孔子相鲁后,政绩很突出。将《世家》的评述翻译过来是:"贩卖猪、羊的商人不敢漫天要价,男女行人分开走路,掉在路上的东西没人捡走,外地到鲁国城邑办事的人用不着向官员求情送礼,都能得到满意的照顾,就好像回到家中一样"。这些事例,涉及市场秩序、伦理道德、社会治安和政治风气等各个方面,反映出孔子具有比较全面的治国安邦才能。《世家》接下来说,孔子相鲁取得的政绩,使齐人听到后很害怕,认为如果孔子在鲁国执政下去,一定会称霸;一旦称霸,齐国离之最近,必然会先被吞并。于是经过研究,设美人计瓦解鲁国君臣,结果正如齐人所料,季桓子先是往观,然后接受,连续多日不理政事,使孔子感到失望和失落,于是离开鲁国。对这一历史事件,《韩非子·内储说下》亦有记录,当是司马迁撰写《孔子世家》的重要史料来源,现抄录如下:

> 仲尼为政于鲁,道不拾遗,齐景公患之。黎且谓景公曰:"去仲尼犹吹毛耳。君何不迎之以重禄高位?遗哀公女乐以骄荣其意。哀公新乐之,必怠于政,仲尼必谏,谏必轻绝于鲁。"景公曰:"善。"乃令黎

且以女乐六遗哀公，哀公乐之，果怠于政。仲尼谏，不听，去而之楚。

孔子因相鲁被齐人恐惧、挑唆而离开鲁国，在《论语·微子》亦有简要的记载："齐人归女乐，季桓子受之，三日不朝，孔子行。"可认定为信史。只是《世家》的记录有一个时间上的错误，将在后面讨论。

第六，孔子曾一度相鲁，在司马迁之前已是成说定论。《左传·定公十年》记"孔丘相"。《荀子·宥坐》记"孔子为鲁摄相，朝七日而诛少正卯"。此外，《晏子春秋·外篇第八》中有如下记载：

> 仲尼相鲁，景公患之，谓晏子曰："邻国有圣人，敌国之忧也。今孔子相鲁若何？"晏子对曰："君其勿忧。彼鲁君，弱主也；孔子圣相也。君不如阴重孔子，设以相齐，孔子强谏而不听，必骄鲁而游齐，君勿纳也。夫绝于鲁，无主于齐，孔子困矣。"居其年，孔子去鲁之齐，景公不纳，故困于陈蔡之间。

《史记·齐太公世家》说晏婴死于定公十年夹谷之会后不久，若这段对话属实，当发生在夹谷之会至晏婴死前这段时间。这是孔子在定公十年前后已相鲁的又一证据，尽管其记孔子去鲁后的经历与《孔子世家》有出入。《韩非子·内储说下》记"仲尼为政于鲁"。《晏子春秋·外篇第八》记"仲尼相鲁，景公患之"。这些著作均系战国时期著作，且被司马迁撰写《史记》时参阅。就是说，孔子相鲁是春秋至战国时期的成说而非司马迁一人所见。

从以上六个方面看，孔子曾一度在鲁国获得"行摄相事"的执政地位，是可以认定的。只是由于《孔子世家》在定公十年写明"孔子摄相事"后，又说定公十四年孔子由大司寇行摄相事，并将"齐人归女乐"一事记在其后，才引起混乱。实际上，因齐人"归女乐"而迫使孔子离开鲁国，发生在鲁定公十二年。对此，除《孔子世家》外，《史记》的其余篇什均是这样记录的。例如，《十二诸侯年表》和《鲁周公世家》中，均记在定公十二年因季桓子受齐女乐"孔子行"或"孔子去"。同时，《年表》和《卫康叔世家》均记在卫灵公三十八年（鲁定公十三年）"孔子来，禄之如鲁"，就是说，孔子在定公十二年晚些时候离开鲁国，在定公十三年到达卫国。可见，司马迁对孔子离鲁适卫时间的认定，是很一致的。既然如此，我们就有理由怀疑,《孔子世家》中的"定公十四年"和"年五十六"是衍文。

其实,不论那种历史典籍,在撰写、刊刻和传承的过程中出现舛误,都是难免的。近些年来发现的各种竹书、帛书,都证明了这一点。但在同一种典籍中,在同一问题上有个别之处与多数记叙不一致,这个别之处就值得存疑和认真考证。经考察笔者认为,《孔子世家》中"定公十四年"和孔子"年五十六"几字,是因上文对"堕三都"的时间书写之误造成的。孔子建议"堕三都"并得到实施,《左传》和《公羊传》均记在定公十二年,且在当年的十二月结束。《史记·鲁周公世家》同样记录说:"十二年,使仲由毁三桓城,收其甲兵。孟氏不肯堕城,伐之,不克而止。季桓子受齐女乐,孔子去。"而《世家》将"堕三都"记在"定公十三年夏",结束的时间也是十二月。从孔子定公十三年已不在鲁国的诸多记录看,《孔子世家》的这一时间记录显然是错误的,"定公十三年夏"是"定公十二年夏"之误。可能正是由于这一错误,而孔子"与闻国政"的政绩又记在"定公十三年夏"堕三都事件后,故有人在传抄或校刊时,误增了"定公十四年"和"年五十六"几个字。

此一时间和年龄的记录非出自司马迁之手,也有《史记》中的其它记录为证。除前言之《十二诸侯年表》和《鲁周公世家》、《卫康叔世家》中的记录外,在《吴太伯世家》、《晋世家》、《楚世家》和《魏世家》中,都有"孔子相鲁"的记录,经推算时间均为鲁定公十年而非十四年。这也同时证明,定公十年夹谷之会中的"孔子摄相事",是"相鲁"之"相"而非"傧相"之"相"。倘若只是一次活动中的傧相,司马迁不会在诸多《世家》中如此郑重地分别记录在案,更不会将一次活动的傧相之职概括为"相鲁"。

诸多史料记载均表明,从定公十年的"夹谷之会"到定公十二年的"堕三都",孔子在鲁国的政治地位一直是很高的。孔子去鲁,虽表面看是来自齐人的挑唆,但在齐人挑唆成功的背后,也可看出季氏在摆脱困境后对孔子信任程度和依赖关系的变化,同时也不能排除他对孔子声望日隆的隐忧。对此,可从季氏在辞世前的感叹中找到答案:

> 秋,季桓子病,辇而见鲁城,喟然叹曰:"昔此国几兴矣,以吾获罪于孔子,故不兴也。"顾谓其嗣康子曰:"我即死,若必相鲁;相鲁,必

召仲尼。"后数日,桓子卒,康子代立。

鲁哀公二年秋,季桓子病重,乘着辇车视察鲁城,感慨地长叹一声说："从前这个国家几乎兴旺了,因为我得罪了孔子,所以没有兴旺起来。"其所谓"获罪于孔子",即指"齐人归女乐,季桓子受之,孔子行"一事。从这种忏悔中,我们既可以看出孔子离鲁前的地位和作用,亦可以察觉到,季桓子当时对孔子的轻慢,是有主观故意的成份在里面的。就是说,孔子相鲁取得的政绩和威望,不仅使"齐人闻而惧",季桓子也从中感到了对自己的威胁。特别是"堕三都"之举,虽当时对季桓子也是有利的,但随着阳虎和公山不狃的出逃,在家室内部矛盾解除后,包括季桓子在内的三桓,当然不会容许孔子有进一步的作为,进而影响或动摇自己的执政地位。这也表明,在当时的政治体制下,像孔子这样布衣出身的政治家,虽可在特殊情况下一显身手,却很难有更大的作为。

孔子相鲁的经历,对他政治理念和政治主张的形成和完善,具有十分重要的作用。从"夹谷之会"到"堕三都",从"裔不谋夏,夷不乱华"到"有文事者必有武备",从"足兵"到"执干戈以卫社稷",以及宽猛相济、德法并用等认识和主张,都体现了孔子刚性的一面。遗憾的是,后儒和后世学人对孔子此一方面的认识和主张没有给予应有的重视和传承,甚至有所回避和排拒。这样一来,孔子就在很大程度上被理解和塑造成只讲仁义道德、只会传道布教、只知温良恭俭让的文弱形象。这也不同程度地影响了民族精神和性情的塑造。

五、尊重民意的原始民主

民主作为一种制度,是近代资产阶级革命的产物。但民主意识和愿望则由来已久。早在西周时期,就产生了"民之所欲,天必从之"(《左传·襄公三十一年》鲁穆叔引《泰誓》)的思想。这种天遂民愿的认识,就是对民意和民力的重视。孔子从周,便继承和发展了这一思想。他所说的"天下有道,则庶人不议",就把百姓的评价视为衡量政治清明与否的标准；其"自古皆有死,民无信不立",更进一步地把民众拥护与否视为决定政权存亡的根本条件。

要重视民意,特别是重视不同意见,统治者就要有纳谏的胸怀。对此,孔子在与鲁定公的一次对话中阐明了自己的看法:

> 定公问:"一言而可以兴邦,有诸?"孔子对曰:"言不可以若是其几也。人之言曰:'为君难,为臣不易。'如知为君之难也,不几乎一言而兴邦乎?"曰:"一言而丧邦,有诸?"孔子对曰:"言不可以若是其几也。人之言曰:'予无乐乎为君,唯其言而莫予违也。'如其善而莫之违也,不亦善乎?如不善而莫之违也,不几乎一言而丧邦乎?"(《子路》)

孔子在回答鲁定公关于是否有一句话而丧失国家的问题时,首先指出了作为国君的一般心态:"我做国君没有别的快乐,只是我说什么话都没有人违抗"。然后剖析说:"假若说的话正确而没有人违抗,不也很好么?假若说的话不正确而没有人违抗,不近于一句话便丧失国家么?"孔子把听不得不同意见上升到可丧失国家的高度去认识,可谓振聋发聩。

孔子关于统治者应听取和容纳不同意见的主张,潜台词是君主的判断和决策亦不可能完全正确。用黄宗羲的话说,即"天子之所是未必是,天子之所非未必非"(《明夷待访录·原君》)。这对君主专制来说,是极具批判精神的。能否听取不同意见,也由此成为判断君主贤明与否的重要标准。如唐太宗李世民,虽政绩很多,但被人津津乐道的,还是对谏臣魏徵的重用与宽容。物以稀为贵。人们如此长久地赞赏李世民和魏徵,恰好可以证明,喜好一言九鼎的权贵才是政治生活中的多数存在。隋炀帝杨广就曾对秘书郎虞世南说:"我性不喜人谏。"如此公开表明态度的人虽不多见,但持此心态的帝王和领导者则不在少数。这就使孔子和鲁哀公的讨论至今仍在继续。2011年6月,在美国的SAT(世界各地学生包括美国本土高中生进入美国大学的统一考试)中,就出了这样一道试题:"无论哪个群组都会要求其成员保持一致性。组员必须在诸如决策如何制定、谁担任领袖、组员可以享受多少自由这样的关键问题上保持一致。然而,当群组鼓励组员之间的不一致时,决策制定的质量反而会更高。尽管有时候这样会带来一些混乱和冲突,但不同意见的存在,能避免权力较大的强势群体犯错。鼓励不一致和不同意见的群组是否会比鼓励一致性的群组运作得更好？"（《南方周末》2011.6.16）表面看来，答案已在试题中了，其实未必。特别是对中国学生来说，回答起来会更为纠结。

有纳谏之君，还要有敢于犯颜直谏之臣。为此，在子路问如何服侍人君时，孔子提出了"勿欺也，而犯之"（《宪问》）的意见，即不要阳奉阴违地欺骗他，却可以当面触犯他。这一主张的认识基础，也是为了防止因"不善而莫之违"而出现"一言丧邦"的危险。要做到勿欺而犯，既需要智识，也需要勇气，故孔子将能否做到这一点视为君子与小人的分野，即"君子和而不同，小人同而不和"。孔子如此主张，亦如此行事。前面已经谈到，鲁国执政季康子苦于盗贼太多，向孔子请教解决的办法，孔子针对季康子过分贪欲的问题这样回答："苟子之不欲，虽赏之不窃。"（《颜渊》）当着季康子的面把盗贼产生的原因归之于季康子个人品行的影响，这种不畏权贵犯颜直谏的精神，古往今来均十分罕见。

孔子反对欺君，主张犯颜直谏，具有不可低估的政治学意义。在人治为主的封建社会，君主是最高决策者，一言九鼎。如果地方官或朝臣欺君，君主得不到正确的信息，就会导致决策失误，后果是可以想到的。因此，在中国古代的刑罚中，有一条"欺君之罪"，欺君者要被杀头，说明古人已经看到了诚信在国家政治生活中的极端重要性。

孔子不仅要求统治者能够听取不同意见，而且把尊重民意视为"仁"的表现：

> 郑人游于乡校，以论执政。然明谓子产曰："毁乡校何如？"子产曰："何为？夫人朝夕退而游焉，以议执政之善否。其所善者，吾则行之；其所恶者，吾则改之。是吾师也，若之何毁之？我闻忠善以损怨，不闻作威以防怨。岂不遽止？然犹防川：大决所犯，伤人必多，吾不克救也；不如小决使道，不如吾闻而药之也。"然明曰："蔑也今而后知吾子之信可事也，小人实不才。若果行此，其郑国实赖之，岂唯二三臣？"

> 仲尼闻是语也，曰："以是观之，人谓子产不仁，吾不信也。"（《左传·襄公三十一年》）

"乡校"是乡间的公共场所,是乡人聚会议事的地方。因为所议论的事情涉及为政得失,郑大夫然明向执国政的子产建议毁掉乡校。子产不仅反对这一建议,而且主张应以民意为师,大家认为好的就推行,大家讨厌的就改正。子产还以防止河水泛滥为例,认为对民众的意见宜疏而不宜堵,否则一旦决口伤人必多,因而不如让大家把意见说出来并加以疏导,并将其视为治病的良药。孔子得知子产的这一主张后说:"从这里看来,有人说子产不仁,我不相信。"

子产关于如何对待民意和社会舆论的看法,反映出明显的民主意识;孔子肯定子产的意见,并因此否定"子产不仁"的评论,体现出与子产的相同政见。这在当时的社会背景下是十分难得的,对当今社会亦不无启迪。孔子将民主意识视为仁的表现,仁的意境就更为高远了,明显超越了伦理和道德境界,在一定程度上体现了对民众政治权力的承认和尊重。孔子对社会舆论和民意的重视,与他对统治者实行谏净的意见一道,成为我国古代民主政治思想的萌芽。

六、尊贤为大的用人路线

在以人治为主的社会,虽有礼制和刑罚的规范和强制作用,但在"朕即天下,天下即朕"的情况下,以君主和执政卿相为核心的统治集团的素质,就具有决定性的作用。因此,在封建社会,人们对政治建设的实际期待,就是明君良相当朝。针对这种情况,孔子在推行礼制的同时,提出了"其人存,则其政举,其人亡,则其政息"的认识,并由此得出了"为政在人"的结论。"人亡政息"这一政治极言,是对君权神授观念的极大撼动,也是对统治者的严重警告。孔子在这里所说的"人",就是具有治国安邦之能的贤才。循此,孔子提出了"尊贤为大"(《中庸》)的用人路线。

贯彻"尊贤为大"的主张,就要求"近不失亲,远不失举",要求打破出身、等级等界限用人。孔子主张"从先进"(《先进》)即选用没有贵族身份但受过礼乐教育的平民为官,就是对世袭制的改革意见。据此,孔子的学生子夏提出了"仕而优则学,学而优则仕"(《子张》)的意见。过去,人们只记住其中的后半句话,并以"读书做官论"评判。其实,要求已取得官位的士人读书学习,希望有文化知识的平民为官,所体现的是对统治阶层文化素养的重视,是使官员成为有文化的政治精英的主张。用荀子的话说,即"学者非必为仕,而仕者必如学"(《荀子·大略》)。"从先进"与"学而优则仕",共同构成了对世袭制的挑战,并为科举制度的生成奠定了重要的理论基础。

孔子主张有文化的人为官,并创办私学,亲自培养为政人才,适应了社会发展需要,并很快得到应和。战国时期,创办私学之风日盛,在形成"百家争鸣"学术繁荣局面的同时,使士阶层队伍迅速壮大,社会影响力不断增强。列国诸侯和执政诸卿为巩固政权,便开始自觉采纳孔子的意见,在受过教育、有文化的士阶层中选用人才。"孔子卒后,七十子之徒,散游诸侯,大者为师傅卿相,小者友教士大夫"(《史记·儒林列传》),就表明了这种情况。战国时期兴起的庶民向学和养士之风,与孔子开创平民教育和"从先进"的主张不无关系。

打破出身和等级界限在学有所成者中选用人才,在经过长期实践验证并被统治阶层认可后,从隋代起形成了科举取士制度。这一制度在中国持续实行一千三百多年,在清末被废止。科举制虽存在一些弊端,但这一制度所追求的平民化、开放性和公正性,是值得肯定的,是中国古代官员选任制度的重大变革,可使处于社会中下层的知识分子向社会上层流动,在促进统治阶层精英化的同时,推动民间向学之风,并成为西方文官考试制度的借鉴。

贯彻"尊贤为大"的主张,孔子还要求统治者能够"举直错诸枉"(《为政》),即举用正直之士而弃置邪曲的人,从而形成正确的用人导向。对"举直错诸枉",孔子另有一个说法,即"尊贤而贱不肖":

> 子路问于孔子曰:"贤君治国,所先者何?"孔子曰:"在于尊贤而贱不肖。"子路曰:"由闻晋中行氏尊贤而贱不肖矣,其亡何也?"孔子曰:"中行氏尊贤而不能用,贱不肖而不能去。贤者知其不用而怨之,不肖者知其必己贱而仇之。怨仇并存于国,邻敌构兵于郊,中行氏虽欲无亡,岂可得乎?"(《孔子家语·贤君》)

文中的中行氏指晋侯的军事统领荀寅,荀寅与士吉射(范氏)共同辅佐晋侯,后被赵简子打败。因中行氏有尊重贤人而轻视不肖者之名,故在孔子提出以"尊贤而贱不肖"为治国之要时,子路以中行氏尊贤贱不肖却败亡为例进行质疑。孔子回答说:中行氏尊重贤人却不能信用他们,轻视不贤的人却不能革除他们;贤人知道他不用自己而怨恨他,不贤的人知道他轻视自己而仇恨他。内有怨仇,外有邻敌,中行氏即使不想败亡,又怎么可能呢?在这里,孔子提出了一个十分重要的观点,即尊重贤人一定要信任他们,轻视不肖者一定要革除他们,否则就会招来怨仇,危及政权。据此,《大学》指出:"见贤而不能举,举而不能先,命(怠)也。见不善而不能退,退而不能远,过也。"

尊贤的具体表现是用贤,而且要委以重任,这才可称得上"尊贤为大"。孔子的这一认识,也体现在他自己的政治追求上,体现在"正名"的主张中:

> 子路曰:"卫君待子而为政,子将奚先?"子曰:"必也正名乎!"子路曰:"有是哉,子之迂也!奚其正?"子曰:"野哉,由也!君子于其所不知,盖阙如也。名不正,则言不顺;言不顺,则事不成;事不成,则礼乐不兴;礼乐不兴,则刑罚不中;刑罚不中,则民无所措手足。故君子名之必可言也,言之必可行也。君子于其言,无所苟而已矣。"(《子路》)

此事发生在鲁哀公六年(卫出公四年,前489年),其时,卫国正处于相对稳定的时期,且有尊贤养仕的传统,故孔门弟子多仕于卫。在这种情况下,卫君想请孔子帮助治理国家,子路问孔子准备先干什么,孔子以"正名"作答。子路不理解,并指责孔子迂腐。孔子在批评子路粗野之后,谈了他对正名必要性的认识。答问中,孔子对正名作用的论述比较充分,但对正名的内涵则没有具体阐释,这就给后人的不同认知留下了空间。汉唐至北宋,比较一致的理解是东汉马融的"正百事之名"。魏何晏等人的《论语集解》,梁皇侃的《论语义疏》,北宋邢昺的《论语注疏》,均取此解。宋明以降,程子和朱熹的"正世子之名",则占了主导地位。清刘宝楠的《论语正义》,民国程树德的《论语集释》,均取此说。

以上二说虽支持者众，但从语境和语言逻辑看，均有难圆之处，有可讨论的余地。

先看"正百事之名"。皇侃在《论语义疏》中这样写道："所以先须正百名者，为时昏乱，言语翻杂，名物失其本号，故为政必须正名为先也。"皇侃还引郑玄注云："正名，谓正书字也。古者曰名，今世曰字。《礼记》曰：'百名以上，则书于策。'孔子见时教不行，故欲正文字之误。"这些解释，均将正名归之于语言逻辑的功夫。尽管在后儒的不断阐释中，逐渐强化了其政治伦理意义，但作为被一国之君聘请的来自异国他乡的政治家，上任伊始先不干别的，把纠辞判句作为第一要务，那就真如子路所见，是迂腐之极了。

从诸多学者对"正百事之名"所列举的事例看，也比较牵强。皇侃将《季氏》中的"邦君之妻，君称之曰夫人，夫人自称曰小童；邦人称之曰君夫人，称诸异邦曰寡小君；异邦人称之亦曰君夫人"视为"正名之类"。倘若卫君不是请孔子"为政"而是当一名礼官，将如何称呼国君夫人之类的事情作为首要任务，还说得过去；若如路所言，是"待子而为政"，上任伊始便以此为要务，相信不出三日便会被赶下台去。

还有一例，被皇侃以降持相同认识者所着力征引：

> 孔子侍坐于季孙，季孙之宰通曰："君使人假（借）马，其与之乎？"孔子曰："吾闻：君取于臣曰取，不曰假。"季孙悟，告宰通曰："今以往，君有取谓之取，无曰假。"孔子曰："正假马之言而君臣之义定矣。"（《韩诗外传·卷五》）

君主向臣下借马也不能说"借"，要说"取"。用文中孔子的话说，这是通过"正言"即指出季孙之宰的用词不当，来明确和维护君臣关系，并非"正名"。季孙是鲁国的执政上卿，持鲁国的权柄。据《论语·八佾》记载，孔子对季氏"八佾舞于庭"和"旅（祭）于泰山"等僭越行为均表示过强烈不满，但均未能产生什么效果。倒是时间不长，孔子便因季孙的冷落而离鲁，开始了周游列国的行程。把这些政治经验与孔子的治国方略联系起来分析，孔子在准备接受卫君之请主政时，当不会头脑简单地把解决此类问题放在最先的位置。

　　近代以来,多有将孔子的"君君,臣臣,父父,子子"(《颜渊》)视为正名主张者。然此章之真义,是君要像君,臣要像臣,父要像父,子要像子,是要求君、臣、父、子各司其职,各安其本分,是循名责实而非正名。对此,孔子的孙子子思便看得很明白:

　　　　卫侯言计非是,而群臣和者如出一口。子思曰:"以吾观卫,所谓'君不君,臣不臣'者也!"公丘懿子曰:"何乃若是?"子思曰:"人主自臧,则众谋不进。事是而臧之,犹却众谋,况和非以长恶乎!夫不察事之是非而悦人赞己,暗莫甚焉;不度理之所在而阿谀求容,谄莫甚焉。君暗臣谄,以居百姓之上,民不与也。若此不已,国无类矣!"

(《资治通鉴·周纪一·安王》)

　　卫侯做出一项错误的决定,而大臣们却众口一词附和,子思将此视为"君不像君,臣不像臣"的表现,理由是不考察事情的是非而沉溺于别人的赞扬声中,是无比的糊涂;不判断事情是否有道理而一味阿谀奉承,是无比的谄媚。君主糊涂而臣下谄媚,这样来统治百姓,老百姓是不会同心同德的。长期这样下去,国家就要败亡了。子思所言之"君不君,臣不臣",就是君、臣均没有正确地履行岗位职责,是对孔子"君君,臣臣"的正确理解。以名责实,或循名求实,所要解决的是"实不至"或"实相紊"的问题,如子思对卫侯君臣的批评,如孔子批评的大夫专权和陪臣执国命。解决这一问题虽十分重要,却难以将其归入"正名"的话题,而是循名责实。

　　还有人将孔子的"觚不觚,觚哉!觚哉!"(《雍也》)作为实例,认为孔子是借此慨叹当日事物名实不符。"觚"是古代盛酒的器皿,腹部作四条棱角,足部也作四条棱角。孔子所见到的觚可能没有棱角了,所以说"觚不像觚"了。孔子是讲实用的,如礼帽和车子,周朝与夏殷时代各有不同,但孔子选择"乘殷之辂,服周之冕"(《卫灵公》),说明他并不简单地反对生活用品形态上的变化。新酒杯的形状不似旧酒杯了,但功能是一样的,也可能更好。其两个"觚哉!"可作怀疑解,亦可作肯定解。孔子是喜欢饮酒的人,《论语·乡党》中有孔子"沽酒市脯不食"和"唯酒无量,不及乱"的记载,《论衡·语增》更有"传语曰:文王饮酒千钟,孔子百觚"的记录。好饮酒的人对酒杯的变化有所关注并被弟子记录下来,其实未必有什么深意。

再看"正世子之名"。文中的"卫君"指卫出公辄,是卫灵公的孙子。卫灵公在世时,辄的父亲蒯聩因企图杀母(南子)不成逃亡国外。鲁哀公二年卫灵公去世后,因太子蒯聩逃亡在外,南子想立辄的叔父郢为君,郢不接受并推荐辄,辄于是继承了君位(详见《左传》定公十四年、哀公二年)。孙继祖位,与当时通行的嫡长子继承制当然有所抵牾,故许多学者据此将孔子的"正名"理解为"正世子之名"。朱熹认为:"是时出公不父其父而称其祖,名实紊矣,故孔子以正名为先。"刘宝楠说得更为明确:"正名者何? 正世子之名也。……太史公自序云:'南子恶蒯聩,子父易名。'谓不以蒯聩为世子,而辄继立也,名之颠倒,未有甚于此者。夫子亟欲正之,而辄之不当立,不当与蒯聩争国,顾名思义,自可得之言外矣。"这种看法虽被诸多学者认同,却与事实难副。

其一,在继位的问题上,孔子并不坚持嫡长子继承的旧制,这从他赞赏泰伯"三以天下让"的肯定中便可看出。泰伯是周朝祖先古公亶父的长子,古公喜爱泰伯的三弟季历的独生子昌(后来的周文王),希望昌能够继承王位,泰伯便与其二弟仲雍出走,使王位传给三弟季历,季历死后传昌,昌做周国君五十年,不断扩张国势,为武王灭殷建立西周王朝奠定了基础。孔子因此而盛赞泰伯"让天下"之举为"至德",也就同时肯定了季历的越位继承,以及由此而生的文武之治。这就表明,孔子所看重的是为政者的实际作为,而非王位继承的旧礼法。

其二,卫出公想请孔子为政,体现了对孔子的敬重;孔子想接受出公之请佐之以政,也表明了其对卫出公的接受。既然如此,怎么能把"正世子之名"作为头等要务呢? 如果孔子的"正名"确如朱熹等人所见,是想纠正卫出公的"不父其父而称其祖",就必须使卫出公退位而请其父蒯聩继位。这不仅做不到,于情于理也很难说通。按照这种理解,孔子与子路的对话就应该这样翻译:子路问:"卫出公想请您治理国政,您准备首先干什么? "孔子回答说:"那一定是先让卫出公退位,让其父蒯聩当国君! "这就无异于拒绝卫出公辄之请,后面的话根本就不用说了。

其三,孔子居卫时虽没有取得执政地位,却成为卫出公的"公养之仕"。孔子在卫出公为君时居卫长达六年,是孔子周游列国在一个国家停留时间最长的。据《孔子世家》和《左传》记载,鲁哀公十六年(卫出公十二年),在孔子离卫归鲁不久,在蒯聩与孔文子内外勾结回国夺权的公室内乱中,子路为保卫公室而战死。如果孔子的"正名"是为了让辄还位其父,就不可能投奔并长期服务于辄;如果子路也如一些后儒那样理解孔子的正名,就不会为抵制蒯聩的夺权行为而丧命。

实际上,孔子所说的"正名",意思很简单,就是要求获得相应的职位或授权,以便名正言顺地履行职责。用司马迁记孔子的话说,即"为之必可名"。这样解释不仅符合语法和语境,也有事实为之佐证。

据《史记·孔子世家》记载,鲁昭公二十五年,孔子因鲁国发生政治动乱而离鲁适齐,齐景公在与孔子两次交谈后,对孔子的主张和才能颇为欣赏,想重用孔子。但在听信了齐相晏婴的一席话后,"景公止孔子曰:'奉子以季氏,吾不能。以季、孟之间待之。'"文中虽没有交待孔子在职位上提出了什么要求,但从齐景公的话中可以听出,孔子是提出过要求的,而且是与季氏(上卿)职务相当的要求。否则的话,齐景公的"奉子以季氏,吾不能"便没有来由。在卫国也有同样的情形。鲁定公十三年,孔子因"齐人归女乐"事件离鲁并开始周游列国的第一站就是卫国:

> 孔子遂适卫,主于子路妻兄颜浊邹家。卫灵公问孔子:"居鲁得禄几何?"对曰:"奉粟六万。"卫人亦致粟六万。居顷之,或谮孔子于卫灵公,灵公使公孙余假一出一入。孔子恐获罪焉,居十日,去卫。(《史记·孔子世家》)

卫灵公问孔子在鲁国时得多少俸禄,孔子以"奉粟六万"回答,这当是他"由大司寇行摄相事"时的待遇。卫灵公虽然给孔子以同样的待遇,却因为听信谗言而没给孔子以任何权力,并派人监视,孔子恐遭不测而离去。

孔子之所以不讳言名位和奉禄,就来自他的"正名"理论。孔子在定公十年至十二年间虽曾"由大司寇行摄相事",但司寇之职远在季、孟、叔三卿之下,代行相职亦属"名不正"。因此,当孔子想通过削三桓而强公室时,虽有定公的支持,也得到部分实施,却终因孟叔的抵制而未能完成,这就是"名不正则言不顺,言不顺则事不成"。有了这些教训,当孔子再次获得为政机会的时候,首先想到的当然是能否获得实际权力的问题。在《子路》篇记录"子适卫,冉有仆"后,紧接着便是孔子"苟有用我者,期月而以可也,三年有成"的宣言。这就既体现了孔子的自信,也表明了孔子对被任用的期待与承诺——尽管在重等级和出身的年代,孔子的这一愿望不可能达成。

孔子以谋求执政地位为先,一定大出子路的预料,于是直言孔子"迂腐"。这与孔子为得到卫灵公的任用而见南子时"子路不悦",是一样的。儒家后学大概也认为主动求官不是一件值得肯定的事情,便绕弯子强作他解。这种情形,也曾发生在孔子"由大司寇行摄相事,有喜色"时。对此,孔门弟子中当时就有人批评孔子说:"闻君子祸至不惧,福至不喜。"孔子虽认定有这种说法,但仍以"乐其以贵下人"的另见来证明自己无过。对司马迁的这一记录,一些后世学者亦感到难以接受,认为"甚鄙陋,与孟子之不动心大异",甚至主张删除(见蒋伯潜《诸子通考》,浙江古籍出版社1985年版)。其实,如子路一般的孔门弟子和儒家后学,对孔子的要求都有些过分。无论出于治国平天下的政治抱负,还是来自"君子疾没世而名不称焉"的个人追求,能走上"行摄相事"的重要岗位,总是一件值得高兴的事情,"有喜色"也并非得意忘形的过度反映,何"鄙陋"之有?一个人如果凡事皆喜怒不形于色,不仅有悖人性,也十分可怕。

将名位视为执政的要件,孔子有直接的论述。周成公二年,新筑人仲叔于奚解救了卫大夫孙桓子,在受赏时,他不要城邑而请求赐给他诸侯所用的乐器"曲县"和"繁缨"朝见国君,卫穆公答应了他。孔子听到后给予了否定的评价:

> 仲尼闻之,曰:"惜也,不如多与之邑!唯器与名不可以假人,君之所司也。名以出信,信以守器,器以藏礼,礼以行义,义以生利,利以平民,政之大节也。若以假人,与人政也。政亡,则国家从之,弗可止也已。"(《左传·成公二年》)

文中的"假"同"借",是赐与的意思。孔子认为,礼器与名位是不能随便赐与的,因为爵位和名号是使人信赖的表征,使人信赖才能保享车服之器,车服之器包含着礼,礼是用来推行道义的,行义就产生了利,有利才能治理人民,这是治理国家的关键。通过上述逻辑推演,孔子得出了把国君使用的礼器和名分随便给人等于把政权交出去一样的结论。给人以名位就等于给人以政权,那么得到名位,也就得到了执政的权力。因此,在得知卫君想让他帮助治理国家时,孔子首先想到的,就是获得可名正言顺地行使权力的名位。有所不同的是,仲叔于奚要求的是诸侯国君的"器与名",而孔子要求的是执政上卿的名位。

孔子把"名"视为执政的要件,故反对随便将其赐给与实际权力和责任不相匹配的人。同时,对有作为的贤能之士,孔子则主张大胆使用,并以"尊贤为大"。他在赞美舜的时候就说:"大德必得其位,必得其禄,必得其名,必得其寿。"(《中庸》)在解释《周易》乾卦九五"亢龙有悔"的爻辞时,孔子同样认为:"贵而无位,高而无民,贤人在下位而无辅,是以动而'有悔'也。"与此相近,在《孔子家语》和《新序》中,均有孔子将"圣人伏匿"视为"天下之不祥"的记载。这些言论表明,孔子不仅不讳言名位与俸禄,而且认为是大德者和圣贤应该得到的东西,是发挥圣贤作用而有利于天下的途径。对此,其另一位聪明的学生冉有就看得十分清楚:

> 其明年,冉有为季氏将师,与齐战于郎,克之。季康子曰:"子之于军旅,学之乎?性之乎?"冉有曰:"学之于孔子。"季康子曰:"孔子何如人哉?"对曰:"用之有名;播之百姓,质诸鬼神而无憾。求之至于此道,虽累千社,夫子不利也。"康子曰:"我欲召之,可乎?"对曰:"欲召之,则毋以小人固之,则可矣。"(《史记·孔子世家》)

冉有帮助季康子率军队打了胜仗,季康子问冉有的军事才能是学来的还是天生的,冉有告之学于孔子。季康子探询孔子是怎样一个人,冉有回答说:"任用他要符合名分。因为他的学说不论是传播于百姓还是质诸于鬼神,都会适用而无憾。"冉有还告诉季康子,自己虽然因为有功而得到"千社"(二千五百户人家)的封赏,但孔子对此是不会动心的,而且要用孔子的话,就不能让小人从中设阻——这当然是总结了孔子在齐、卫两国的经验教训。这段对话,发生在孔子"必也正名乎"的宣言之后。冉求的"用之有名",即"任用他要符合名分",无疑就是对"正名"的理解。

孔子与子路关于"正名"的对话,在《史记》中也有记载,其中有一句

话与《论语》不同,但对理解孔子的"正名"却十分重要:

> 孔子曰:"野哉由也!夫名不正则言不顺,言不顺则事不成,事不成则礼乐不兴,礼乐不兴则刑罚不中,刑罚不中则民无所措手足矣。夫君子为之必可名,言之必可行。君子于其言,无所苟而已矣。"

《论语》中的"故君子名之必可言也,言之必可行也",在《史记》中为"夫君子为之必可名,言之必可行"。将前言后语贯通起来看,《史记》所记更符合逻辑。所谓"为之必可名",即办事必须符合名分。这与冉求的"用之有名"是一致的。为政有正当的名分,才会有权威性,说出的话才会有人服从,才会"言之必可行"。以此来解读孔子的整段论说,就会豁然贯通:名义不正当,说话就不能理直气壮;说话不理直气壮,工作就不可能搞好;工作搞不好,礼乐制度就会废驰;礼乐制度废驰,刑罚就不会得当;刑罚不得当,百姓就无所遵从。所以,君子为政必须师出有名,说出的话必须得到实行。君子(为政者)对自己说出的话,是不能被马虎对待的。换一个角度说,当权者名义正当才有公信度,说话(颁布政令)才会得到有效实行,也才会成事,才会礼乐兴而刑罚中,百姓才会有所遵从。孔子是重视语言逻辑的。将语言逻辑与语境结合起来去解读孔子的主张,才不会失去其本真。正是因循了这种语言逻辑,尽管后儒对孔子的"正名"作了各种复杂的解释,但今天我们在使用"名不正则言不顺"或"名正言顺"的成语时,却大多没有选用。《现代汉语词典》对"名正言顺"的释义是:"名义正当,道理也讲得通。"(商务印书馆1978年版,第797页)《辞海》对"名正言顺"的解释是:"《论语·子路》:'名不正则言不顺,言不顺则事不成。'后以'名正言顺'谓作事理由正当而充分,含有理直气壮的意思。"(上海辞书出版社1989年版,第2172页)笔者认为,这种释义,即使不用"后以"二字,也是准确而符合孔子本意的。

话归前言,"正名"是孔子认定的为政要件或"先手",而不是为政后的施政纲领。这既体现出孔子意欲登上执政舞台而推行自己政治主张的强烈愿望,也体现了孔子的政治经验及对官制的认识。这一主张的真正价值,是揭示了为政官员要名实相副、权责相当的道理。这一道理的现代诠释,即行政学或管理科学中的授权理论。授权不到位,会削弱官员或管理者的权威性和责任意识；没经授权而越俎代疱，不仅会因"言不顺"而"事不成"，也会扰乱政治秩序。这就与孔子另外提出的"不在其位，不谋其政"（《泰伯》）和"君君，臣臣，父父，子子"一道，搭建了官制和政权建设中所要致力于解决的授权、分权和层级理论的框架。不过，在后儒善意而又不无偏狭的曲解之下，这一主张的真实价值被模糊和矮化了，没能发挥出应有的作用。千百年来，孔子所批评的"陪臣执国命"，以及后来出现的宦官专权、垂廉听政和越权干政，虽有些事情需要具体问题具体分析，但均与常态下的政权建设机制相抵牾。澄清"正名"之本意，对正确认识和评价孔子，全面认知并借鉴这些理论原则，都具有重要意义。

七、尊美摒恶的为政艺术

孔子虽然亲自从政的时间不长，却有半生时间与诸多国君和政要交往，即司马迁所说的"孔子明王道，干七十余君"。由于阅历丰富，研究深透，在为政艺术方面，孔子提出了许多有价值的见解。

（一）"君使臣以礼，臣事君以忠"的良性互动

在处理君臣关系方面，孔子的基本主张是"君使臣以礼，臣事君以忠"（《八佾》），强调居上要宽（《八佾》），事上要敬（《公冶长》），二者互为条件。在这种交互权责的关系中，孔子把"君"视为矛盾的主要方面，把"君使臣以礼"视为"臣事君以忠"的前提："居上不宽，为礼不敬，临丧不衰，吾何以观之哉？"（《八佾》）对此，孟子有具体解说："君之视臣如手足，则臣视君如腹心；君之视臣如犬马，则臣视君如国人；君之视臣如土芥，则臣视君如寇仇。"（《孟子·离娄下》）许多政治实践表明，君主虽有至高无上的权力，但也要以宽厚仁爱之心待臣，礼贤下仕，以换取臣下的忠诚。当君子不能礼贤下士时，孔子采取的态度是弃之而去，并以"鸟则择木，木岂能择鸟"（《左传·哀公十一年》）来表明臣择君的自主性。这就改变了臣下要无条件绝对忠诚君主的传统认识，是对封建社会君臣关系的调整。

孔子主张君臣之间互相尊重，并提出了一些具体的尺度和原则。从上对下看，孔子认为"君子不重则不威"（《学而》），"临之以庄，则敬"（《为

政》)。这就要求领导者在下属面前要保持自己行为举止的庄重,既不盛气凌人,也不能轻佻虚浮。从下对上看,孔子主张"事上也敬"(《公冶长》),"恭而有礼"(《泰伯》)。《乡党》记孔子在朝廷上的表现,以及"君命召,不俟驾行矣",都体现了这些要求。在孔子看来,如此行事并非为了讨君主的喜欢,而是维护礼法和政治秩序的需要。可能有人对孔子如此行事不解,故孔子说:"事君尽礼,人以为谄也。"(《八佾》)完全依照臣属的礼节去服事君主,人们会以为他在谄媚。这当然不是反对"事君尽礼",但也提示人们不要做得过分。

此外,孔子要求君主要善于听取臣下的不同意见,把谏诤视为臣下对君主忠诚的表现,也是对君、臣关系的一种认识。但在君权至上的社会,臣下对君主的谏诤也是有风险的。因此,孔子对谏臣也给出了保护性的建议:

> 孔子曰:"侍于君子有三愆:言未及之而言谓之躁,言及之而不言谓之隐,未见颜色而言谓之瞽。"(《季氏》)

"三愆"即三种过失:没轮到他说话却先说,叫做急躁;该说话时不说,叫做隐晦;不看君主的脸色便贸然开口,叫做瞎眼睛。这些"讲究"虽看起来有些油滑,实际上却是官场上的经验。子夏对此理解较为透彻:"信而后谏,未信,则以为谤己也。"(《子张》)取得信任之后才可直谏,否则的话,国君会以为你在毁谤他。当然,作为忠臣良相,在重大问题面前和紧要关头,有时也顾不到这些,孔子也不以此为绝对标准或行为准则。商纣王的叔父比干因多次劝谏纣王而被剖心致死,孔子称许其为殷代的三位仁人之一(见《微子》),便是一种极高的评价。

(二)"尊五美,屏四恶"的从政艺术

在子张问怎样做可以有效治理政事时,孔子给出了尊贵五种美政,排除四种恶政的答案:

> 子张问于孔子曰:"何如斯可以从政矣?"子曰:"尊五美,屏四恶,斯可以从政矣。"子张曰:"何谓五美?"子曰:"君子惠而不费,劳而不怨,欲而不贪,泰而不骄,威而不猛。"子张曰:"何谓惠而不费?"子曰:"因民之所利而利之,斯不亦惠而不费乎?择可劳而劳

之，又谁怨？欲仁而得仁，又焉贪？君子无众寡，无小大，无敢慢，斯不亦泰而不骄乎？君子正其衣冠，尊其瞻视，俨然人望而畏之，斯不亦威而不猛乎？"子张曰："何谓四恶？"子曰："不教而杀谓之虐；不戒视成谓之暴；慢令致期谓之贼；犹之与人也，出纳之吝谓之有司。"（《尧曰》）

孔子的这番论述，蕴藉了成熟而老到和政治智慧。先看"五美"即五种美政：

"惠而不费"，即给人民以好处自己却无所耗费。实现途径是"因民之所利而利之"。就着人民能得利益之处从而使他们有利，相当于我们今天所说的政策、环境和服务，如孔子所主张的"省力役，薄赋敛"，如孟子所言之"制民之产"。使民众在宽松的条件和环境下，可通过自身努力解决生存和发展问题。如此惠民，比临时性的物资救助更具根本性。《左传·成公二年》记孔子言曰："义以生利，利以平民，政之大节也。"行义何以能够产生利益从而使民众得到平治？从此一"惠而不费"中，我们当会找到答案。

"劳而不怨"，即劳动百姓而百姓却不怨恨。实现途径是"择可劳而劳之"，即选择适当的时间和情况使用劳力，就是"使民以时"（《学而》）。这样的话，就可兼顾国家和百姓的利益，在征用劳役时不至于引起民怨。

"欲而不贪"，就是有欲求而不贪婪。孔子用"欲仁而得仁，又焉贪"解释，体现了用仁德抑制贪念的思想。

"泰而不骄"，即安泰矜持而不傲慢无礼。无论人多人少或势力大小，都不敢怠慢，这既反映政德，也反映人品。实践证明，如果对上"巧言令色足恭"，对下骄横无礼，就不可能获得民众的认可与支持。

"威而不猛"，即威严而不凶猛。一个仪态端正、直道事人、一视同仁的人，就会使人望而生畏，同时又不觉得凶猛，这就是我们常说的"威信"或"威望"。邪曲的领导者通过阴暗手段也会使人害怕，不讲道理的领导者靠强制手段也会使人恐惧，但这种害怕和恐惧都不是心悦诚服的表现，因此都不可能持久。

孔子在阐述"五美"学说之后，告诫子张要避免"四恶"即四种恶政，内容同样十分深刻而新颖：

"不教而杀",就是不经过教育就杀戮,孔子认为这是虐待。这一看法表明,孔子并不一般地反对杀戮,而是主张先将刑罚公之于众,使人戒惧,经教育后仍然违犯,则应该受到惩罚。这一预先示警的主张,是符合法制精神和管理原则的。

"不戒视成",就是不加申诫就要求完美,孔子认为这是粗暴。孔子反对这样做,就要求为政者能善待下属,工作要求和指导在前而检查在后,不能自己没尽到责任却苛求于人。

"慢令致期",就是部署工作任务时懈怠,却突然要求限期完成,孔子认为这是害人。朱熹注云:"贼者,切害之意。缓于前而急于后,以误其民,而必刑之,是贼害之也。"按照这种解释,"慢令致期"就是有意加害于人的权谋。实际上,这种情形也常发生在昏庸的领导人身上,虽非有意害人,但后果是一样的。

"出纳之吝",即出手吝啬。孔子将这一品行视为为政者应摒弃的"四恶"之一,很值得人们思量。孔子的理财思想是"节用",但在济民时则主张"施取其厚"。该节俭时必节俭,该出手时就出手,这对为政者来说确是必须同时具备的品质。同样给人东西,该给的时候却出手悭吝,孔子认为是小家子气。正是在此意义上,孔子指出:"如有周公之才之美,使骄且吝,其余不足观也已。"(《泰伯》)有小家子气的领导者不仅缺乏美感,也难成大事。

(三)"恭,宽,信,敏,惠"的个人修为

因为孔子着力培养为政人才,故在弟子求教时,多从政治的角度予以解答。请看子张问仁时孔子的回答:

> 子张问仁于孔子。孔子曰:"能行五者于天下,为仁矣。""请问之。"曰:"恭,宽,信,敏,惠。恭则不侮,宽则得众,信则人任焉,敏则有功,惠则足以使人。"(《阳货》)

子张向孔子问仁,孔子告之曰,如果能够处处实行五种品德,便是仁人了。孔子所讲的五种品德,皆属为政者的个人修为,体现出丰富的政治经验和政治智慧。

一要"恭",即庄重,因为庄重就不致于遭受侮辱。对此,孔子的认识

透彻而坚定："恭近于礼，远耻辱也。"(《学而》)你恭敬别人，别人也会恭敬你，故可远离辱慢。在季康子向孔子请教如何使民众敬重自己时，孔子回答说："临之以庄，则敬。"(《为政》)你在百姓面前庄重恭谨，就会获得百姓的敬重。可见，"恭"是建立权力影响力和非权力影响力的双重需要。落实这一"恭"字，也需要把握好度。过于谦恭就会显得虚伪而令人生厌，因而孔子说："巧言、令色、足恭，左丘明耻之，丘亦耻之。匿怨而友其人，左丘明耻之，丘亦耻之。"(《公冶长》)左丘明是与孔子同时但年轻许多的学者，曾与孔子讨论《春秋》并为《春秋》作传，被孔子引为同道。

二要"宽"，即宽容，因为"宽则得众"，"居上不宽，为礼不敬，临丧不衰，吾何以观之哉！"(《八佾》)宽厚和包容，是获得下属和民众拥护的重要品格。若恃才傲物、唯我独尊，或搞小圈子、媚上欺下，就会众叛亲离。因此，孔子主张"君子尊贤而容众，嘉善而矜不能"(《子张》)。但宽容也有限度。孔子要求大家"远佞人"，即远离奸佞的小人，因为"佞人殆"即小人危险(《卫灵公》)。孔子还提醒人们不要与"患得患失"的"鄙夫"共事(《阳货》)，因为他们会为了自己的利益无所不用其极。

三要"信"，即讲诚信，因为"信则人任焉"，"上好信，则民莫敢不用情"(《子路》)，"自古皆有死，民无信不立"(《颜渊》)。诚实守信者会得到别人的任用，也会得到民众支持，故"信"在孔子那里不仅是道德范畴，也是政治品格和为政之要。孔子在推崇诚实守信的同时，也反对"匹夫匹妇之为谅"(《宪问》)，即为了讲小信而坏大义。孔子在率弟子"过蒲"时不履行在被要挟之下订立的盟约(见《史记·孔子世家》)，也体现了他在守信问题上的原则和策略。

四要"敏"，即勤敏于事，因为"敏则有功"。勤敏就会有效率，有业绩，有功劳和贡献，这是为政者获得认可、支持和拥护的必备条件。对此，孔子有另外的说法，即"居处恭，执事敬，与人忠"和"事君，敬其事而后其食"等，要求官员敬业尽责，把得俸禄的事放在后面。如果一事当前先替自己打算，或有点成绩就居功自傲，甚至邀功请赏，其"敏于事"的动机就会遭到质疑，效果也会大打折扣。

五要"惠"，即慈惠，因为"惠则足以使人"。慈惠就能劳动别人，体现的是情感和物质利益原则。实践证明,要使别人听命于自己,仅靠强权和说教是不够的,必须能够满足或尽力满足人们的物质和精神文化需求。孔子赞赏子产"有君子之道四",其中之一就是"其养民也惠"(《公冶长》)。据史料记载,在子产执政一年时,有人编歌谣诅咒子产;三年后,则转而诵之曰:"我有子弟,子产诲之;我有田畴,子产殖之。子产而死,谁其嗣之?"(《左传·襄公三十年》)这就证明了惠民与取信于民最直接的关系。

　　孔子关于为政艺术的总结和概括,虽是根据当时社会的生产关系、上层建筑和人的素质提出的,但今天读来仍能引起现实的联想与思考。这也说明,尽管政治制度已发生重大变革,但在为政品德和为政艺术方面,仍有许多相通和可借鉴之处。

第八章　孔子的文化观与史学贡献

　　孔子是我国古代文化的集大成者。他曾这样言道："文王既没，文不在兹乎？"（《子罕》）就是说，周文王死了以后，文化遗产不都在我这里吗？这话虽听起来有些自负，但也并非言过其实。在战乱连绵、古代文化遗产遭到严重破坏的年代，孔子主动肩负起搜集、整理和传承历史文化的重任，并根据自己的理解和主张，赋予了许多新认识和新精神，创立了继往开来的儒家学派。

一、对文化本质的认识

　　春秋时期尚无完整的"文化"概念和定义。孔子所说的"文"，界于我们所说的广义和狭义文化概念之间，包括制度文化与精神文化等方面。他所说的"周监于二代，郁郁乎文哉！吾从周"（《八佾》），其"文"就是周代的礼制文化；其"行有余力，则以学文"（《学而》）和"君子博学于文"（《雍也》），则指《诗》《书》《礼》《乐》《易》《春秋》等文献典籍，或曰学术文化。孔子用以教育学生的"六艺"，即礼、乐、射、御、书、数，则是当时存在的具体文化样式，有些可归之于今天所说的"文艺"范畴。孔子还用孔文子的"敏而好学，不耻下问"来解释为何在其死后被谥为"文"（《公冶长》），并将"文"与"德"联系起来，提出了"文德"的概念："远人不服，则修文德以来之。"（《季氏》）这就进一步把精神气质和人文关怀引入文化的范畴，从而扩大了文化的外延。此外，孔子还较早使用了"文学"（《先进》）、"文章"（《泰伯》）等词语，虽具体内涵与今天有所不同，亦是这些概念的基础和来源。

　　孔子的文化概念，是与其政治、伦理、哲学、教育等思想紧密相联的。

用朱熹注"郁郁乎文哉"的话说，即"道之显者谓之文"。这是对"文以载道"的深刻认识。无论制度文化、精神文化还是文艺，都是由一定的价值系统构成的，反映人的精神、情感和价值取向，因此，通过各种文化样式、文化活动和文化载体，可使人的精神、性情、品格和价值取向受到影响。孔子主张"兴于诗，立于礼，成于乐"（《泰伯》），就揭示了文化在涵养人的情操、塑造人的气质、成就完美人格中的作用。

能够体现孔子此一认识和主张的言论还有许多，如"志于道，据于德，依于仁，遊于艺"（《述而》）。将遊憩于"六艺"之中视为做人和提高个人素养的重要途径，是孔子的创见。譬如"射"，在中国古代不仅是重要的军事和狩猎技能，也是文体活动。孔子用以教育学生，就十分重视其德化功能：

子曰："君子无所争，必也射乎！揖让而升，下而饮。其争也君子。"（《八佾》）

子曰："射有似于君子，失之正鹄，反求诸其身。"（《中庸》）

前一段话说，君子没有什么可争的事情。如果有所争，一定是比箭吧！比箭的时候，相互作揖然后登堂，比试完毕下堂喝酒，其竞争体现出君子风范。后一段话认为，君子行道就像射箭一样，如果没有射中靶子，就应该责求一下自己，从自身查找原因。通过推崇"射礼"引导学生树立君子之争的品格，通过射箭脱靶要从自身查找原因来培养反求诸己的思维方式，集中代表和反映了孔子重视文化艺术教育的用心。

文化艺术具有怡情化俗、成就完美人格的功用，要发挥好这种作用，必须做到形式与内容的统一。因此，孔子极重视文化现象内在、本质的东西："礼云礼云，玉帛云乎哉？乐云乐云，钟鼓云乎哉？"（《阳货》）在孔子看来，对礼乐不能只看形式不看本质，重要的是支配形式的情感、道德和价值取向：

林放问礼之本。子曰："大哉问！礼，与其奢也，宁俭；丧，与其易也，宁戚。"（《八佾》）

在孔子看来，行礼的本质，不在于形式的奢华与仪文周到，而在于简约质朴地表达真情实感。这种情感的最高概括，就是"仁"：

子曰："人而不仁，如礼何？人而不仁，如乐何？"（同上）

没有仁德的人便不能正确地对待礼仪制度和音乐,这是将"仁"视为礼乐的本质和价值取向的明确认识。孔子对文化现象和文化建设的这种深层次讨论,最终形成了《易经》贲卦《彖辞》中"观乎人文,以化成天下"的认识。将"文"与"化"联系起来,确立了通过反映伦常秩序的文化建设培育人文精神的导向。从"兴于诗,立于礼,成于乐"到以"仁"为价值取向的"人文化成",是孔子对文化本质的深刻认识。

孔子对文化本质和作用的认识,有着异乎寻常的确信。他说:"六艺于治一也。《礼》以节人,《乐》以发和,《书》以道事,《诗》以达意,《易》以神化,《春秋》以义。"(《史记·滑稽列传》)在孔子看来,"六艺"(实为"六经")对于治理国家来说作用是一致的:《礼》用来规范人的生活方式,《乐》用来促进人们团结和睦,《书》用来记述事典,《诗》用来抒情达意,《易》用来知通达变,《春秋》用来知晓义理。除这种理论概括外,还有实践总结:

> 孔子曰:"入其国,其教可知也。其为人也,温柔敦厚,《诗》教也;疏通知远,《书》教也;广博易良,《乐》教也;絜静精微,《易》教也;恭俭庄敬,《礼》教也;属辞比事,《春秋》教也。故《诗》之失,愚;《书》之失,诬;《乐》之失,奢;《易》之失,贼;《礼》之失,烦;《春秋》之失,乱。其为人也,温柔敦厚而不愚,则深于《诗》者也;疏通知远而不诬,则深于《书》者也;广博易良而不奢,则深于《乐》者也;絜静精微而不贼,则深于《易》者也;恭俭庄敬而不烦,则深于《礼》者也;属辞比事而不乱,则深于《春秋》者也。"(《礼记·经解》)

这段话,从正反两个方面说明了用六经等文化典籍对民众进行教育的作用和影响。其中关于通过一个国家的民风和民众素质可推见其教化内容和教化水准的观点,可谓真知灼见,是我们考量一个国家或民族文化教育成败得失的重要方法。

二、文化建设的基本主张

春秋处于社会动荡和变革的时代。在社会转型期,新旧体制和思想文化的碰撞比较激烈，表现出思想活跃、价值取向多元、行为失范、社会控制能力减弱等特点。孟子以"世衰道微，邪说暴行有作"（《孟子·离娄下》）去概括孔子作《春秋》的社会背景，更多的人则以"礼崩乐坏"去说明当时的社会境况。尽管这些概括可能有言重之处，但也不无根据。春秋时期"礼崩乐坏"的情况，史料中多有记载，孔子对此痛心疾首，尤其对政令不一、权力下移、官员滥用礼乐形式不满，如对季氏"八佾舞于庭"的愤怒（《八佾》），对"三家以《雍》撤"（同上）的批评，对"齐人归女乐，季桓子受之，三日不朝"（《微子》）的失望。为了恢复和重建社会秩序，孔子着力推行传统礼乐文明，用以匡正官员恣意忘为和奢靡之风，提出了"损益"即继承与创新结合的文化建设主张。

孔子不仅自认是丰富多彩的周代文化的传承者，而且声称"述而不作，信而好古，窃比于我老彭"（《述而》），故给人以复古和保守的印象，许多学者对此评价不高。也有人借题发挥，或以自己的取向进行解读。如有的学者，就在介绍彭祖"是教商王学地仙术的专家。所谓'地仙'，就是住在地上的活神仙，专门吃喝玩乐，享受人间欢乐，特别是玩女人"的同时，指认孔子所言之"老彭"就是彭祖。王夫之在《四书稗疏》中说："彭铿他不经见，唯汉书《艺文志》有《彭祖御女术》，则一淫邪之方士耳。"研究"御女术"是否便是"淫邪"，可以有不同看法；但此类专家与孔子不类，不可能被孔子极珍视地引为同道，这是凡对孔子有一点了解的人都会认同的结论。

"老彭"是何许人，其实并不重要。重要的是如何认识孔子的"述而不作，信而好古"。从语气中可以看出，孔子在讲这番话时，是颇有几分自得的。但世事难料。此一在孔子看来十分重要的工作和情感，在一些后生小子那里则受到曲解和轻蔑。将孔子与"房中术"勾连起来当然是个案；但据此将孔子打入"颂古非今，复古倒退"者，则不是少数。即使是一些对孔子比较尊崇的学者，对此章的理解亦多有滞碍。皇侃在《论语义疏》中说：

> 述者，传于旧章也。作者，新制作礼乐也。孔子曰：言我但传述旧章而不新制礼乐也。夫得制礼乐者，必须德位兼并，德为圣人，尊为

天子者也。所以然者,制作礼乐必使天下行之。若有德无位,既非天下之主,而天下不畏,则礼乐不行;若有位无德,虽为天下之主,而天下不服,则礼乐不行,故必须并兼者也。孔子是有德无位,故述而不作也。

将文化创造视为德位并兼者之事,不仅高抬了文化建设的门槛,也有违实情。史上虽有周公制礼作乐之说,其实所谓"制作",主要是组织整理编修和完善,具体内容,当来自前人和当时的礼官和乐官。如舜时的宫廷音乐,就来自一位名曰"夔"的乐官,得到舜的肯定和推行。周代也有许多礼官和乐官,歌颂武王的"武"乐,当然不会是武王自己创作的。礼制中的官制和刑制,虽会体现统治者的意志,但制度设计也需要专业人才,譬如《吕刑》,就是吕侯承王命制定的。还有汉武帝推行之"儒术",便是孔、孟和儒家后学的思想主张。礼乐和思想文化的推行通常需要权力和地位,而其创造和制作,则并非"必须德位兼并,德为圣人,尊为天子者"。

孔子自称"述而不作,信而好古",并非受了身份地位的限制,而是缘于社会需要和个人志趣的选择,或曰文化认同。

从社会需要看,春秋时期周王室不仅名存实亡,其文化典籍和礼乐文化亦濒临废弃和失传,用司马迁的话说,即"孔子之时,周室微而礼乐废,诗书缺"。社会的存续和进步,是离不开思想文化支撑的,离开这种支撑,就难免陷入信仰危机。信仰危机是社会转型期的突出表现。从信仰危机到信仰重建,都需要精神的指引。而能够重拾信仰、凝聚人心、引领社会前进的精神和价值观念,是不可能离开历史文化的根基凭空产生的。一方面,历史的发展是有连续性的,文化亦然。从文化建设的规律看,继承与发展是紧密联系、不可缺少的两个重要方面。任何一种优秀文化的产生,都有其长期实践、探索和积累的过程,发展变化也是历史积淀与现实交互作用的结果。另一方面,许多优秀的历史文化传统和智慧结晶,是具有普适性的——尽管他们也需要随着时代的发展而有所损益,或被赋予一些新的理解和诠释。依然用汤一介先生的话说:"一个新文化的发展常常要回到它的原点,比如文艺复兴就要回到古希腊寻找其力量和源泉,然后面向前,再发出耀眼的光辉。"这里所说的回到原点,并非线性的下坠,而是螺旋式

的往复和上升。这虽然不能令只争朝夕一路向前者满意,但历史的发展
进程是不以个人意志为转移的。我们已经无数次地看到,那些对传统不
屑一顾甚至想与传统彻底决裂者,无论初衷是什么,都是无法获得成功的
破坏性冲动。

传统文化和前人的智慧既然对现实和未来发展有用,就需要认识、选
择和传承。而孔子之际,能堪当此任者显然不多,孔子在被拘禁在匡地时
说:"文王既没,文不在兹乎!"(《子罕》)孔子以传承历史文化为职志,
便体现了其责任感和使命感,不能因其宣称"述而不作,信而好古",便将
其打入"复古"和"守旧"的行列。

首先,孔子对传统文化的维护和传承,是有比较、有选择的。例如,他
之所以崇尚周代的礼制文化,是因为"周监于二代,郁郁乎文哉!吾从周"
(《八佾》)。就是说,周代的礼制文化是在借鉴夏、殷两代的基础上发展创
造而成的,丰富而多彩,所以我主张周朝的。周代的礼制文化优于夏、殷两
代的礼制文化,而且是当时存在的最丰富多彩的礼制文化,这应该是不容
怀疑的。在"礼崩乐坏"的春秋时期,孔子力图挽救和传承这种文化,无
论动机还是实际价值,均不应简单否定。我们还应看到,在对具体文化现
象和文化产品的认知和选择上,孔子并不完全拘泥于周朝的。例如,在颜
渊问怎样治理国家时,孔子回答说:"行夏之时,乘殷之辂,服周之冕,乐则
《韶》《舞》。"(《卫灵公》)用夏朝的历法,坐殷朝的车子,戴周朝的礼帽,
音乐则用舜时的《韶》和武王时的《舞》("舞"同"武")。对其中的"行
夏之时",杨伯峻先生注释说:"据古史记载,夏朝用的自然历,以建寅之月
(旧历正月)为每年的第一月,春、夏、秋、冬合乎自然现象。周朝则以建
子之月(旧历十一月)为每年的第一月,而且以冬至日为元日。这虽然在
观测天象方面比较以前进步,但实用起来却不及夏历方便于农业生产。就
是在周朝,也有很多国家是仍旧用夏朝历法。"这是孔子择善而从的典型
例证。对其中的"服周之冕",孔子也并不固执于传统:"麻冕,礼也;今也
纯,俭,吾从众。"(《子罕》)显而易见,孔子的"好古"并不是盲目的、无选
择的,而是择优、择善而从。

其次,孔子肯定周礼,同时认为,周礼与夏礼、殷礼一样,有一个损益发

展的过程,即所谓"殷因于夏礼,所损益,可知也;周因于殷礼,所损益,可知也。其或继周者,虽百世,可知也"(《为政》)。这不仅与"复古"和"守旧"划清了界限,还揭示了思想文化建设的规律,损益发展也成为孔子文化建设的重要主张。譬如"礼",孔子虽然推崇周礼,但在推行中,刻意以他倡导的"仁"作为礼的基础和准绳,从而对一些旧礼法给予了新的理解和改造,如以亲情解释"三年之丧",以成就仁德作为"克己复礼"的价值取向,以有利于社稷苍生为准则看待"管仲相桓公",以"从先进"突破世袭制,以及主张礼下庶人等。既坚持继承传统文化,又倡导对传统文化进行损益、变革和发展,推陈出新,是孔子文化建设的基本主张和实际作为。

还有一个值得注意的情况,即春秋时期"礼崩乐坏"的过程,也是礼乐文明由宫廷走向世俗的过程。世俗化的后果,一是渎神,包括对礼法和权威的挑战;二是浅近多元地表达人的欲望和要求。对此,孔子的态度比较复杂。一方面,孔子担心人们因缺乏信仰和约束而肆无忌惮,提出了"畏天命,畏大人,畏圣人之言"的意见,倡导"非礼勿";另一方面,孔子尊重人的自主性和自由选择,对礼乐的世俗化过程给予了支持和倡导,甚至对由此带来的文化普及和繁盛感到欢欣鼓舞。例如,《诗经》是综合反映不同地域、不同层面、不同风格和不同思想感情的诗歌总集,特别是采自民间的一些诗歌,既有疑天、怨天乃至骂天的内容,也有对统治者不劳而获、欺压百姓罪行的揭露,更有反映劳动者生产、生活和男女爱情的篇章。对所有这些,孔子均持赞赏的态度:"《诗》三百,一言以蔽之,曰:思无邪。"(《为政》)"思无邪"即思想纯正。通过孔子对《诗经》的总体评价,即可看出他对多元文化发展的认同。

这种认同,也体现在孔子对与自己主张不同的文化流派的态度上。譬如道家文化,虽成型于孔子之后,但在当时已有诸多持相似观念者存世。争论不休的"老子"姑且不论,在《论语》中,就载有许多隐士对孔子的批评和劝阻。这些隐士的言行虽不那么集中而丰厚,但亦足可见其道家风骨。孔子虽然没有听从他们的意见,但也并不反感,甚至表达了相当的尊重乃至理论上的认同。例如,楚狂接舆、荷蓧丈人和桀溺,以及不知名姓的司门者、荷蒉汉子,均认为孔子积极入世的努力不足以改变现实,劝说孔子罢手,或效法他们,过随遇而安、不问世事的隐士生活(详见《微子》《宪问》)。对这些人的旁敲侧击乃至嘲讽,孔子不仅不以为忤,而且判定他们为有才学的"隐者",想主动与他们交流,或"怃然"地表明自己因"鸟兽不可与同群"和"天下无道"而参与社会变革的原因。

特别值得关注的是,孔子虽然自己不想与避世者为伍,却将其视为贤者的最高境界:"贤者辟世,其次辟地,其次辟色,其次辟言。"(《宪问》)这既表明了孔子对现实的不满,也表达了他对早期道家人物和主张的理解与尊重,以及他的处世和为人之道。这与他对弟子既严格要求又不强求一律一道,是我研读孔子的最为感佩和受用处。孔子在称赞卫大夫蘧伯玉时说:"君子哉蘧伯玉!邦有道,则仕;邦无道,则可卷而怀之。"(《卫灵公》)政治清明则出来做官,政治黑暗则可以把自己的本领收藏起来,孔子将其视为君子的风范。基于这种认识,孔子曾对颜回说:"用之则行,舍之则藏,惟我与尔有是夫!"(《述而》)用我呢,就干起来,不用我呢,就藏起来,只有我和你能做到啊!这种审时度势决定进退行止的态度,就部分地吸纳了早期道家人物的意见和主张。孔子虽然没有选择"避世"之途,但"避地"(择地而处)、"避色"(不与对自己不友善者为伍)、"避言"(回避恶言)都做到了。这就使他在积极入世的同时,保持了精神和人格的独立,在政治参与中与现实保持了一定的距离。有一定距离的观察往往更为全面而客观,从而能够对一些复杂的社会问题作出冷静的分析判断,提出理性、批判性和建设性的意见和主张。

正是这种对不同主张的尊重与兼容,使孔子能够做到"集大成":集古代文化之大成,集当时各种优秀思想文化之大成。这种兼容性,也最终成为儒家文化的一大特色。汉以后儒家思想之所以获得主流文化的地位,并非完全来自统治者的强力推行。其学说体系的动态适应性、兼容性和对各种思想文化流派的整合力量,是其长盛不衰的根本原因。

三、语言修辞学说

语言是表达和交流的工具。孔子对人的语言表达和修辞能力十分重视,在他列举自己门下十位高材生的专长时,就将"言语"与"德行"、"政事"、"文学"并列(见《先进》),这四项内容被后世称为"孔门四科"。孔子关于语言修辞的论述虽流传下来的不多,但很精辟,影响深远。

(一)孔子倡导"言思忠",这是对语言的德性要求

"言思忠"即说话诚实守信,是孔子倡导的君子"九思"即对自己举止的九种考量之一(《季氏》)。孔子举例说:"古者言之不出,耻躬之不逮也。"(《里仁》)古代重修行的人之所以话不轻易出口,是担心自己的行动赶不上。这种"担心"所追求的,便是诚信:"人而无信,不知其可也。"(《为政》)将诚信上升到做人的高度,便是极而言之了。

基于这种认识,在其学生子张请教如何才能通行于世时,孔子回答说:"言忠信,行笃敬,虽蛮貊之邦,行矣。言不忠信,行不笃敬,虽州里,行乎哉? 立则见其参于前也,在舆则见其倚于衡也,夫然后行。"(《卫灵公》)"蛮貊之邦"即文明程度不高的国家,孔子认为,言语忠诚信实,行为恭敬踏实,纵然到野蛮地区也会行得通。否则的话,即使在自己的家乡,也难以被接受。这就道出了"言忠信,行笃敬"的普适性和普遍价值。

衡量一个人说话是否诚实守信,一是看其所言是否发自内心。孔子总结说:"巧言乱德。"(《卫灵公》)花言巧语足以败坏道德,这是孔子对语言在道德建设中作用的概括。因此,孔子曾深恶痛绝地说:"巧言,令色,足恭,左丘明耻之,丘亦耻之;匿怨而友其人,左丘明耻之,丘亦耻之。"(《公冶长》)二是看其是否能够做到言行一致。孔子说:"君子耻其言而过其行。"(《宪问》)这一个"耻"字,就道出了人们对说大话、假话、虚话的厌恶。孔子还认为:"其言之不怍,则为之也难。"(《宪问》)大言不惭的人,往往难以说到做到,这是我们在日常生活中经常可以看到的。言行不一,即便不是主观故意,也会造成对人格的伤害,影响语言的公信度和感召力。因此,孔子倡导"敏于事而慎于言",甚至把慎言视为"仁"的表现之一:

司马牛问仁。子曰:"仁者其言也讱。"曰:"其言也讱,斯谓之仁已乎?"子曰:"为之难,言之得无讱乎?"(《颜渊》)

"讱"即言语迟钝。孔子此论虽可能是针对了司马牛言多而躁的缺点,同时也是他的一贯主张,如"刚毅木讷近仁"(《子路》)和"巧言令色鲜矣仁"(《阳货》)。将慎言和说话诚实纳入仁者之境,立意就更为高远了。

孔子主张慎言的另外一个理由,是"驷不及舌"(《颜渊》),即一言既出,驷马难追。对此,《易传》记孔子的两段话,讲得更为详尽：

> 子曰："君子居其室,出其言善,则千里之外应之,况其迩者乎?居其室,出其言不善,则千里之外违之,况其迩者乎?言出乎身,加乎民;行发乎迩,见乎远。言行,君子之枢机。枢机之发,荣辱之主也。言行,君子之所以动天地也,可不慎乎!"

> 子曰："乱之所生也,则言语以为阶。君不密则失臣,臣不密则失身,几事不密则害成。是以君子慎密而不出也。"

孔子认为,居上位的领导者即使在私室说话,也会产生广泛的影响。好的言论在千里之外也会有人应和;不正当的言论在千里之外也会有人反驳。言论虽出于自己之口中,影响则体现于民众,且由近而及远。所以,对领导者来说,言行就像门的轴和弩箭的扳机,一旦发动,就已经主宰了荣誉或耻辱,所以不可不慎。孔子还认为,言语是变乱发生的最初阶梯,君主言语不慎重,就会失去有才能的臣子;臣子言语不慎密,就会招来杀身之祸;机密的事情不慎密,就会造成灾害。所以,君主应言语慎密而不轻出。孔子对为政者需慎言的论说,既来自对他们权力影响力的认识,也有维护其自身形象、权益和安全的考量,是政治经验的总结。这些意见虽主要针对权力阶层,但对所有人都有借鉴意义。譬如一些专家对股市、房市、经济走势乃至战争的错误判断,以及一些明星为劣质产品代言,都会产生不良的社会影响,并污损自身形象。民间话语中的"祸从口出",也不断有人用实际行动予以诠释。

孔子主张慎言的第三个理由,是言语能反映出一个人的知识水平和文化素养。"孔门四科"中以语言见长的子贡就深明此理,认为"君子一言以为知,一言以为不知,言不可不慎也"(《子张》)。即使是语言表达能力很强的人,对其不熟悉或一知半解的事物夸夸其谈,也极易暴露出无知或浅薄。孔子曾举例说："群居终日,言不及义,好行小慧,难矣哉！"(《卫灵公》)同大家整天在一起,说不出一句有道理的话,只喜欢卖弄小聪明,这种人是很难有所作为的。他还告诫人们说："君子于其所不知,盖阙如也。"(《子路》)对自己不懂的东西,不要强为之解,这是避免难堪的最好方法。可见,慎言不仅是道德和理性的要求,也是审美的尺度。《论语·先进》记载,"南容三复白圭,孔子以其兄之子妻之。""白圭"即《诗·大雅·抑》中的"白圭之玷,尚可磨也;斯言之玷,不可为也。"孔子的学生南容反复吟诵此句,表明了对慎言的重视和领悟,孔子便将其侄女嫁给了他。

谈到审美,会使人联想到庄子的"天地有大美而不言,四时有明法而不议,万物有成理而不说"(《庄子·知北游》)。其实,在庄子之前,孔子也说过类似的看法:

> 子曰:"予欲无言。"子贡曰:"子如不言,则小子何述焉?"子曰:"天何言哉?四时行焉,百物生焉。天何言哉?"(《阳货》)

天不言而四时行,百物生,就因为有庄子所说的"明法"和"成理"在。用今天的话说,即规律。规律的呈现既不受语言支配,也无须用语言表达,人们可从静观中领悟其美。君子的被人取法,也多在品行而不在言语。用孔子自己的话说,即"君子隐而不显,不矜而庄,不厉而威,不言而信"(《礼记·表记》)。以此来解读孔子的"予欲无言"和"天何言哉",便可豁然通达。

孔子主张慎言,也并非让人唯唯诺诺,禁若寒蝉,不能自由抒发和表达。这从孔子批评颜回"于吾言无所不悦"并倡导谏诤中即可看出。其所针对的,是花言巧语、大言不惭、言行不一和说话不负责任。"见人只说三分话,不可全抛一片心"的处处设防,以及"明知不对,少说为佳"的政治紧张,都不是孔子所倡导的。既主张慎言,反对说假话、大话和空话;又倡导直言,反对唯唯诺诺和极度内在化,这是孔子在语言问题上所秉持的中道。

因为孔子将人的语言和品行联系起来,故重视"知言",认为"不知言,无以知人也"(《尧曰》),提出了"听其言而观其行"(《公冶长》)的实践检验标准。孔子对语言的这些道德品格上的要求,虽没有引起语言修辞学者的足够重视,但从文品和人品的紧密联系看,是不可或缺的。

(二)孔子赞赏"言必有中",这是对语言的理性要求

"言必有中"即说话中肯、合乎道理,这是孔子对其学生闵子骞的评价:

　　　　鲁人为长府。闵子骞曰："仍旧贯,如之何? 何必改作? "子
曰："夫人不言,言必有中。"

　　闵子骞之所以反对鲁国翻建库府,用朱熹引王氏的话说,是因为"改
作劳民伤财"。因为闵子骞平时话语不多,关键时刻能提出如此中肯的意
见,于是得到孔子的赞赏。

　　一个人说话是否中肯,首先在于其思想和道德境界,即是否敢于直言、
说真话,同时也取决于其知识水平和文化素养。这是从理性的角度对慎言
的认识。当然,一个人要想保证说出的话句句中肯,也是不可能的,关键是
要有求"中"的态度和取向。孔子倡导"知之为知之,不知为不知"(《为
政》),主张"君子于其所不知,盖阙如也"(《子路》),就是一种极老实的态
度。任何人都不可能全知全能。承认自己在某些问题上的"无知",才会
不断求得真知。有的作家和学者将孔子的"知之为知之,不知为不知,是
知也"视为"稀松平常"之言予以嘲讽,恰是孔子此言所针对的"强不知以
为知"的表现。

　　要做到"言必有中",还必须求真务实,不能捕风捉影、人云亦云。孔
子批评说:"道听而途说,德之弃也。"(《阳货》)对没经过验证的信息便
随意传播,不仅是不负责任的表现,也会对他人和自身造成伤害。

(三)孔子重视"修辞",这是对语言的文学艺术要求

　　"修辞"是孔子在《易·乾·文言》中解释"九三"爻辞时提出的:

　　　　子曰:"君子进德修业,忠信,所以进德也。修辞立其诚,所以居
业也。"

　　朱熹在《集注》中这样解释道:"修辞见于事者无一言不实也。虽有
忠信之心,然非修辞立诚,则无以居之。"将"修辞"与"进德"联系起来,
这不仅开创了"修辞"之学的名目,而且把修辞的作用提到了立业或积累
功业的极高层面。

　　"修辞"即修饰言辞,是语言的文学艺术要求。对此,孔子主要提出了
以下两个方面的意见。

　　1.辞达而已

　　所谓"辞达而已矣"(《卫灵公》),即"辞取达意而止,不以富丽为工"

（朱熹《论语集注》）。这确是孔子此言之真意。读《论语》可知，孔子喜欢用简洁平实的语言表达思想认识，反映客观事物，故在先秦典籍中，《论语》是易读易懂的，不似有些学者那样故作高深，用生冷怪僻的文字或玄之又玄的概念唬人。辞达也是逻辑上的要求。辞不达意，文不切题，就不成文章。

"辞达"的另一个要求，就是言辞要能够准确表达所要说明的事物和情感义理，不混淆，不模棱两可，不言过其实。孔子就刻意纠正了其弟子对一些概念不准确的用法：

> 子张问："士何如斯可谓之达矣？"子曰："何哉，尔所谓达者？"子张对曰："在邦必闻，在家必闻。"子曰："是闻也，非达也。夫达也者，质直而好义，察言而观色，虑以下人。在邦必达，在家必达。夫闻也者，色取仁而行违，居之不疑。在邦必闻，在家必闻。"（《颜渊》）

> 冉子退朝，子曰："何晏也？"对曰："有政。"子曰："其事也？如有政，虽不吾以，吾其与闻之。"（《子路》）

> 季子然问："仲由、冉求可谓大臣与？"子曰："吾以子为异之问，曾由与求之问。所谓大臣者，以道事君，不可则止。今由与求也，可谓具臣矣。"曰："然则从之者与？"子曰："弑父与君，亦不从也。"（《先进》）

将此三段论述翻译过来文字很长，简要地说，即孔子根据自己的看法，对"闻"与"达"、"政"与"事"、"大臣"与"具臣"的定义和境界进行了区分，要求人们正确地使用不同概念。这是遣词用句最基本的功夫。

在纠正言过其实或名不副实方面，孔子有坚定的表现。例如，当有人说他是"天纵之将圣"和"生而知之者"时，他多次断然予以否认。再例如，当子贡自己认为已做到"我不欲人之加诸我也，吾亦欲无加诸人"时，孔子当即指出："赐也，非尔所及也。"（《公冶长》）子贡是孔子钟爱的学生，即便如此，也反对其言过其实，这是对"修辞立其诚"的贯彻。

孔子"辞达而已"的第三层意思，就是言辞以简洁为妙，不宜过于烦冗。这就涉及到文风问题。在许多情况下，话说得越多越难以突出中心思想,越难以达到预期效果,甚至令人生厌,如毛泽东所言之"懒婆娘的裹脚布"。鲁迅先生亦曾说过:无端地空耗别人的时间,无异于谋财害命。这对于喜好长篇大论而不顾及别人感受者,是最为有力的批评。

语言烦冗不仅令人生厌,也会因为缺乏暗示和想象空间而难以达到较好的交流效果。孔子在答弟子问时通常十分简洁,如:"樊迟问仁。子曰:'爱人。'问知。子曰:'知人。'樊迟未达。子曰:'举直错诸枉,能使枉者直。'"(《颜渊》)樊迟三次发问,孔子只回答了十四个字,但内涵十分丰富。再如"子适卫,冉有仆。子曰:'庶矣哉!'冉有曰:'既庶矣,又何加焉?'曰:'富之。'曰:'既富矣,又何加焉?'曰:'教之。'"(《颜渊》)文中两问两答,孔子只用了四个字,字字如金地道出了政教的本质和规律。

2.情欲信,辞欲巧

孔子主张"辞达而已",并非倡导粗俗而反对文采,只是反对"以富丽为工"的矫揉造作和虚浮而已。他赞许周礼,就有"郁郁乎文哉"一条理由;他认为"质胜文则野,文胜质则史。文质彬彬,然后君子"(《雍也》),也说明了质朴与文采恰到好处结合的重要性。

言辞要注意文采,孔子有直接的论述:

> 子曰:"情欲信,辞欲巧。"(《礼记·表记》)

感情要真实,言辞要美好。这是将内容与形式、文采与质朴结合起来的要求。无论古今中外,凡能令人叹为观止的文章和文学作品,无一不是二者相辅相成的结果。感情真实而语言粗糙、缺乏文采,就没有感染力和文化品位;语言精巧而反映的内容和情感不真实,会给人以矫揉造作之感。《论语》记孔子的一段诗评,便是对此的诠释:

> "唐棣之华,偏其反而。岂不尔思? 室是远而。"子曰:"未之思也,夫何远之有? "(《子罕》)

唐棣树的花啊,翩翩地摇摆。难道我不想念你? 因为家住得太远了。这是一首意在显示浪漫情怀的古诗,孔子读后批评诗人说:他不是真的想念哩! 若是,有什么遥远的呢? 后儒解经,喜好将孔子的所有言论均赋予政治或道德的意义。孔子此一诗评,多被与孔子的"仁远乎哉? 我欲仁,斯仁至矣"联系起来。其实,直以对情诗评论视之,亦不失孔子的真性情。

语言是用来表达思想和情感的,但如果缺乏真情和文采,就没有感染力,就难以流传并产生广泛影响。对此,孔子另有评论:

> 仲尼曰:"《志》有之,'言以足志,文以足言'。不言谁知其志?言之无文,行而不远。晋为伯,郑入陈,非文辞不为功。慎辞哉!"
> (《左传·襄公二十五年》)

这段评论的背景是:郑国在打败陈国后,子产向当时的霸主晋国奉献战利品。因为郑国攻陈时没有得到晋国的许可,晋大夫士庄伯反复诘问子产为何攻陈,子产从历史到现实给予了有说服力的回答,晋执政大夫赵文子认为"其辞顺",即言辞合乎情理,于是接受了战利品,这就等于认可了郑国对陈国的攻伐。因此,当郑国再次攻打陈国时,陈国与郑国媾和。孔子对此有感而发:"古书上有这样的话:'语言是用来完成意愿的,文采是用来完成语言的。'不说话,谁知道他的意愿?但说话没有文采,也不会有感染力。晋国是霸主,郑国攻进陈国没经过其许可,假如不是子产善于辞令,就不会得到晋国的谅解。要审慎地使用辞令啊!"。孔子对子产善于使用外交辞令并获得成功的称许,对当下的外交和外事工作亦应有所启迪。

如何通过修辞使文字准确、凝练和文雅,孔子在对郑国文书形成过程的总结中便有所揭示:

> 子曰:"为命,裨谌草创之,世叔讨论之,行人子羽修饰之,东里子产润色之。"(《宪问》)

郑国制定文书,先由裨谌(大夫名)起草,然后由世叔提出意见,经子羽修改后,由子产润色定稿。这一从起草到讨论、修饰、润色的过程,实际上就是对文章主题、结构、内容和文字进行反复推敲的过程。其中的"修饰"和"润色",主要体现的就是修辞功夫。时至今日,文章的创制过程也莫不如此。

孔子对语言修辞的上述主张,也直接体现在他本人的语言运用中。《论语》作为以记言为主的语录体散文,就充分反映了孔子语言简练、用意深远、雍容和顺、纡徐含蓄的风格,如"后生可畏"、"君子成人之美"、"当仁不让于师"、"君子和而不同"等。此外,孔子还喜欢用比喻和暗示来说明道理,如"岁寒,然后知松柏之后凋也"、"骥不称其力,称其德也"、"三军可夺师也,匹夫不可夺志也",从而增强了语言的艺术性和感染力。孔门弟子得其师传,在记言叙事上也十分简洁凝练并富有文采,其中有些篇章,如《先进》中的"子路、曾晳、冉有、公西华侍坐章",从人物、情节的描述到语言运用,都十分精当,被视为优美的散文而得到传诵。

对孔子在语言修辞学上的贡献,刘勰在《文心雕龙》中给予了极高评价:

至夫子继圣,独秀前哲,熔钧六经,必金声而玉振;雕琢情性,组织辞令,木铎起而千里应,席珍流而万世响,写天下之辉光,晓生民之耳目矣。(《原道第一》)

夫子文章,可得而闻,则圣人之情,见乎文辞矣。先王圣化,布在方册,夫子风采,溢于格言;是以远称唐世,则焕乎为盛;近褒周代,则郁哉可从:此政化贵文之征也。郑伯入陈,以文辞为功;宋置折俎,以多文举礼:此事迹贵文之征也。褒美子产,则云"言以足志,文以足言";泛论君子,则云"情欲信,辞欲巧":此修身贵文之征也。然则志足而言文,情信而辞巧,乃含章之玉牒,秉文之金科矣。

……赞曰:妙极生知,睿哲惟宰。精理为文,秀气成采。鉴悬日月,辞富山海。百龄影徂,千载心在。(《征圣第二》)

这些评价,体现出刘勰对孔子五体投地般的景仰,充分肯定了孔子在语言修辞领域的地位、作用和贡献。

四、诗论

诗歌在我国产生较早,在《尚书·舜典》中,有舜"诗言志"的论说,若此论果真出自舜之口,诗歌在我国原始社会后期就产生了,并在西周至春秋时期达到空前繁盛的程度。汇集这一时期诗歌作品的《诗经》,司马迁认为经过孔子的删定:"古者诗三千余篇。及至孔子,去其重,取可施于礼义,上采契、后稷,中述殷、周之盛,至幽、厉之缺,始于衽席。"(《史记·孔子世家》)《汉书·艺文志》也持此说:"古有采诗之官,王者所以观风俗,知得失，自考正也。孔子纯取周诗，上采殷，下取鲁，凡三百五篇。"后世学者大多认同此说。但也有表示怀疑的。怀疑的主要根据，是孔子在《论语》中两次谈到"《诗》三百"（《为政》）和"诵《诗》三百"（《子路》），且《左传》引诗百分之九十五见于《诗经》，故认为"三百"是《诗》原有的篇数，没经过孔子删减。此看法虽有一定理据，但并不很充分。

在孔子之前有《诗》的教本存在，是可能的。据文献记载，周代设有采诗官，官名叫做"酋人"或"行人"，到民间采。《国语》又有公卿列士献诗、太师陈诗的说法。将这两种渠道获得的诗歌汇集起来供为政者观览，或用于教国子，就形成了初步的教本。《周礼》说："太师教六诗：曰风，曰赋，曰比，曰兴，曰雅，曰颂。"尽管"六诗"之说比较可疑，但在周代有太师教诗，是可信的。但是，现存《诗经》所收录的诗篇，上起西周初年，下至春秋中叶。春秋时期王室衰微、诸侯割据，由王室采集各地诗篇的工作已不可能继续。中间虽出现了齐桓公、晋文公和秦穆公等称霸的时期，但这些霸主没有也不可能生成采集各地诗歌的雅兴，用孟子的话说，即"王者之迹熄而《诗》亡"（《孟子·离娄下》）。此外，从《诗经》中收录的诸多讽刺贵族生活、反对阶级压迫的诗作看，也不大可能来自官府选定。

再从民间看，孔子之前学在官府，在民间就不可能有教本存在。即使有诗歌爱好者创作并搜集诗歌，假如没有孔子那样曾探访王室并周游列国的经历，也无法完成《诗经》的编撰工作。最大的可能，是孔子出于教学需要，在周太师教本的基础上，搜集一些诸侯国的诗作整理成自己的教本，只是选定的基础是否如司马迁所说的"古者诗三千"，已不可确考。如果是这种情况，孔子所说的"《诗》三百"和"诵《诗》三百"，指的便是自己选定的教本。孔子选《诗》，当然有自己的标准，但也离不开诗作水平、思想性和流行程度。因此，《左传》作为孔子之后的作品，引诗百分之九十五都见于《诗经》，也不能证明《诗经》非孔子选定。

有人将司马迁所言之删诗视为孔子的一条罪状，认为如果不是这样的话就会有更多的古诗传世。这一表面看来有些道理的结论，实际上经不起推敲。孔子既非国君也非国家的"太师"，选诗只是办私学的需要。时人或后人如果不认同孔子的选本，便可照用原本或另行选编——如果真的有

"古诗三千"教本存在的话。如果没有这样的教本，孔子是在散见的诗作中精选成自己的教本，并因自己的威望使之在后世得以流传，则有功无过。

孔子对《诗》非常重视，评价甚高："《诗》三百，一言以蔽之，曰：'思无邪。'"（《为政》）"思无邪"即思想纯正，没有邪辟轻浮之作。《诗经》作品取材广泛，既有对统治者的歌颂，也有大量反映情爱、疑天怨天和对统治阶层猛烈抨击的诗作。孔子以"思无邪"给与总体评价，体现出孔子的价值取向和审美情趣。这也可以证明，《诗经》确是以孔子的认知标准经过筛选编纂而成的。除《诗经》中的作品外，当时还有许多诗作存世。前面已经谈到，在《论语·子罕》中，就有孔子对"唐棣之华，偏其反而。岂不尔思？室是远而"的批评，认为作者表达的不是真感情，也就没有被收入其教本。

孔子十分重视《诗》的教化功能，将《诗》作为培养学生的重要教材。他主张"兴于诗，立于礼，成于乐"（《泰伯》），即感发志意于诗，立足社会于礼，成就人格于乐。孔子还认为，"不学《诗》，无以言"（《季氏》），学诗可提高语言表达和交流能力。最能反映孔子诗学主张的，是下面这段话：

> 子曰："小子何莫学夫《诗》？《诗》可以兴，可以观，可以群，可以怨。迩之事父，远之事君，多识于鸟兽草木之名。"（《阳货》）

这里所说的兴、观、群、怨，分别指想象力、观察力、合作力和排解能力。孔子认为学诗可提高这四方面能力，实际上也揭示了诗的四种功能。这四种功能，加上近可以事父、远可以事君的实用性及认识客观事物的作用，使孔子成为对诗歌的功用进行比较全面总结概括的思想家。

（一）可以兴

"兴"是启发，也称"起兴"。它是诗人先见一种景物，然后触景生情而发出的歌唱。譬如《诗·周南·关雎》中的"关关雎鸠，在河之洲。窈窕淑女，君子好逑"，作者就以雎鸠在河岛上情意专一地对唱厮守起兴，联想到自己对窈窕淑女的追求，于是写下了这一以君子追求淑女为主题的美妙诗作。对孔子所说的《诗》可以兴，孔安国注为"引譬连类"。刘宝楠《论语正义》对此解释说"此注言'引譬'者，谓譬喻于物也。……言'连类'者，意中兼有赋、比也"，认为"赋、比之义皆包于兴"。朱熹则将"兴"注为"感发志意",就是用《诗》来兴发自己的情志。将孔安国的"引譬连类"和朱熹的"感发志意"结合起来,可构成对孔子《诗》可以兴"的完整理解。

通过《诗》来"感发志意",孔子有直接运用:

> 子贡问于孔子曰:"赐倦于学矣,愿息事君。"孔子曰:"《诗》云:'温恭朝夕,执事有恪。'事君难,事君焉可息哉?""然则赐愿息事亲。"孔子曰:"《诗》云:'孝子不匮,永锡尔类。'事亲难,事亲焉可息哉?""然则赐愿息于妻子。"孔子曰:"《诗》云:'刑于寡妻,至于兄弟,以御于家邦。'妻子难,妻子焉可息哉?""然则赐愿息于朋友。"孔子曰:"《诗》云:'朋友攸摄,摄以威仪。'朋友难,朋友焉可息哉?""然则赐愿息耕。"孔子曰:"《诗》云:'昼尔于茅,宵尔索绹。亟其乘屋,其始播百谷。'耕难,耕焉可息哉?""然则赐无息者乎?"孔子曰:"望其圹,皋如也,巅如也,鬲如也,此则知所息矣。"子贡曰:"大哉,死乎! 君子息焉,小人休焉。"(《荀子·大略》)

子贡倦于世事,孔子便一再征引《诗》的有关内容,说明"事君"、"事亲"等虽然艰难却不能放弃的道理,激励子贡奋发进取,使子贡最终明白了"死而后已"的道理。

"引譬连类"也是孔子《诗》教的方法和所追求的境界。在孔子的学生中,子夏和子贡都达到了这一境界:

> 子贡曰:"贫而无谄,富而无骄,何如?"子曰:"可也。未若贫而乐,富而好礼者也。"子贡曰:"《诗》云'如切如磋,如琢如磨',其斯之谓与?"子曰:"赐也,始可与言《诗》已矣,告诸往而知来者。"(《学而》)

> 子夏问曰:"'巧笑倩兮,美目盼兮,素以为绚兮。'何谓也?"子曰:"绘事后素。"曰:"礼后乎?"子曰:"起予者商也! 始可与言《诗》已矣。"(《八佾》)

子贡将"如切如磋,如琢如磨"的诗句与人们对待贫富的态度联系起来理解,悟出人的意志品质需要经过磨练提高的道理;子夏通过孔子"绘事后素"即先有白色的底子然后绘画的提示,从"巧笑倩兮"三句诗中悟出礼乐以仁为基础的深刻认识。因为子贡和子夏均较好地把握了诗学的真谛,于是得到孔子的赞扬,认为可与他们一起讨论《诗》了。刘勰在赞美《诗经》"四始彪炳,六义环深"时,就举了这两个例子:"子夏监绚素之章,子贡悟琢磨之句,故商、赐二子,可与言诗。"(《文心雕龙·文体论·明诗第六》)

在新发现的上博楚简《孔子诗论》中,有孔子"诗亡隐志"即诗不要隐藏志向的主张,这与我们熟知的"诗言志"是一致的。诗可用来兴发情志,而情志是人的兴趣爱好、价值取向和理想追求的体现,是行动的先导,故孔子讲"兴于《诗》,立于《礼》,成于《乐》",将以《诗》感发人生志向视为成就完美人格的起步阶段。孔子对"《诗》可以兴"和"兴于诗"的认识,深刻揭示了诗歌这一文学体裁在人文精神培育和社会教化中的重要作用。

(二)可以观

对孔子的《诗》"可以观",郑玄认为是"观风俗之盛",孔颖达认为"诗有诸国之风俗盛衰,可以观览知之也",朱熹认为是"考见得失"。这些意见都是正确的。

《孔丛子·巡狩》引子思的话说:"古者天子……命史采诗谣,以观民风。"《汉书·食货志》也说:"孟春之月,群居者将散,行人振木铎徇于路以采诗,献之太师,比其音律,以闻于天子。故曰:王者不窥户牖而知天下。"这就说明,采诗观风在孔子之前就存在了,而且是王室的官方行为。孔子将其用于教学,则扩大了适用范围。纵览《诗经》,大体上反映了西周至春秋中叶的社会面貌、风俗习惯和人的思想感情,包括对社会政治、经济、文化及历史人物、历史事件的评价和看法。从这一意义上说,读《诗》便如读史,可引为镜鉴并提高观察分析解决问题的能力。

在《孔丛子》中,有孔子读《诗》观风的直接记载:

> 孔子读《诗》,及《小雅》,喟然而叹曰:"吾于《周南》《召南》,见周道之所以盛也;于《柏舟》,见匹夫执志之不可易也;于《淇澳》,见学之可以为君子也;于《考槃》,见遁世之士而不闷也;于《木瓜》,见包且之礼行也;于《缁衣》,见好贤之心至也;于《鸡鸣》,见古之君子不忘其敬也;于《伐檀》,见贤者之先事后食也;于《蟋蟀》,见陶唐俭

德之大也；于《下泉》，见乱世之思明君也；于《七月》，见豳公之所造周也；于《东山》，见周公之先公而后私也；于《狼跋》，见周公之远志所以为圣也；于《鹿鸣》，见君臣之有礼也；于《彤弓》，见有功之必报也；于《羔羊》，见善政之有应也；于《节南山》，见忠臣之忧世也；于《蓼莪》，见孝子之思养也；于《四月》，见孝子之思祭也；于《裳裳者华》，见古之贤者世保其禄也；于《采菽》，见古之名王所以敬诸侯也。

（《孔丛子·记义》）

在《上海博物馆藏战国楚竹书（一）》的《孔子诗论》中，有许多类似的记录，证明《孔丛子》所记是有凭准的。从这些诗评中可以看出，通过读《诗》观前朝现世风俗之盛衰并考见得失，确系孔子《诗》"可以观"之本义，并来自其自身的体会。

（三）可以群

对《诗》"可以群"，孔安国以"群居相切蹉"释之，杨树达循此在《论语注疏》中进一步认为："春秋时，朝聘宴享，动必赋诗，所谓可以群也。"这是对《诗》在上层社会交往中作用的理解。《左传》关于聘问赋诗的记载始于僖公二十三年，但大多是诵古诗而非自作诗。在"朝聘宴享"中引《诗》来表达情感，证明事理，更易于引起共鸣。正是在这一意义上，孔子认为学《诗》可"远之事君"，并对"诵《诗》三百，授之以政，不达；使于四方，不能专对"（《子路》）这样的情况提出批评。

但是，如果认为《诗》"可以群"仅局限于官场上的应对，就过于简单了。让我们回过头看上节所引《孔丛子·记义》中的那段话。孔子自述其读《诗·小雅》时，"于《鹿鸣》，见君臣之有礼也"。《鹿鸣》是《诗·小雅》的首篇，系君主宴乐群臣嘉宾之作。新近发现的上博楚简《孔子诗论》说："《鹿鸣》，以乐始而会，以道交见善而效，终乎不厌人。"（第二十三简）《毛诗》亦说："《鹿鸣》，燕群臣嘉宾也。既饮食之，又实币帛筐筐，以将其厚意，然后忠臣嘉宾，得尽其心矣。"这些诗评，与孔子是一脉相承的。孔子读《鹿鸣》之见之赞，来自他"君使臣以礼，臣事君以忠"（《八佾》）的认识和主张。君主依礼使用臣子，臣子就会忠心地服事君主。孔子因此重视和推介《鹿鸣》，就是希望实现这种君臣和谐相处、合作共事的局面。此可谓《诗》"可以群"之要义。

孔子所言之诗"可以群",作用也不完全在官场和政治领域。请看下面这段话：

> 子谓伯鱼曰："女为《周南》《召南》矣乎？人而不为《周南》、《召南》,其犹正墙面而立也与？"(《阳货》)

《周南》《召南》是《国风》中编次在先的两部分,内容大多反映人们在劳动中或劳作之余追求爱情、思念亲人、企盼团聚等生活和思想感情,以及贺婚、祝多子等反映人际关系和谐的诗作。用朱熹的话说,即"所言皆修身齐家之事"。孔子告诫他的儿子,如果不学习这些诗作就好比面墙而立一样,"一物无所见,一步不可行"(朱熹注"正墙面而立"),强调的当然是在日常生活和交往中的作用。这种作用,除用诗来沟通和表达情感外,主要是通过诗教陶冶性情,如前引《孔丛子》中孔子所言之"于《蓼莪》,见孝子之思养也"等诸多认识和收获。孔子讲"其为人也,温柔敦厚,《诗》教也",也突出了《诗》"可以群"的教化作用。

(四)可以怨

"怨"是人们对外界刺激予以否定的心理反应,是对人或事物不满、无奈或无助而产生的情感。孔子虽然主张尽量减少怨恨,但同时认为这种情感有其产生的客观原因,不可避免,如"贫而无怨难"(《宪问》)。有怨有恨,就必然有所反应,对此,孔子并不主张一概以隐忍的态度去消解：

> 或曰："以德报怨,何如？"子曰："何以报德？以直报怨,以德报德。"(《宪问》)

以德报怨是当时社会的一种主张,《老子·德经》中就有"大小多少,报怨以德"的观点。孔子反对"以德报怨"而主张"以直报怨",就是反对精神与人格上的自我屈辱,提倡用正直、合理的态度和行为去对待仇怨。《诗》"可以怨",就是对用诗歌表达怨恨的理解和支持。

在《诗经》中,这种怨诗就很多,有的甚至直陈对为政者的不满。如《国风·魏风》中的《伐檀》,就针对伐木者整天劳动却一无所获,贵族老爷们"不稼不穑"、"不狩不猎"却尸位素餐的现实发出质问;《硕鼠》则将这些不劳而获的贵族比作大老鼠,同时表达了远离这些剥削者寻找没有剥削和压迫之"乐土"的愿望：

> 硕鼠硕鼠，无食我黍！三岁贯女（汝），莫我肯顾。逝将去女
> （汝），适彼乐土。乐土乐土，爰得我所。

缘此，孔安国和郑玄将孔子所言之"怨"注为"刺上政"，皇侃将其释为"怨刺讽谏"，是有道理的。但是，若将孔子所言之"怨"尽皆理解为"刺上政"，就不免偏狭了。《诗经》中的许多作品，是针对了人性的弱点。如《鄘风》中的《相鼠》，就对人的不良品行进行了贬讽，锋芒甚利：

> 相鼠有皮，人而无仪！人而无仪，不死何为？
>
> 相鼠有齿，人而无止！人而无止，不死何俟？
>
> 相鼠有体，人而无礼！人而无礼，胡不遄死？

看那老鼠还有皮，此人却没有威仪。做人而没有威仪，不死还干什么呢？看那老鼠还有齿，此人却没有羞耻。做人而没有羞耻，不死还等什么呢？看那老鼠还有体，此人却不守礼。做人而不守礼，不死还迟疑什么呢？此一"人不如鼠"的讽刺，就未必只是针对统治阶层。

此外，用诗歌的形式表达个人的哀怨情愁，在《诗经》中也是常见常用的。如《国风·卫风》中的《氓》，就是一首弃妇的怨诗。诗人悔恨地叙述了丈夫从主动向自己求婚到婚后被虐待被抛弃的遭遇，其中的"及尔偕老，老使我怨"和"信誓旦旦，不思其反"，是对其丈夫背信弃义行为绘景塑形的痛斥，可谓怨中有恨。还有《蒹葭》《泽陂》等反映青年男女追求意中人而不得的诗作，虽充满愁怨，却没有任何政治指向：

> 蒹葭苍苍，白露为霜。所谓伊人，在水一方。溯洄从之，道阻且
> 长。溯游从之，宛在水中央。

蒹葭即芦苇。诗人设计了在芦苇茂盛、白露成霜的深秋季节到河边寻找意中人的场景：逆流而上去寻找，道路艰险且漫长；顺流而下去寻找，那人却好像在河水的中央。这就极为形象且艺术地表达了诗人追寻意中人而不得的哀怨情愁，可谓怨中有爱。将此诗与前引之"唐棣之华，偏其反而。岂不尔思？室是远而"相较，我们就可以知道，孔子为何以"未之思也，夫何远之有"贬抑之了。

尽管如此，孔子认为《诗》"可以怨"，并在《诗经》中保留了大量"怨

刺上政"的作品并一律给予肯定的评价,从而使诗歌针砭时弊、批判现实政治的诗学传统得到保护和传承。这是孔子对思想文化建设的一个十分重要的贡献。以此为理据,儒家后学大多继承和发扬了这种批判精神。以文艺作品为针砭时弊的武器,也被诸多文人所秉持,促进了文艺的繁荣,发挥了文艺在社会进步中的建设性功能。

还有一个需要说明的问题是,孔子说《诗》"可以怨",就不是《诗》"必须怨"。用诗歌来表达歌颂、赞美和欢愉的情感,也是十分重要的方面。不过,后人通过总结发现,诗人在悲愤愁苦怨怼的情境中,似乎能写出更好的作品,用刘勰的话说,即所谓"蚌病成珠"(《文心雕龙·才略》)。司马迁在《史记·太史公自序》中说:"《诗》三百篇,大抵贤圣发愤之所为作也。""发愤"即抒发愤懑。这一结论虽有扩大化之嫌,但也揭示了同样的道理。这一认识在国外也有同见。尼采曾把母鸡下蛋的啼叫和诗人的歌唱相提并论,说都是"痛苦使然",虽有点俏皮刻薄之意,也并非贬讽。此外,雪莱说:"最甜美的诗歌就是那些诉说最忧伤的思想的";凯尔纳说:"真正的诗歌只出于深切苦恼所炽燃着的人心";缪塞说:"最美丽的诗歌就是最绝望的,有些不朽的篇章是纯粹的眼泪";爱伦坡说:"忧郁是诗歌里最合理合法的情调"(转引自钱钟书《诗可以怨》,《文学评论》1981年第1期)。这些认识,不约而同地揭示了"怨"在诗歌创作和诗歌鉴赏中的重要地位和作用。

孔子的"兴观群怨",揭示了诗歌创作的目的、艺术手法和表现方式,集中代表和反映了孔子的诗学理论,并成为后世衡量作品艺术品质和社会价值的重要标准。

五、乐论

在人类社会中,音乐是出现较早的艺术形式。徐复观先生认为:"中国古代的文化,常将'礼乐'并称。但甲骨文中,没有正式出现'礼'字。以'豊'为古'礼'字的说法,不一定能成立。但甲骨文中,已不止一处出现了'乐'字。这已充分说明乐比礼出现得更早。"(《中国艺术精神》,华东师范大学出版社2001年版,第1页)我赞成这一看法,并且认为,"乐"是"礼"产生的重要基础和表现形式。对此,我们可以从孔子关于"夫礼之初,始诸饮食"的推断中得到印证(见本书第三章)。原始时代,人们在获得饮食满足时,常通过敲击、跳跃和吟唱表示庆祝。这种习惯,迄今在一些比较原始的部落乃至民族中依然保留着,这是音乐(包括打击乐和歌舞)的肇始。孔子说,用这种方式,还可以向鬼神表达感恩和致敬:"犹若可以致其敬于鬼神。"(《礼记·礼运》)这是由音乐向宗教礼仪的过渡。许多宗教礼仪离不开敲击乐器(如钟、磬)和唱诵,便来自这一传统。中国古代常"礼乐"并称,就缘自二者的紧密联系。

中华文化重视乐教,历史也很悠久。舜在承尧帝位后,就任命夔为乐官,负责用音乐教导年轻人:

> 帝曰:"夔!命汝典乐,教胄子,直而温,宽而栗,刚而无虐,简而无傲。诗言志,歌永言,声依永,律和声。八音克谐,无相夺伦,神人以和。(《尚书·虞夏书·舜典》)

这段命辞虽文字不长,但信息量很大。首先,舜说明了任命夔为乐官的职责,即教导年轻人使他们正直而温和,宽大而谨慎,刚毅而不粗暴,简约而不傲慢。这既是对乐教作用的认识,也体现了中庸之道。孔子曾赞扬舜说:"舜其大智也与! 舜好问、好察尔言,隐恶而扬善,执其两端用其中于民。"(《中庸》)前论就体现了这种方法和识见。其次,舜对诗、歌、声、律的缘起和运用进行了解说:诗是表达思想情感的,歌就唱出表达思想和情感的语言,宫、商、角、徵、羽五声是根据歌唱定出来的,六律是和谐五声的。最后,舜对音乐的作用进行了总结:如果八类乐器的声音能够调和,不搞乱相互的次序,那么神和人都会因此而和谐了。这些对诗、歌和音乐理论的认识和阐释出自上古时代的部落联盟首领之口,是足以令人惊异的,或者经过了后人的润色。但作为孔子之前的史料,对孔子及后世学者,产生了重要的影响。

孔子对音乐极为重视,不仅亲自研习,而且致力于对古代音乐的整理和传承,实施乐教,形成了包括艺术精神和艺术价值在内的丰富的音乐理论。

(一)对音乐的喜爱和研究

孔子是音乐爱好者。据他的学生记载："子与人歌而善,必使反之,然后和之。"(《述而》)"子在齐闻《韶》,三月不知肉味,曰:'不图为乐之至于斯也。'"(同上)这两则记录,充分表明了孔子对音乐的喜爱和痴迷程度。"三月不知肉味",就是完全被《韶》乐所陶醉,进入了忘我的审美境界。如此快乐的孔子,就大有别于庙堂中塑造的那般整日正襟危坐的形象。

孔子对音乐不仅爱好,而且有很深的造诣:

> 孺悲欲见孔子,孔子辞以疾。将命者出户,取瑟而歌,使之闻之。

(《阳货》)

有一个叫孺悲的人想会晤孔子,孔子托言有病不见。传话的人刚出房门,孔子便取瑟弹唱,故意让孺悲听见。这一"恶作剧",不仅可以使我们看到孔子的真性情,也展现了孔子可自弹自唱的才艺。在《论语·宪问》中,还有"子击磬于卫"的记载,说有一个过路者从中听出了深意,孔子也认同了路人的理解,说明孔子对"磬"这种打击乐器的使用,已达到物我一一的境界。

孔子对乐理也很有研究。《论语·八佾》有孔子指点鲁国主管音乐的官员怎样指挥乐队的记载:

> 子语鲁太师乐,曰:"乐其可知也。始作,翕如也;从之,纯如也,皦如也,绎如也,以成。"

孔子告诉鲁国太师演奏音乐的道理说,乐理是可以通晓的:开始演奏时五音齐鸣,展开之后,音律由和谐纯粹到响亮清澈,最后曲调徐缓,在连绵不断的余音中完成。孔子能够给鲁国主管音乐的官员讲授乐理,足见其功底之深厚。

从孔子"吾自卫反鲁,然后乐正,《雅》《颂》各得其所"(《子罕》)的自述和司马迁"(诗)三百五篇,孔子皆弦歌之"(《史记·孔子世家》)的记叙中可见,孔子不仅能歌善奏、精通乐理,还会谱曲。这也证明了中国古代诗乐结合的情况。

(二)对艺术精神和价值的发现

孔子对音乐的重视,来自他对音乐艺术精神和价值的发现。《史记·孔子世家》称"孔子学鼓琴于师襄",并有学习进度的详细记载:

　　　　孔子学鼓琴师襄子，十日不进。师襄子曰："可以益矣。"孔子
　　曰："丘已习其曲矣，未得其数也。"有间，曰："已习其数，可以益
　　矣。"孔子曰："丘未得其志也。"有间，曰："已习其志，可以益矣。"
　　孔子曰："丘未得其为人也。"有间，有所穆然深思焉，有所怡然高望
　　而远志焉。曰："丘得其为人，黯然而黑，几然而长，眼如望羊，如王
　　四国，非文王其谁能为此也！"师襄子辟席再拜，曰："师盖云《文王
　　操》也。"

　　孔子向师襄子学习鼓琴，一首曲子弹了多日而不改换。在师襄子认为
可以更换别的曲目时，孔子数次拒绝，直到实现他所认可的递进的目标。
其中的"曲"即曲调，"数"是弹琴的技法，"志"是形成一个乐章的精神，
"人"是呈现这一精神的人格主体。孔子由习曲得数到习数得志，并最终
"得其为人"，是由曲调音律的把握到精神与人格感悟的过程，体现了人格、
精神可以融透艺术作品的认识。

　　音乐与人格有紧密的联系，孔子有直接的论述，即"人而不仁，如乐
何？"这是把精神境界作为艺术境界基础和底蕴的识见。据《说苑·修
文》和《毛诗·素冠传》记载，在子夏、闵子骞完成"三年之丧"后，孔子曾
分别授之以琴让其弹奏，根据琴声判断其守丧后的精神状态和修养境界。
音乐可反映人的情志，这一看法也被孔子门人认识和掌握：

　　　　昔者孔子鼓瑟，曾子、子贡侧门而听。曲终，曾子曰："嗟呼！夫
　　子瑟声殆有贪狼之志，邪僻之行，何其不仁趋利之甚？"子贡以为然，
　　不对而入。夫子望见子贡有谏过之色，应难之状，释瑟而待之。子贡
　　以曾子之言告。子曰："嗟乎！夫参，天下贤人也，其习知音矣。向者
　　丘鼓瑟，有鼠出游，狸见于屋，循梁微行，造焉而避，厌目曲脊，求而不
　　得。丘以瑟淫其音。参以丘为贪狼邪僻，不亦宜乎！诗曰：'鼓钟于
　　宫，声闻于外。'"（《韩诗外传》卷七）

　　有一次，孔子在弹瑟时，看到猫抓老鼠而不得的过程，便用瑟声附会。
曾参在屋外，从孔子的瑟声中听出了"不仁趋利"的贪狼之心。在子贡向
孔子转告曾参的感受时，孔子在解释实情之前，首先肯定曾参是天下的贤
人，并娴熟于音乐。从这场误会中可以看出，孔门弟子中的一些人已得到

孔子真传,不仅懂得乐由心生的道理,而且能够娴熟地把握,孔子对此十分欣喜。他曾总结说:"钟鼓之声,怒而击之则武,忧而击之则悲,喜而击之则乐,其志变,其声亦变。其志诚,通于金石,而况人乎!"(《说苑·修文》)孔子此论虽是借钟鼓说人,但同时揭示了乐由心生的道理。

孔子对音乐的喜好和研究,也缘于他对音乐艺术价值的认识,即"兴于诗,立于礼,成于乐"(《泰伯》)。诗有助于振奋精神,礼有助于立身处世,乐有助于完美情操。这就从教化和养成的意义上,肯定了音乐的作用和价值。《后汉书·张奋传》记孔子谓子夏曰:"礼以修外,乐以修内,丘已矣夫。"用礼修饰外在的行为,用"乐"修养内在的心性,我已经这么做了。这里所说的"修内",就是养性怡情,用艺术精神完善个人情操。《汉书·艺文志》引孔子的话并评论说:"孔子曰:'安上治民,莫善于礼;移风易俗,莫善于乐。'二者相与并行。"缘此,孔子经常礼乐并提,如"天下有道,则礼乐征伐自天子出","礼乐不兴则刑罚不中"等,并把音乐列为"六艺"之一,整理出教材用以教育学生。

《史记·孔子世家》记载,当孔子师徒被困于陈蔡之野时,"孔子讲诵弦歌不衰"。这既反映出孔子在危难之际的镇定与从容,也说明孔子在周游列国期间仍琴不离身,随时用以自修和教育学生。在孔子的教导下,孔门弟子也多重视并长于音乐。司马迁说孔门弟子中"身通六艺者七十有二人",其中包括子路。有一次,子路在孔子那里弹瑟,孔子说:"仲由的瑟声为什么在我的门中传出呢?"门人因此瞧不起子路。孔子于是又说道:"仲由弹瑟的技艺已经不错了,只是还不够精通罢了。"原文是:"由也升堂矣,未入于室也。"(《先进》)子路是个粗人,弹瑟弄琴当然不是他的长项。他勇于在孔子面前展现自己的弹瑟技艺,说明也是下了一番功夫的,并已达到一定水准。《孔子家语·困誓》在记叙"子畏于匡"的历史事件时,有"子路弹剑而歌,孔子和之,曲三终,匡人解甲而罢"的描述,说明好勇力的子路在孔子的调教下,也具备了相当的艺术功力,并在关键时刻派上了用场。

在日常教学和讨论问题时,孔门弟子也常抚琴弄瑟。在《论语·先进》中,有孔子与子路、曾皙(点)、冉有、公西华一起讨论个人志向的记

载。在讨论的过程中,曾晳始终在弹奏鼓瑟,孔子不仅没有阻止,而且以他的回答最受其嘉许:

> (孔子问)"点!尔何如?"鼓瑟希,铿尔。舍瑟而作,对曰:"异乎三子者之撰。"子曰:"何伤乎?亦各言其志也。"曰:"莫春者,春服既成,冠者五六人,童子六七人,浴乎沂,风乎舞雩,咏而归。"夫子喟然叹曰:"吾与点也!"

曾点名晳,曾子的父亲,是孔子早期弟子,性情狂放,对政治有所疏离。因此,当子路、冉有、公西华各谈自己的政治理想时,他则以与己无涉般的态度在一旁弹奏。当孔子问及曾点时,曾点弹奏正近尾声,铿然一声结束后,把琴放下站起来回答孔子的提问。如此生动活泼的场景,非孔子难以营造出来,读来让人心向往之。曾点所言之志,其情境类似于春游,是对诗性生活的向往。孔子作为文化人,当然能够看出个中究竟。在别人都认定孔子积极入世且"知其不可而为之"的时候,突然有人点出他心仪之大美的人生境界,怎能不长叹一声,顿生深获吾心之感呢!

孔子重乐教的主张,也被其弟子所认真贯彻。孔子的学生子游担任武城县长后,根据老师的教导实行乐教。孔子到武城"闻弦歌之声"时,故意考验说:"割鸡焉用牛刀!"当子游认真解释这来自老师"君子学道则爱人,小人学道则易使"的教导时,孔子赶紧向其他学生证明子游的做法是正确的,并说明自己刚才是开玩笑(见《阳货》)。把"乐教"与"学道"、艺术境界与思想境界结合起来,强调音乐在人格修养和政治教化中的作用,是孔子乐论的本质与核心。

(三)文质彬彬的审美尺度

建立在对音乐怡情化物功能认识的基础上,孔子对一些乐曲进行了艺术与道德结合的评价:

> 子谓《韶》:"尽美矣,又尽善也。"谓《武》:"尽美矣,未尽善也。"(《八佾》)

《韶》是舜时乐曲名,《武》是周武王时乐曲名。孔子对这两支不同时期的乐曲在评价上存在差别,多数学者认为,是因为舜的天子之位是由尧禅让而来,故孔子认为尽善;而周武王的天子之位是讨伐商纣而来,故孔子认为"未尽善"。这一说法虽几成定论,但仔细分析却大有疑问:周武王的天子之位虽然是靠武力得来的,但孔子对此并无非议。他虽然有过"三分天下有其二,以服事殷。周之德,其可谓至德也已矣"(《泰伯》)的评价,但这种局面并非到武王即位而止。据《史记·周本纪》载,武王即位十一年后,"闻纣昏乱暴虐滋甚,杀王子比干,囚箕子。太师疵、少师彊抱其乐器而奔周。于是武王遍告诸侯曰:'殷有重罪,不可以不毕伐。'乃遵文王,遂率戎车三百乘,虎贲三千人,甲士四万五千人,以东伐纣。"这就表明,武王伐纣发生在其即位十一年后,此前与文王一样,也是"三分天下有其二,以服事殷"。更为重要的是,文王在位时的"三分天下有其二",也多是靠武力征伐得来的,这在《周本纪》中有明确记载。"服事殷"是因为当时尚不具备取殷而代之的条件。武王伐纣,实际上是继承了文王的事业,且条件已经成熟。《周本纪》记载,在武王伐纣之前,"诸侯不期而会盟津者八百诸侯",诸侯皆曰:"纣可伐矣。"由此可见,周武王的天子之位虽然是靠武力得来的,但无论当时还是后世,都被视为正义之师,顺应了历史潮流。特别是西周政权建立后,武王、成王在周公的辅佐下,完善礼乐制度,在政治、经济、文化等方面进行了一系列重大变革,促进了社会进步。孔子推崇周礼,宣称"从周",并以周公为自己效法的楷模,都表明了他对西周政权建立的肯定。既然如此,怎么能因此说其"未尽善"呢?

笔者认为,孔子关于"尽善"与"未尽善"的评价,还是就两支乐曲的具体内容而言的,而且"未尽善"也不是很低的评价,只是相比较而言的差距。在颜渊问怎样治理国家时,孔子就没有轻视《武》乐,提出"乐则《韶》、《舞》"(《卫灵公》),其中的"舞"同"武"。至于《韶》、《武》两支乐曲差距在什么地方,因为均没有流传下来,已无法考证。

孔子这段评论的真正意义在于,他在文学发展史上首次提出了文艺作品的美与善问题。孔子认为,尽美的东西不一定尽善,未尽善的东西也可能尽美,说明他没有以善代美,没有用伦理对象代替审美对象,这是符合审美体验的。依此,他以尽善尽美为最高标准,希望善与美两者兼顾,达到内容与形式的统一。对此,孔子也有具体说明:

子曰:"礼云礼云,玉帛云乎哉? 乐云乐云,钟鼓云乎哉?"(《阳货》)

子曰："质胜文则野,文胜质则史。文质彬彬,然后君子。"(《雍也》)

孔子反对将美与善、文与质、内容与形式混同起来,提醒人们防止执于一偏,要求努力实现二者的完美结合与统一。

既重视文艺作品的教化功能,也不轻视文艺作品的审美功能,这是孔子对美学理论的一大贡献,也由此确立了孔子在美学史上奠基者的地位。

论及孔子的美学理论,便不能不涉及孔子对"郑声"的评价:

颜渊问为邦。子曰："行夏之时,乘殷之辂,服周之冕,乐则《韶》、《舞》。放郑声,远佞人。郑声淫,佞人殆。"(《卫灵公》)

子曰："恶紫之夺朱也,恶郑声之乱雅乐也,恶利口之覆邦家者。"(《阳货》)

许多学者将其中的"郑声"与《诗经》中的《郑风》等同起来,于是认为,孔子一方面肯定"《诗》三百,一言以蔽之,曰:'思无邪'",一方面认为其中的《郑风》是淫邪之作,是自相矛盾。还有人认为,孔子将《郑风》中歌唱恋爱与婚姻的诗作说成淫诗,是禁欲主义。持这些意见的学者虽然不少,却与实情难符。

其一,《诗经》中反映男女情爱的诗很多,如孔子要求其儿子必读之《周南》,第一首《关雎》(也是《诗经》的首篇),就是反映一个青年爱上一位美丽的姑娘,在求之不得时夜不能寐,在求得之后喜悦异常的作品,孔子对其评价甚高,认为"《关雎》,乐而不淫,哀而不伤"(《八佾》)。如果孔子反对将男女情爱入诗,就不会给《关雎》以如此高的评价。

其二,如果孔子否定《郑风》,以其二十一首的数量,就不会对《诗经》给予"思无邪"的总体评价,更不会"三百五篇,孔子皆弦歌之"。

其三,孔子两次谈话中否定的都是"郑声"而非《郑风》。从"恶郑声之乱雅乐"看,"郑声"系指音乐而非诗歌,尽管诗也可被谱曲演唱。对此,《白虎通义·礼乐》有这样的解释:

孔子曰"郑声淫"何?郑国土地民人山居谷浴,男女错杂,为郑声以相悦怿,故邪僻声皆淫色之声也。

《白虎通义》是东汉经学家在集体讨论的基础上由班固整理编辑而成的,其解释虽不乏推论的成分,但也当有所本,起码对郑地风俗的了解不会有错。可见，孔子"恶郑声之乱雅乐"中的"郑声"并非《郑风》，其中的"雅"也并非《诗经》三部分中的《雅》，而是与"俗"相对的典雅或高雅之"雅"。从孔子因"郑声淫"而"恶郑声之乱雅乐也"看，其思想中的"俗"并非一般意义上的"世俗"或民间的东西，而是"庸俗"之俗。在"诗三百"中，就有许多来自民间、反映世俗的诗作，孔子不仅没有轻视，而且"皆弦歌之"。孔子对"雅"与"俗"的关切，与其对"善"与"美"的讨论一道，成为中国古代传统的审美意识和审美尺度。

无论如何，以孔子的治学态度和逻辑思维，决不会既全面肯定《诗》三百"并用以教育学生，又对其中的《郑风》全面否定；不会对同样的诗作一部分推崇备至，另一部分则厌恶至极。有些学者，一方面极力证明现存《诗经》为孔子从搜集到的三千余首古诗中删减而成，甚至有"割爱"，肯定"思无邪"是孔子对他的选本主题的概括；另一方面又极力论证孔子对自己选定的部分诗作不满，甚至"愤慨"，使人莫名其妙。

孔子喜爱音乐并以乐教，既因为音乐的教化功能即完美情操，也来自音乐的审美功能即愉悦情感：

> 夫荣启期一弹，而孔子三日乐，感于和。（《淮南子·主术训》）

荣启期是春秋时隐士，长于弹奏。孔子每听其一次弹奏便会保持多日快乐，所感动之处在于和美。教化能让人三月不知肉味，审美能让人保持长久的快乐，这便是艺术的真精神，审美之大境界。

六、史论

问道必先知史。孔子是较早对社会发展历史进行分析研究的学者。他在《论语·季氏》中关于"天下有道，则礼乐征伐自天子出。天下无道，则礼乐征伐自诸侯出"的论述，以及《礼记·礼运》中关于"大同"与"小康"社会的描述，就是对国家政治、经济和社会发展演化过程的分析；其"殷因于夏礼，所损益可知也；周因于殷礼，所损益可知也。其或继周者，虽百世，可知也"（《为政》）和"周监于二代，郁郁乎文哉！吾从周"（《八佾》），是对礼制形成和发展规律的认识。至于"行夏之时，乘殷之辂，服周之冕,乐则《韶》《舞》"(《卫灵公》),则是对节气、交通、服饰、音乐等具体问题的比较研究,体现了对历史文化现象的重视。孔子对历史文化是充满温情和敬意的,但尊重与守旧不同。孔子所采取的态度,是以史为鉴,求真阙疑,隐恶扬善。

(一)重视历史文化的学习与借鉴

孔子之时,历史文化典籍比较缺乏,可见到的主要史料,就是《诗》、《书》《礼》《乐》,以及各国史官撰写的史记。《诗》虽然是文学作品,却大体上反映了西周至春秋中叶的社会面貌和人们的思想感情,读《诗》便如读史。《书》是由史官记载的君王文告和君臣谈话记录,内容涉及政治、思想、宗教、哲学、法律、地理、历法、军事等领域,是研究我国西周以前社会不可缺少的历史文献。《礼》系指《周礼》,是在周公的主持下,将远古到殷商的原始礼仪进行整理、改造和规范化后形成的,内容包括官制、田制、兵制、学制、刑法、礼仪等诸多方面,反映了当时社会的现实。《乐》虽已亡佚,但从孔子对不同时期、不同地区音乐特点的评价中可知,通过《乐》亦可了解社会的风土人情和世道盛衰。

孔子对这些历史文化典籍十分重视,自认是"好古,敏以求之者也"(《述而》)。孔子对当时存世的历史文化典籍进行了大量的整理、编修、阐释工作,并用以教育学生。他经常运用史料和史实阐发现实问题,宣传自己的主张,开启了以史为鉴的先河。

(二)注重对史料的考据与求证

孔子说:"吾犹及史之阙文也。"(《卫灵公》)即我还能够看到史书存疑的地方。这就表明,孔子对前人留下的典籍是并不尽信的。孔子还说过:"多闻阙疑,慎言其余。"(《为政》)就是说,对口传的东西,要力图分辨真伪,有怀疑的地方则加以保留,反对"道听而途说"(《阳货》)。这种考据求证精神,更为直接地体现在他对夏、殷、周三代礼制的认识上:

> 子曰:"夏礼,吾能言之,杞不足征也;殷礼,吾能言之,宋不足征也。文献不足故也。足,则吾能征之矣。"(《八佾》)

孔子能说出夏、殷两代的礼,说明是有所留传的。但两朝的后代杞国和宋国都不足以作证,原因是体现两朝礼制的文献不足,否则就可以证明了。而周礼则不同。一是有文字材料,二是有人文载体,即晋韩宣子到鲁国考察后所言之"周礼尽在鲁矣"(《左传·昭公二年》)。正因为有了以上这些比较研究,孔子才认定"周监于二代,郁郁乎文哉!吾从周"。周礼能吸收夏、殷的成果并使其更加完善,这是孔子从周而不从夏、殷的根本原因。

除注重对史料的考据与求证外,孔子对如何编修史志也提出过自己的看法。例如,他称许晋国史官董狐为"古之良史",就因为董狐能够做到"书法不隐"(详见《左传·宣公二年》),即直书而不隐讳。这是保证史官记事和史家著述成为信史的重要条件。按照这一标准和要求,《左传·襄公二十五年》记录了如下一则脍炙人口的故事:

大史书曰:"崔杼弑其君。"崔子杀之。其弟嗣书而死者,二人。其弟又书,乃舍之。南史氏闻大史尽死,执简以往。闻既书矣,乃还。

崔杼是齐庄公的辅相,因为齐庄公与其妻棠姜私通,便指使庄公的侍从贾举等杀掉庄公。齐太史记载说:"崔杼弑其君。"崔杼当然不满意这样的记录,于是杀了太史。太史的两个弟弟继续这样写,也相继被杀掉。但太史还有一个弟弟,又这样写,崔杼已杀得手软,便放过了他。齐国的另一位史官南史氏听说太史都被杀掉了,便拿着竹简前去,准备照样书写。听说已经如实记载了,才回去。《左传》作者的这段记载,与孔子称许的董狐一道,被后世史家称颂为"南、董之志",成为不畏权势、不惜以死殉职的史官和史家的榜样。

(三)肯定社会的前后沿革和发展变化

如前所述,孔子曾对社会的发展沿革规律进行过总结,将社会历史发展视为有连续性的损益变革过程,并通过对"大同"社会的描述表达了对未来的憧憬。将这些认识与其所言之"夏道不亡,商德不作。商德不亡,周德不作。周德不亡,春秋不作。春秋作而后君子知周道亡也"(《说苑·君道》)联系起来考察,更可见其对朝代更迭的理性认知态度。正因为如此,孔子对汤武革命持赞赏态度,对春秋时期的一些霸主持肯定态度,并积极投身于社会变革。

因为孔子对武力征伐和暴力手段从总体上持慎用的态度,故对社会发展主张采用渐进的改良手段——尽管孔子并不反对必要时使用武力。这一主张被一些后儒片面发展,遂使儒学渐失阳刚之气。因此,在崇尚暴力革命或社会变革的年代,孔子和儒家学说就不见用乃至受批判;在社会稳定发展或维护社会稳定的时期,则被奉为治国宝典。这是我们在讨论孔子和儒家思想时不可不明察的。因此,对孔子的历史发展观和政治主张给出全面而客观的评价,既有助于正本清源,也有利用传承和借鉴。

(四)推崇精英政治并肯定民众的力量

在涉及历史发展运动的动力时,孔子特别强调圣贤君子的作用,如对尧、舜、禹和文王、武王、周公的推崇,对管仲和子产的赞誉,以及对志于道的士阶层的期待。他的“才难”即人才难得和“从先进”即重点选用有文化的知识阶层等“举贤才”的主张,都反映出精英政治的特点。他对“舜有臣五人而天下治”的讨论,对“卫灵公无道”但因为起用了三位贤臣而没有败亡的总结(《宪问》),也体现了对精英政治的推崇。这在以人治为主的封建社会,是有积极意义的。

孔子肯定杰出人物在社会发展中的作用,但并不因此而轻视民众的力量。他把尧、舜、禹前后传承的“四海困穷,天禄永终”奉为圭臬,把“民信之”即取信于民看得比“足食、足兵”更为重要(《颜渊》),认为“君者,舟也;庶人者,水也。水则载舟,水则覆舟”(《荀子·哀公》),就在很大程度上把民众视为政权存废和国家兴衰的决定性力量。在强调杰出人物作用的同时重视民众的力量,说明孔子对历史发展动力的认识是比较全面的。这也表明,在重民或民主意识方面,中华文明是颇为早熟的。只是由于近古和近代以来封建专制过久且过于巩固,才落后于西方社会。

与孔子相若,精英政治曾被柏拉图视为一种最完美的政治结构,理由是,一群有超凡能力的领导人,可以做出具有前瞻性的判断,并能以被授予的权力来管理国家。不过,如何实现领导集团的精英化,是这些古代思想家难以解决的重要问题。孔子主张从有文化和学识的人中选用人才,其弟子子夏提出了“仕而优则学,学而优则仕”(《子张》)两条腿走路的办法,并最终形成了科举取士制度。这一制度虽有缺陷,但在封建时代,却是一种相对公平且有利于社会等级流通的制度。在西方,解决这一问题的途径是民主选举。有人将精英政治与民主政治对立起来,当然是有道理的。但民主政治的目的,同样是为了"选贤与能",让大家公认的英才当政。不同之处在于,民主政治除选举外,还有比较严密的监督、罢免和调换机制。这是精英政治所无法比拟的。所以,我们在肯定孔子精英政治主张历史地位和作用的同时,也要充分认识其历史局限性。要学习借鉴古今中外的政治文明成果,推进政治体制改革的进程。

孔子的历史观,从总体上看是积极而有创造性的。但他的"托古"和借用往圣先哲的权威以推行自己新主张的做法,也不同程度地形成了思想的禁锢,留下了不好的传统。后世的一些改革者也效法孔子,即使提出的是新理论和新主张,也要从故纸堆里找根据,以此证明自己没有"离经叛道"。这种习惯和思维方式,虽表现了对前人的尊重,有利于统一思想,却不利于理论和学术创新,不利于改革的快速推进。

七、对历史文化典籍的整理与传承

对孔子与《诗》《书》《礼》《乐》《易》《春秋》等古代文献的关系,历代史家有诸多记叙和考证。按照司马迁的说法,这些文献均经过孔子的编修或创作。对此,后世有许多争论。笔者认为,司马迁作为严肃的历史学家,其所记虽不可能百分之百地准确无误,但也不会无根据地凭空捏造。

对《诗》和《礼》,本章和本书第三章已进行了分析。对《书》,现在公认的是伏生所传之今文《尚书》。从许多先秦典籍征引之《书》的言论不见于今文《尚书》可知,《尚书》之类的古代文献远不止今文《尚书》的篇什。秦火过后,我们今天看到的儒家典籍许多是不完整的。从多年来不断发现的战国简书看,整部失传的儒家典籍亦为数不少。以《论语》为例,孔子弟子三千,贤人七十,从教时间长达四十余年,其所言所述,何止区区两万言?《论语》所记,只是孔门部分弟子部分记录的留存,这从先秦诸子征引的孔子言论许多不见于《论语》即可看出。近些年来,不断有《尚书》之类文献出土的消息。虽真伪有待于考证和检验,但也为我们更多地了解和认识古代历史文化带来了希望。

孔子用来教育学生的《乐》已失传。但孔子的音乐理论则部分地保留下来了。除前面介绍的内容外,可参阅《荀子》、《礼记》和《史记》中的部分记录。在此,我们以《周易》和《春秋》为重点,进行一下具体分析。

（一）关于《周易》

《周易》原本称《易》,是周朝的卜筮书。卜筮文化在中国产生很早,相传禹得"洪范九畴"即治理天下的九种大法,其中的第七种就是"明用稽疑",即选择任命掌管龟卜和蓍筮的官员,教导他们用龟甲或蓍草占卜吉凶（见《尚书·周书·洪范》）。

对《周易》的作者,传统的说法是"人更三圣,世历三古"（《汉书·艺文志》）,即伏羲始作八卦,文王在其基础上推演出六十四卦,孔子作《易传》。伏羲始作八卦的说法,来自《易·系辞下》：

> 古者包牺氏之王天下也,仰则观象于天,俯则观法于地,观鸟兽之文与地之宜,近取诸身,远取诸物,于是始作八卦,以通神明之德,以类万物之情。

文中的"包牺"即伏羲,是传说中的中华民族人文始祖,也是古籍中记载的最早的王。但从伏羲所处时代约为旧石器中晚期的判断看,其创造八卦和文字,与其人首蛇身的传说一样,可信度是较低的。这就正如李镜池先生所见："所谓伏羲作八卦,只意味着八卦的来源很早而已"（《周易的作者问题》）。

文王演《周易》之说来自司马迁。司马迁在《史记·周本纪》中说："西伯（周文王）盖即位五十年。其囚羑里,盖益《易》之八卦为六十四卦。"在《日者列传》中,司马迁引"日者"（占卜之人）司马季主的话说："自伏羲作八卦,周文王演三百八十四爻而天下治。"在《报任安书》中,司马迁说："昔西伯拘羑里,演《周易》。"司马迁认识如此坚定,当是有根据的。

综上,《易》的卦画符号起源很早,先有三画的八卦,八卦相重,产生了六画的六十四卦。每卦有六爻,上三爻叫做上卦,下三爻叫做下卦,合成一卦。每卦有卦辞,每爻有爻辞。卦辞和爻辞是经文,统称《易经》。

《易传》是解释《易经》的作品,共七种十篇,即彖、象、文言、系辞、说卦、序卦、杂卦,其中彖、象、系辞各分上下两篇,因而被称为"十翼"《易传》来自孔子,也见之于《史记》。司马迁在《孔子世家》中说:"孔子晚而喜《易》,序《彖》、《系》、《象》、《说卦》、《文言》。"此说虽有人怀疑,我们今天看到的《易传》也确非出自孔子一人之手,但孔子晚而喜《易》,治《易》并将心得传授给学生,则是不可否认的事实。

孔子对《易》十分重视。《论语》中直接讨论《易》的记载虽只有一则,却反映了孔子与《易》十分密切的关系:

　　子曰:"加我数年,五十以学《易》,可以无大过矣。"(《述而》)

让我多活几年,五十岁时学习《易》,就可以不犯大错误了。这段话表明,孔子对《易》这部上古著作在其五十岁前即已有初步了解。在《论语·子路》中,有孔子引用其中恒卦的爻辞"不恒其德,或承之羞"去说明干任何事情都要有恒心的记录,是孔子学习运用《易》的明证。

孔子打算在五十岁之后攻读《易》,说明他自认当时尚不具备学习把握《易》的能力——这一点特别值得引起我们注意。《易》的卦爻辞虽比较隐晦,但若用于占卜,以孔子五十岁时的学识水平,起码不会比一般的卜人和筮者差。孔子决定五十岁之后潜心学《易》,说明他没有将《易》视为一般的卜筮之书,而是作为一门学问去看待的。我们知道,占卜的认识基础是相信神灵的启示,以占卜的结果决定行止,趋吉避凶。但孔子是重人为而"不语怪、力、乱、神"的,故其对《易》的重视显然不在于其神秘主义的一面。孔子认为学《易》后可无大过,说明他学习的动机不是为了占卜而是为了提高自己看问题和处理问题的能力,这就与卜人和筮者划清了界限。荀子说过:"善为《易》者不占。"(《荀子·大略》)即精通《易经》的人不去占卜。从马王堆汉墓出土的帛书《易传·要》中可以看出,孔子持同样的看法:

　　夫子老而好《易》,居则在席,行则在囊。子赣曰:"夫子它日教此弟子曰:'德行亡者,神灵之趋;知谋远者,卜筮之繁。'赐以此为然也。以此言取之,赐缗(勉)行之为也。夫子何以老而好之乎? "夫子曰:"君子言以矩方也。前羊(祥)而至者,弗羊而巧也,察其要者,不趑(诡)其福。《尚书》多勿矣,《周易》未失也,且又(有)古之遗言焉。予非安其用也。""赐闻诸夫子曰:'孙(逊)正而行义,则人不惑

矣。'夫子今不安其用而乐其辞,则是用倚于人也,而可乎?"子曰:
"校(谬)哉,赐! 吾告女(汝)《易》之道……此百生(姓)之道。
《易》,刚者使知瞿(惧),柔者使知刚,愚人为而不忘(妄),僔(渐)
人为而去诈。文王仁,不得其志,以成其虑。纣乃无道,文王作。讳而
辟(避)咎,然后《易》始兴也。予乐其知之……"子赣曰:"夫子亦
信其筮乎?"子曰:"吾百占而七十当,惟周梁(梁)山之占也,亦必
从其多者而已矣。"子曰:《易》,我后其祝卜矣! 我观其德义耳也。
幽赞而达乎数,明数而达乎德,又仁(守)者而义行之耳。赞而不达于
数,则其为之巫,数而不达于德,则其为之史。史巫之筮,乡之而未也,
好之而非也。后世之士疑丘者,或以《易》乎? 吾求其德而已,吾与
史巫同涂而殊归者也。君子德行,焉求福? 故祭祀而寡也;仁义,焉
求吉,故卜筮而希也。祝巫卜筮其后乎?"(《儒藏》精华编第二八一
册,北京大学出版社2007年4月第1版,第287—290页)

与"吾尝终日不食,终夜不寝,以思,无益。不如学也"的尝试一样,
孔子也曾试用过占卜,即"吾百占而七十当"。但经过进一步的研究和实
践,孔子从中发现了以德行求福,以智慧求吉的根本路径,即引文中所言之
"我后其祝卜矣,我观德义耳也","吾求其德而已,吾与史巫同涂(途)而
殊归者也"。这就明确地将自己与利用《易经》占卜的算命先生划清了界
限。其中的"《易》,刚者使知瞿(惧),柔者使知刚,愚人为而不忘(妄),僔
(渐)人为而去诈",是说读《易》使人知动静、变化之道,故能守中而无过
和不及。这与《易·乾·文言》解上九"亢龙有悔"时所说的"知进而不知
退,知存而不知亡,知得而不知丧,其唯愚人乎! 知进退存亡而不失其正
者,其唯圣人乎!"是一样的,也是其"加我数年,五十以学《易》,可以无
大过矣"的答案。

孔子活了七十三岁,他在四十多岁时打算五十岁学《易》,若按计划实
行,其对《易》的研修便可长达二十年之久。司马迁在《史记》中说:

盖孔子晚而喜《易》。《易》之为术,幽明远矣,非通人达才孰能注
意焉!(《田敬仲完世家》)

孔子晚而喜《易》,序《彖》、《系》、《象》、《说卦》、《文言》。读

《易》，韦编三绝。曰："假我数年，若是，我于《易》则彬彬矣。"(《孔子世家》)

司马迁的记叙，与孔子在《论语》中的自述和帛书《要》中的记录是吻合的。《汉书·儒林传》亦说：(孔子)"盖晚而好《易》，读之韦编三绝，而为之传。"孔子是否作过《易传》，乃至孔子是否研究过周易，均有学者提出质疑。从帛书《要》中所载孔子"后世之士疑丘者，或以《易》乎"的言论看，孔子自己即已言明了其与《易》的紧密关系。据考证，帛书《要》随主人下葬于汉文帝前元十二年(公元前168年)，其抄写时间更在汉文帝之前的汉初时期(见《儒藏·马王堆汉墓帛书〈周易〉》校点说明，北京大学出版社2007年4月第1版第179页)。而司马迁的《史记》完成于公元前90年前后。就是说，帛书《要》的抄写年代就早于《史记》100年左右。其使用的文字，与近些年来相继出土的一些战国竹简相近，其原本当来自先秦。文中与孔子讨论《易》的是子贡，这就更增强了其可信度。据《史记·孔子世家》记载，在孔子晚年，子贡一直陪侍在侧，直至孔子去世，并亲自主持了孔子的葬礼。这段文字，便当来自子贡所传。

有人以《论语》中鲜有记录孔子的解经之语来否定孔子与《易传》的关系，这是不足证的。例如，孔子虽然重视并倡导学《诗》，但在《论语》中，除子夏和子贡外，也同样鲜有孔子引用《诗》来说明问题的记录，我们不能据此否定孔子对《诗》的学习、研究和运用。从子贡"夫子何以老而好之"之问看，孔子精研《周易》，当在结束周游列国返鲁前后，否则难以称其"老"。是时，孔门弟子多各得其所，各谋其业，很难听到老师对《易》的阐发。从子贡与老师的上述对话看，他显然对《易》没什么兴趣，对老师治《易》不仅不理解，亦不得其要。司马迁说"孔子传《易》于瞿"，商瞿，鲁人，字子木，少孔子二十九岁。但在《论语》中，没有该人的任何记录，可见其未参与《论语》的编纂。如此，在《论语》中鲜有(不是没有)孔子关于《易》的言论，便十分正常。我们亦可大胆假设，在孔门部分弟子和再传弟子编纂《论语》时，这位商瞿先生正独自编写《易传》并用以授徒。对此，司马迁提供了这样的线索：

孔子传《易》于瞿，瞿传楚人馯臂子弘，弘传江东人矫子庸疵，疵传燕人周子家竖,竖传淳于人光子乘羽,羽传齐人田子庄何,何传东武人王子中同,同传菑川人杨何。何元朔中以治《易》为汉中大夫。(《史记·仲尼弟子列传》)

以上八位传人,上起春秋末的商瞿,下至汉中大夫杨何,可谓传承有序。杨何与司马迁的父亲司马谈属同时代人,司马迁在《史记·太史公自序》中说:"太史公(司马谈)学天官于唐都,受《易》于杨何,习道论于黄子。"就是说,司马谈曾向杨何学《易》。所以,司马迁所述,当来自杨何对其父亲的传述,比较可信。对此,《汉书·儒林传》有相近的记录:

自鲁商瞿子木受《易》孔子,以授鲁桥庇子庸。子庸授江东駻臂子弓。子弓授燕周丑子家。子家授东武孙虞子乘。子乘授齐田何子装。及秦禁学,《易》为筮卜之书,独不禁,故传受者不绝也。汉兴,田何以齐田徙杜陵,号杜田生,授东武王同子中、雒阳周王孙、丁宽、齐服生,皆著《易传》数篇。同授淄川杨何,字叔元,元光中征为太中大夫……鲁周霸、莒衡胡、临淄主父偃,皆以《易》至大官。要言《易》者本之田何。

从这些记录中可以看出,与《诗》、《书》、《礼》、《乐》和《春秋》不同,孔子没有将《易》作为普遍使用的教材授徒。这一方面是因为孔子治《易》较晚,另一方面,是因为学《易》要有相当的认知能力和基础,否则就会跑偏,进入史巫之列。

无论如何,孔子晚而喜《易》并将其心得传于后世,当是事实,而且正如《汉书》编著者所见,在秦始皇焚书坑儒之时,因为将《易》视为筮卜之书故没有被列为禁书,所以传受者没有中断。其中,田何是秦代《周易》经、传的传人,汉兴后继续传《易》,故曰"要言《易》者本之田何"。但我们今天所见之《易传》非完全出自孔子之手,也是可以肯定的,当是商瞿及其弟子对师传记录的整理,包括其个人的理解和阐发,并经过后来传《易》之人的补充而成。

如前所述,《易》的卦辞和爻辞文字极简洁而又隐晦难懂,这就给后人进行解释和说明留下很大的想象空间。从《易传》的内容看,无论《彖辞》、《象辞》还是《系辞》、《文言》,虽都是对《易经》的解释和说明,但已不局限于文字的表面意义和占卜所需，而上升到事物发展变化之道和顺应形势建功立德的高度。如"乾"卦的卦辞是"元，亨，利，贞"。解释这一卦辞大意的《彖》曰："大哉乾元，万物资始，乃统天。云形雨施，品物流形。大明终始，六位时成，时乘六龙以御天。乾道变化，各正性命。保合大和，乃利贞。首出庶物，万国咸宁。"依据这一卦辞大意指出人应该如何行动的《象》曰："天行健，君子以自强不息。"全面解说上述卦爻辞的《文言》曰："'元'者，善之长也；'亨'者，嘉之会也；'利'者，义之和也；'贞'者，事之干也。君子体仁，足以长人；嘉会，足以合礼；利物，足以和义；贞固，足以干事。君子行此四德者，故曰：'乾：元，亨，利，贞。'"从四个抽象的文字演化出以上这些运动、变化和发展的丰富道理，虽有所本，但"我注六经"的意图是明显的。这样一来，《易》就由卜筮之书变成了义理之书，或者说，使蕴含在《易》卜筮形式下的对立统一和阴阳变化哲学得到揭示和阐发。可以设想，如果没有孔子的推崇或有《经》无《传》，《易》远不会得到汉以后那样的运用与流传。

需要补充讨论的是，读乾、坤二卦的象辞"天行健，君子以自强不息"与"地势坤，君子以厚德载物"，有不够对仗、语言逻辑不够缜密之感。易经以"乾"对应天，属阳属刚，以"坤"对应地，属阴属柔。作为乾、坤两卦的象辞，后者言"地势坤"，前者便应是"天行乾"，如此方能对仗，亦文从字顺。读马王堆汉墓出土帛书《周易》及相关文献，似可从中找到问题之所在。帛书《周易》中的"乾"字均为"键"，如"键，元享利贞"（《周易》）、"君子终日键键"（《二三子》）、"天奠地庳，键川定矣"（《系辞》）、"键也者，八卦之长也"（《衷》。以上均见《儒藏》精萃编二八一出土文献类，北京大学出版社2007年4月第1版）古文学家认为"键"通"乾"。据此，我们有理由猜测，可能是后来的抄写者在将"键"规范为"乾"时，漏改了此一"键"字。而"健"与"键"字形相近，于是又有人将此"键"字改为"健"，乃至误传。

将"天行健"复归为"天行乾"，也符合象辞作者的本意。魏王弼在《周易略例·明象》中说："言生于象，故可寻言以观象；象生于意，故可寻象以观意。"以此解读乾、坤二卦的象辞，即"天的运行是乾卦的象征，君子观看这一卦象,要效法天,自强不息造福天下";"地的形势是坤卦的象征,君子观看这一卦象,要效法地,以宽厚的德行负载万物。"如此,则符合了"寻象以观意"的特点。马王堆汉墓出土的《易》中没有乾、坤二卦的象辞,但在《衷》中记有孔子的一段话,可与之参详:

> 子曰:"《易》之要,可得而知以矣。键(乾)、川(坤)也者,《易》之门户也。键,阳物也;川,阴物也。阴阳合德而刚柔有體,以體天地之化。"

孔子以乾、坤对应阳阴、刚柔和天地,用二者合德相济来说明天地万物之造化。这与"天行乾、地势坤"的象辞是一致而契合的。

以上考察,只是笔者的一孔之见,尚有待于专家的进一步研究和考证。

《易·系辞上》引孔子对《易》的评价说:"夫《易》何为者也?夫《易》开物成务,冒天下之道,如斯而已者也。"这就把《易》界定为蕴含变化规律的哲学著作了,也是孔子重视和研究《易》的原因。但后人大多不能通晓于此,简单地将《周易》视为卜筮之书,或用以招摇撞骗。这就验证了孔子在帛书《易传·要》中谈到的"史巫之筮,乡之而未也,好之而非也。后世之士疑丘者,或以《易》乎"的担心。黑格尔曾对"易经哲学"给予了肯定的评价,认为"中国人也曾注意到抽象的思想和纯粹的范畴。古代的易经是这类思想的基础。易经包含着中国人的智慧。"但他同时指出:"这些基本的图形又被拿来作卜筮之用。因此易经又被叫做'定数的书','命运或命数的书'。在这样情况下,中国人也把他们的圣书作为普通卜筮之用,于是我们就可看出一个特点,即在中国人那里存在着在最深邃的、最普遍的东西与极其外在、完全偶然的东西之间的对比。这些图形是思辨的基础,但同时又被用来作卜筮。所以那最外在最偶然的东西与最内在的东西便有了直接的结合。""所以他们是从思想开始,然后流入空虚,而哲学也同样沦于空虚。"(《哲学史讲演录》,商务印书馆1978年版,第一卷第220—222页)黑格尔显然没有也不能看到孔子对《周易》的全部认识,因此,他对中国古人对《易》认识和运用的评论,就不可能全面。但从更为广泛的社会层面看,黑格尔的看法也是有根据的,而且迄今为止仍然如此。翻阅近些年来充斥大小书摊的各种关于《周易》的"著述",大多如黑格尔所见之类。至于以《周易》之名招遥撞骗者,更有如过江之鲫。

比较可见,黑格尔对《易》的认识与孔子是颇为接近的,孔子从中发现德义和变化之道,黑格尔从中发现智慧和哲学,而且他们所共同排斥的,是浅薄地将其用于卜筮之用。所以,黑格尔的这些评论,对于我们正确理解、认识和使用《周易》,是有帮助的。

(二)关于《春秋》

"春秋"是孔子之前对史书的一般称谓,是按编年体叙事的史记。据《左传·昭公二年》记载,晋大夫韩宣子聘鲁,"观书于太史氏,见《易象》与《鲁春秋》,曰:'周礼尽在鲁矣。'"当时孔子年纪尚幼,《鲁春秋》当为鲁国史官所记。后世流传的《春秋》经过孔子编修,在《左传·僖公二十八年》就有所揭示:

> 是会也,晋侯召王,以诸侯见,且使王狩。仲尼曰:"以臣召君,不可以训。"故书曰:"天王狩于河阳。"言非其地也,且明德也。

这段记载,不仅认为"天王狩于河阳"为孔子所书,而且引用了孔子的说明,比较可信。稍晚于《左传》的《孟子》,更直接指认孔子作《春秋》:

> 世衰道微,邪说暴行有作,臣弑其君者有之,子弑其父者有之。孔子惧,作《春秋》。《春秋》,天子之事也;是故孔子曰:"知我者其惟《春秋》乎!罪我者其惟《春秋》乎!"(《孟子·离娄下》)

> 昔者禹抑洪水而天下平,周公兼夷狄驱猛兽而百姓宁,孔子成《春秋》而乱臣贼子惧。(《孟子·滕文公下》)

孟子自认"私淑孔子",即使没有直接的师承关系,对孔子的了解程度也不会逊色于后来者。孟子也是一位治学态度严谨的学者,如果没有根据,不会也没有必要进行杜撰。有的学者以孔子曾自认"述而不作"为据,认为孟子的说法不可信。其实,后人记前人之事,无论"作"、"成"还是"修",都不可能没有所本。对此,司马迁说得比较客观:

> 子曰:"弗乎弗乎!君子病没世而名不称焉。吾道不行矣,吾何以自见于后世哉?"乃因史记,作《春秋》。(《史记·孔子世家》)

> 孔子明王道,干七十余君,莫能用,故西观周室,论史记旧闻,兴于鲁而次《春秋》,上记隐,下至哀之获麟,约其辞文,去其烦重,以制义

法，王道备，人事浃。(《史记·十二诸侯年表序》)

司马迁说孔子"乃因史记作《春秋》"，就是根据原有的史书编修《春秋》。对此，孟子也有说明。孟子说："王者之迹熄而《诗》亡，《诗》亡而《春秋》作。晋之《乘》，楚之《梼杌》，鲁之《春秋》，一也；其事则齐桓、晋文，其文则史。孔子曰：'其义则丘窃取之矣。'"(《孟子·离娄下》)这段话所叙述的史实是：在周王派遒人(采诗官)出来采诗的事废止后，《诗》就没有了；《诗》没有之后产生了《春秋》。晋国的《乘》，楚国的《梼杌》，鲁国的《春秋》，都是一样的；所记载的事情不过是齐桓公、晋文公之类，其文体就是史书。孔子说："各国史书褒善贬恶的大义，我私自取来用在《春秋》里了。"可见，《春秋》是周天子失威后出现的，是各诸侯国记事的史书，而且名称不尽一致。孔子编修的史书以鲁《春秋》为底本，故以《春秋》名之，但同时参考了其他国家的史书，所以司马迁说孔子"乃因史记作《春秋》"。

对孔子编修《春秋》的具体笔法和过程，司马迁也有记叙：

> 孔子在位听讼，文辞有可与人共者，弗独有也。至于为《春秋》，笔则笔，削则削，子夏之徒不能赞一辞。弟子受《春秋》，孔子曰："后世知丘者以《春秋》，而罪丘者亦以《春秋》。"(同上)

孔子任鲁司寇审理诉讼案件时，文辞上有可与别人商量的时候，从不独自决断。而到了写《春秋》时就不同了，应该写的一定写上，应当删的一定删掉，就连子夏这样长于文字的弟子，一句话也不能给他增删。这完全是一种文责自负的态度。所以，孔子才说："后世知丘者以《春秋》，而罪丘者亦以春秋。"

孔子对《春秋》做过编修工作，《公羊传·庄公七年》也有与《左传》类似的记载：

> 不修《春秋》曰："雨星不及地尺而复。"君子修之曰："星霣如雨。"

这里说的"不修《春秋》"，就是孔子修《春秋》的底本。其中的"君子修之"，王充在《论衡》的《艺增》和《说曰》中都说："君子者，谓孔子也"，"君子者，孔子"。王充还对孔子为何如此修改进行了剖析，得出了"孔子言如雨,得其实矣。孔子作《春秋》,故正言如雨"的结论。

综上可见,孔子以鲁《春秋》为底本进行修订,形成后来传世的《春秋》,当是事实,也由此开私人修史之先河。修订的目的,除孟子所言外,司马迁在回答上大夫壶遂"昔孔子何为而作《春秋》哉"的问题时,说了如下一段话:

> 余闻董生曰:"周道衰废,孔子为鲁司寇,诸侯害之,大夫壅之。孔子知言之不用,道之不行也,是非二百四十二年之中,以为天下仪表,贬天子,退诸侯,讨大夫,以达王事而已矣。"子曰:"我欲载之空言,不如见之于行事之深切著明也。"夫《春秋》,上明三王之道,下辨人事之纪,别嫌疑,明是非,定犹豫,善善恶恶,贤贤贱不肖,存亡国,继绝世,补敝起废,王道之大者也。(《史记·太史公自序》)

在这里,司马迁引用董仲舒和孔子本人的话,揭示了孔子修《春秋》的目的和意义。这些言论,成为汉以后人们认识和评价《春秋》的根据。两汉《春秋》列博士,几乎成了五经之冠。一些儒生在《春秋》的字里行间寻找"属事比辞"之"微言大义",如"崩"与"薨","杀"与"弑","伐"与"侵"等,即所谓"一字含褒贬"的《春秋》笔法,并以《春秋》的是非作为判断时事的标准和创制立法的根据。

实际上,《春秋》的主要作用是为后世留下了一部最早的编年史,使人们能够从中看出二百四十年间发生的一些重大历史事件,并从中得到启示和借鉴。作为简要记事的史书,其作用显然被夸大了。但有些学者说它是"断烂朝报",像"流水帐簿",是"六经"之中"最不成东西的"(钱玄同《答顾颉刚先生书》),也是过于贬低之语。

《春秋》对后世的影响,主要来自传授《春秋》的"三传"特别是《左传》。《公羊传》和《穀梁传》主要是解释《春秋》的旨意,即阐发其"微言大义"。《左传》则主要是阐述史事,有些是对《春秋》中简要记事的解释和补充,有些则是《春秋》未曾述及的史事。如果没有这些补充和阐发,就很难看出其史料之外被一些后儒追捧的价值。如《春秋·僖公二十八年》中记载的"天王狩于河阳",其事发生在晋文公称霸之年(周襄公二十年,晋文公五年)。当时,晋文公通过城濮之战阻止了楚国向北方的发展,成为北方中原诸侯国的霸主。是年冬,晋文公在温地召开盟会,商量讨伐不顺服的国家。在这次盟会中,晋文公召请周天子前往,率领诸侯进见,并且让周天子狩猎。这种做法,就是史家所说的"挟天子以令诸侯"。孔子认为,以臣召君不合礼法,不能以此为则,故改写为"天王狩于河阳"。周天子到河阳打猎,遇到诸侯并朝见,这就既保全了周天子的面子,也彰显了晋侯的功德。但是,倘若没有《左传》等经学家的具体阐释,"天王狩于河阳"就只是一平白的记录而已,不仅难以使人看出个中究竟,也会掩没晋侯挟天子以令诸侯的史实。就是说,对于了解这段史实的人来说,这种修改可起到"正假马之言而君臣之义定矣"类似的作用。否则的话,就只能适得其反。

其实,孔子不仅赞成"直笔"传统,主张"文亡隐言"(《孔子诗论》)即文章不要隐藏言意,也善于直言,如《论语》中记录的对晋文公、卫灵公等人的批评。《春秋》中使用了"曲笔",大概是受了《春秋》只记不评不述的体例限制,故以一字一辞之别略显褒贬扬抑之意。孔子自己说:"我与其载述空洞的说教,不如举出在位者所做所为以见其是非美丑,这样就更加深切明显了。"这就道出了通过记事明理的动机。尽管仅凭一部《春秋》难以达到后儒标榜的目的,但由此树立的以史为鉴的史学意识,作用是重大而深远的。

为了进一步证明孔子与《春秋》的关系,谈一下我对《左传》作者的看法。《左传》的作者系左丘明,是汉代史家的一致看法。唐代以来虽受到一些人的怀疑,但其所见皆不足以推翻汉代史家的结论。司马迁在《史记·十二诸侯年表序》中,在阐明孔子编修《春秋》的史实后说:"七十子之徒口受其传指,为所刺讥褒讳挹损之文辞不可书见也。鲁君子左丘明,惧弟子人人异端,各安其意,失其真,故因孔子史记,具论其语,成《左氏春秋》。"司马迁说,孔子因为有些指责、避忌、贬抑的言辞不便于在《春秋》中写明,曾向七十弟子口传意旨。左丘明恐这些弟子各持不同的见解和主张而失去了孔子的本意,所以遵循孔子的史记,详细分析了他的言论,写成《左氏春秋》。这段话表明,左丘明是与孔子同时代的鲁国人,与孔子有密切交往,尤其是对《春秋》及孔子对《春秋》的认识,有比孔门弟子更为全面而深刻的了解。《汉书·艺文志》说:"左丘明,鲁史也。"同书的《司马迁传赞》说：“孔子因鲁史记而作《春秋》，而左丘明论辑其本事以为之传。”《春秋左氏经传集解序》孔颖达《疏》引沈氏说：“《严氏春秋》引《观周篇》（西汉本《孔子家语》中的一篇）云：孔子将修《春秋》，与左丘明乘，如周，观书于周史，归而修《春秋》之经，丘明为之传，共为表里。”这些记载，可与司马迁所记相互印证。

综上，我认为，《左传》的作者就是被孔子引为同道的左丘明，系鲁国史官或对历史有广闻博见的学者。左丘明不仅与孔子关系密切，而且与孔子一起进行过历史资料考察和论辑工作，故对孔子编修的《春秋》有直接的了解，并在孔子完成《春秋》后，亲自为之作《传》。这一结论，从《左传》的部分内容中亦可清楚地看出。

首先，《左传》在记叙一些历史事件时，经常引用孔子的具体评论。如《定公二年》，在叙述晋灵公被赵盾胞弟赵穿所杀而太史董狐书为“赵盾弑其君”一事后，记录孔子的评论说：“董狐，古之良史也，书法不隐。赵宣子，古之良大夫也，为法受恶。惜也，越竟乃免。”再如《襄公三十一年》，在叙述郑国执政大夫子产不毁乡校的意见后这样写道：“仲尼闻是语也，曰：‘以是观之，人谓子产不仁，吾不信也。’”还有《昭公二十年》，在记“齐侯田于沛，招虞人以弓，不进”一事时，记孔子的评论说：“守道不如守官，君子韪之。”类似的记录还有许多，如《哀公六年》记孔子对楚昭王拒祭的评价。这些针对某一具体历史事件的评论，当来自《左传》作者与孔子的直接讨论和交流，或是对孔子讲说历史事件的直接记录。若《左传》为后人所书，则没有这样的条件。

其次，《左传》是除《史记》外对孔子及孔门弟子事迹记录最多、最详的史书，包括孔子去世时“哀公诔之”的细节。倘若作者与孔子和孔门弟子没有密切接触和交流，就不会有如此丰富的材料来源。有人以《左传》记事的截止年限来否定其作者是孔子同时人。其实，《左传》比《春秋》只多记了十三年，至鲁哀公二十七年。孔子编修《春秋》已是晚年的事情，若左丘明是一位比孔子年轻或者高寿的学者，在时间上就没有问题。

其三，左丘明是被孔子引为同道的人，即《论语·公冶长》所记之“巧言，令色，足恭，左丘明耻之，丘亦耻之；匿怨而友其人，左丘明耻之，丘亦耻之"。孔子认为左丘明是一位正直的人,爱憎分明,这恰好是作为史官记事或对历史事件给予正确评价所必备的条件。正因为有此条件,加上史官或历史研究者的身份,使孔子乐于与其讨论《春秋》及《春秋》之外的历史事件和历史人物,从而使左丘明比孔门弟子对《春秋》和孔子的史论有更多的了解。司马迁说孔子因为对一些历史事件和历史人物的刺讥褒讳抑损之辞不便于书写在《春秋》中,曾口授给弟子,左丘明怕这些弟子因各自理解的不同在传述时失其本真,于是写了《左氏春秋》。这不仅说明了《左传》的成因,也表明了左丘明作为孔子的知音对孔子负责任的态度,以及他在孔门弟子中的影响力。

有人认为:"夫子自比,皆引往人,故曰'窃比于我老、彭'。又说伯夷等六人云:'我则异于是。'并非同时人也。丘明者,盖夫子以前贤人,如史佚、迟任之流,见称于当时尔。"(唐人陆淳《春秋集传纂例·赵氏损益例》)后世学人也多有采用此说者,认为左丘明"至少是孔丘同时人,年岁也不小于孔丘"(杨伯峻《春秋左传注》修订本前言),这是否定《左传》作者为孔子称赞之左丘明的一个重要论据。其实,孔子所称赞和自比的人,并不都是"往人"或年长者,如:"子谓颜渊曰:'用之则行,舍之则藏,惟我与尔有是夫!'"(《述而》)颜回就是比他小三十岁的学生。被孔子盛赞的子产,也是孔子同时期并有所交往的人。孔子对别人的称许,只坚持一点,就是"如有所誉者,其有所试矣"(《卫灵公》)。至于年龄大小、先人还是时人,都并不重要。

明确左丘明为《左传》的作者及其与孔子的关系,对认识孔子与《春秋》的关系十分重要。上述分析表明,在孔子辞世前,曾与《左传》的作者讨论过《春秋》及相关的历史事件和历史人物,而且这种讨论大大超出了史实考据的范围。《左传》不仅记录了历史事件,而且通过孔子的评论,揭示了历史事件产生的动因和意义,并把这种揭示作为历史研究的目的。正因为有了这些讨论,使《左传》这部带有二度创作性质的著作,具有了历史哲学的色彩。因此,我们应该更加重视《左传》的价值。当然,受史料来源和作者本人的限制,加上刊刻流传过程中不可避免地会存在一些舛误或后人的增益,有些内容也不可能完全准确,在使用时需要与相关史料相互参详。不仅《左传》,《史记》也有类似的问题,对此,笔者已有一些讨论,在此不赘。

总之,在"周室微而礼乐废,诗书缺"的情况下,孔子收集尚存的历史文献并加以整理、编修,并通过其弟子和再传弟子使这些教本得以保存和留传,可谓功勋卓著。孔子之后特别是汉代以降,这些教本被奉为经典,与孔子和早期儒家的其它著述一起,成为社会建设和精神生活的指导,也是后人了解和认识中华民族历史文化的珍贵史料。

第九章　孔子的孝论及家庭伦理

"孝"是孔子极为重视的伦理范畴,是其仁爱思想的基础和重要表现。孔子说:"仁者,人也。亲亲为大。"(《中庸》)"仁"就是人。这是孔子将"仁"视为人之所以为人的规定性的明确表述。人与人相互亲爱,其中以爱自己的亲人最为重要。这就表明了孔子对家庭和血缘亲情的重视。"亲亲"包括"孝",以及反映亲亲之爱的诸多家庭伦理。

"孝"字在甲骨文中已有发现,写作"𡥈"(《甲骨文编》1047),系地名。作为伦理概念使用,则始见于西周的典籍及铜器铭文。依照历史和逻辑的推论,孝的观念和行为,应是与家庭的出现和发育相伴生的。生活上的相互依赖,基于血缘而产生的情感因素,以及父权家长制和祖先崇拜结合,便会催生出"孝"的原始概念。

从见之于早期文献的"孝"字看,其内涵主要是对祖先的追思和祭祀,也兼及对父母物质上的供养:

成王之孚,下土之式。永言孝思,孝思维则。媚兹一人,应侯顺德。永言孝思,昭哉嗣服。(《诗·大雅·下武》)

祀事孔明,先祖是皇。神保是飨,孝孙有庆。报以介福,万寿无疆。……工祝致告;徂赉孝孙。苾芬孝祀,神嗜饮食。卜尔百福,如几如式。既匡既敕,既匡既敕。永锡尔极,时万时亿。(《诗·小雅·楚茨》)

汝肇刑文、武,用会绍乃辟,追孝于前文人。(《尚书·周书·文侯之命》)

嗣尔股肱,纯其艺黍稷,奔走事厥考厥长,肇牵车牛,远服贾用,孝养厥父母。(《尚书·周书·酒诰》)

前三例中的"孝思"、"孝祀"、"追孝",都是后人对已故父母及祖先的行为。其中既有对祖先美德的追思、遵从和世代服事祖先的志愿，也有请祖先享用芳香可口的祭品、保佑孝子顺孙有福的希冀。后例则具体描绘了孝子大修农耕、远服商贾，以收获奉养父母的情形。这些记载，基本上反映了当时社会对孝的理解和尽孝道的表现。还应该指出的是，在孔子之前，"孝"不仅已被视为重要的伦理规范，而且已与政治建立了某种联系："有冯有翼，有孝有德，以引以翼。岂弟君子，四方为则。"（《诗·大雅·卷阿》）就是说，身居王位者应凭借有孝有德的贤人，造就出好的品行，然后为民众取法。这是用伦理影响政治的重要观点。

随着社会的发展，特别是家庭关系的调整和家庭与社会关系的日益紧密，人们对"孝"的认识也在不断发生变化。孔子就不仅对"孝"给了高度重视，而且在前人认识的基础上进行了一些新的诠释，使其成为儒家伦理学说的基石。

一、爱：孝行动机的新诠释

如前所述，对已故祖先的追思和祭祀，包括祀神致福，是孔子之前"孝"的主要内涵和表现。人们之所以如此，当然有感恩和怀念之情在起作用，但更多的则是出于灵魂不灭并能福祸于人的认识。既然人死后"有知"，能福祸于人，孝子贤孙便应供奉，否则就会受到惩罚。直到墨子，不仅认为鬼神存在，能"赏贤而罚暴"，而且"鬼神之罚，不可为富贵众强、勇力强武、坚甲利兵，鬼神之罚必胜之"（《墨子·明鬼下》）。鬼神有如此巨大的威力，就不能不备加尊崇，故在原始孝道中，功利性远大于情感因素。孔子总结的"殷人尊神，率民以事神，先鬼而后礼"（《礼记·丧记》），就是最突出的表现。

春秋时期，鬼神迷信依然比较浓重，孔子的学生就经常向孔子请教相关问题，但孔子的认识已大异于前人。简要地说，孔子对"死后有知"的有灵论持存疑的态度，不相信鬼神实有并能福祸于人，故主张"务民（人）之义，敬鬼神而远之"（《雍也》）。尽管如此，孔子对葬祭之礼则给与了坚持和维护，并将其纳入"孝"的范畴："生，事之以礼；死，葬之以礼，祭之以礼。"(《为政》)这是孟武伯问"孝"之后,孔子对"无违"的解说:既反对迷信鬼神又重视葬、祭之礼。在宰予与孔子讨论"三年之丧"时,孔子给出了人文精神的诠释,即为了回报父母的养育之恩和爱(详见《阳货》)。对此,我在本书第四章已有专题讨论,不再赘述。

其实,当孔子讲"仁者人也,亲亲为大"时,即已表达了这种情感。这是人类社会应该普遍怀有的一种感情。多数动物的幼崽,假如没有其父母的呵护与养育就很难存活下来,于是便产生了雏鸟长大后衔食喂养母鸟的"反哺"之说,并有了将对父母不孝者指斥为"禽兽不如"的社会舆论。我国古代最早的诗歌总集有云:"父兮生我,母兮鞠我。拊我畜我,长我育我,顾我复我,出入腹我。欲报之德,昊天罔极。"(《诗·小雅·蓼莪》)作者用一系列动词来追思父母生前对自己的养育之恩,表达了"子欲养而亲不在"的悲痛之情。这种父母与子女的血缘亲情,是超越时空界限的。古希腊伦理学大师亚里士多德曾这样写到:"在食物方面,我们应当帮助父母先于帮助其他任何人,因为我们对父母欠有养育之恩。在这方面我们如能帮助父母先于帮助自己,则更可为敬。我们还应对父母表示敬意,正如对神表示敬意一样。"(《伦理学》)与西方的文化传统不同,孔子主张"务民(人)之义,敬鬼神而远之",故在思考生命来源时,着力把对"上帝"或"神"的感恩集中到父母身上,使对"神"的尊重成为对"人"的自我尊重,并由此形成了以人为本位、以爱人为价值取向的人文传统。

讨论至此,就涉及到对孔子"父母在,不远游,游必有方"(《里仁》)的理解和认识。父母在世时尽量不要远行,当然是为了尽孝。但从"游必有方"即远行时一定要让父母知道去处的补充说明看,孔子并非绝对地反对父母在时子女远游,重点还是在使父母免于挂念上。在交通和通信极其落后的上古时代,孔子的这一叮嘱是必要而写实的。唐代诗人孟郊的那首脍炙人口的《游子吟》,便道出了父母与子女的这种浓郁而醇美的情感:"慈母手中线,游子身上衣。临行密密缝,意恐迟迟归。谁言寸草心,报得三春晖。"此诗不仅将母爱表达得淋漓尽致,也同时道出了游子发自肺腑的感恩情怀,与前引之《蓼莪》同样动人。当今社会,交通与通信虽十分便捷,但"儿行千里母担忧"仍是真切的情感,于是便有了"常回家看看"的召唤。朱熹在其《集注》中引范氏语曰："子能以父母之心为心,则孝矣。"
这是对孔子此言的正解,不能断章取义,将其与封建礼教联系起来,或将其
视为对年轻人的束缚。孔子周游列国期间有许多弟子相随远游,就足以证
明这一点。

二、敬:孝行内涵的新丰富

除祀神致福外,从经济上奉养父母,是当时人们对"孝"的一般理解。
在传统社会,物质奉养对父母是十分重要而不可或缺的。时至今日,对缺
乏经济来源和社会保障的家庭来说,物质奉养依然是行孝的重要体现。但
在孔子看来,仅仅做到这一点是不够的:

> 子游问孝。子曰:"今之孝者,是谓能养。至于犬马,皆能有养;
> 不敬,何以别乎? "(《为政》)

把这段话翻译过来就是:现在的所谓孝,是能够养活父母就行了。然
而就是犬、马都能得到饲养;如果对父母不恭敬,那养活父母与饲养犬马
有什么区别呢? 由此可见,"孝养"与"孝敬"的主要区别在于:前者只注
重对父母物质上的供养,后者则增加了精神上的内容。要求子女对父母除
物质上的满足外,要怀有真诚的敬意,要尽可能地保证其健康长寿和精神
愉悦,就是我们今天所主张的"精神赡养"。对此,孔子有进一步的解说:

> 子夏问孝。子曰:"色难。有事弟子服其劳,有酒食先生馔,曾是
> 以为孝乎? "(《为政》)

> 孟武伯问孝。子曰:"父母,唯其疾之忧。"(同上)

> 子曰:"父母之年,不可不知也。一则以喜,一则以惧。"(《里仁》)

子夏问孝道,孔子认为子女在父母面前保持愉悦的神色是件难事。这
就是《礼记·祭义》中所说的"孝子之有深爱者必有和气,有和气者必有愉
色,有愉色者必有婉容"。孔子重视子女在父母面前的神色和态度,是因为
父母的情绪最易受其影响。如果子女有和气、有愉色、有婉容,老人就会在
精神上得到慰藉和满足。后两例中孔子所言,也体现了对父母的敬重和关
切。"父母唯其疾之忧"有两解,一是做父母的只是为子女的疾病发愁;二

是做子女的只是为父母的疾病发愁。无论怎样理解，都是对亲情的诠释。做父母的只是为子女的疾病发愁，子女就应该保持身体的健康而不让父母担忧，这就是所谓"身体发肤，受之父母，不敢毁伤"。但从常理和一般的话语系统看，当以"做子女的只是为父母的疾病发愁"为正解。这从孔子关于"父母的年纪不能不时时记在心里：一方面因其高寿而欣喜，一方面因其高寿而恐惧"中即可得到证实。父母年纪越大，越容易生病，也更接近于死亡。子女为此而忧虑和恐惧，当然是爱父母的表现。对此，孔子有集中的归纳：

> 子曰："孝子之事亲也，居则致其敬，养则致其乐，病则致其忧，丧则致其哀，祭则致其严。"（《孝经纪孝行章》）

"居则致其敬"，即照料父母起居时要充分表达敬意。孔子把"敬"看得比"养"更为重要，一是看到了养易敬难的社会现实，二是把尊敬父母视为人与动物的区别，体现了孔子对人性的认识。荀子在论述人与动物区别时就指出："人之所以为人者，非特以其二足而无毛也，以其有辨也。夫禽兽有父子而无父子之亲，有牝牡而无男女之别。故人道莫不有辨。"（《荀子·非相》）孔子重"敬"，也不是轻"养"，而是说光有养而没有敬还达不到孝的最高境界。对此，曾子颇有心得："孝有三：大孝尊亲，其次弗辱，其下能养。"（《礼记·祭义》）在孝的这三个等次中，如果能达到尊亲的最高层次，养也必然在其中了。

"养则致其乐"，是指在提供物质供养时要保持愉悦的心态和表情。这也是针对了"色难"即子女在父母面前经常保持愉悦神色比较困难的现实。实践表明，同样给父母以经济上的供养，但不同的态度会产生不同的效果。人即使在年老体衰之时，也是有尊严的。子路曾就此向孔子请教："有这样一个人，早起晚睡，耕耘栽植，手脚磨出茧子来奉养他的父母，但并没因此而获得孝子的名声，这是为什么呢？"孔子回答说"我猜想是因为他举止不恭敬吧？或许是言辞不谦逊吧？或许是脸色不柔顺吧？"（《荀子·子道》）孔子的判断，就来自对老人精神需求的认识。人不仅有生存需要，也有被尊重的需要。《礼记·檀弓》记有一个故事说，春秋时齐国发生饥荒，有人在路上施舍饮食，对一个饥饿的人说："嗟，来食！"饥饿的人说：我就是因为不吃"嗟来之食"才到这个地步的。于是终因不食而死。"嗟来之食"即带有污辱性的施舍。饥民尚且不食嗟来之食，何况父母乎！

"病则致其忧"，即父母患病时要尽忧虑的心情照顾。这与前面讨论的"父母，唯其疾之忧"是一致的。"丧则致其哀，祭则致其严"，即在父母去世时要尽哀伤的心情去料理后事，在祭祀父母时尽庄敬的心情去纪念，也都是子女深爱父母的表现。

在孔子的孝论中，敬重父母是阐述最多、分量最重的部分，从而丰富了孝的内涵，提升了孝的境界。

三、谏：家庭民主的新主张

要使父母保持精神上的愉悦，需要子女做出很多努力。其中很重要的一点，就是维护父母在家庭中的地位，尊重父母的意见。孔子作为"孝敬"父母的倡导者，当然很重视这一点，并体现在孟懿子问孝时所回答的"无违"（《为政》），以及"父在，观其志，父没，观其行。三年无改于父之道，可谓孝矣"（《学而》）等主张中。但孔子同时反对愚孝和盲从：

　　子曰："事父母几谏。见志不从，又敬不违，劳而不怨。"（《里仁》）

所谓"事父母几谏"，就是说，在侍奉父母的时候，如果发现他们有不对的地方，应微言相劝。这是孔子孝论中的又一闪光点。孔子之时，父权家长制仍占统治地位，在家庭中是没有"民主"可言的。在这种情况下，孔子能提出子女可对父母谏诤的意见，很难能可贵。当然，孔子对此也有保留，即"见志不从，又敬不违，劳而不怨"。就是说，如果看到自己的意见没有被采纳，仍然要恭敬地侍奉他们，虽然忧愁，但不怨恨。把"不违"作"侍奉"解，来自孔子本人的认识。让我们再看一下孟懿子问孝后孔子对"无违"的阐释：

　　孟懿子问孝。子曰："无违。"樊迟御，子告之曰："孟孙问孝于我，我对曰'无违'。"樊迟曰："何谓也？"子曰："生，事之以礼；死，葬之以礼，祭之以礼。"（《为政》）

可见,孔子所说的"不违"或"无违",是指无违于礼,即无论父母是否听从自己的劝告,都要照常依礼服侍。这里面当然有顺从、听话的内涵,但并非对父母意见的无条件服从。对此,《孝经·谏净章》载有一段孔子与曾子的对话,可为之佐证:

> 曾子曰:"……敢问子从父之令,可谓孝乎?"子曰:"是何言与,是何言与?昔者天子有争臣七人,虽无道,不失其天下;诸侯有争臣五人,虽无道,不失其国;大夫有争臣三人,虽无道,不失其家;士有争友,则身不离于令名;父有争子,则身不陷于不义。故当不义,则子不可以不争于父,臣不可以不争于君;故当不义,则争之。从父之令,又焉得为孝乎?"

对《孝经》的可靠程度,学术界有不同看法。经多年考证,以肯定为孔门弟子或再传弟子著述的意见为多。从汉代流行的儒家著述看,即便是后人纂集,其所记孔子之言亦多有所本,尽管在辗转传承中可能存在一些舛误,需要分辨识别。在成书于战国末期的《荀子》中,就有内容大致相同的记载,但答问的对象不是曾子而是子贡:

> 鲁哀公问于孔子曰:"子从父命,孝乎?臣从君命,贞乎?"三问,孔子不对。

> 孔子趋出,以语子贡,曰:"乡(向)者君问丘也,曰:'子从父命,孝乎?臣从君命,贞乎?'三问,而丘不对。赐以为何如?"子贡曰:"子从父命,孝矣;臣从君命,贞矣。夫子有奚对焉?"孔子曰:"小人哉!赐不识也!昔万乘之国,有争臣四人,则封疆不削;千乘之国,有争臣三人,则社稷不危;百乘之家,有争臣二人,则宗庙不毁;父有争子,不行无礼;士有争友,不为不义。故子从父,奚子孝?臣从君,奚臣贞?审其所以从之之谓孝,之谓贞也。"(《荀子·子道》)

两相比较可见,在谏净的问题上,孔子的态度是鲜明而坚定的,并亲授给多名弟子。《说苑·正谏》记孔子言曰:"良药苦口利于病,忠言逆耳利于行。故武王谔谔而昌,纣嘿嘿而亡。君无谔谔之臣,父无谔谔之子,兄无谔谔之弟,夫无谔谔之妇,士无谔谔之友,其亡可立而待。"这段话所表明的意见,与前面征引的两则记录是一致的。在孔子看来,从天子到诸侯,从卿大夫到为人父者,只要有敢于谏诤的臣、子,就会使天下、国家和家族得以保全,使个人不失礼义。因此,在臣、子是否应该听从君、父之命的问题上,孔子反对一概而论,主张以君、父之命正确与否为判断标准。听从正确的意见和命令就是忠、孝,否则就是不忠不孝。

讨论孔子对父子关系的认识,也不能不涉及孔子关于"父为子隐,子为父隐"的主张:

> 叶公语孔子曰:"吾党有直躬者,其父攘羊,而子证之。"孔子曰:"吾党之直者异于是:父为子隐,子为父隐。——直在其中矣。"(《子路》)

父亲偷了别人的一只羊,儿子便去告发,叶公认为这儿子是一位坦白直率的人。而孔子则认为,在这类问题上,父亲替儿子隐瞒,儿子替父亲隐瞒,直率就在其中了。孔子的这一看法一直被批评家所诟病,想给予正面的理解也比较困难。但从韩非子对此事的记叙中,我们似乎可以找到答案:

> 楚之有直躬,其父窃羊而谒之吏。令尹曰:"杀之!"以为直于君而曲于父,报而罪之。以是观之,夫君之直臣,父之暴子也。(《韩非子·五蠹》)

父亲偷羊被儿子告到官府,令尹下令杀掉偷羊的父亲。为偷一只羊这样的罪过而使父亲失去性命,这种"正直"所产生的后果,实在是太过严重了。《吕氏春秋·仲冬纪·当务》记这一故事,情节有进一步发展:父亲将被杀掉时,"直躬者"请求代父去死;"直躬者"将被杀时,对行刑官说:"父亲偷羊而揭发之,不是信吗?父亲将被杀而替他伏法,不是孝吗?既信又孝而被杀,国家还有不该杀的人吗?"这番话使"直躬者"保住了性命。孔子对此评论说:"直躬者的所谓信真是太奇特了,用父亲两次为自己捞取名声。"《吕氏春秋》的作者亦评论说:"直躬者的这种所谓信,还不如没有。"

"父为子隐,子为父隐",孔子实际考量的还是人性和人的情感。在西方的法律中,有嫌犯可保持沉默、不自证其罪的权力,庶几近矣。在中国传统社会中,既有对"大义灭亲"的称许,也有"家丑不可外扬"的理念。在父亲偷别人一只羊这样的问题上,可视为后者,与其向官府告发,不如采取其他办法予以纠正,如劝说父亲将偷来的羊送回去。这样的话,既可保全父亲,又可体现为人的正直,故孔子说:直在其中矣。

四、慈:家庭关系的新调整

孔子之时,社会上大量存在的是臣、子应如何顺从君、父的要求,而少有君、父应如何对待臣、子的意见。在这种情况下,孔子提出了自己的主张:

> 齐景公问政于孔子。孔子对曰:"君君,臣臣,父父,子子。"公曰:"善哉!信如君不君,臣不臣,父不父,子不子,虽有粟,吾得而食诸?"(《颜渊》)

这段记载多被当作孔子维护等级制的负面材料使用,其实不然。孔子提出的"君君,臣臣,父父,子子",翻译过来就是:"君要像个君,臣要像个臣,父亲要像父亲,儿子要像儿子",也就是君、臣、父、子各有其应遵循的行为规范。这种要求显然是双向的而非单方面的,在强化角色意识的同时,也有相应的权利义务观念。例如,在鲁定公问"君使臣,臣事君,如之何"时,孔子就回答说:"君使臣以礼,臣事君以忠。"(《八佾》)在这里,"君使臣以礼"与"臣事君以忠"是交互权责的关系,并非如齐景公所理解的那样,只单方面对自己有利。父子关系也是一样,在父母应如何对待子女的问题上,孔子提出了一个很重要的道德规范,就是"慈":

> 季康子问:"使民敬、忠以劝,如之何?"子曰:"临之以庄,则敬;孝慈,则忠;举善而教不能,则劝。"(《为政》)

慈,即长爱幼,父母爱子女。在孔子之前,这种亲子之情虽已存在,却没有相应的道德规范。"慈"的提出,既是对"孝"的有力支撑,也是对家庭关系的调整和对家庭道德的完善。《大学》总结孔子对人际关系的认识说:"为人君,止于仁。为人臣,止于敬。为人子,止于孝。为人父,止于慈。与国人交,止于信。""止"是居处和达至的意思。在孔子和儒家的倡导下,"父慈子孝"成为家庭道德相辅相成的核心部分。

与"君使臣以礼,臣事君以忠"相若,"父慈子孝"伦理关系的明确,也实际地体现为一种互动关系。《汉书》卷六十三《武五子传》中有云:"父慈母爱室家之中,子乃孝顺。阴阳不和则万物夭伤,父子不和则室家丧之。故父不父则子不子,君不君则臣不臣。"(《资治通鉴》卷一百七十六)这是对孔子"君君,臣臣,父父,子子"的正确解读。可惜的是,这种交互权责的认识和主张,被汉儒的"三纲"即"君为臣纲,父为子纲,夫为妻纲"所冲淡乃至淹没,没得到应有的普及、运用和发展。

在"父不慈"的情况下子女应如何行事,孔子也提出过比较明确的意见:

> 曾子芸瓜而误斩其根。曾皙怒,援大杖击之。曾子仆地,有顷乃苏,蹶然而起,进曰:"囊者参得罪于大人,大人用力教参,得无疾乎?"退屏鼓琴而歌,欲令曾皙听其歌声,令知其平也。孔子闻之,告门人曰:"参来勿内也。"曾子自以无罪,使人谢孔子。孔子曰:"汝不闻瞽叟有子名舜?舜之事父也,索而使之,未尝不在侧,求而杀之,未尝可得,小箠则待,大箠则走,以逃暴怒也。今子委身以待暴怒,立体而不去,杀身以陷父不义,不孝孰是大乎?汝非天子之民耶?杀天子之民罪奚如?"以曾子之材,又居孔氏之门,有罪不自知,处义难乎!(《说苑·建本》)

故事的大意是:曾子在瓜田除草时不小心误断了瓜根,其父曾皙怒以大棒将其打昏在地。曾子苏醒后不仅没有忌恨,反而上前对其父亲说:"刚才我得罪了父亲大人,大人用力教训我,该不会伤着了吧?"退下后,曾子还弹琴唱歌,目的是让父亲听到后知道他身体平安无恙。曾子以为这样做是"孝",而孔子则以舜处理父子的关系为例,提出了反对意见。舜的父亲瞽叟性情暴戾,溺爱舜的弟弟象,屡次想害死舜。舜采取的应对措施是:父亲要使唤他时,他没有不在侧的;父亲想杀他的时候,却找不到他。小的杖刑他就等着挨,大的杖刑他就跑掉,以逃避其父亲的暴怒。孔子以此为例批评曾子:你不逃避父亲的暴打,会以自己的死使父亲陷于不义,是最大的不孝。孔子的这段评论,既是对曾子愚孝态度的批评,也是对曾皙所为的否定,即所谓"不义"和"杀天子之民罪"。这则故事,在《韩诗外传》卷八和《孔子家语·六本》中均有记载,可从中看出后世学人对这一案例的重视及对孔子之论的认同。

需要明确指出的是,在处理君臣和父子关系的问题上,特别是在"君不君"和"父不父"的情况下,孔子和儒家的应对意见不是完全相同的。对君臣关系,孔子的态度是以刚性为主导的。他既主张维护君主的权威性,又反对愚忠盲从,倡导"勿欺也,而犯之"(《宪问》),提出并实践了"鸟则择木,木岂能择鸟"(《左传·哀公十一年》)的自主选择主张,甚至赞成废黜无道之君,如对武王伐纣建立西周政权的肯定。而对父子关系,孔子只反对愚孝盲从,并不主张绝对意义上的背弃,即所谓"见志不从,又敬不违,劳而不怨"和"父为子隐,子为父隐"。《礼记·曲礼下》概括说:"为人臣之礼,不显谏,三谏而不听,则逃之。子之事亲也,三谏而不听,则号泣而随之。"此一官德与私德的区别,是符合人伦之常的。

做父母的要慈爱自己的子女,当然也包括尊重。孔子虽然没有深入阐明这一点,却提出了相近的主张。他的"后生可畏,焉知来者之不如今也"(《子罕》),就是中国历史上明确肯定年轻人作为的宣言。在父子、长幼之间,孔子也并不主张后者要绝对听从前者。他曾盛赞子贡对他的启发(见《八佾》),肯定陈司败、子游对自己错误的纠正(见《述而》、《阳货》),批评颜回对自己的"不违,如愚"(《为政》),主张"当仁,不让于师"(《卫灵公》)。传统社会视师徒如父子。从孔子对师生关系的看法中,可折射出其对父子关系的基本态度。

还有一段记载,可看出孔子对父子关系的意见:

子路问:"闻斯行诸?"子曰:"有父兄在,如之何其闻斯行之?"冉有问:"闻斯行诸?"子曰:"闻斯行之。"公西华曰:"由也问'闻斯行诸',子曰'有父兄在';求也问'闻斯行诸',子曰'闻斯行之'。赤也惑,敢问。"子曰:"求也退,故进之;由也兼人,故退之。"(《先进》)

子路和冉有向孔子求教同一个问题,但孔子却给予了完全不同的回答。这是因为,子路的胆子太大,行事过于鲁莽,于是孔子让他行事之前要征求一下父兄的意见;而冉求平日做事退缩,孔子为了给他壮胆,便告诉他"听到就干起来"。可见,在孔子那里,一个人在行事之前是否需要征求父兄的意见，是由其本人的素质和特点决定的，并无礼法上的强制。这也表明，在孔子的孝论中虽然存在过于强调父母权威的倾向，也有晚辈应自主自立、当仁不让的思想。这与当时存在的父权家长制已有所不同，对单纯强调孝亲的"一面倒"的家庭教育起到了某种修正作用。以此解读孔子的"父在，观其志；父没，观其行。三年无改于父之道，可谓孝矣"（《学而》），就不能僵化、教条地理解。其所言之志、行、道，并非一般的愿望、行动和意见，而是重大人生志向、重要行为选择和良好家风的传承，尽管孔子此论也不无父权家长制的色彩。

五、仁：孝行境界的新提升

"孝"属于家庭伦理的畴，其直接功用当然在于家庭建设。但孔子倡孝，有更为深远的意图，就是推行其"仁"的主张。他指导学生说："弟子，入则孝，出则弟，谨而信，泛爱众，而亲仁。"（《学而》）"孝"是子女对父母的爱，"泛爱众"则是对其他人的爱。从家庭到社会，从"孝"到"仁"，是一个由内而外、从小到大循序渐进的过程。《孝经·广要道章》引孔子的话说："教民亲爱，莫善于孝。教民礼顺，莫善于弟。"古文《尚书》的作者就吸纳了孔子的这一主张，并将其归纳为"立爱惟亲，立敬惟长，始于家邦，终于四海"（《尚书·商书·伊训》）。

把倡孝作为行仁的基础，进而淳化民风，即曾子所言之"慎终追远，民德归厚矣"；把家庭中的孝悌扩展于外，就是孔子在"大同"社会构想中提出的"人不独亲其亲，不独子其子"，就是孟子所说的"老吾老，以及人之老；幼吾幼，以及人之幼。"（《孟子·梁惠王上》）从父慈子孝到尊老爱幼，从爱自己的亲人到"泛爱众"，是"孝"的良性发展。诺贝尔和平奖得主德雷莎修女曾说过："爱自己的孩子是人，爱别人的孩子是神。"孔子和儒家思想之所以能够替代宗教圣徒的形象又具有相同的力量和作用，盖缘于此。

有些学者将孔子的"仁者，人也，亲亲为大"概括为"爱有差等"，进而低估其精神境界。其实，像墨子那样无视亲子血缘关系的心理基础而推行无差别的"兼爱"，虽表面看来境界很高，实则如李泽厚先生所见，"是小生产劳动者的一种常见的乌托邦意识"(《中国古代思想史论》,安徽文艺出版社1994年版,第63页)。批判孔子"爱有差等"的人,在很大程度上是受了这种意识的影响。孔子主张的合理性,不仅有亲子血缘关系存在的理论依据,也可以从日常生活中观察和体会到。一般而言,孝心是爱心的表现。一个连自己父母都不爱的人,就很难无条件、超功利地去爱别人。同样,一个在家庭中孝敬父母、友爱兄弟的人,其社会表现也不会很差。用孟子的话说,即"亲亲而仁民,仁民而爱物"(《孟子·梁惠王上》),这是"大爱无疆"的原始表述。

孔子倡孝,也有政治目的。请看下面这段对白:

> 或谓孔子曰:"子奚不为政?"子曰:《书》云:'孝乎惟孝,友于兄弟,施于有政。'是亦为政,奚其为为政?"(《为政》)

孔子主张为政以德,因此,当有人问他为什么不做官参与政治时,他引用《尚书》的话作答,认为只要把孝敬父母、友爱兄弟的风气影响到为政者,也就是参与政治了,不一定非得亲自为官才算参与政治。在为何不亲自做官为政的问题上,孔子虽没有尽述实情,但也不全是搪塞和自我宽慰之言。他告诫季康子"孝慈,则忠",认为"君子笃于亲,则民兴于仁"(《泰伯》),就是这种"施于有政"的实践。

孔子重视并致力于用孝悌之风影响为政者,也是看到了他们的影响力,即"上老老而民兴孝,上长长而民兴弟"(《大学》)。出于这种认识,孔子在评论统治阶层的一些杰出人物时,很关注他们的孝行:

> 子曰:"舜其大孝也与!德为圣人,尊为天子,富有四海之内,宗庙飨之,子孙保之。故大德,必得其位,必得其禄,必得其名,必得其寿。"(《中庸》)

> 子曰:"禹,吾无间然矣。菲饮食而致孝乎鬼神,恶衣服而致美乎黻冕,卑宫室而尽力乎沟洫。禹,吾无间然矣。"(《泰伯》)

> 子曰:"武王、周公,其达孝矣乎!夫孝者,善继人之志、善述人之事者也。"(《中庸》)

孔子推出这些重量级的尽孝典型,动机是很明显的,就是希望当世及后世的帝王将相能够效法,在给民众做出榜样的同时,将这种家庭之爱扩

大到社会和民众,实现从"孝"到"仁"的扩展:

> 子曰:"爱亲者,不敢恶于人;敬亲者,不敢慢于人。爱敬尽于事亲,而德教加于百姓,刑于四海。盖天子之孝也。"(《孝经·天子章》)

以上这些用统治者的孝悌之行影响带动民众的主张也可以证明,孔子的"孝"是普遍规范,并非单为庶民立法。

"孝"道既然有利于淳化民风,当然也就有利于统治,用有子的话说,即"其为人也孝弟,而好犯上者,鲜矣;不好犯上,而好作乱者,未之有也。君子务本,本立而道生。孝弟也者,其为仁之本与!"(《学而》)《孝经》也提出过同样的看法:"君子之事亲孝,故忠可移于君;事兄弟,故顺可移于长;居家理,故治可移于官。是以行成于内,而名立于后世矣!"(《孝经·广扬名章》)这一"移孝行忠"的看法,虽与孔子的主张有不相投合之处,但与要求为政者"移爱于民"一样,都说明了家庭美德的养成在社会建设中的作用。

儒家对孝与忠关系的这些认识,对后世影响很大。特别是汉代,"汉制,使天下皆诵《孝经》,选吏则举孝廉,以孝为务也"(荀爽《艺文类聚》卷四十礼部下谥)。举孝廉为官的做法虽有一定的合理性,重视对官员血亲道德品行的考察,对判断官员的道德意识和水准也确有很大帮助,值得借鉴;但以孝为主要根据选用官员,则有些极端化。请看孔子与子贡的这段问答:

> 子贡问曰:"何如斯可谓之士矣?"子曰:"行己有耻,使于四方,不辱君命,可谓士矣。"曰:"敢问其次。"曰:"宗族称孝焉,乡党称弟焉。"(《子路》)

孔子把公认的"孝"、"弟"模范认定为次于称职官吏的"士",可见他并没有把"孝"作为取仕的主要标准——尽管他认为统治者应具备这种品德并用以换取民众的忠诚,即所谓"孝慈则忠"。清制由府州县保举"孝廉方正",就深明此理:对其中朴实拘谨无他技能者,给以六品顶戴(享受六品的待遇而不给实职);对才德兼优逾格保荐者,送吏部考试任用。这就比汉代统治者的认识和运用高明许多。

"忠"与"孝"虽在思想品格建设上有共通之处,但从行为学的角度看，二者有时也会形成矛盾。例如，孔子主张"父母在，不远游，游必有方"，这对奉王命差遣"使于四方"或服役者来说，就是一种阻力。《韩非子·五蠹》有这样的记载：

> 鲁人从君战，三战三北。仲尼问其故，对曰："吾有老父，身死莫之养也。"仲尼以为孝，举而上之。以是观之，夫父之孝子，君之背臣也。

这位每逢战役便当逃兵的鲁人，理由是担心自己战死后老父无人赡养。假如每位士兵均心存此念，这个军队的战斗力就可想而知了。韩非是继庄子后善于利用故事来说明事理的高手。但从孔子对同是鲁人的少年汪锜"执干戈以卫稷"并战死疆场的赞赏看（详见《左传·哀公十一年》），这一故事的真实性几乎是不存在的。不过，韩非此论的意义不在于故事的真实性，而在于对"忠孝不能两全"这一矛盾的揭示。"孝"与"忠"的矛盾冲突，在历史题材的戏剧中有许多展现。冲突的结果，大多是国家、民族道义战胜私情，这就最终体现了儒家舍身取义的价值取向。

孔子倡孝，其着力点在家庭内部，即"孝亲"；扩而大之，则是"泛爱众"，即培养仁德，淳化民风。这是孔子对孝这一传统伦理规范进行一系列改造之后，对其社会功用的认识，从而提升了孝的精神和实践境界，创建了私德、公德和官德既有区别又互相贯通的伦理哲学体系。

六、消极因素及历史命运

孔子的孝论，是根据家庭和社会发展需要应运而生的。经过孔子的改造和推行，孝的观念在中华民族乃至东方社会得到广泛认同，成为道德观念和文化心理的重要组成部分，在历史上发挥了积极的作用。与此同时我们也应看到，孔子的孝论中也存在一些消极因素。这些因素被一些后儒和封建统治者片面继承和利用，对后世产生了不良影响。主要体现在以下几个方面：

其一，孔子虽然以"仁"和"孝"的推行改变了前人对丧葬祭祀活动动机的认识，但对"三年之丧"之类葬祭之礼的维护，则体现出保守、落后的一面,也给秦汉之际一些腐儒制造繁文缛节和厚葬久丧之风提供了依据。据史料载,在汉代,有人将三年的丧期延长到六年——这可能来自《史记》关于子贡给孔子守丧六年的记载,并对服丧期内的衣食住行等作出了一些违背人性、人情及生存需要的规定。社会发展到今天,其中的多数规定已被简化或摈弃,如"三年之丧"已被三周年祭日的祭祀代替。这也从一个方面证明,即使在尊孔的年代,人们也并非如一些批评家所担心的那样,一切皆以孔子的是非为是非。实践(包括生存体验)的结果不仅是检验真理的标准,也是左右人的行止的决定性力量。

其二,孔子在提出子女可向父母谏诤和父母应尊重子女意见的同时,对父母在家庭中的地位给予了维护,并存在偏重于强调父母权威和利益的价值取向。这些主张虽有合理的一面,却给父权家长制提供了理论支撑。这些主张被一些后儒和封建统治者教条理解和片面发展,便形成了落后的封建礼教。《礼记·曲礼上》就有这样的规定:"见父之执,不谓之进不敢进,不谓之退不敢退;不问,不敢对。此孝子之行也。"更有甚者,要求子女在父母面前,"不敢哕、噫、嚏、欠、伸、跛、倚、睇视,不敢唾洟,寒不敢袭,痒不敢搔。"(《礼记·内则》)这些规定,加上汉以后统治阶层对"卧冰求鲤"等残害身体的愚孝行为的错误倡导和褒奖,把孝引向了违逆人性和扼杀年轻人自立意识的歧途。宋明以后,"孝"与"顺"联在一起,出现了"天下无不是的父母"和"君叫臣死,臣不敢不死;父叫子亡,子不敢不亡"等说教。由"孝敬"发展到"孝顺",是孔子所始料不及的。而正是这个"顺"字,加上宗法制度的长期存在,使孔子倡导的做"争子"的家庭民主思想萌芽几被扼杀,自主性和自立意识也较难生成。因为年轻人的不自立或自立较晚,上一辈便背负了沉重的负担;到子女能够自立的时候,父母又因为养育子女的过多付出和缺乏社会保障而无法解决自己的养老问题,便反过来依靠子女,于是陷入无法开解的恶性循环。

其三,孔子和儒家重家庭伦理和父子之亲的主张,被封建统治者无限放大,成为维护"家天下"政治格局和世袭制的理论借口。如汉高祖称帝后,尊其父为"太上皇",并下诏曰:"人之至亲,莫亲于父子。故父有天下传归于子,子有天下尊归于父,此人道之极也。"(《汉书·高帝纪下》六年冬十月）世袭制虽并非始于汉代,孔子对此也并不赞赏,但汉高祖从亲亲之爱中寻找父业子承的根据,对维护"家天下"起了很大作用。

随着社会政治、经济、文化的发展变革,孔子孝论中的这些消极因素（包括后儒和封建统治者恶性发展的部分）被不断发现、剔除或改造,从而使其在家庭和社会的道德建设中,继续发挥了以积极方面为主的作用。虽然如此,由于人们对孔子的孝论缺乏全面了解和认识,特别是经过上个世纪对传统思想文化的几次大规模批判运动,一些人专注于其中的消极因素和负面影响而对其积极方面认识不足,甚至将之尽皆看成封建的东西而全盘予以否定。因此,重新认识和评价孔子的孝论,对当前和今后的道德建设,具有十分重要的意义。

孔子的孝论是根据家庭和社会发展需要应运而生的,那么,随着家庭和社会的发展变化,随着人类文明的不断进步,其中有些内容的不适应和被否定,也是自然合理的事情。近些年来,随着改革开放和经济社会的发展,家庭民主和代际间的平等、自立意识在不断增强,养儿防老、父权家长制和父母在不远游等传统观念正在逐渐改变。在社会政治生活中,我们对重血缘纽带和乡土观念的意识和行为,已从过去的理论认同转变为理论上的否定和实践上的批判。随着社会的进一步发展,特别是个人权利和自由发展空间的扩大,以及孔子所期待的"矜寡孤独废疾者皆有所养"的社会保障体系的建立,与传统社会相比,血缘关系的松弛和家族观念的淡化,将是我们必须面对的社会现实,也必然会引起家庭伦理观念及表现形式的新变化。譬如,过去人们倾慕的"四世同堂"或"五世同堂"的家族群居生活,已极为罕见；父母与已婚子女在一起生活的家庭,也呈锐减的趋势；西方发达国家家庭关系中的民主、平等和自立精神,也正被越来越多的国人所重视、学习和借鉴。但是,正如社会发展是一个连续不断的过程一样,道德建设也是有连续性的。只要亲子血缘关系和家庭存在,"孝"就有理由继续存在并发挥作用,尽管会随着家庭结构、人的观念和生存方式的变化而产生新的理解和实践。我们既不能用老眼光来看待这些变化,抱怨人心不古；也不能对这些变化中出现的不尊重、不赡养老人和弃婴等道德滑坡现象视而不见。

对传统的批判和改造,要与本国和本民族的实际相结合。譬如,在多数西方发达国家,子女18岁后便应自谋生活,而我们有许多人近中年者仍在"啃老"。这种反差,是足令我们汗颜的。要解决这一问题,仅靠宣传教育是不够的,必须同时具有政治、经济和法制的保障,有相应的道德、文化水准和人文精神的维系。我国现阶段的社会保障水平较低,就业不很充分,多数家庭父母和子女在经济上的相互依赖关系尚无法分离。在这种情况下,盲目效法西人之举,错误批判孝、慈等传统道德观念,就不仅会产生激烈的家庭矛盾,也会带来严重的社会问题。目前,我国的人口老龄化已进入快速发展期。在研究解决老年人社会保障和社会化养老问题的同时,强化和规范子女的尊老孝亲意识和行为,更具有现实意义。

可以预见,即使在社会进步到人的自由全面发展阶段时,来自血缘的代际关系虽不会像过去那么紧密,但也绝不会蜕化为一般的人际关系。西人的家庭关系虽然不似我们这般模样,但父母要将孩子培养到18岁,孩子要经常探望自己的父母,也是法律和道德的要求。黑格尔曾经指出:"作为精神的直接实体性的家庭,以爱为其规定,而爱是精神对自身统一的感觉。"(《法哲学原理》,商务印书馆1961年版,第175页)美国第五十四届总统乔治·沃克·布什2002年2月在清华大学的演讲中指出:"我认为家庭在社会中是不可分割、也是一个非常重要的组成部分。中国在历史上、文化上,有敬老爱幼、尊重家人的传统,我希望美国也有这样的传统,这个概念不只是给某一个国家的,这是全球性的概念。"(《名人演讲在清华》,大众文艺出版社2003年版,第9页)作为二十一世纪初的美国总统,其对家庭关系和家庭作用的认识,当然具有相当的代表性。

总之,以父慈子孝为核心的家庭伦理,是人类文明的重要组成部分。调整偏颇的父权心态,摒弃男尊女卑的性别歧视,剔除愚孝盲从的封建糟粕,注入民主、平等、自由的新理念,"孝"的观念仍具有不可替代的作用和调整空间。特别是孔子倡导的由家庭到社会的人类之爱,适用于人类社会发展的任何阶段,是我们应该世代相传的道德遗产。

附录：

走近孔子

　　孔子是我国古代杰出的哲学家、教育家和思想家，也是举世公认的历史文化巨人。美国学者迈克·H·哈特在他的《历史上最有影响的一百人》一书中认为，孔子是"中国最伟大的哲学家，独创了一套信仰体系"。美国哈佛大学教授杜维明先生，把孔子视为世界几大精神文明主要人物——包括释迦牟尼、苏格拉底、耶稣、穆罕默德等中的一员。德国哲学家雅斯贝尔斯（当代存在主义代表人物之一），在研究东西方伟大哲人的观念与作为后，特别选择四位典型：苏格拉底、佛陀、孔子、耶稣，编成了《历史的巨人：四大圣哲》一书。日本、韩国和东南亚的一些国家，更把孔子看作东方文化之祖，给予了特殊的关注、景仰和认同。

　　孔子的被尊重和被景仰，根本原因在于其思想的深度、人格的魅力和在人类社会发展进程中所做出的杰出贡献。由于特殊原因，当代国人中的绝大多数是从对孔子的批判中认识孔子的。其中的有些批判虽并非没有道理，但更多的是出于政治需要对孔子形象的丑化和思想的歪曲。一位名叫野泽正直的日本人在肯定孔子思想对日本的影响时说："我们是要感谢孔子的，世世代代都要感谢他。可你们中国为什么要打倒孔子呢？真是不可理解。"（《热爱儒学的野泽先生》，《人民日报》海外版1992年8月18日）这使我想起郁达夫先生的一段话："没有伟大的人物出现的民族，是世界上最可怜的生物之群；有了伟大的人物，而不知拥护、爱戴、崇仰的国家，是没有希望的奴隶之邦。"在中华文化经过一个多世纪的起伏跌宕和中西文化反复撞击之后，在中华民族已经能够以开放的心态正确把握时代精神并比较成熟地对待自己文化传统的今天，我们走近并重新审视孔子，还孔子以本来面目,是对这位伟人的最好怀念。

贫苦出身的学者

孔子,名丘,字仲尼,春秋时期鲁国人。生于公元前551年(鲁襄公二十一年),卒于公元前479年(鲁哀公十六年)。依照汉民族传统的年龄计算方法,终年七十三岁。

孔子出身贫苦。他自己曾坦然公布:"吾少也贱,故多能鄙事。"(《子罕》)即我小时候穷苦,所以学会了许多粗鄙的技艺。但许多学者在研究孔子时,习惯于揭示他的"没落贵族"血统,并以此对其进行阶级立场的判断和观点的揣度。其实,孔子具有贵族身份的先祖,从他的六世祖孔父嘉(时任宋司马)被杀就结束了。从孔子的五世祖木金父离开宋国到鲁国避难开始,就已沦为平民。孔子的父亲叔梁纥是个武士,虽因立过战功而得到一个低级的官职,但并无特殊地位和影响,况且,"丘生而叔梁纥死"(《史记·孔子世家》。《孔子家语·本性解》记"孔子三岁而叔梁纥卒"),其幼年的处境可想而知。为了生存,孔子不得不在很小的时候就帮助母亲做一些事情,学习和掌握了一些生存本领。所谓"吾少也贱,故多能鄙事",正是这段历史的真实写照。而贵族子弟则不必如此,他们稍长便会被封官进爵,也无需学习专门的技艺。孔子说"吾不试,故艺"(《子罕》),即我因为没有当官,所以学到一些技艺,也说明了这样的情况。

有人认为孔子"晚年对自己这段历史引以为耻,说起少年时'多能鄙事',便紧接着菲薄说君子多乎哉?不多也"(蔡尚思《孔子思想体系》,上海人民出版社1982年版,第6页)。这是偏狭的理解。孔子所说的"贱"与"贵"相对应,是就出身而言的,没有道德方面的含义。对个人的家庭出身,孔子向来不十分重视,这从他不分出身贵贱授徒("有教无类")并主张优先选用有文化但没有贵族身份的人为官("从先进")中即可看出。所谓"鄙事",是用来代指"多能"和"艺"的。对个人的才艺,孔子向来十分重视。他不仅认为"求也艺,于从政乎何有"(《雍也》)即冉求多才多艺,让他治理政事没什么困难,而且将"冉求之艺"作为"成人"即全人或通才的标准之一(《宪问》),主张"君子不器"(《为政》),即君子不能像器皿那样只有一种用途。因此,这段话有自谦的含义,但并非自薄。孔子认为出身高贵的"君子"不会有更多的才艺,也表明了他对贵族阶层的不良看法。

实际上,孔子从来没有炫耀过自己的先祖,也不故弄玄虚抬高自己的身份。他对自己出身的说明,就是为了否定别人对他的过高评价:

> 太宰问于子贡曰:"夫子圣者与?何其多能也?"子贡曰:"固天纵之将圣,又多能也。"

> 子闻之,曰:"太宰知我乎?吾少也贱,故多能鄙事。君子多乎哉?不多也。"(《子罕》)

一位太宰因为孔子的多才多艺而感佩,疑其为超凡的圣人,子贡也持同样的看法,认为是上天让孔子成为圣人,所以使他多才多艺。孔子听到后,不仅断然予以否认,而且坦然公布了自己的贫贱出身。这在重视出身贵贱的等级社会,是难能可贵的。

从孔子"苟有用我者,期月而已可也,三年有成"(《子路》)和"文王既没,文不在兹乎"(《子罕》)以及"天生德于予,桓魋其如予何"(《述而》)等自述看,他并不否认自己才能的卓越,甚至有些自负。但他并未因此而神化自己,也不以别人对自己的神化自欺和欺世。对故弄玄虚、装神弄鬼唬人者,孔子十分反感,明确表示不与之为伍:

> 子曰:"素隐行怪,后世有述焉,吾弗为之矣。"(《中庸》)

对"素隐行怪",朱熹的解释是:"言深求隐僻之理,而过为诡异之行也",并将"后世有述"理解为"欺世而盗名",十分精当。孔子既"不语怪、力、乱、神"(《述而》),又反对欺世盗名,这就使他始终保持与世俗结缘而没有踏入宗教创始者的行列。

孔子在拒绝各种神化和迷信的同时,也如实说明了自己知识与才能的来源,即学习和实践:

> 子曰:"我非生而知之者,好古,敏以求之者也。"(《述而》)

> 子曰:"若圣与仁,则吾岂敢!抑为之不厌,诲人不倦,则可谓云尔已矣。"(同上)

由于家庭贫困,孔子不具有贵族子弟那样的学习条件。但由于他具有过人的天赋和勤敏，"十有五而志于学"（《为政》），很快便达到较高境界。在谈及自己成长进步的原因时，孔子这样言道："十室之邑，必有忠信如丘者焉，不如丘之好学也。"（《公冶长》）孔子认为，在品德基础上与自己差不多的人很多，只是没有自己那样好学而已。这既是自谦，也很写实。

孔子的学习精神确非常人可及。其"学而时习之，不亦乐乎"（《学而》），表明他已把学习作为自己的人生乐趣；其"朝闻道，夕死可矣"（《里仁》），表达了把追求真理视为人生要务的坚定信念；所谓"敏以求之"和"为之不厌"，是对自己学习和实践过程的描述；他的"发愤忘食，乐以忘忧，不知老之将至"（《述而》），则充分体现了活到老学到老的精神。他曾这样总结道："盖有不知而作之者，我无是也。多闻，择其善者而从之，多见而识之，知之次也。"（同上）"三人行，必有我师焉：择其善者而从之，其不善者而改之。"（同上）这种乐学精神和兼收并蓄的态度，不仅为后世学人树立了榜样，也使孔子成为博学多能的一代宗师，成为中国哲学的创立者和中华文明传统的奠基人。

宽厚博爱的仁人

孔子之所以一再否认和拒绝别人对他的过高评价，除自谦和自知外，也缘于他对"人"的普遍认识。在孔子看来，"性相近也，习相远也"（《阳货》），即人的天性或资质本来差不多，只是由于后天的习染不同，才相距悬远。这既是人类思想史上较早出现的对人性的研究结论，也是人生而平等的认识基础。根据这样的认识，孔子提出了"仁者爱人"和"泛爱众"的主张，建立了以"仁"为核心的思想体系。

在政治主张上，孔子推行仁政，认为"苛政猛于虎"（《礼记·檀弓下》），要求统治者"施取其厚，事举其中，敛从其薄"（《左传·哀公十一年》），能够"使民如承大祭"（《颜渊》）、"修己以安百姓"（《卫灵公》）。孔子还将"使民富且寿"视为"政之急者"（《孔子家语·贤君》），把取信于民和"节用而爱人"（《颜渊》、《学而》）视为治国方略，提出了"矜寡孤独废疾者皆有所养"（《礼记·礼运》）的大同社会构想。这些礼下庶人和施爱于民的主张,是极具建设性的,对历代统治者均产生过积极的影响。

在教育活动中,孔子首创私学,主张"有教无类"(《卫灵公》),不分贫富、地域和智愚,"自行束脩以上,吾未尝无诲焉"(《述而》),从而打破了学在官府的教育格局,使教育及于平民。孔子的学生大多出身贫寒,颜回"一箪食,一瓢饮,在陋巷"(《雍也》),"子夏贫,衣若县(悬)鹑"(《荀子·大略》),仲弓的父亲是"贱人"(《史记·仲尼弟子列传》),公冶长曾"在缧绁之中"(《公冶长》)即被关在监狱。从性情和状貌看,子路"性鄙,好勇力",宰予"利口辩辞",司马耕(子牛)"多言而躁",澹台灭明(子羽)"状貌甚恶",子羔"长不盈五尺"(以上皆见《史记·仲尼弟子列传》)。这些人师从孔子,均得到良好教育,成为出类拔萃的人才。对所有学生,包括他自己的儿子,孔子均一视同仁:

陈亢问于伯鱼曰:"子亦有异闻乎?"

对曰:"未也。尝独立,鲤趋而过庭。曰:'学诗乎?'对曰:'未也。''不学诗,无以言。'鲤退而学诗。他日,又独立,鲤趋而过庭。曰:'学礼乎?'对曰:'未也。''不学礼,无以立。'鲤退而学礼。闻斯二者。"

陈亢退而喜曰:"问一得三:闻诗,闻礼,又闻君子之远其子也。"(《季氏》)

伯鱼是孔子的儿子,陈亢原以为他会得到与众不同的传授,通过交谈,得出了"君子之远其子也"的结论。所谓"远其子",即对自己的儿子与对其他学生一样,没有什么特殊之处。孔子自己也曾对他的学生们表示:"二三子以我为隐乎?吾无隐乎尔。吾无行而不与二三子者,是丘也。"(《述而》)孔子告诉他的学生们,自己没有任何向学生隐瞒的东西。这与陈亢的考证是完全一致的。

在日常生活中,孔子待人不分出身贵贱,一律给予关心爱护,真正贯彻了他自己提出的"泛爱众"和"尊贤而容众,嘉善而矜不能"(《子张》)的主张。例如:

厩焚。子退朝,曰:"伤人乎?"不问马。(《乡党》)

"厩焚"一事,当发生在孔子"从大夫"之后。在当时的社会,马匹是主要的运载和耕作工具,而养马或看马棚的人社会地位十分低下。在马棚失火之后,孔子关心的是人而不是马,可见其"爱人"主张是真诚而彻底的。再例如:

> 互乡难与言。童子见,门人惑。子曰:"与其进也,不与其退也。唯何甚? 人洁己以进,与其洁也,不保其往也。"(《述而》)

"互乡"是地名,据说这个地方的人惯于做坏事且不大讲道理。但村里的几个年轻人却受到孔子的接见,弟子们感到疑惑不解。但孔子认为不应抓住他们过去的污点不放,应鼓励他们"洁己以进"。其中的"唯何甚",就是不能把事情做得太过分,要给人以出路。与此相近,孔子主张客观、公正、理智待人,不能"爱之欲其生,恶之欲其死",认为"既欲其生,又欲其死,是惑也"(《颜渊》)。孔子的这一主张和特点,被孟子概括为"仲尼不为已甚者"(《孟子·离娄下》),即孔子是做什么事都不过分的人。

孔子的仁爱胸怀,更体现在他对社会弱势群体的关心和关怀上。据《乡党》记载,孔子只要看见盲人和遭遇不幸者,都表现出深切的同情,给予应有的礼貌;其朋友死亡,没有人收殓,孔子便主动承担后事的料理。此外,孔子还提出了"君子周急不继富"的主张,即为穷人雪中送炭而不为富人锦上添花,这是社会救助思想的最初萌芽。

除上述表现外,孔子还以其倡导的"己欲立而立人,己欲达而达人"(《雍也》)和"己所不欲,勿施于人"(《颜渊》)的仁学境界为基础,主张"君子成人之美,不成人之恶"(同上)和"不逆诈,不亿不信"(《宪问》,即不预先怀疑别人的欺诈,也不无根据地猜测别人的不老实)及"躬自厚而薄责于人"(《卫灵公》)。其中的"不成人之恶"最值得玩味。所谓"成人之恶",就是促成别人的坏事。这极易使人想起鲁迅所言之"捧杀"和钱钟书的"见肿谓肥"。孔子在当时就对此提出警示,可见此种行径由来已久,也足见孔子目光如炬。

孔子的宽厚博爱,既来自他"仁"的主张和境界,也缘于他的人生态度和理想。他在一次与颜渊、子路"各言尔志"时,就这样概括了他的志向:"老者安之,朋友信之,少者怀之。"(《公冶长》)老者使其安逸,朋友使他信任我,年轻人使他怀念我。这看似简单的想法,要真正做到却十分不易,需要良好的品德修养、博爱精神和人格魅力。孔子之所以使人倾慕,除知识和才能之外,人格是一种巨大的力量。

率直无畏的诤友

孔子的被尊重和被景仰,还在于他的率直与无畏。他主张"君使臣以礼,臣事君以忠"(《八佾》),认为"上好礼,则民莫敢不敬;上好义,则民莫敢不服;上好信,则民莫敢不用情"(《子路》),把君主视为处理君臣、君民关系矛盾的主要方面。因此,他对下不骄,对上不卑,既勇于正视自己,也敢于直面人生,为弟子树立了"君子儒"的高贵形象。

与一些故作高深、到处设防的学者和政客不同,孔子有率直的天性。他勇于承认自己的弱点和错误,认为"过而不改,是谓过矣"(《卫灵公》),"能补过者,君子也"(《左传·昭公七年》)。在别人指出他的错误时,他不仅欣然承认,而且认为是一件幸事:

> 陈司败问昭公知礼乎,孔子曰:"知礼。"
>
> 孔子退,揖巫马期而进之,曰:"吾闻君子不党,君子亦党乎?君取于吴,为同姓,谓之吴孟子。君而知礼,孰不知礼?"
>
> 巫马期以告。子曰:"丘也幸,苟有过,人必知之。"(《述而》)

鲁昭公从吴国娶了位夫人,吴和鲁是同姓国家,这就违背了周朝"同姓不婚"的礼法。在这种情况下,孔子认为昭公"知礼",于是受到陈司败的批评。实际上,同姓不婚的礼法在当时已有很大松动,尤其是在与鲁国相邻的齐国,已首先在贵族阶层被打破。孔子经常往返于齐、鲁之间,想必已见怪不怪。尽管如此,孔子得知陈司败的批评后,没做任何解释便承认下来,并认为"苟有过,人必知之"是一件幸运的事情。

不指出鲁昭公的违礼之处,对孔子来说是个特例。有人认为孔子是遵从了"为尊者讳"的传统,更有人认为是"阿附权贵已成根性"(蔡尚思《孔子思想体系》,第44页)。这是很不负责任的。出于封建礼教,孔子对国君和"上大夫"之类保持了应有的礼数,这在《论语·乡党》中有许多具体描述;但孔子既不骄下也不卑上的特点,也十分鲜明:

孔子于乡党，恂恂如也，似不能言者。其在宗庙、朝廷，便便言，唯谨尔。(《乡党》)

孔子在乡邻面前非常恭顺，好像不会说话的样子；而在宗庙里、朝廷上，则当仁不让，直言己见，只是有所谨慎而已。特别是对当时统治者存在的贪婪、暴虐等问题，孔子从不回避，经常给予一针见血的批评：

季康子患盗，问于孔子。孔子对曰："苟子之不欲，虽赏之不窃。"(《颜渊》)

季康子是当时政治上最有权势的人，但孔子不畏权贵，当面把盗贼增多的原因归之于季康子的过分搜刮和贪欲。不仅如此，孔子还利用季康子问政的机会，就如何避免杀戮、如何端正自己的品行提出过中肯的意见，均十分尖锐。这对于与政治打交道的人来说，没有一点阳刚之气是做不到的。除此之外，孔子曾直言"卫灵公无道"，认为"晋文公谲(诡诈)而不正"(《宪问》)，对管仲的器识狭窄、不节俭和不知礼提出过批评(《八佾》)，因冉求帮助比周公还富有的季康子搜刮民财而大发雷霆(《先进》)。管仲和冉求，都是孔子给予过很高评价的人，可见孔子是非、功过之分明。

孔子为人讲求宽容，反对求全责备，但同时也十分厌恶"巧言令色"(《学而》)的虚伪和好好先生，认为"人之生也直，罔之生也幸而免"(《雍也》)，人的生存在于正直，不正直的人虽然也可以生存，但那是侥幸地免于祸害。所谓"直"，就包括讲原则，说真话，做诤友。譬如，有人对孔子说："拿恩德来报答怨恨，怎么样？"孔子道："拿什么来报答恩德呢？用正直来报答怨恨，用恩德来报答恩德。"这就是"以直报怨，以德报德"(《宪问》)。再譬如，孔子主张维护君主的权威，但同时反对"不善而莫之违"，认为君主说错了话而没有人违抗，容易导致"一言而丧邦"(《子路》)，因而要"勿欺也，而犯之"(《宪问》)，即不要阳奉阴违地欺骗他，却可以当面触犯他。按照这一思路，他倡导做"争臣"、"争子"、"争友"(《荀子·子道》)，主张"君子和而不同"(《子路》)。

孔子对为政者敢于仗义直言的特点，也被他的政敌所承认和恐惧。《史记·孔子世家》记载，当孔子周游列国至陈、蔡之间时，"楚使人聘孔子，孔子将往拜礼,陈、蔡大夫谋曰:'孔子贤者,所刺讥皆中诸侯之疾。……今楚,大国也,来聘孔子。孔子用于楚,则陈、蔡用事大夫危矣。'于是乃相与发徒役围孔子于野。不得行,绝粮。从者病,莫能兴。孔子讲诵弦歌不衰"。陈、蔡两国大夫所见到的"所刺讥皆中诸侯之疾",与前面列举的事例是吻合的,体现了孔子率直无畏的品质。

循循善诱的师长

孔子作为我国古代最杰出的教育家,不仅因办私学而首创了平民教育,而且在实践中提出和运用了有教无类的教育方针、因材施教的教育原则和启发式的教育方法,培养了一大批优秀人才,从而奠定了他在中华民族乃至世界教育史上的重要地位。

孔子对传统教育思想和教育实践的另一个重大贡献,是提出了"学而不厌,诲人不倦"(《述而》)的师德,建立了"当仁不让于师"(《卫灵公》)的新型师生关系。先说"学而不厌,诲人不倦"。教导学生是老师的天职,但像孔子那样一个人陆续教了三千多学生、有些学生始终伴随其左右而能不厌不倦者,却实属不易。作为教师,学习首先是为了提高自己,同时也是为了教育别人,这就是我们常说的教育人者先受教育。孔子把这两个方面联系起来,提出了不厌不倦的要求,可见其敬业精神和高度的责任感。

再看其"当仁不让于师"。一般而言,老师都喜欢听话的学生,更希望学生对自己佩服得五体投地。但孔子却不尽然。例如,在孔门弟子中,颜回以"好学"和"闻一而知十"的智力著称,孔子对此也十分赞赏。但由于颜回对孔子言听计从,即"吾与回言终日,不违,如愚"(《为政》),便受到孔子的批评:

> 子曰:"回也,非助我者也,于吾言无所不说。"(《先进》)

孔子之所以说颜回不是对自己有帮助的人,是因为他对自己的话没有不喜欢的,这就开辟了另外一条认识路线。孔子注重培养学生的质疑精神,倡导教学相长。在这样的环境下,孔门弟子大多善于提问和思考,孔子亦适时予以鼓励。例如,有一次子夏问孔子:"'巧笑倩兮,美目盼兮,素以为绚兮。'何谓也？"子曰："绘事后素。"曰："礼后乎？"子曰："起予者商也！始可以言诗已矣。"（《八佾》）子夏以三句赞美诗向孔子求教，孔子以"绘事后素"即先有白色的底子然后绘画回答，说明基础或底蕴的重要。子夏由此悟出礼乐产生在仁以后的道理，于是得到孔子的赞赏，认为子夏是对自己有启发的人，可以与其一起讨论《诗经》了。这种肯定，显然已超出了一般的教与学的关系，体现了孔子谦虚坦诚的态度和教学相长的思想主张。

除子夏这样对自己有启发的人外，对一些比较调皮或资质较差的学生，孔子也极具耐心，循循善诱。例如，宰我曾因白天睡觉被孔子责骂，提出的问题也比较刁钻，且常与孔子的主张不相投合，但孔子每次都认真回答，并认定其为自己门下以言语见长的优秀学生（见《先进》）。从孔子与其弟子的答问看，大多针对了不同的资质和情况，有步骤地诱导，即所谓"因材施教"，从而提高了成才率。司马迁经考证得出结论："孔子以诗、书、礼、乐教，弟子盖三千焉，身通六艺者七十有二人。"（《史记·孔子世家》）作为平民教育，在当时的条件下，这是很了不起的成绩。

因材施教需要知识，更需要智慧。从孔子对不同弟子提出的同一问题给出的不同答案中可以看出，他在回答问题时大多是即兴的，其弟子在提问时不知道孔子会讲些什么，孔子的回答也常常因为出乎弟子预料而产生思维碰撞，从而使智慧的火花得以闪现。孔门弟子之所以经常就同一问题反复向孔子请教，就因为每次都会得到新的启发和教益。倘若是千篇一律的说教，其"诲人不倦"不仅得不到赞许，反而会使人生厌。

对孔子的教育方式和方法，其弟子的感受是最直接的。颜渊曾这样评价说："夫子循循然善诱人，博我以文，约我以礼，欲罢不能。"（《子罕》）能把学生引导到欲罢不能的程度，足可见其方法的超绝和人格魅力。

博采众长的学说

作为一代宗师，孔子的另一重要特点是不存门户之见。他的"见贤思齐"（《里仁》），就有向更多人学习的意思；他对同时代一些著名政治家、思想家如管仲、子产、晏婴和老子、左丘明等人的肯定和评价,更体现了兼收并蓄的态度。对此,他的学生评价说:"子绝四:毋意,毋必,毋固,毋我。"(《子罕》)他的孙子孔汲概括得更为全面:

> 仲尼祖述尧、舜,宪章文、武;上律天时,下袭水土。辟如天地之无不持载,无不覆帱。譬如四时之错行,如日月之代明。万物并育而不相害,道并行而不相悖。小德川流,大德敦化,此天地之所以为大也。(《中庸》)

孙子对自己爷爷的评说,难免有过誉之处。但孔汲对孔子学说博采众长的兼容性特点的认识,则是准确的。子贡在回答卫国大夫公孙朝"仲尼焉学"的问题时就这样回答:"文武之道未坠于地,在人。贤者识其大者,不贤者识其小者,莫不有文武之道焉。夫子焉不学?而亦何常师之有?"(《子张》)韩愈在其《师说》中亦认为:"圣人无常师。孔子师郯子、苌弘、师襄、老聃;郯子之徒,其贤不及孔子。孔子曰:'三人行,则必有吾师。'是故弟子不必不如师,师不必贤于弟子;闻道有先后,术业有专攻,如是而已。"(《昌黎先生集》卷十二)韩愈所言,虽其中孔子所师之人有些不可确考,但结论是中肯的。

孔子的这种兼容性和"勿固,勿我"的态度,为儒家学派创造了良好的门风。特别是百家争鸣的战国时期,一些儒家大师如孟子和荀子,注重从理论上与各家各派争是非,既祖述孔子思想,又有兼收并蓄和发展创造,从而使儒学发扬光大。儒家学说在汉以后能取得"独尊"的地位,也与早期儒家的这种开放、兼容的门风有关。而同样思想深邃并自创一家学说的老子,其学说的发展境况却大有不同。任继愈先生说:"道教没有倾全力从理论上争是非,而是采用农村乡里间争辈分的方法,编造事实,抬高老子。"(《中国道教史》,上海人民出版社1990年版,序言第6页)从任继愈先生对道教的评价中,我们自然会想起关于"子见老子"的聚讼公案。《庄子·天道》和《史记·老子韩非列传》,都有孔子访问老子的记载,前者讨论的是"仁",后者讨论的是"礼"。因这些记载中孔子皆以求教并被批评的姿态出现,故道家后学皆以此为荣,一些学者也经常借以讥评孔子。其实,孔子早就有言在先:"三人行,必有我师焉。"(《述而》)孔门弟子也记录说："子入太庙,每事问。"(《八佾》)途之人和一般的祭司均可成为孔子师法的对象,何况老子一类人物?读《论语》可知,对道家早期人物楚狂接舆、荷蓧丈人和长沮、桀溺的批评,孔子也表示了同样的尊重和理解。故道家大可不必因此而自炫,儒家也无须因此而愤懑。在孔子"集大成"的过程中,本来就有道家的贡献,尽管当时尚没有形成有影响的道家学派。

春秋战国时期,不仅政治格局混乱,而且价值取向多元。当时出现的"百家争鸣"的局面,就体现了多元文化的背景。这种多元文化和价值取向的相互排斥与对抗,最终必然导致新的整合。因为,一个社会的基本价值观念总是多数人所共有的。在对抗与争鸣的过程中,谁的思想主张能够兼收并蓄,反映大多数人的愿望,就会成为主流文化的力量,并最终取得主导地位——直到新一轮变革和冲突的出现。可以说,孔子及儒家学说能在汉以后获得的主流文化的地位,绝不是偶然的,是缘于其自身价值的历史的选择。

孜孜以求的志士

孔子是有崇高理想的人,而且对理想追求十分执著,对自己有足够的自信。在他努力跻身仕途的时候,曾做过"苟有用我者,期月而已可也,三年有成"(《子路》)的广告。当他在匡地被匡人拘禁时,曾无所畏惧地说:"文王既没,文不在兹乎? 天之将丧斯文也,后死者不得与于斯文也;天之未丧斯文也,匡人其如予何? "(《子罕》)这与桓魋欲杀孔子、孔子脱险后所言之"天生德于予,桓魋其如予何"是一致的,虽表面看带有宿命论的色彩,但实际表达的是自信。

孔子目的感很强,且一经选定便不轻易改变。他不仅主张"笃信好学,守死善道"(《泰伯》),而且要求"志士仁人,无求生以害仁,有杀身以成仁"(《卫灵公》)。与此同时,他也十分重视人的独立意志和独立人格,强调"三军可夺帅也,匹夫不可夺志也"(《子罕》),而且这种意志和人格要经受住艰难困苦的考验:"岁寒,然后知松柏之后凋也。"(同上)这种重视道德与人格操守的价值取向,后来被孟子具体化为"富贵不能淫,贫贱不能移,威武不能屈"的"大丈夫"气节(《孟子·滕文公下》),塑造了中华民族的优秀品格。

当然,作为一个有血有肉、感情丰富的人,生逢乱世,在处境艰难、理想难以实现之时,孔子虽然没有退缩,但也曾产生过悲观失望的情绪。他既有过"谁能出不由户? 何莫由斯道也"(《雍也》)的困惑,也有过"凤鸟不至,河不出图,吾已矣夫"(《子罕》)的感叹,甚至对逃避现实的隐士产生过几分羡慕:"贤者辟(避)世,其次辟地,其次辟色,其次辟言。"(《宪问》)但他最终也没有选择"避世"之途。

最使人感动的,是他对子路道出的一段心曲。有一次,孔子与子路在途中遇到长沮、桀溺两个种田人,孔子让子路去问渡口,于是引起了两位隐士与子路的对话,其中桀溺对子路说:"滔滔者天下皆是也,而谁以易之? 且而与其从辟人之士也,岂若从辟世之士哉? "翻译过来即是:像洪水一样的坏东西到处都是,你们同谁去改革它呢? 你与其跟着逃避坏人的人,为什么不跟着逃避整个社会的人呢? 子路将这番话告诉孔子后,孔子怃然曰:"鸟兽不可与同群,吾非斯人之徒与而谁与? 天下有道,丘不与易也。"(《微子》)孔子的这段话,包含递进的两层意思。其一,我们既然不可以同鸟兽合群共处,若不同人群打交道,又同什么去打交道呢? 这就很清楚地指出了人的社会性,并成为孔子积极入世的政治伦理哲学的基础。其二,如果天下有道,我就不会同你们一道来从事改革了。这既表明了他对当时社会的总体看法,也道出了他积极入世的目的与决心。可以设想,如果孔子没有这种坚定的信念,以其"贤者避世"的评论,历史上就可能多一个老子而少一个儒家学派。

春秋是中国社会处于激烈动荡的转型时期,王室衰微、诸侯争霸,使新兴力量在地位凸显的同时,私欲和野心膨胀。战争与过重的剥削给人民带来的灾难自不必说,礼崩乐坏、统治者行为失范,也败坏了社会风气。国家的分裂,社会的不稳定和混乱、无序,是任何有责任感的人都不愿看到的,孔子为解决这些问题而做出了自己的努力。一句"天下有道,丘不与易也",就道出了孔子作为古代知识分子崇高的社会责任感。其学生曾子秉其志说:"士不可以不弘毅,任重而道远。仁以为己任,不亦重乎? 死而后已,不亦远乎？"(《泰伯》)这已成为中国知识分子的优良传统。尽管孔子为此遭受过磨难,受到过打击,也知道在当时实现自己主张的艰难,却仍"知其不可而为之"(《宪问》),真正做到了"死而后已"。

审时度势的君子

孔子为人处世,既有刚性的特点,也有圆通的一面；既坚持人格操守,也讲究审时度势。这不仅树立了孔子"圣之时者"的形象,也逐步发展成为儒家的特色。

孔子明确表示"疾固"(《宪问》),即讨厌那种顽固不通的人。他倡导的"中庸"之道,用他自己的解释,就是"君子之中庸也,君子而时中"(《中庸》),主张把原则性与灵活性结合起来。他认为："君子之于天下也,无适也,无莫也,义之与比。"(《里仁》)就是说,君子对于天下的事情,没有规定必须怎样干,也没有规定不要怎样干,只要怎样干合理恰当,便怎样干。这就需要审时度势,权衡利弊,随机应变。正因为如此,孔子把"权"即通权达变作为衡量一个人实际能力和水平的最高标准：

> 子曰："可与共学,未可与适道；可与适道,未可与立；可与立,未可与权。"(《子罕》)

基于这种认识和主张,孔子在评价了伯夷、叔齐等几位"逸民"的不同行止之后自我评价说："我则异于是,无可无不可。"(《微子》)孔子的这一特点也被他的学生及后人所认同。其学生认为"子绝四：毋意,毋必,毋固,毋我",孟子更是充分看到了这一点,认为"可以仕则仕,可以止则止,可以久则久,可以速则速,孔子也"(《孟子·公孙丑上》)；"孔子,圣之时者也"(《孟子·万章下》)。所谓"圣之时者",即圣人中识时务的人。这既需要有开阔的胸襟,也要有灵动的思维,是智慧、经验与品格修养使然。

从孔子的政治追求看,孟子所说的"可以仕则仕,可以止则止,可以久则久,可以速则速",主要指的是他五十五岁离开鲁国及其后周游列国的经历。对孔子的这段经历,时人和史家一直以贬讽为多,结论是其主张不适合于当世。这当然是一个很重要的方面。孔子追求的是国家统一、社会稳定和人际和谐,在反对征战与杀戮的同时,希望贤者在位,"施取其厚,事举其中,敛从其薄"(《左传·哀公十一年》),给百姓造福。这与当时诸侯争霸、陪臣执国命的大环境和大气候是有不协调、不一致之处的。但孔子提出的统御术和为政方略,也并非完全不可行于当世,他在鲁国行政期间所取得的政绩便是证明。

据《史记·孔子世家》记载,孔子在五十一岁即鲁定公九年被定公任命为中都宰,"一年,四方皆则之。由中都宰为司空,由司空为大司寇"。在此之后,经过"夹谷之会"和"堕三都"两个著名的历史事件,使孔子进一步得到定公的信任,"定公十四年,孔子年五十六,由大司寇行摄相事。……与闻国政三月,粥羔豚者弗饰贾;男女行者别于途;途不拾遗;四方之客至乎邑者不求有司,皆予之以归"。孔子在执掌国政期间所取得的这一骄人政绩,被与鲁国相邻的齐国人知道后十分恐惧,认为"孔子为政必霸,霸则吾地近焉,我之为先并矣",于是施"美人计","选齐国中女子好者八十人,皆衣文衣而舞《康乐》,文马三十驷,遗鲁君,陈女乐文马于鲁城南高门外"。鲁君和当时把持鲁国权柄的季桓子"往观终日"并接受后,"三日不听政;郊,又不致膰俎于大夫。孔子遂行"。这段史实,在《论语》中也有简要的记载,即"齐人归女乐,季桓子受之,三日不朝,孔子行"(《微子》)。这就说明,孔子离开鲁国,既不是因为其主张和能力不适用,也不是鲁君或季桓子不任用,而是对季桓子失望后的主动选择。

事实上,对孔子的为政主张和为政才能,在其相鲁之前就得到齐国国君和一些为政者的赏识。例如,在孔子三十岁时,齐景公曾就"昔秦穆公国小处辟,其霸何也"的问题征询孔子的意见,孔子以"秦,国虽小,其志大;处虽辟,行中正"一番回答,得到齐景公的赏识。五年后,在因鲁国发生内乱孔子离鲁适齐时,齐景公两次问政于孔子,孔子分别以"君君,臣臣,父父,子子"和"政在节财"回答,齐景公更为赞赏,"将欲以尼谿田封孔子",后因晏婴的诋毁和反对而改变了态度。在这种情况下,加上听说"齐大夫欲害孔子",孔子于是离开齐国。再例如,在孔子周游列国到陈、蔡之间时,楚国使人聘孔子,孔子也将前往拜礼,这时,陈、蔡两国的大夫们害怕孔子用于楚后对他们不利,便指使一些犯人在途中役围孔子,使孔师徒一行"不得行，绝粮。从者病，莫能兴"。在这种情况下，孔子让子贡设法脱身去楚国，楚昭王派军队将孔子解救出来。到楚国后，楚昭王本来想重用孔子，准备将书社地七百里（二十五家为一里）封孔子，结果因楚令尹子西的反对而未果。子西反对的理由，是因为"孔丘述三王之法，明周召之业"，且有才能超过楚王现有朝臣的诸多弟子，若"孔丘得据土壤，贤弟子为佐，非楚之福也"。楚昭王听信了子西的话，打消了重用孔子的念头（以上皆见《史记·孔子世家》）。

以上这些记载说明两个问题，一是孔子不被列国任用和他的政治主张在当时难以推行的原因，除了他的许多政见与当时诸侯争霸、陪臣执国命的大环境有所冲突外，还来自一些既得利益集团和嫉贤妒能者的阻挠与破坏；二是包括离开鲁国在内的周游列国，大多是孔子自己选择的结果，体现的是道不同不相为谋的自主精神和"义之与比"的态度。他在最后一次离开卫国的时候就这样言道："鸟则择木，木岂能择鸟？"（《左传·哀公十一年》）在赞赏良禽择木而栖的同时，也就说明了自己周游列国的原因。

提到鸟类，我便想起《论语·乡党》的这段记载：

> 色斯举矣，翔而后集。曰："山梁雌雉，时哉时哉！"子路共之，三嗅而作。

孔子与子路在山谷中行走，看到几只野鸡。野鸡发现有人关注，便飞向天空，盘旋一阵又都停在一处。视此，孔子赞曰："这些山梁上的野鸡，真是能审时度势啊！"子路听到老师的连声称赞，便向野鸡拱手表示敬意，野鸡们则连叫几声，张翅飞去。对这段文字，许多人感到费解，并疑其有脱落，实际上很明确并很有寓意。只要将其中的"时哉时哉"与其"鸟则择木，木岂能择鸟"和孟子赞赏孔子的"圣之时者"联系起来，就会豁然贯通。《大学》中有一段类似的记载，可与之印证：

> 《诗》云："缗蛮黄鸟，止于丘隅。"子曰："于止，知其所止，可以人而不如鸟乎！"

孔子在读《诗·小雅·缗蛮》中关于黄鸟的两句诗时感慨地说：黄鸟起居时，都知道选择它们应当栖息的地方，难道人反而不如鸟吗！可见，孔子对鸟能审时度势的赞赏，实则表达了自己对人生的感悟。

有两件常被后人诟病的事情,其实恰好说明了孔子的灵活性。

一是"子见南子"。此事在《论语》中记载比较简单,因而给批评家以想象的空间,好像孔子与南子干了苟且之事。其实此事早已被司马迁考证清楚了:当时,孔子是第二次到卫国,因为第一次卫灵公听信谗言派兵使出入胁迫孔子离去,这一次便首先住在其朋友、卫国大夫蘧伯玉家。卫灵公的夫人南子知道后,派人告诉孔子,要想与卫灵公结交,必须先见她。孔子当时虽然辞谢了,但最终还是去见了南子,并以礼相对。借助于南子,卫灵公果然接纳了孔子,并在出行时"使孔子为次乘,招摇市过之"。只是在孔子看到卫灵公"好色"且"无道"而感到失望后,才主动离开卫国。

二是数年后孔子经过蒲国去卫国,遭到蒲人的阻止。经过一番战斗之后,蒲人提出条件:只要孔子不去卫国就放行。孔子答应下来,但出蒲的东门后,依然去了卫国,子路对孔子的负约行为感到不解,孔子说:"要盟也,神不听。"(以上两件事均见《史记·孔子世家》)孔子为了结交卫灵公而应邀见他的夫人南子,以及他为了摆脱蒲人的纠缠而"与之盟"却并不履行,大概可属于今天的"公关"和谋略之术。有勇无谋的子路不理解,说明他还没有悟彻孔子"无适无莫"的教诲;而后人的诟病,则说明他们是以"超凡脱俗"的标准去看待孔子的,不知道"圣人"也具有常人的心态和表现。

孔子作为"圣之时者",除表现在他对个人进退行止的选择上外,还体现在他对一些重要问题的看法上。例如,孔子倡导仁德,主张"爱人"、"泛爱众",但同时要求人们用知识、智慧和理性去把握,爱其当爱而不被欺蒙,即"唯仁者能好人,能恶人"(《里仁》)。再如,孔子赞赏"临事而惧,好谋而成者"(《述而》),但也反对优柔寡断、凡事皆"三思而后行":"季文子三思而后行。子闻之,曰:'再,斯可矣。'"(《公冶长》)再例如,孔子把"信"看作为政和交友的重要规范,认为"人而无信,不知其可也"(《为政》)。但他并不要求凡事都做到"言必信,行必果",甚至认为"言必信,行必果,硁硁然小人哉!"将其看作是最低水平的"士"(《子路》)。此外,孔子的义利观也颇引人注目。他的主导倾向是重义轻利,但同时也承认"富与贵,是人之所欲也"(《里仁》),因而最终强调的是见利思义、义利统一。

特别是他的两个学生因不同的行止而产生的两种不同结果,对他的教育颇深:

> 子曰:"回也其庶乎,屡空。赐不受命而货殖焉,亿则屡中。"(《先进》)

颜回的学问道德差不多了吧,可是常常穷得没办法;子贡不安于命运的安排去经商,猜测行情竟每每猜对了。在这里,孔子既无褒奖也无批评,只是如实表达了他对现实的承认。《汉书·货殖传》记载:"子贡既学于仲尼,进而仕卫,发贮鬻财曹、鲁之间。孔子之徒,赐最为饶,而颜渊箪食瓢饮,在陋巷。子贡结驷连骑,束帛之币聘享诸侯,所至,国君无不分庭与之抗礼。"金钱力量的崛起使精神文化贬值,这就使"罕言利"的孔子亦不得不考虑价值规律的法则:

> 子贡曰:"有美玉于斯,韫椟而藏诸? 求善贾而沽诸?!"

> 子曰:"沽之哉! 沽之哉! 我待贾者也!"(《子罕》)

有一块美玉在此,是把它藏在匣子里呢,还是找一个识货的商人把它卖掉? 子贡如此发问,大概也是想知道老师对他经商行为的看法。孔子"卖掉! 卖掉!"的连声回答,一定使子贡获得了莫大的鼓励,于是创下了辉煌的经商业绩,乃至被后世商家尊为始祖。这对孔子来说,无论如何都算不得失败。也许正是从颜回与子贡的对比中,使他看到了知识分子把握自己命运、实现济世理想的途径。他一方面支持子贡的商业行为并祝愿颜回也能"多财"(《史记·孔子世家》),一方面鼓励和推荐其弟子为官从政;一方面留恋"禹稷躬稼而有天下"(《宪问》)的"尚德"的古代社会,一方面反对其弟子"学稼"(《子路》),倡导走"学而优则仕"的道路。这是传统道德观与现实碰撞的结果。

实事求是的楷模

孔子有一句名言,即"知之为知之,不知为不知,是知也"(《为政》),这就是我们常说的实事求是精神。"实事求是"虽语出东汉班固对汉景帝之子、河间献王刘德的评价,即"修学好古,实事求是"(《汉书·河间献王传》），但其认识基础，则来自孔子的"好古，敏以求之"（《述而》）和"知之为知之，不知为不知"等治学、处事主张和由此形成的传统。

"好古"即爱好古代文化。但爱好不等于没有选择和分辨，"求"就是这样的过程。孔子说过"吾犹及史之阙文也"（《卫灵公》），即"我还能够看到史书存疑的地方"。存疑就是不尽信。对可信的历史文化遗存，孔子也没有全面肯定，而是主张有选择地传承：

> 子谓《韶》："尽美矣，又尽善也。"谓《武》："尽美矣，未尽善也。"（《八佾》）

> 颜渊问为邦，子曰："行夏之时，乘殷之辂，服周之冕，乐则《韶》、《舞》。"（《卫灵公》）

《韶》是舜时的乐曲名，《武》是周武王时的乐曲名。孔子认为《韶》尽善尽美，而《武》尽美而未尽善，这是孔子对古代文化精心研究和比较的记录。在颜渊问如何治理国家时，孔子主张实行夏代的时令，乘坐殷代的车辆，穿戴周代的礼服，乐则用韶、舞（同《武》）。这种既不尽信又有选择的做法，说明孔子的"好古"并非盲目尊崇和迷恋。

在治学方面，孔子还反对不懂却凭空造作，主张以真凭实据下结论：

> 子曰："盖有不知而作之者，我无是也。多闻，择其善者而从之；多见而识之，知之次也。"（《述而》）

> 子曰："夏礼，吾能言之，杞不足征也；殷礼，吾能言之，宋不足征也。文献不足故也。足，则吾能征之矣。"（《八佾》）

孔子在治学问题上的这些主张和态度，也体现在为人处事上。他曾自我评价说："吾之于人也，谁毁谁誉？ 如有所誉者，其有所试矣。"（《卫灵公》）对人的毁誉必须经过验证，这是在人物评价上的实事求是的态度。据此，孔子提出了"听其言而观其行"（《公冶长》）和"众恶之，必察焉；众好之，必察焉"（《卫灵公》）等许多方法，以防止出现偏差。

例如，郑国大夫子产是与孔子同时但年龄稍长的政治家，有人说他不仁，但孔子从其"不毁乡校"即允许人们在乡间的公共场所议论政事中得出结论说："以是观之，人谓子产不仁，吾不信也。"（《左传·襄公三十一年》）

再例如，孔子对尧舜极为赞赏，但也认为在"博施于民而能济众"和"修己以安百姓"等方面，尧舜也没有完全做到（见《雍也》《宪问》）。而对天下皆称其恶的商纣王，孔子及其学生也另有识见，认为"纣之不善，不如是之甚也。是以君子恶居下流，（居下流）天下之恶皆归焉"（《子张》）。就是说，商纣王的坏处，不像现在说的那么厉害。所以君子亦惧怕失势，一失势，天下什么坏名声都会集中到他的身上。这种识见，对研究历史和分辨现实均有大益。

依据这种求实的态度，孔子主张"不以言举人，不以人废言"（《卫灵公》），反对感情用事。在他的学生子张问如何"辨惑"时，孔子认为，"爱之欲其生，恶之欲其死。既欲其生又欲其死，是惑也"（《颜渊》）。对同一个人爱恶无常且极端化，这在现实生活中确实存在，原因大多与对象的境遇和对自己有利无利相关。孔子反对这种做法，实则针对了人性的弱点。

除治学和对人的评价外，在日常生活中，孔子也极力反对弄虚作假。有一次，孔子病得很厉害，子路便让孔子的学生们担任家臣预备后事。而在当时，诸侯之死才能有家臣治丧。因此，在孔子病情好转后，对子路的这种"无臣而为有臣"的作假行为非常不满，给予了严厉的斥责（详见《子罕》）。对其他类似的弄虚作假行为，孔子也一概予以否定：

> 子曰："善人，吾不得而见之矣；得见有恒者，斯可矣。亡而为有，虚而为盈，约而为泰，难乎有恒矣。"（《述而》）

"有恒"即有一定的操守。孔子认为，本来没有却装作有，本来空虚却装作充足，本来穷困却要豪华，这种人就难以保持自己的操守了。根据这种认识，孔子曾教导子路说："志之，吾语汝，奋于言者华，奋于行者伐。色知而有能者，小人也。故君子知之曰知之，不知曰不知，言之要也。能之曰能之，不能曰不能，行之至也。言要则知，行至则仁，既知且仁，夫恶有不足矣哉？"（《荀子·子道》）根据文义和《韩诗外传》引文，其中的"奋于言者华，奋于行者伐"当为"慎于言者不华，慎于行者不伐"。孔子把刻意显示自己知识和才能者视为小人，把"知之曰知之，不知曰不知"视为言语的准则，把"能之曰能之，不能曰不能"视为行为的准则，认为言语符合这一准则是有智慧的表现，行为符合这一准则是有仁德的表现，既有智慧又有仁德，就没有什么不足了。这种反对浮夸而要求如实认识和表现自己的主张,与他坚持拒绝对自己的过誉和神化一起,给后人树立了实事求是的榜样。

坦荡快乐的人生

孔子的另一动人和可爱之处,是他的坦荡胸怀与快乐人生。我们知道,在孔子的一生中有许多不如意的事情,甚至屡遭陷害和磨难,对此,孔子也曾产生过困惑和苦恼,但都能很快振作起来,以至"发愤忘食,乐以忘忧,不知老之将至"(《述而》)。所谓"乐以忘忧",说明在孔子的心灵中拥有开阔的自由空间,有了这种空间才能不被世俗的烦恼所困,并从学习、创造、欣赏和余暇闲适的各种活动中获得快乐。

孔子所说的忧乐,系指人生态度而非具体问题的一时感受。对此,可从他与子路的一段对话中看出:

> 子路问于孔子曰:"君子亦有忧乎?"
>
> 孔子曰:"君子,其未得也,则乐其意,既已得之,又乐其治,是以有终身之乐,无一日之忧。小人者,其未得也,则忧不得,既已得之,又恐失之,是以有终身之忧,无一日之乐也。"(《荀子·子道》)

这段话,与《论语·阳货》中记录的孔子把患得患失者指斥为"鄙夫",认为无法与之共事的意向,是完全一致的,告诫人们要乐观、理性地对待人生追求的过程与结果,否则就永远得不到快乐。对包括自己在内的有才德之人得不到任用甚至遭逢困厄的情况,孔子虽感到失望,但也看得很开:

> 孔子南适楚,厄于陈、蔡之间,七日不火食,藜羹不糁,弟子皆有饥色。子路进,问之曰:"由闻之:为善者天报之以福,为不善者天报之以祸。今夫子累德、积义、怀美,行之日久矣,奚居之隐也?"孔子曰:"由不识,吾语汝。汝以知者为必用耶?王子比干不见剖心乎!汝以忠者为必用耶?关龙逢不见刑乎!汝以谏者为必用耶?吴子胥不磔姑苏东门外乎!夫遇不遇者,时也;贤不肖者,材也;君子博学深谋不遇时者多矣!由是观之,不遇世者众矣!何独丘也哉?"(《荀子·宥坐》)

子路因为孔子"累德、积义、怀美,行之日久"却处境困窘而感到不可理解，孔子便以王子比干、关龙逄（夏桀的大臣，因规劝桀而被杀）、伍子胥为例，证以生不逢时者很多，并不只有我孔丘自己。在这里，孔子提出了"遇不遇者，时也；贤不肖者，材也"的深刻认识，认为贤与不贤是人的素养，得不得到重用是时运，这就在注重人的素质修养的同时，指出了机遇在人才成长中的重要性。以此看待个人的进退得失，就不会戚戚然无一日之乐。

孔子崇尚君子之风而鄙薄小人之气，他曾告诫其学生子夏："女为君子儒，无为小人儒。"（《雍也》）君子与小人有许多差别，其中很重要的一点是"君子坦荡荡，小人长戚戚"（《述而》）。坦荡是一种气质，也是一种修养境界。心地平坦宽广所表现的正直、宽容和无私无畏，使孔子获得了人们的广泛赞誉。他的弟子们这样评价孔子："子温而厉，威而不猛，恭而安。"（《述而》）一个胸怀坦荡的人，就容易保持轻松和快乐。如前所述，孔子在身处危困境地时，亦"讲诵弦歌不衰"，那份镇定与从容实非常人可及。即使在被形容为"累累若丧家之狗"的落泊之时，孔子亦不乏轻松与幽默，欣然承认下来：

> 孔子适郑，与弟子相失，孔子独立郭东门。郑人或谓子贡曰："东门有人，其颡似尧，其项类皋陶，其肩类子产，然自要以下不及禹三寸，累累若丧家之狗。"子贡以实告孔子，孔子欣然笑曰："形状，末也。而谓似丧家之狗，然哉！然哉！"（《史记·孔子世家》）

孔子承认自己似"丧家之狗"，很令他的批评者们感到兴奋，不时引用并进行揶揄。实际上，狗是人类最好的朋友且十分忠诚，正所谓"狗不嫌家贫"。"丧家之狗"的状态，除因失去主人的照顾而落泊之外，必定还有对所丧之家的眷恋和悲伤，不似有些动物那样，有奶便是娘。

在日常教学与生活中，孔子亦经常表现出他的幽默和诙谐。例如，孔子一贯倡导富而后教的为政方略，但有一次他到子游当县长的武城，听到弦歌之声，便笑着说："割鸡焉用牛刀？"即治理这样的小地方还用得着教育吗？子游回答道：我以前听老师说："君子学道则爱人，小人学道则易使也。"孔子马上告诉同往的学生们："偃之言是也。前言戏之耳。"（《阳货》）再例如，孔子有一位叫原壤的老朋友，在其母亲死后，曾站在棺椁上唱歌，其怪异举止很类似于后来的庄子。孔子当时正帮助原壤料理丧事,装作没看见,并表示不能因此丧失老朋友的关系(详见《礼记·檀弓下》)。有一次,原壤两腿像八字一样张开坐在地上等着孔子,孔子骂道:"幼而不孙弟,长而无述焉,老而不死,是为贼。"并用拐杖敲了敲他的小腿(见《宪问》)。此事发生在两位老朋友之间,读来使人颇觉生动有趣。

对自己反对或讨厌的人,孔子也常搞一些"恶作剧"。如有一个叫孺悲的人欲见孔子,孔子托言有病拒绝接待。传话的人刚出房门,孔子便"取瑟而歌",故意使孺悲听到(见《阳货》)。还有一次,季氏的家臣阳货欲见孔子。季氏几代把持鲁国的政治,阳货此时正又把持季氏的权柄,但孔子并不买阳货的账,托故不见。在这种情况下,阳货便派人送给孔子一只小猪,以便使孔子到他家来道谢,这在当时是一种礼节。孔子不愿见阳货,又不能违礼,于是专门选了一个阳货不在家的时候去拜谢,结果是冤家路窄,两人在路上碰到了,阳货抓住时机批评孔子"怀其宝而迷其邦"、"好从事而亟失时",并以"日月逝矣,岁不我与"劝导孔子出仕(见《阳货》)。孔子虽当时应承下来,但在阳货当权时并未仕于阳货。阳货后来因企图削除三桓未成逃往晋国。

上述记载,反映了孔子幽默诙谐、生动有趣的一面,在"圣人"的筋骨之上平添了血肉。有人曾将孔子与孟子做过比较,认为读《论语》中所叙述的孔子有一种轻松愉快的感觉,不像孟子那样凡事紧张,笔者亦深有同感。孔子确是一个既严肃又活泼、既执著又善于变通、既朴实厚重又轻灵飘逸的人。

孔子兴趣爱好广泛,尤其对音乐十分痴迷。他在齐国听《韶》的乐章,竟然"三月不知肉味"(《述而》);他同别人在一起唱歌,如果有谁唱得好,一定请他再唱一遍,然后自己与之应和:"子与人歌而善,必使反之,而后和之。"(同上)孔子也经常弹瑟击磬,以抒胸臆。《论语·先进》中的"子路、曾皙、冉有、公西华侍坐"一章,在记叙孔子与其几位弟子"各言尔志"时,有曾点"鼓瑟希,铿尔,舍瑟而作,对曰"的描写,说明在师生对话期间,曾点一直在弹瑟,其宽松活泼的场景使人心向往之。在这次讨论中,其他弟子所谈均系治国理念,唯曾点以余暇闲适的春游明志,却得到孔子的赞同:

(曾点)曰:"莫春者,春服既成,冠者五六人,童子六七人,浴乎沂,风乎舞雩,咏而归。"

夫子喟然叹曰:"吾与点也!"

把曾点的话翻译过来,就是在暮春三月,穿上春装,邀上五六个成年人,六七个小孩,在沂水里沐浴,到舞雩台上乘凉,然后一路歌唱而归。孔子赞同曾点的主张,表明了他对和平而美好生活的向往,也表现了老夫子作为文化人对诗性生活的向往。这种向往,既不同于道家的"玄之又玄",也有别于墨家的"蔽于用而不知文",更与宗教的虚幻和禁欲主义形成鲜明的对照。正是这种心态,使孔子这位积极入世的思想家从心理到生理均得到良好的调节,不仅成为比较长寿的人,而且直到晚年仍保持旺盛的精力,一面整理古代文献,一面著书立说,广授门徒,创造出辉煌的业绩。

从孔子晚年的自述中我们可以看出,孔子虽然没有能够在有生之年完成他的夙愿,但对自己一生所达到的境界和所取得的成就还是比较满意的:

子曰:"吾十有五而志于学,三十而立,四十而不惑,五十而知天命,六十而耳顺,七十而从心所欲,不逾矩。"(《为政》)

这是一个渐进的发生过程。孔子认为自己以学习为基础,每十年前进一步,最终达到了可随心所欲又不超越社会规范的化境。孔子活了七十三岁,这段自述总结到"七十",当是孔子辞世前的回顾。他的"发愤忘食,乐以忘忧,不知老之将至"的自我评价,也当在此前后。这也为我们如何看待理想与追求、成功与失败以及进退得失等问题,树立了榜样。

出类拔萃的圣人

有人认为,孔子的名声和影响是汉武帝独尊儒术的结果,这固然是一个很重要的因素,却不尽然。其实,孔子在其生前就已获得极高的评价,在战国时期已具有广泛的社会影响。

首先,孔子在社会上享有较高的声誉。有一位"太宰"因为孔子的"多能"而疑其为"圣者"(《子罕》);仪地的一位"封人"在见过孔子之后,认为"天下之无道也久矣,天将以夫子为木铎"(《八佾》),把孔子认作实现政治清明的导师；"达巷党人"因孔子的"博学"而赞许其伟大，尽管对孔子的"多能"了解不够："大哉孔子！博学而无所成名。"（《子罕》）除了这些具体的评价之外，还有人认为孔子是仁人和生而知之者，这从孔子的一再否认中便可以得知。

其次，孔子在其学生中享有崇高的威望。他的"首席弟子"颜渊曾喟然叹曰："仰之弥高，钻之弥坚；瞻之在前，忽焉在后。夫子循循然善诱人，博我以文，约我以礼，欲罢不能，既竭吾才，如有所立卓尔。虽欲从之，未由也已。"（《子罕》）颜渊被其同学认定具有"闻一以知十"的创造性思维能力并以"好学"著称，他对孔子的叹服便很能说明问题。孔子的另一高徒子贡，不仅才智过人，而且创下了辉煌的经商业绩。在有人毁谤孔子并认为"子贡贤于仲尼"时，子贡给予了严厉的批驳，认为孔子如日月青天般崇高，无法超过和企及："他人之贤者，丘陵也，犹可逾也；仲尼，日月也，无得而逾焉。""夫子之不可及也，犹天之不可阶而升也。"（《子张》）在《孟子·公孙丑上》中，有孔子的学生宰我、子贡、有若及孟子的评价，他们共同认为孔子超过了往圣先哲，从有人类以来没有超过孔子的："圣人之于民，亦类也。出于其类，拔乎其萃，自生民以来，未有盛于孔子也。"这些评价，反映了孔子在其学生心目中至高无上的地位。

第三，孔子在当时的统治阶层中具有重要的影响。早在鲁昭公七年孔子十七岁的时候，鲁大夫孟僖子就预见孔子将成为"达者"，在其死前留下遗嘱，让其两个儿子孟懿子和南宫敬叔向孔子学礼，以稳定其地位：

> 九月，公至自楚。孟僖子病不能相礼，乃讲学之，苟能礼者从之。乃其将死也，召其大夫，曰："礼，人之干也。无礼，无以立。吾闻将有达者曰孔丘，圣人之后也，而灭于宋。……臧孙纥有言曰：'圣人有明德者，若不当世，其后必有达人。'今其将在孔丘乎？我若获没，必属说与何忌于夫子，使事之而学礼焉，以定其位。"故孟懿子与南宫敬叔师事仲尼。仲尼曰："能补过者，君子也。《诗》曰：'君子是则是效。'孟僖子可则效已矣。"（《左传·昭公七年》）

孟僖子在临终前对其大夫所说的这番话，被他的两个儿子所遵从，这兄弟二人后来均师事孔子。《左传》作者在记录孟僖子的遗嘱及遗嘱得到遵从的情况后,附有孔子对此的评价,更证明了这段记叙的可信性。在孔子学有所成后,许多统治者经常"问政"于孔子,并给孔子以优厚的待遇。他在鲁国时"奉粟六万",即二千石粮食,在卫国时"卫人亦致粟六万",齐景公虽因晏婴的反对而没有重用孔子,亦给以上、下卿之间的待遇(详见《史记·孔子世家》),可见孔子的声望与影响。

孔子的能力和作用,也被他的"政敌"所承认,这在《史记·孔子世家》中有多处记载。尤其是在鲁哀公十四年孔子"由大司寇行摄相事"并取得"与闻国政三月,粥羔豚者弗饰贾;男女行者别于途;途不拾遗;四方之客至乎邑者不求有司,皆予之以归"的骄人政绩后,"齐人闻而惧",认为"孔子为政必霸,霸则吾地近焉,我之为先并矣",于是施"美人计",使季桓子耽于女乐,三日不听政,迫使孔子失望而去。数年后,季桓子触景生情,颇为懊悔,曾喟然叹曰:"昔此国几兴矣,以吾获罪于孔子,故不兴也。"并嘱其继位者康子相鲁时"必召仲尼"。季康子执政后,对孔子十分重视,不仅经常与孔子在一起讨论政事,而且从孔门弟子中选用人才,并在生活上关心孔子,曾专门送药给孔子——尽管孔子因不知药性而未敢服用(见《乡党》)。

总的看,孔子生前虽不很得志,并遭受过许多挫折和磨难,但仍以他的博学多能和远见卓识获得了较高的社会地位与声望。他晚年居鲁被奉为"国老",在其辞世时,鲁哀公亲自发表了这样一段悼辞:

旻天不吊,不憖遗一老。俾屏余一人以在位,茕茕余在疚。呜呼哀哉!尼父,无自律。(《左传·哀公十六年》)

鲁哀公因孔子的去世而怨天,而感到孤独无依,乃至忧愁成疾,认为失去了律己的榜样,可谓情真意切。孔子的学生子贡因为鲁哀公对孔子"生不能用,死而诔之"而感到不满,但实事求是地说,鲁哀公在孔子的晚年将其视为"国老"礼待,也是很难能可贵的。正因为如此,才使孔子安心修诗书礼乐,广授门徒,在整理古代文献和发展教育事业两个方面做出了杰出的贡献。

孔子一生,对社会、人生进行了全方位的研究和探索,既给我们留下了宝贵的思想文化遗产,又给后世的知识分子树立了榜样。尽管在孔子的思想和言行中存在一些负面的东西并产生了一些负面的影响，但积极和进步成分是主要的，这也是他的思想主张历经两千五百多年而不衰的根本原因。特别是在去除历史上由于不同的原因对孔子的伪饰和贬损之后，将孔子投放到两千五百多年前的社会背景中去观察和衡量，其智慧的光芒和伟大创始者的形象就会显现出来。西汉著名史学家司马迁在完成《史记·孔子世家》的历史记录之后，饱蘸深情地写下了他对孔子的认识和评价，现抄录如下，作为本文的结尾：

> 太史公曰：诗有之："高山仰止，景行行止。"虽不能至，然心向往之。余读孔氏书，想见其为人。适鲁，观仲尼庙堂、车服、礼器，诸生以时习礼其家，余祗回留之不能去云。天下君王至于贤人众矣，当时则荣，没则已焉。孔子布衣，传十余世，学者宗之。自天子王侯，中国言六艺者折中于夫子，可谓至圣矣！

（本文系1999年为纪念孔子诞辰二千五百五十年而作）

后　记

　　我对孔子思想的最初接触,是二十世纪七十年代中期遍及全国的批孔运动。那场运动不仅十分猛烈,而且形式多样。理论上的歪曲自不必说,人格丑化更是达到极至。可以断言,无论古今中外,对历史人物的贬损,到此便实现了空前绝后。

　　就在此时,我从书店购得一部《〈论语〉批注》(中华书局1974年版,内部发行)。该书作者不仅在前言中认定"《论语》黑话连篇,毒汁四溅,荒谬绝伦,反动透顶,完全是糟粕",而且从头至尾逐篇逐章进行了批判,目的是要"把它批驳得体无完肤"。而实际作用却恰好相反。其一,这本书不是节选而是全文,这在《论语》被列为"四旧"焚烧的年代,已难得一见。其二,该书对《论语》各章均进行了注释、今译和批判,虽"批判"的部分随心所欲,但注释和今译基本上忠实于原文,我就是因此对孔子实现初步了解的。

　　1977年恢复高考,我考入辽宁第一师范学院(现沈阳师范大学)政教系。入学前阅读《〈论语〉批注》时引发的一些疑惑,此时有了求解的条件,于是点燃了思考的热情。我的毕业论文,就是《试论孔子的"中庸"思想》,并以《"中庸"本义》和《再论"中庸"》为题,先后发表在《国内哲学动态》1984年第2期、1985年第2期上(署笔名申辰)。《"中庸"本义》于1986年获辽宁省社会科学优秀学术成果奖。大学毕业后,研习孔子思想成为我的业余爱好,先后在国家和省市级刊物发表有关学术论文二十余篇。其中,《孔子人才思想通论》于2000年获辽宁省第七届社会科学优秀科研成果论文类一等奖。

　　孔子是中国哲学的创立者和中华文明传统的奠基人,其学说体系不仅成为中国传统文化的主流,对中华民族乃至世界文明亦产生了广泛的历史影响。诚如张立文先生在本书序言中所见:"孔子是中华文明和世界文明中具有突出贡献和巨大影响的伟人。他的思想是中华民族精神的源头活水，礼乐文明的重要依据，价值观念的是非标准，伦理道德的规范所依，构成了中华民族的基本精神价值。"因此，从一定意义上说，研究孔子就是研究本民族的历史，并从中获得对现实的某些认识。李泽厚先生认为："在整个中国文化思想上、意识形态上、风俗习惯上，儒家印痕到处可见"，"儒家的确在中国文化心理结构的形成上起了主要的作用，而这种作用又有其现实生活的社会来源的"（《中国古代思想史论》，安徽文艺出版社1994年版，第298页）。就提示我们，在中国搞思想文化建设，离开对孔子的研究和认识，就难以实现理想与现实的正确对接，从而获得满意的效果。社会发展到今天，产生于上古农耕时代的孔子思想在许多方面与现代文明已有很大隔阂，但孔子用其超凡睿智获得的对人和人类社会的一般认识，仍具有可资借鉴的作用，孔子思想有超越时空的现实影响力。

　　孔子思想之所以能够产生如此悠久的历史影响，且屡遭批判仍具有旺盛的生命力，我们既不能片面责怪国人保守，也不能因此神化孔子。根本原因，在于他对人性和人类社会在许多方面认识的正确，以及历史与现实在许多方面所具有的惊人相似之处。在思想文化建设上，我们常犯两个毛病。一是固守一家一派的思想主张不放，否则就被认为是离经叛道。二是不分青红皂白地强调与传统决裂，且长于批判而短于创造。思想文化建设，当然不必以历史上哪一家、哪一派的名义来进行，这不仅没有必要，而且显得十分保守、愚蠢而缺乏自信；但不尊重历史、无视传统，也显得十分狂妄、幼稚而缺乏理性。任何一种思想文化建设，均应既尊重历史和民族个性，又立足现实放眼世界，对无论古今中外各家各派的思想文化理念，均采取"择其善者而从之，其不善者而改之"的态度，既不能走经院哲学的老路，也不能重蹈斗争哲学的覆辙。只有将批判、继承与创新结合起来，才能培育出自立于世界先进民族之林的优秀文化。

　　列宁曾经指出："判断历史的功绩，不是根据历史活动家没有提供现代所需要的东西，而是根据他们比他们的前辈提供了新的东西。"（《列宁全集》第二卷，第150页）这是我研究和评价孔子始终坚持的视角和方法，力求做到历史与逻辑的统一，并把对孔子思想的历史评价与现实选择结合起来进行思考。除此之外,我还坚持辩证的方法、比较的方法和实事求是的科学态度,在认识和评价孔子时,既充分肯定其正确主张和历史性贡献,也不讳言他的错误、不足和负面影响;既广泛涉猎和认真对待前人的研究成果,又不囿于成说,勇于提出自己的看法和结论。这样做的目的,诚如我在纪念孔子诞辰二千五百五十年时撰写文章的标题所示,是为了使读者能够因此而走近并看到一个比较真实的孔子,对传统文化源头有一个清澈的认识,进而对中华民族文化建设的历程进行反思,从中获得有益的启示和借鉴。

我将本书名之为《人性的寻找》,主要原因在于,孔子是我国历史上最早从属类的意义上对人及人性进行考察并得出重要结论的思想家。其伟大意义,就是郭沫若先生所言之"人的发现"。在人类对自然和自身缺乏理性认识的春秋时期,孔子一生致力于把人从神的桎梏和等级压迫中解放出来,以"性相近"和人类之爱说服人们放弃偏见、歧视和暴力,引导人们超越对抗走向共生,超越冷漠走向关怀,超越虚幻走向理性。一句话,孔子试图通过人性的寻找和人的自觉,建立起与人的本质相一致、与社会发展要求相适应的人文理念,进而实现社会稳定、政治清明、人际和谐与天下大同,从而铺设了普世价值建设的轨道,使孔子成为人类文明的开拓者。

对孔子思想体系的架构,理论界有不同看法。仅在核心范畴上,就有"仁"、"礼"、"中庸"、"义"、"和"等不同认识。我认为,孔子的思想体系,是以其对人性的认识和人的发现为基础,以"仁"为核心,以"中庸"为思辨方法,以"礼"为社会规范构成的。这三大范畴紧密联系,交互作用,衍生或统摄了其他各种范畴及思想理念,其中包括宗教观、义利观、人才观和经济、政治、文化思想。这种认识和归纳,可能会有助于人们对孔子思想有一个比较全面且易于把握的体认。

限于精力和学识,我对孔子的研究还不够深入,认识上的错误也在所难免,诚望读者能够不吝赐教。在本书撰写的过程中,参阅了许多前辈和专家学者的译注和著述;中国人民大学孔子研究院院长、和合文化研究所所长、博士生导师张立文先生,为本书撰写序言并提出了指导意见,体现了对晚生后学的奖掖之情;中华书局的领导李岩先生、熊国祯先生和责任编辑冯宝志先生,对本书的出版给予了热诚支持和极大帮助,熊国祯先生还特意为我题写了"书有定型始出版,学无止境永向前"的条幅,给我认真修改、完善书稿增添了动力;我的许多朋友、同事和家人,在我治学和著作的过程中,给予了诸多鼓励和支持。在此,谨表示诚挚的感谢。

　　本书能在享誉中外的中华书局出版,我感到十分荣幸。

王恩来
2004年6月于中和斋

修订再版附记

拙著《人性的寻找——孔子思想研究》出版后,得到读者的厚爱。中华书局的同志与我商量修订再版事宜,使我受到极大的鼓励。一部作品的畅销,当然是对作者的肯定。但更重要的,是得益于孔子思想本身的魅力,以及优秀传统文化得到重视与弘扬的大环境。我为此而感到由衷的喜悦。

孔子思想作为儒学的精神底蕴和中华民族传统文化的重要组成部分,在人类文明的历史进程中发挥了极其重要的作用。在孔子所处的时代,当人们——包括一些优秀的思想家大多将目光聚集在神的光环之中并致力于神学的创立和完善时,孔子已开始了对人类自身地位、价值和生存方式的探索,并把自然视为人的生存环境和可认知、利用的对象,从而构建了人本哲学的基础和框架。因此,在遭受"秦火"和"文革"两次损毁后,每次都能重生并焕发异彩。这既体现了孔子思想所具有的旺盛生命力和不朽的历史价值,也表明了中华民族崇尚文明、捍卫自己精神家园的坚强决心。近些年来,对包括孔子思想在内的优秀传统文化的研究和传承,已由学人的意愿上升为国家的主张,由书斋走向课堂和大众传媒,由国内走向国外,使思想文化建设呈现出多元而空前繁荣的景象。我为此而感到欢欣鼓舞。

由于历史的发展和时代的变迁,包括孔子在内的任何一家一派的思想主张,都不可能完全适用和满足于当今社会的需要。因此,我们今天对孔子思想的学习、研究和传承,既不同于历史上的尊孔读经,也不必采取所谓建构新儒学之类的方式。正确的态度,还是孔子所言之"择其善者而从之,其不善者而改之",是"温故而知新",同时能够"多见而识之",以开放的胸襟学习借鉴不同国家、不同民族的优秀思想文化成果,在实践中培育和形成既立足于本民族实际又符合人类文明发展趋势的先进文化。这是我们必须始终秉持的思想文化建设理念。

拙著出版后,得到许多专家学者和热心读者的褒奖。但在深入学习和研究的过程中,也不断发现了原著中存在的一些问题和不足。借此修订重印之机,我对全书进行了修改。除订正了个别文字的舛误外,对一些考证和结论进行了认真的推敲,补充了一些新的论据和内容,提出了一些新的认识结论和心得。修订中,我继续坚持历史的与逻辑的之统一的研究方法,坚持既尊重古今学人的研究成果又不人云亦云的学术态度,同时将历史文化研究与现实紧密结合起来,努力为学术繁荣和思想文化建设作出自己的贡献。动机虽然如此,但效果如何,尚须经过学术界同仁和广大读者的检验。敬请批评指正。

在拙著出版发行和修订重印的过程中,得到著名学者张立文先生、王生平先生、傅云龙先生、周桂钿先生等前辈的热心指导,张立文、周桂钿先生先后为本书的初版和修订版撰写序言,王生平、傅云龙先生在本书出版前后撰写了中肯而热情洋溢的推介和评论文章;我的同学聂震宁、吴江江和中华书局的李岩、熊国祯、冯宝志、张宇等诸位先生,更是给予了鼎力支持;为本书进行编辑、校对、装帧设计和打印的同志,付出了超常的辛劳。此外,还有许多专家学者和朋友、同学、同事,以不同的方式给我以宝贵的支持,虽没有一一列出他们的名字,但已铭记心中。在向上述诸位和广大读者表达我的敬意和感激之情的同时,我还要特别感谢我的夫人尹璐。如果没有她的理解和支持,这长达二十多年的业余治学生涯将变得十分苦涩。

在结束这篇附记的时候,让我以德国著名诗人里克尔《秋日》中的诗句来表达我此刻的心情:

让最后的果实长得丰满/再给它们两天南方的气候/迫使它们成熟/把最后的甘甜酿入浓酒

王恩来
2006年10月于中和斋

第三版后记

子在川上曰:"逝者如斯夫! 不舍昼夜。"转瞬间,拙著出版已近十年。十年来,对孔子和中华传统文化的研究日益繁盛,成果颇丰。期间虽也不乏滥竽充数者,不乏戏说和恶搞者,但诚如子贡所见:"仲尼不可毁也。他人之贤者,丘陵也,犹可逾也;仲尼,日月也,无得而逾焉。人虽欲自绝,其何伤于日月乎? 多见其不知量也。"(《论语·子张》)此见虽不无爱徒尊师的感情色彩,但也是被历史反复证明了的论断。

学如不及,犹恐失之。十年来,在不断的学习和思考中,我对孔子和传统文化的认识也在不断深化。2007年再版时,对原著进行了一次修订。修订工作尚未完成时,经医生检查,怀疑我的左眼得了恶性眼疾,需尽快手术。于是,我利用手术前的时间抓紧结束了修订工作。修订再版附记的篇末,引用了德国诗人里克尔"让最后的果实长得丰满,再给它们两天南方的气候"等诗句,就籍此记录了当时发生的事情。术后的病理检验结果显示,肿物是良性的。这就排除了对我继续学习和研究可能造成的阻碍。

再版后的八年间,应一些学界同仁之约,尝在一些报刊发表一些学术性的随笔和短章。这也是深入学习、思考和发现的过程。去年,一些学术团体和教学机构求购此书不得,使我产生了再修订一版的念头,并得到中华书局领导和朋友的支持。

本次修订,坚持了一贯的方法和原则,各章的内容均有所损益。一是拓展了对孔子一些重要概念和范畴产生背景及传承情况的考察,在比较研究上增加了一些笔墨。这是哲学和思想史研究的重要方法,既有利于从更大的范围和更多的角度去审视孔子,也有助于从历史中发现逻辑,用逻辑考察历史。二是深化了对一些问题的认识,对有些认识和结论进行了推敲,同时强化了对孔子经济、法治、军事等思想的挖掘和梳理,试图以此弥补学界既往研究和认识的不足，使孔子思想得到更为完整的展现。三是通过对一些原典和新发现史料的研究，对一些文字或解读提出了自己的新认识，希望能够籍此引发读者的兴趣和思考，作进一步的研究和讨论。四是更加注重以孔子对人性的认识、"仁"的核心价值取向和"中庸"的理性智慧去关照和解读孔子，试图以此使读者对孔子思想体系的核心和主线获得更为清晰的认知，更能从中领略其人格、智慧、方法和精神境界。

尽管如此，我深知学无止境，也深感个人学识水平和能力的不足，错误和不当之处在所难免，敬请方家指正。讨论中，就一些学术问题对一些前辈学者和当世学人的意见提出了不同看法。作为一家之言，所见未必全面准确，如有冒犯，敬请海涵。

享誉海内外的中华书局能够出版并两次再版拙著，使我感到荣幸之至。曾任中华书局总经理、现任中国出版传媒股份有限公司副总经理的李岩先生，欣然为拙著的第三版作序，体现了作为出版家、学者和朋友的深厚情义。责任编辑冯宝志先生，在本书初版时担任中华书局哲学编辑室主任；在担任中华书局副总编辑后，仍坚持出任拙著的责任编辑，是对我的极大支持和厚爱。中华书局学术著作编辑室主任罗华彤等同志，为本书的编辑出版做了大量细致入微的工作，为拙著增色不少。我的夫人尹璐和许多朋友、同事，一如既往地对我的学习、研究和写作给予了大力支持，付出了许多辛劳。在此，一并表示由衷的谢忱！

本书能够两次修订再版，最大的动力来自读者的厚爱。非常感谢您能读我的书，与我一起聆听孔子的教诲。

王恩来

2015年2月26日

主要参考文献

1.《四书章句集注》［宋］朱熹撰　中华书局1983年11月第1版

2.《十三经注疏》［清］阮元校　中华书局1980年8月第1版

3.《论语正义》［清］刘宝楠撰　中华书局1990年3月第1版

4.《论语集释》　程树德撰　中华书局1990年8月第1版

5.《论语译注》　杨伯峻译注　中华书局1980年12月第2版

6.《论语今读》　李泽厚著　三联书店2004年3月第1版

7.《〈论语〉的哲学诠释》　安乐哲　罗思文著　中国社会科学出版社2003年3月第1版

8.《辜鸿铭讲论语》　辜鸿铭著　金城出版社2014年4月第一版

9.《春秋左传注》　杨伯峻编著　中华书局1990年5月第2版

10.《孟子译注》　杨伯峻译注　中华书局1960年1月第1版

11.《诗经译注》　周振甫译注　中华书局2002年7月第1版

12.《儒藏》（精华编二八一）　北京大学《儒藏》编纂中心　北京大学出版社2007年4月第1版

13.《上海博物馆藏战国楚竹书》（一）　马承源主编　上海古籍出版社2001年11月第1版

14.《上海博物馆藏战国楚竹书》（二）　马承源主编　上海古籍出版社2002年12月第1版

15.《甲骨文编》　中国社会科学院考古研究所编辑　中华书局1965年9月第1版

16.《金文编》　容庚编著　中华书局1985年7月第1版

17.《周易古经今注》（重订本）　高亨撰　中华书局1984年3月第1版

18.《老子校释》　朱谦之撰　中华书局1984年11月第1版

19.《庄子今注今译》 陈鼓应注译　中华书局1983年4月第1版

20.《礼记译注》 杨天宇撰　上海古籍出版社1997年4月第1版

21.《文白对照全译史记》 杨钟贤　郝志达主编　国际文化出版公司
　　1992年6月第1版

22.《今古文尚书全译》 钱宗武译注　贵州人民出版社1990年2月第1版

23.《墨子全译》 周才珠　齐瑞瑞译注　贵州人民出版社1995年8月第1
　　版

24.《国语全译》 黄永堂译注　贵州人民出版社1995年2月第1版

25.《荀子全译》 蒋南华　罗书勤　杨寒清注译　贵州人民出版社1995
　　年2月第1版

26.《韩非子全译》 张觉译注　贵州人民出版社1992年3月第1版

27.《吕氏春秋全译》 关贤柱　廖进碧　钟雪丽译注　贵州人民出版社
　　1997年12月第1版

28.《论衡全译》 袁华忠　方家常译注　贵州人民出版社1993年3月第1
　　版

29.《说苑全译》 王锳　王天海译注　贵州人民出版社1992年7月第1版

30.《新序全译》 李华年译注　贵州人民出版社1994年10月第1版

31.《孔子家语通解》 杨朝明　宋立林主编　齐鲁书社2009年4月第1版

32.《孔子集语译注》 薛安勤注译　吉林文史出版社1996年7月第1版

33.《十批判书》 郭沫若著　人民出版社1954年6月第1版

34.《诸子通考》 蒋伯潜著　浙江古籍出版社1985年2月第1版

35.《中国哲学史通论》 范寿康著　生活·读书·新知三联书店1983年
　　12月第1版

36.《中国哲学史》 任继愈主编　人民出版社1979年3月第1版

37.《中国思想通史》 侯外庐主编　人民出版社1956年8月第1版

38.《中国哲学发微》 张岱年著　山西人民出版社1991年12月第1版

39.《中国哲学史新编》（1980年修订本） 冯友兰著　人民出版社1982年
　　1月第3版

40.《中国哲学简史》 冯友兰著　赵复三译　新世界出版社2004年1月

第1版

41.《中国古代思想史论》 李泽厚著 安徽文艺出版社1994年1月第1版

42.《中国哲学史大纲》 胡适著 东方出版社1996年3月第1版

43.《中国古代哲学的逻辑发展》 冯契著 上海人民出版社1983年10月第1版

44.《孔子思想体系》 蔡尚思著 上海人民出版社1982年6月第1版

45.《孔子评传》 匡亚明著 齐鲁书社1985年3月第1版

46.《孔子研究》 钟肇鹏著 中国社会科学出版社1990年2月增订第2版

47.《孔子传》 钱穆著 三联书店2002年9月第1版

48.《孔子新传》 金景芳 吕绍纲 吕文郁著 湖南出版社1991年12月第1版

49.《中国哲学范畴发展史(人道篇)》 张立文著 中国人民大学出版社1995年8月第1版

50.《中国和合文化导论》 张立文著 中共中央党校出版社2001年12月第1版

51.《新编中国哲学史》 劳思光著 广西师范大学出版社2005年10月第1版

52.《先秦儒学》 钱逊著 辽宁教育出版社1991年11月第1版

53.《二十世纪儒学研究大系》 傅永聚 韩钟文主编 中华书局2003年12月第1版

54.《中国艺术精神》 徐复观著 华东师范大学出版社2001年12月第1版

55.《孔学研究》 骆承烈著 齐鲁书社2002年3月第1版

56.《十五堂哲学课》 周桂钿著 中华书局2006年8月第1版

57.《中国儒学讲稿》 周桂钿著 中华书局2008年1月第1版

58.《亚里士多德全集》 中国人民大学出版社1992年9月第1版

59.《世界文明史》 〔美〕菲利普·李·拉尔夫等著 商务印书馆1998年5月第1版

60.《东方的文明》 〔美〕维尔·杜伦著 青海人民出版社1998年10月第

1版

61.《宗教思想史》［美］米恰尔·伊利亚德著　上海社会科学出版社
2004年6月第1版